太久太久以前，還覺得可以改變世界，

太久太久以後，我沒法改變世界，但世界也沒改變我，

我與世界相安無事的處著。

音樂人／導演·盧昌明
1988

FW：——2022

整理這本「悔其少作」過程中，我不時想起已故友人——音樂人、廣告導演盧昌明，為介紹其作品〈藍色漸層〉所寫的這段話。
「這世界很煩」——的確；「但你要很可愛」——不好說，並非人人都得以活得像（某）本勵志書。歷經大疫之年後，誰不感慨「現世安穩，歲月靜好」——我與世界相安無事，已是大幸。
這本書裡有四十五個不同人生階段，懷著不同故事的你；當你想念起書中那些你，或許你也會同我一樣，想起現在的自己。

黑潮

BLACK WAVE

Saudi Arabia, Iran, and the Forty-Year Rivalry That Unraveled Culture, Religion, and Collective Memory in the Middle East

苑默文譯

金姆·葛塔

KIM GHATTAS

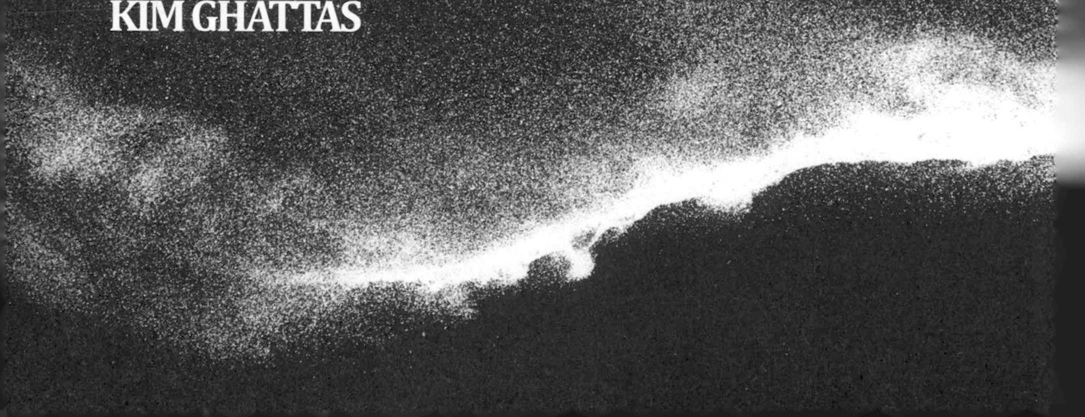

他們把那裡變成了不毛之地，然後稱它為和平。

——《阿古利可拉傳》（*Agricola*），

塔西佗（Tacitus，羅馬元老院成員，卒於西元一二〇年）

目次 Contents

導讀　從伊朗看西亞、反思西亞／陳立樵　007
關於人名和拼寫　013
人物　014
地圖　020
前言　023

第一部——革命

第一章　錄音帶革命　031
第二章　今日德黑蘭，明日耶路撒冷　065
第三章　流血的心臟　093
第四章　黑暗　121

第二部 競爭

第五章 我殺了法老 149
第六章 不准戴杜帕塔！ 173
第七章 貝魯特的卡爾巴拉 201
第八章 什葉派異教徒 225
第九章 麥加是我的 251
第十章 文化戰爭 267
第十一章 黑潮 279
第十二章 一九七九世代 305

第三部 復仇

第十三章 該隱與亞伯 329
第十四章 破裂 355
第十五章 自首 371
第十六章 反革命 391

第十七章　在ＩＳＩＳ和ＩＲＧＣ之間　411
第十八章　阿基里斯之踵　431
第十九章　博斯普魯斯海峽旁的謀殺　451
結語　479
致謝　489
注釋　531

導讀

從伊朗看西亞、反思西亞

陳立樵／輔仁大學歷史系副教授

本書《黑潮：從關鍵的一九七九年，剖析中東文化、宗教、集體記憶的四十年難解對立》（*Black Wave*），為作者金姆．葛塔（Kim Ghattas）在走訪西亞地區之後的作品。她以一九七九年伊朗、沙烏地阿拉伯、阿富汗所發生的事情，作為形塑今日西亞地區面貌的開始。迄今，伊朗與沙烏地之間的對峙最受到世人注意，尤其因為前者為什葉派（Shiite），後者為遜尼派（Sunni），呈現了伊斯蘭信仰兩大教派對抗的現象。

回顧一九七九年之前，西亞地區最受人關注的就是阿拉伯與以色列的衝突。主因是歐洲的猶太復國主義者（Zionist）在第一次世界大戰後，獲得英國的協助，逐步移民巴勒斯坦實踐建國的目標。猶太復國主義者的移居，無論合不合理，都擠壓到原本在這地區阿拉伯人生存的權益，致使阿拉伯人對於猶太復國主義者相當反感。與此同時，英法正在瓜分戰敗的鄂圖曼帝國（Ottoman Empire），今日的伊拉克、約旦、巴勒斯坦交由英國控制，敘利亞與黎巴嫩則是讓法國掌握。阿拉伯人在面臨英法壓迫之下，還有猶太復國主義者的威脅，因而走上反猶太復國主義與反西方帝國主義之路。一九四七年又在聯合國的決議之下，猶太復國主義者在巴勒斯坦獲得相當多的土地。一九四八年五月，猶太復國主義者宣布建國以色列，立即招致周邊的阿拉伯國家開戰。

埃及原本為那時期對抗以色列最為強勢的阿拉伯國家，因為埃及受到英國長期占領，自第二次世界大戰之後，才因英國勢力衰弱而有機會獨立。埃及反猶也反帝的立場，於一九五〇年代美國與蘇俄冷戰（Cold War）初期，成為蘇俄在西亞地區支持的主要對象。美國對以色列給予大力協助，導致埃及在一九六七年的阿以戰爭吞下敗仗，西奈半島遭到以色列占領。時任埃及總統的納賽爾（Gamal Abdel Nasser）隨後因心臟病而去世，由副總統沙達特（Anwar Sadat）接替總統一職。如葛塔所說，沙達特為了拿回西奈半島，於一九七七年決議與以色列和談，接著在一九七九年簽署了和平條約。*儘管阿拉法特（Yasser Arafat）領導的巴勒斯坦解放組織（Palestine Liberation Organisation，ＰＬＯ），仍然持續對抗以色列，但那對以色列來說並不構成威脅。

同樣是一九七九年，伊朗經歷革命，原本的巴勒維（Pahlavi）政府遭到宗教人士何梅尼（Ayatollah Khomeini）的勢力取代。何梅尼批判巴勒維國王過於親美，不僅反巴勒維也反美國，連帶與美國友好的國家，如沙烏地阿拉伯及以色列，都成為何梅尼批判的對象。伊朗與沙烏地阿拉伯的對峙，關鍵因素不是什葉派與遜尼派，而是與美國關係的變化。伊朗在巴勒維時期，並未與以色列對立，導致一部分阿拉伯人排斥伊朗。何梅尼敵對以色列的態度，促成了他與阿拉法特碰面。有人認為，巴勒斯坦很可能像伊朗一樣爆發革命，隨後會有天翻地覆的變化，即葛塔在本書所提到的「今日伊朗，明日巴勒斯坦」。時至今日，多數阿拉伯國家已不再對以色列掀起戰爭，在二〇二〇年還有巴林、阿拉伯聯合大公國、摩洛哥與以色列建交的情事出現。反而，譴責以色列最為有力的卻是伊朗，其精神領導人哈梅內意（Ali Khamenei）在推特（Twitter）多次貼文呼籲，所有穆斯林不分派別，團結起來對抗萬惡的以色列。

一九七九年之後，伊朗就成了西亞地區「反美抗以」的主角。美國為了壓制伊朗，以經濟制裁的方式，限縮伊朗發展的空間。另外，美國也動用國際主流輿論，以文字來霸凌伊朗，使得伊朗成為世人眼中的流氓國家、恐怖主義的溫床。不與美國陣營為伍，就成為了在國際間注定被世人排擠的原罪，即「你不站在美國那一邊，你就是恐怖分子」。然而，換個角度來看，伊朗曾威脅過或侵略過其他國家嗎？人們毫不遲疑地接受了美國輿論的觀點，卻鮮少從不同角度來觀察伊朗。

葛塔藉由本書給予了讀者許多精彩的故事，可看到西亞地區發生許多牽一髮而動全身的事件。葛塔在結語提到，她想要「呈現出這個地區的多樣性和文化活力」，讓外界的人知道，西方媒體總是把「異常深刻和複雜的問題簡化為一張單純的拍立得快照」，迎合「阿拉伯或穆斯林文化為落後文化的

＊可參考布特羅斯．布特羅斯－蓋里著，許綬南譯，《從埃及到耶路撒冷：蓋里的中東和平之路》（臺北：麥田出版，一九九九）。

東方主義受眾，和只重安全的決策者」。這呼應了已故學者薩依德（Edward W. Said）在《東方主義》（*Orientalism*）所說，把世界各大文明作明顯區隔的「文明衝突論」（Clash of Civilisations），箇中問題就是沒考慮到各文明本來就是「混種且異質的」。*

不過，筆者想提出自己的觀察做回應，也請讀者參酌與思考。即使本書所提到的事件與現象都確實存在，但呈現出來的其實多是穆斯林激進的宗教情緒，造成了西亞地區的動盪與戰爭。例如伊朗與沙烏地之間的對峙，葛塔指稱這兩國「都在濫用宗教，都將教派特徵當成武器」。可是，什麼標準之下才算是「濫用」？葛塔也說，「遜尼派的瓦哈比主義和什葉派伊斯蘭在本質上是對立的」，但她卻沒有指明究竟是哪方面對立、如何對立。而如筆者前文所述，伊朗與沙烏地關係惡化，主要是一九七九年之後伊朗因何梅尼的反美立場所導致，宗教問題反而是伴隨政治問題才產生的。

葛塔提到，伊朗與沙烏地「兩個國家依舊困在一九七九年裡」。這讓筆者想到，二〇一九年二月九日《經濟學人》（*The Economist*）一篇討論一九七九年伊朗革命四十週年的文章，其中一段的標題為Four Decades after its Revolution, Iran is still stuck in the Past，認為伊朗這四十年來都還處於何梅尼革命的陰影之下，宗教人士長久以來對社會的壓迫，致使民間的反對運動不斷。† 然而，筆者想問，伊朗情況確實如此嗎？社會上有抗爭運動，並不代表整個國家出了問題。許多國家也都面臨一樣的情況，卻少見國際媒體以負面甚至看衰的態度來報導。其實困在一九七九年的應是美國與西方世界，我們可看到美國不斷對伊朗施壓，無論哪一任總統、無論哪一種策略，其目的都一樣在於壓制伊朗，促使哈梅內意政府垮臺，但又呈現無計可施的狀態。

若以西亞角度為觀察西亞的出發點，或可得到一些反思。西亞地區過去受到西方國家莫大的壓迫，今日以激烈的方式表達不滿，筆者認為他們的行為像是在捍衛自己的價值觀。以阿富汗的塔利班（Taliban）破壞巴米揚大佛（Buddhas of Bamiyan）一事為例，主流輿論一再予以譴責，但問題在於，一九八〇年代美蘇將阿富汗打得支離破碎，塔利班為了縫補阿富汗，能做的就是排斥外來的影響，堅守自己的伊斯蘭價值。既然巴米揚大佛不屬於伊斯蘭信仰的一部分，將之破壞便是保護伊斯蘭價值的必要之惡。再進一步思考，早期歐洲強權對阿富汗地區的壓迫，以及一九八〇年代美蘇在阿富汗的戰爭，但有誰關注過戰爭對阿富汗造成的諸多破壞呢？

換個角度思考，也可看到西方國家與政治人物的雙重標準。一九七九年以來伊朗成立的伊斯蘭革命衛隊（Islamic Revolutionary Guard Corps，IRGC），主要任務在於延續革命精神，負有捍衛國家的責任，在有些情況下駐紮於周邊國家境內。二〇一九年四月，川普指稱伊斯蘭革命衛隊為恐怖組織。但反過來思考，美國在各地的軍事部署，如學者范恩（David Vine）論述的，美國長久以來在許多地方

＊ 愛德華・薩依德著，王志弘、王淑燕、郭菀玲、莊雅仲、游美惠、游常山譯，《東方主義》（新北：立緒文化，一九九九），頁五一九－五二〇。

† "Iran's Revolution Turns 40," *The Economist*, February 9, 2019, pp. 34-35.

建造軍事基地，在這個過程之中，當地居民不僅受到壓迫，還不得已要離開自己的家園，甚至失去性命。*因此，若以同樣標準來看，派駐在各地的美軍，不也是恐怖組織嗎？

一九七九年之後的西亞與國際局勢，伊朗的革命確實在其中產生重要影響。在這時代若以伊朗作為觀察西亞局勢發展的中心，並不會過於誇張。葛塔以一九七九年之後的伊朗作為本書的主要角色，可見她了解若要觀察今日西亞局勢，必須把伊朗放在最核心的位置。但是在主流輿論圍繞的環境下，廣大的閱聽人仍是需要跳脫習以為常的觀點，以求更寬廣的視角與包容的態度，來看待向來令人貶抑的西亞世界。

---

*大衛．范恩著，林添貴譯，《基地帝國的真相》（新北：八旗文化，二〇一九）。

關於人名和拼寫

常見的阿拉伯語、波斯語和烏爾都語人名和名稱，我使用最普遍的拼寫方式。其他時候我則使用自己的音譯（transliteration）。我也自行翻譯阿拉伯語的報紙頭條、文字以及一些詩歌。只要在我書寫的三種文化中存在某些相似的概念，我都會呈現其在阿拉伯語中的同等概念。

對於在本書中反覆出現的何梅尼（Khomeini）提出的法學家監護（Guardianship of the Jurist）概念，我在全書中都使用阿拉伯語的音譯「wilayat al-faqih」（而不是波斯語的 velayat-e faqih）以免造成混淆。在阿拉伯語中，「伊本」（ibn）和「賓」（bin）可以被翻譯為「某某的兒子」，這兩種用法我都會按照最常見的用法使用（穆罕默德．賓．薩爾曼和阿布杜阿齊茲．伊本．紹德）。穆罕默德這個名字可以音譯為「Muhammad」或「Mohammad」，在本書中我使用最常見的拼法，或是書中角色所喜愛的拼法。我選擇用他們的首名（first name）來稱呼許多核心角色，以區分他們和同名的名人或歷史人物。

人物

黎巴嫩

- 胡塞因·胡塞尼（Hussein al-Husseini）：什葉派政治人物，一九八〇年代的議會發言人
- 穆薩·薩德爾（Musa Sadr）：伊朗什葉派教士，在一九五九年搬至黎巴嫩，一九七八年於利比亞失蹤
- 哈尼·法赫斯（Hani Fahs）：什葉派教士，在一九七九年至一九八六年間生活在伊朗，曾經是伊朗革命的支持者，後轉為批評者
- 巴迪婭·法赫斯（Badia Fahs）：哈尼的女兒、記者，以學生身分生活在伊朗
- 索布希·圖法伊利（Sobhi Tufayli）：真主黨的創立者之一
- 哈桑·納斯魯拉（Hassan Nasrallah）：一九九二年起擔任真主黨祕書長
- 拉菲克·哈里里（Rafiq Hariri）：家財萬貫的政治人物，擔任過三任總理，在二〇〇五年遭暗殺

伊朗

- 馬哈茂德·艾哈邁迪內賈德（Mahmoud Ahmadinejad）：二〇〇五年至二〇一三年擔任總統
- 瑪希赫·阿琳娜嘉德（Masih Alinejad）：記者和社運人士
- 阿布哈桑·巴尼薩德爾（Abolhassan Banisadr）：左翼民族主義者和伊朗革命後的首任總統
- 邁赫迪·巴札爾甘（Mehdi Bazergan）：伊朗解放運動（Liberation Movement of Iran，LMI）的創立者之一，伊朗革命後的首任總理
- 穆罕默德·貝赫什提（Mohammad Beheshti）：忠誠的何梅尼追隨者和伊斯蘭共和黨的創立者
- 穆斯塔法·哈姆蘭（Mostafa Chamran）：伊朗解放運動的關鍵成員，伊朗革命後的首任國防部長
- 薩迪格·胡特布扎德（Sadegh Ghotbzadeh）：伊朗解放運動的關鍵成員
- 穆罕默德·哈塔米（Mohammad Khatami）：一九九七年至二〇〇五年擔任總統
- 穆欣·薩澤加拉（Mohsen Sazegara）：伊朗解放運動中的學生活動者，革命衛隊的創立者之一
- 易卜拉欣·亞茲迪（Ebrahim Yazdi）：伊朗解放運動的關鍵成員，革命後的首任外交部長

沙烏地阿拉伯

- 薩米·恩格威（Sami Angawi）：建築師和朝覲研究中心（Hajj Research Center）的創辦人
- 阿布杜阿齊茲·賓·巴茲（Abdelaziz bin Baz）：有權勢的教士，一九六〇年代麥地那大學的副校長，沙烏地阿拉伯王國在一九九三年至一九九九年之間的大穆夫提（mufti）

- 索法娜・達赫蘭（Sofana Dahlan）：律師，同時也是十九世紀的穆夫提阿赫麥德・伊本・扎伊尼・達赫蘭（Ahmad ibn Zayni Dahlan）的後代
- 圖爾奇・費薩爾（Turki al-Faisal）：一九七九年至二〇〇一年的情報長官
- 穆罕默德・伊本・紹德（Muhammad ibn Saud）：十八世紀沙烏地王朝的建立者
- 穆罕默德・伊本・阿布杜瓦哈布（Muhammad ibn Abdelwahhab）：一位十八世紀的極端原教旨主義正統傳教士，穆罕默德・伊本・紹德的盟友
- 穆罕默德・賓・薩爾曼（Mohammad bin Salman）：薩爾曼國王之子，自二〇一七年起成為沙烏地阿拉伯王儲，二〇一五年起擔任國防部長
- 阿布杜阿齊茲・伊本・紹德（Abdelaziz ibn Saud）：沙烏地阿拉伯王國的建立者，一九三二年至一九五三年在位
- 費薩爾・伊本・紹德（Faisal ibn Saud）：沙烏地阿拉伯第三任國王，一九七五年遭暗殺

伊拉克

- 薩達姆・海珊（Saddam Hussein）：一九七九年至二〇〇三年擔任總統
- 穆罕默德・巴克爾・哈金（Mohammad Baqer al-Hakim）：伊朗阿亞圖拉（ayatollah，為伊斯蘭教什葉派的宗教學術階級），一九八〇年至二〇〇三年在伊朗流亡，二〇〇三年在伊拉克遭暗殺

- 阿特瓦爾・巴赫加特（Atwar Bahjat）：伊拉克記者，二〇〇六年遭暗殺
- 阿布杜馬吉德・霍伊（Abdulmajid al-Khoei）：什葉派教士，一九九一年開始流亡，二〇〇三年遭暗殺
- 穆罕默德・塔奇・霍伊（Mohammad Taqi al-Khoei）：什葉派教士，在一九九四年遇害
- 賈瓦德・霍伊（Jawad al-Khoei）：什葉派教士，穆罕默德・塔奇之子，一九九一年開始流亡，二〇一〇年回到伊拉克
- 穆罕默德・巴克爾・薩德爾（Mohammad Baqer al-Sadr）：在一九八〇年遭薩達姆・海珊處決的阿亞圖拉，伊斯蘭主義什葉派召喚黨（Shia Da'wa Party）的創立者
- 穆格塔達・薩德爾（Moqtada al-Sadr）：教士和馬赫迪軍（Mahdi）的創立者

敘利亞

- 哈菲茲・阿塞德（Hafez al-Assad）：一九七〇年至二〇〇〇年擔任總統
- 巴沙爾・阿塞德（Bashar al-Assad）：哈菲茲・阿塞德（老阿塞德）的兒子，自二〇〇〇年擔任敘利亞總統至今
- 雅辛・哈吉・薩利赫（Yassin al-Haj Saleh）：一九八〇年代時的學生共產主義社運人士，自二〇〇〇年之後成為敘利亞的重要知識分子

- 薩米拉・哈利勒（Samira al-Khalil）：活動分子，雅辛之妻，二〇一三年遭武裝分子綁架
- 薩伊德・哈瓦（Sa'id Hawwa）：敘利亞穆斯林兄弟會的關鍵意識形態思想家
- 扎赫蘭・阿盧什（Zahran Alloush）：伊斯蘭叛軍組織伊斯蘭軍（Jaysh al-Islam）的領袖，二〇一五年遇害

巴基斯坦

- 祖利菲卡・阿里・布托（Zulfiquar Ali Bhutto）：一九七三年至一九七七年擔任總理
- 班娜姬・布托（Benazir Bhutto）：祖利菲卡的女兒，曾於一九八八年至一九九〇年，以及一九九三年至一九九六年間擔任總理，二〇〇七年遭暗殺
- 梅赫塔布・查納・拉施迪（Mehtab Channa Rashdi）：電視新聞主播
- 法伊茲・阿赫麥德・法伊茲（Faiz Ahmed Faiz）：極富盛名的烏爾都語詩人之一
- 阿里夫・胡賽尼（Arif Hussaini）：什葉派教士，何梅尼的支持者
- 齊亞・哈克（Zia ul-Haq）：一九七八年至一九八八年擔任總統
- 艾山・艾拉西・札希爾（Ehsan Elahi Zaheer）：遜尼派宗教學者，反什葉派書籍的作者

埃及

- 賈邁勒·阿布杜勒·納賽爾（Gamal Abdel Nasser）：一九五四年至一九七〇年擔任總統
- 納斯爾·阿布·齊德（Nasr Abu Zeid）：阿拉伯文學和伊斯蘭研究的世俗派教授
- 法拉格·福達（Farag Foda）：世俗派知識分子，一九九二年遭暗殺
- 納吉赫·伊卜拉欣（Nageh Ibrahim）：伊斯蘭主義學生社運分子，伊斯蘭團（Gamma's Islamiya）的創辦人
- 胡斯尼·穆巴拉克（Hosni Mubarak）：一九八一年至二〇一一年擔任總統
- 阿赫麥德·納吉（Ahmed Naji）：記者和小說家
- 安瓦爾·沙達特（Anwar Sadat）：一九八一年遭刺殺的埃及總統
- 艾布特哈爾·優尼斯（Ebtehal Younes）：法國文學教授，納斯爾·阿布·齊德之妻
- 艾曼·薩瓦里（Ayman al-Zawahiri）：埃及的伊斯蘭吉哈德運動領袖，蓋達組織的二號人物

其他國家

- 雅希爾·阿拉法特（Yasser Arafat）：巴勒斯坦解放組織主席
- 伊薩·貝卡維（Issam Berqawi），即阿布·穆罕默德·馬克迪西（Abu Muhammad al-Maqdissi）：約旦薩拉菲主義者（Salafist），阿布·穆薩布·札卡維（Abu Musab al-Zarqawi）的導師
- 穆瑪爾·格達費（Muammar al-Gaddafi）：一九七〇年至二〇一一年擔任利比亞統治者

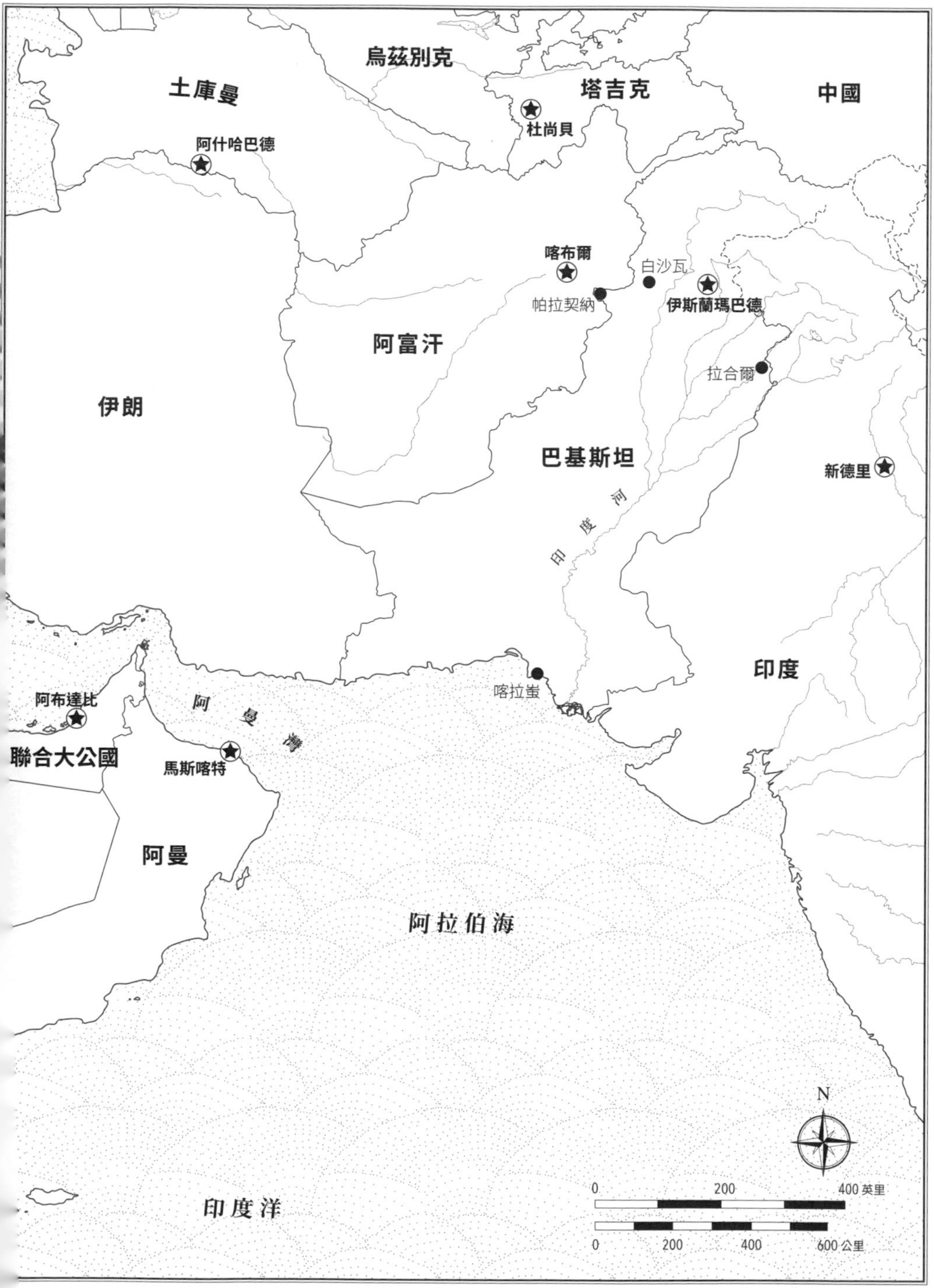

土庫曼
烏茲別克
塔吉克
中國
杜尚貝
阿什哈巴德
喀布爾
白沙瓦
伊斯蘭瑪巴德
帕拉契納
阿富汗
拉合爾
伊朗
巴基斯坦
新德里
印度河
印度
喀拉蚩
阿布達比
阿曼灣
聯合大公國
馬斯喀特
阿曼
阿拉伯海
N
0
200
400 英里
印度洋
0
200
400
600 公里

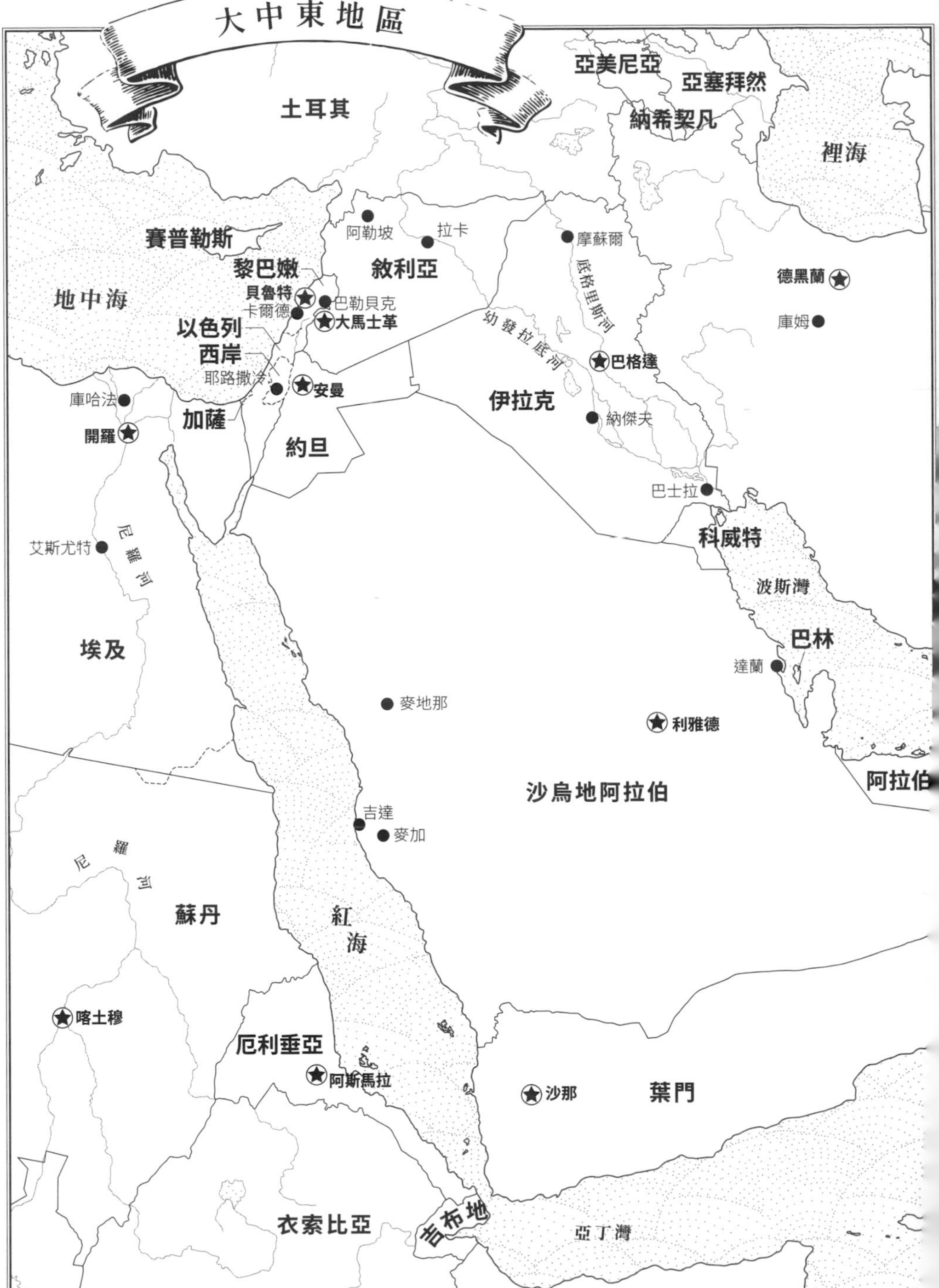
大中東地區
土耳其
亞美尼亞
亞塞拜然
納希契凡
裡海
賽普勒斯
阿勒坡
拉卡
摩蘇爾
黎巴嫩
敘利亞
地中海
貝魯特
巴勒貝克
卡爾德
大馬士革
德黑蘭
底格里斯河
幼發拉底河
庫姆
以色列
西岸
耶路撒冷
安曼
巴格達
伊拉克
庫哈法
加薩
納傑夫
開羅
約旦
巴士拉
科威特
艾斯尤特
尼羅河
波斯灣
埃及
巴林
達蘭
麥地那
利雅德
沙烏地阿拉伯
阿拉伯
吉達
麥加
尼羅河
蘇丹
紅海
喀土穆
厄利垂亞
阿斯馬拉
沙那
葉門
衣索比亞
吉布地
亞丁灣

前言

「我們到底出了什麼問題？」在阿拉伯和穆斯林世界，這個問題彷彿陰魂不散。我們就像是念誦禱文般，反覆地自問。從伊朗到敘利亞，從沙烏地阿拉伯到巴基斯坦，以及我的國家黎巴嫩，都能聽到這個問題。對我們來說，過去是一個全然不同的國家，一個沒有陷入宗派殺戮恐懼的國家——是一個充滿生氣的地方，沒有宗教激進分子的極度不容忍（intolerance），以及看起來永無休止、型態不定的戰爭。儘管過去也有政變和戰爭，但它們是夾雜在時間與空間中的，而且未來仍然充滿許多希望。「我們到底出了什麼問題？」這個問題或許不會對那些還太年輕的人造成困擾，他們不記得曾有一個不同的世界，或是他們的父母不曾告訴他們在白沙瓦（Peshwar）的詩歌吟誦、夜晚在貝魯特（Beirut）的酒吧中關於馬克思主義的辯論，或是在巴格達的底格里斯河畔騎著腳踏車去野餐。這個問題可能也會讓西方人覺得驚訝，他們假定今日的極端主義和流血是一直以來的常態。

儘管這本書的寫作之旅深入過去，但我的寫作動機並非受到對一個寧靜世界的留戀懷舊之情驅使。我的目標是去理解事情是在什麼時候和為什麼變得動盪，以及我們失去了什麼，這一切都是緩慢地發生，接著一股意想不到的驅力。在中東的現代歷史中，有許多轉折點可以解釋我們現在為什麼身處於絕望的深淵。有些人可能會把鄂圖曼帝國的滅亡以及第一次世界大戰後最後一個伊斯蘭哈里發國家的終結，視為穆斯林世界迷失方向的時刻；或者是把一九四八年以色列立國和此後阿拉伯軍隊在一九六七年六日戰爭中的失敗，作為阿拉伯集體精神的第一次分歧。還有人可能會直接跳到美國在二〇〇三年侵略伊拉克和後續事件，將其視為追溯到千年以前歷史衝突的最終爆發：遜尼派和什葉派彼此仇殺，沙烏地阿拉伯和伊朗被鎖在一場你死我活的死鬥中。他們會堅持殺戮和對立都是不可避免和永恆的。除了「不可避免和永恆」這個部分，其他的解釋都是正確的，但是沒有任何單一種解釋能夠描繪出完整的圖景。

試著回答「我們到底出了什麼問題」，讓我想到一九七九年的災難。那一年發生了三件大事，它們幾乎是彼此獨立的：伊朗革命；沙烏地狂熱分子圍攻麥加禁寺；以及蘇聯入侵阿富汗，在美國的支持下，成為現代的第一個吉哈德（jihad）戰場。三件事結合形成一劑毒藥，此後一切都不再相同了。從這劑毒藥混合物中，誕生了沙烏地－伊朗對立，這是一場爭奪穆斯林世界領導權的破壞性競爭，兩國在其中褻瀆地追求赤裸裸的權力，並揮霍、利用和扭曲宗教。一九七九年以來的情況就是如此，這股洪流將一切阻擋它的力量壓成了碎片。

沒有任何事情像一九七九年發生的事件如此深刻，並從根本上改變了阿拉伯和穆斯林世界。其他的關鍵時刻讓聯盟瓦解、引發戰爭或結束戰爭，抑或是見證新政治運動的誕生，但是一九七九年的激進遺產不僅包含這一切，更開啟了一個跨越社會、改變文化和宗教的過程。一九七九年釋放出的動能改變了我們的身分，劫持我們的集體記憶。

這本書的核心是一九七九年及其後四十年。沙烏地－伊朗的對立超越了地緣政治，跨入一場更宏大的伊斯蘭正統性競爭中，雙方藉由宗教和文化主導權，從內部改變社會——不僅改變沙烏地阿拉伯和伊朗，也改變整個地區。雖然探討伊朗革命的著作很多，但是很少有人探究它是如何造成影響，阿拉伯和遜尼派世界又是如何回應與互動此重大事件。一直到巴基斯坦，兩方對立激起的漣漪都為那些充滿活力、多元的國家重新注入了能量，並且釋放出過去從未定義過我們的教派認同和殺戮。雖然巴基斯坦在地理上位於印度次大陸，但其近代史與中東地區的發展趨勢緊密相關，因而在此敘事中占據了突出的位置。在整個大中東地區，激進主義的興起和文化不寬容的興起不僅同時發生，而且往往相互交織在一起。

從開羅到巴格達，從德黑蘭到伊斯蘭瑪巴德，在我為了這本書進行訪談的每個地方，當我問起一九七九年對於他們的生活有什麼影響時，我都遇到了噴湧而來的情緒波動。我感覺我在為一個國家或地區診療，坐在大家的客廳和書房裡，每個人都有一個一九七九年是怎樣毀掉他們的生活、婚姻和教育的故事，其中也包括那些在這一年之後才出生的人。雖然這本書既不是一本歷史研究，也不是學術論文，但它也不只是一份敘事報導：我深深地埋首於歷史檔案中，瀏覽成千上萬的報紙，採訪許多人，並建立一個關於這四十年歷史的虛擬博物館——它有對已知事件的新解讀，這些事件中有一些被遺忘，有一些被忽略，而大多數事件是在此之前被獨立看待的。這本書橫跨了七個國家的四十年歷史，它打破了許多這個地區的公認事實，並且前所未有地揭示沙烏地－伊朗對立是如何隨時間發展和變異，造成在一九七九年時沒有人能夠預想到的後果。

儘管地緣政治事件為《黑潮》提供了背景和舞臺，但這並不是一本關於恐怖主義、蓋達組織或甚至是ISIS的書，它也不是關於遜尼派和什葉派分裂，或是暴力原教旨主義者對西方國家構成危險的書，這些一直都是西方國家關注的焦點。反之，本書帶來的內容是許多人們鮮為人知的故事，他們在一九七九年這個災難性年份之後的幾十年裡，持續地反抗將其國家逐漸吞噬的智識和文化陰影。這些人是知識分子、詩人、律師、電視節目主持人、年輕教士、小說家；男人和女人；阿拉伯人、伊朗人和巴基斯坦人；遜尼派和什葉派；大多數是虔誠的信徒，也有一些世俗人士，但是他們都是革新的思想家，代表的是黑潮湧動下充滿活力、多元的世界。他們也是沉默的大多數，在那些無論是揮舞著政治權力或是槍炮、對他人冷酷無情的人手下遭受了巨大痛苦。有些人付出了性命代價，比如沙烏地記者賈邁勒·哈紹吉（Jamal Khashoggi），他在二〇一八年十月在沙烏地駐伊斯坦堡領事館中遭殺害。賈邁勒是我的同事，也是朋友。當我在撰寫關於他的段落的時候，他殘忍的死訊給了沙烏地－伊朗對立更宏大的故事中，一個令人毛骨悚然的轉捩點。

本書中所有的核心角色在時間和世代上有所重疊。他們有人認識彼此，但大多數並不認識對方。他們生活在不同的國家，但是身在同一場戰鬥之中。他們的故事包含了其他歷史人物、著名作家或惡名昭彰的武裝分子的其他故事，這是一個蔓延向各處的故事，是一本現代中東政治的《一千零一夜》。

這個故事始於一九七九的前幾年，在地中海的岸邊，在黎巴嫩，一段鮮為人所知的插曲在伊朗革命的醞釀過程中，扮演了至關重要的角色。

第一部

革命

第一章

錄音帶革命

黎巴嫩—伊朗—伊拉克—法國，一九七七年至一九七九年

和平死於和平的家鄉
公正不張
當耶路撒冷城陷落
在世界的心臟，愛意已退，戰爭入主
石室裡的孩子和他的母親瑪麗在哭泣
我在祈禱

——菲魯茲（Fairuz），〈耶路撒冷，眾城之花〉的歌詞，一九七一年

在世俗左派和伊斯蘭現代主義者鼓舞和組織的一場革命下，波斯王國轉變為伊斯蘭神權國家，這場革命的核心深藏著諷刺。這諷刺便是伊朗原教旨主義的阿亞圖拉將其誕生時的痛苦歸功於兩座罪孽和自由之城——貝魯特，阿拉伯現代主義的首都，曾是世人口中的中東巴黎；以及巴黎，啟蒙時代的出生

地。如果不是有這兩個城市放縱的自由，阿亞圖拉魯霍拉．何梅尼（Ayatollah Ruhollah Khomeini）——一個頭腦精明的謹慎男子——可能早已名不見經傳地死在伊拉克聖城納傑夫（Najaf）死胡同中的兩層泥磚屋裡了。這位伊朗教士曾花了十多年煽動推翻伊朗國王，並且進過德黑蘭的監獄。他後來被驅逐出境，並在一九六五年來到了納傑夫，隱姓埋名生活了十三年，他在追隨者的圈子裡受到歡迎，卻被大多數伊拉克什葉派教士所疏遠。在納傑夫，教士置身於政治之外，而且不認同這位認為自己和神有特殊的關係並煽動叛亂的阿亞圖拉。在那些熱衷神學的城市外，有些人把何梅尼看作一個有用的政治工具，是一個能夠喚起大眾加入反壓迫戰鬥的人。不同的人有不同的夢想，從德黑蘭到耶路撒冷，從巴黎到貝魯特，都把他看成一個能夠為自身目的效力的人，卻沒有意識到是他們正在效力於他的目標。

在黎巴嫩的海岸上，有一棟能俯瞰波光粼粼海面的房屋，有三個人在陽臺上因渴望正義而長談入夜，他們想要重塑世界和他們的國家。他們不像是會聚在一起的人——其一是穆薩．薩德爾，一位富魅力、有著綠色眼珠，頭上纏著頭巾的伊朗教士，人稱伊瑪目薩德爾。再來是胡塞因．胡塞尼，穿著西裝、嘴上有鬍的黎巴嫩政治人物。以及穿著軍裝的穆斯塔法．哈姆蘭，他是一位投身到左翼革命派中的伊朗醫生。他們三人中只有一人能從他們夢想所帶來的衝擊中倖存下來。

那一年是一九七四年。反種族隔離鬥士尼爾森．曼德拉（Nelson Mandela）正在南非監獄中服刑。

北愛爾蘭共和軍正在和英國人戰鬥，在英格蘭的酒吧和電話交換機裡安置炸彈。在越南，美軍的火力已經停息。戰爭在親美的南越和北越共產黨之間持續著，但是美國軍隊皆已撤回了，經過十九年的戰爭，毀滅性的是死傷人數——兩百萬越南平民、一百五十萬越南軍人和六萬美軍傷亡。而尼克森總統才剛為了避免因不光彩的水門醜聞被彈劾而辭職。當時的男人留長髮、繫寬領帶，齊柏林飛船（Led Zepperlin）是世界上最重量級的搖滾樂團。在一九七五年四月，西貢淪陷於共產黨之手。就在同一個月，戰爭在黎巴嫩爆發，冷戰的烈火將從東南亞轉燒到中東。

但眼下——一九七四年的夏天，在貝魯特以南十分鐘路程的海濱小鎮卡爾德（Khalde），那三個男人在胡塞尼家會面，他們正在回首過去一年獲得的成就。他們夢想著跨國邊境線，雖然目的地各不相同，他們反抗壓迫的旅程卻是一樣的。戰爭只是圍繞在他們周圍的低語聲。

那年夏天，瓊・拜雅（Joan Baez）有力而溫柔的歌聲從東方傳來，迴盪在肥沃的貝卡谷地（Beqaa Valley）乾燥又涼爽的土地上。這位美國民謠歌手、民權運動人士、馬丁・路德・金恩博士的朋友、巴布・狄倫（Bob Dylan）的情人，正在為從貝魯特和阿拉伯世界各地趕來參加國際巴勒貝克（Baalbek）音樂節的樂迷和社交名流彈奏著吉他。她在巴勒貝克最大、保存最好的古羅馬城市赫利奧波利斯（Heliopolis）的舞臺上唱著關於自由的歌，答案飄蕩在風中：「有些人要生活多少年才被允許獲得自由？」拜雅問道。

艾拉・費茲傑羅（Ella Fitzgerald）、魯道夫・紐瑞耶夫（Rudolf Nureyev）和紐約愛樂樂團（New

York Philharmonic），以及黎巴嫩超凡優雅的代表歌手菲魯茲，還有埃及歌后烏姆．庫圖姆（Umm Kulthum）都曾獻唱於巴勒貝克音樂節，在酒神巴克斯和朱庇特神殿的高大立柱下演出。那一天，遊人在著名的廢墟遺址周圍漫步；傍晚時分，幾百人走向小鎮觀看演出，當地人則在活動入口處出售紀念品和小吃零食。

以一座城市而言，巴勒貝克是一個不發達的小地方，有的住宅區甚至稱不上整潔——有明溝直接穿越街道。這裡沒有小學，但城市周圍到處都是開闊的大麻田，意味著這裡有財富、有貧窮——以及很多槍枝。這就是一個典型被忽略的偏遠地區的故事，但是在巴勒貝克（正如黎巴嫩的其他地方一樣），還有更多的分別，也就是宗教。在這個小國裡，擁有令人難以想像的宗教多元性，分為三個群體，其一是基督徒，他們是少數，但握有正離開的殖民統治者交給他們的主導地位；其二是遜尼派穆斯林，傳統的布爾喬亞商人階層，他們是城市居民並且是文官系統中的多數；還有什葉派穆斯林，他們被遺忘和受壓迫，在貝卡谷底的土地中耕種馬鈴薯或大麻，或是在南部收割菸草。在城市中，什葉派是擦皮鞋的小工、賣報紙的小販，或者是餐廳裡的服務生。也有什葉派的地主，但他們同樣在土地上被其他人頤指氣使。什葉派也有顯赫人士和像胡塞尼一樣的政治人物，他在十九歲時就突破了重重障礙，成為一個小城鎮的市長。巴勒貝克有這三個群體的混合社群，但什葉派是最主要的。

黎巴嫩什葉派社群的歷史據說可以追溯到伊斯蘭最早的時期，是麥地那之外最古老的社群，在那裡，當先知穆罕默德去世後，有一些人選擇先知的堂弟和女婿、法蒂瑪的丈夫阿里作為理所當然的繼承人。[1]他們被稱為「阿里的黨人」（shi't Ali）。其他人則相信先知已經指任了他親近的聖門弟子阿布．巴克爾（Abu Bakr）作為他的繼任者和穆斯林國家的第一位哈里發。雙方的角力是為了兩種對立繼承權的觀點。其一是宗教性的，透過被稱為「伊瑪目」（imam，領拜的人）的先知血脈延續；另一種是更世俗的，以權力為中心，由睿智的人取得共識來選擇「哈里發」（caliph，字面意思是「繼承人」）。[2]關於由誰來管理穆斯林和由誰來向社群徵收稅金的鬥爭，將發展成伊斯蘭最初幾十年的內戰，並且其後轉變為神學上的分裂。什葉派的帝國的確會出現，但是整體而言，什葉派的歷史是一部對立、犧牲和殉難的少數群體歷史。幾百年來，什葉派在黎巴嫩積聚了財富和力量，並且在國家南方的阿瑪爾山（Jabal Amel）地區建立起了一個什葉派學識中心。當國王伊斯瑪儀（Ismail）在十五世紀的波斯建立起薩法維王朝（Safavid dynasty）時，他幾乎在一夜之間就強逼著他的遜尼派臣民改信什葉派。他從伊拉克的什葉派聖城卡爾巴拉（Karbala）、納傑夫以及阿瑪爾山帶來了什葉派教士和學者，教授和傳播新的信條。在鄂圖曼人統治時，黎巴嫩的什葉派繼續維持反抗自治權，但是身為遜尼派帝國中的少數群體，他們最終還是得屈服。當現代黎巴嫩出現後，什葉派和遜尼派之間的界線常常是流動的，以宗教角度甚至是認同感的角度而言都是如此，兩者之間最極端的分歧是城鄉差距。整體而言，什葉派信徒和他們的遜尼派、基督徒鄰居和諧地生活在一起，而且他們也接受這樣的命運。

伊瑪目薩德爾是來這裡喚起他們的。他在一九五九年從伊朗搬到黎巴嫩，到這裡來強調什葉派受到的掠奪，並如同傳教士所做的，在這出力建立學校和診所。正如所有在伊拉克、伊朗和周邊各地的薩德爾家族成員，他們的祖先來自黎巴嫩。如今他把遷徙的方向調轉過來，他戴著黑色的纏頭巾，這代表他是一名教士，但也是一名「sayyed」（賽義德）——先知的後裔；他的頭銜「伊瑪目」則是由他的虔誠追隨者給他冠上的額外榮譽。在一九七四年那個寒冷的三月，他來到巴勒貝克以喚醒什葉派的政治知覺。從以什葉派居民為主的南部沿海的柳橙園和菸草田，從北部基督徒核心地區的什葉派小村莊，以及從被以色列轟炸的南部村莊逃亡到貝魯特的簡易磚頭貧民窟的人，來自黎巴嫩各地的什葉派信徒都前來聽這位魅力非凡的導師演講。人們乘著公車、私家車，不惜路途遙遠，有的人甚至要花超過一整天的時間，穿越一個沒有公共交通網絡的小國前來聆聽他的演說。當伊瑪目薩德爾抵達巴勒貝克的郊外時，道路已被堵得水泄不通，他被迫得在沿路的城鎮中停留。人數約有七萬五千人，看起來都帶著ＡＫ－47步槍和二戰時的老式槍枝，匯聚在巴勒貝克聽他演說。當人群向他湧來並想要觸摸他的衣服時，他甚至沒辦法走到講臺前，連黑色的頭巾都差一點掉了，慶賀的鳴槍聲震耳欲聾。

「我有比子彈更銳利的詞語，所以請收起你們的子彈。」他這樣告訴聽眾。[3]伊瑪目薩德爾撻伐位於貝魯特的政府忽略黎巴嫩的什葉派和農村地區，道路崎嶇不平，缺少學校與例如水和電力的基本權利。在一個有十八個不同宗派的國家裡，什葉派是第三大的社群，但是在官僚系統層級中卻極少被擢升；提拔的機會略過他們，他們得從事更低層的工作。在黎巴嫩的不成文憲法中，議會發言人的職位永遠屬於什葉派——這是一個沒有政治權力的位置，幾乎完全在基督徒總統的股掌之間。黎巴嫩這個國家，現代且擁有多元文化，各勢力都有自己的範圍，恩庇侍從主義盛行，而且從來就沒有人為什葉派說話，抑或是出面領導什葉派的鬥爭。現在，他們有了伊瑪目薩德爾。

「除了怒火和革命，政府還有什麼可以期待呢？」他對著人群提出這樣的警告。他列舉什葉派受到的種種不正確待遇。在來到黎巴嫩的時日裡，他已經獲得了一些進展，幫忙建立了高等什葉派委員會（Higher Shia Council）來替社群的需求進行遊說。但是進展很遲緩，而現在是提高聲量的時候了。「武器，」他告訴他的追隨者：「是男子漢的飾品。」薩德爾並非在呼籲武裝鬥爭，但是他明白光是帶著一把槍就能獲得力量的感受。他不是一個軍事領袖，但他也不是一個只把注意力放在神學和教區事務上的傳統靜默主義的教士。他是一個社運分子，而且雖然他關注的是什葉派信徒的窘況，但是他為所有社群受到的剝削和不公吶喊。巴勒貝克的集會象徵「阿瑪爾運動」（Movement of the Disinherited）的發起，這場運動是薩德爾和他的朋友胡塞尼剛剛成立的，這個多宗教運動是超過十年的運作所取得的成果。

一個身高六．六英尺（約兩百公分）的彪形大漢，薩德爾和黎巴嫩有史以來的所有領袖都不一樣，這是一個人民都待在自己宗派認同圈裡的國家。雖然他出生在伊朗的聖城庫姆（Qom），但是他的祖先來自阿瑪爾山。他是一個現代主義者，是一個不僅接受宗教經院教育，而且還在世俗教育機構念過書的罕見教士，擁有德黑蘭大學（Tehran University）的政治學學位。他的家族親緣關係十分廣闊，跨越了多國邊界和種族，模糊了阿拉伯人、波斯人和突厥人的界線，他的表親遍布天下。伊拉克的聖城納傑夫是所有連結交會的地方。薩德爾也在跨越思想的邊界，對一個又一個世界敞開胸懷。在泰爾（Tyre），有一基督徒小販，因為他的什葉派鄰居認為非穆斯林做的任何食物都不乾淨，他的生意陷入困境，薩德爾會去跟他買冰淇淋。基督徒女性為他著迷，而且儘管教士一般不會跟女性握手，但是他出於禮貌，時而有所例外。他在遜尼派學校裡教書，在貝魯特聖約瑟夫大學開設伊斯蘭哲學的課程，並且在全國各地的教堂裡禮拜。當他站在一個祭臺後面，頭頂上是一尊耶穌受難雕像，他的頭上戴著象徵先知穆罕默德後裔的黑色纏頭巾，面前是一整個教堂，這樣的情境令人震撼。他曾經在靠近以色列邊境的一個很小的基督徒村莊裡吸引了一大群人。[4]他遲到了半個小時，然而當他終於風塵僕僕地趕到，出現在講臺後時，焦急的基督徒禮拜者喊出了「神本為大」，這是鬆了一口氣的呼喊，彷彿是基督本人抵達了一樣。

薩德爾對他不同的聽眾都十分了解。他用憂鬱的語調對牧師、修女和湧入教堂中的人講話，向被壓迫者中間的傳道者耶穌致敬；[5]用激昂的語調對著巴勒貝克持槍的聽眾呼喊，喚起他們的悲傷——對先知的孫子、阿里和法蒂瑪的兒子，在六八〇年於卡爾巴拉殉難的伊瑪目胡笙。阿里的黨人大致已經接受先知的繼承人應是由智者組成的委員會選擇的哈里發。然後有一位哈里發把繼任的位置傳給了他的兒子亞齊德（Yazid）。人們對於這種任人唯親的行為存在普遍的不滿，胡笙對這種不公揭竿而起，帶著他的追隨者面對亞齊德的軍隊。他的犧牲讓此時仍屬於新生的什葉派認同得以鞏固下來。他遇害的那一天是伊斯蘭曆的阿舒拉（ashura，譯注：指一月十日），胡笙成了一個悲劇性、被讚頌的人物，他的屍體埋葬在戰場的附近。在接下來的幾個世紀中，什葉派的追隨者默念著「每一天都是阿舒拉，每一吋土地都是卡爾巴拉」。

但就如同每一個歷史事件，這件事也存在著不同的解讀。有一些歷史學家摒棄伊瑪目胡笙的努力，將這件事解讀為一個失敗的故事；[6]有一些人則把這場戰事視為兩個容易犯錯的人在爭奪權力；還有人把胡笙描述成一個為了正義而反對暴政的叛亂者。他是怎樣走向戰場的呢：尋求殉難，心意已決地騎馬赴死？阿亞圖拉何梅尼後來的論述是說他主動赴死殉難。在巴勒貝克，薩德爾為他的追隨者描述的是一個從悲傷中剝離出來的胡笙，不是受難者的故事，而是一場反抗不公的反叛。因此薩德爾呼籲他的追隨者不要尋求死亡，而是要像伊瑪目胡笙一樣，帶著勇氣舉起反叛的義旗。

這裡有許多需要反叛的事物，在黎巴嫩南方尤其如此。這裡主要是什葉派，其中有零星的遜尼派和基督徒村莊，此地正處在區域衝突的交火之中。黎巴嫩是成千上萬巴勒斯坦難民的棲身所在，這些人自從英國結束對巴勒斯坦的託管，和一九四八年以色列國在巴勒斯坦的部分領土上創造出來時，就成了沒有國家的人。自從一九六〇年代開始，難民中就出現巴勒斯坦游擊隊戰士，他們帶著槍亂跑，對邊境不遠處的以色列發動攻擊，心懷著從這個新國家手上奪回失去土地的希望。

隨時隨地可感受到以色列的軍事優勢，他們的飛機會空襲黎巴嫩南部的巴勒斯坦難民營，並炸毀村莊，以色列的坦克也會進到黎巴嫩。黎巴嫩的軍隊不是以色列國防軍的對手，羸弱的黎巴嫩政府也無力控制巴勒斯坦人的游擊隊。村民無論是穆斯林還是基督徒，都怨恨巴勒斯坦戰士把以色列的怒火引到他們身上，摧毀他們的生活和生計。

薩德爾責備政府無法保護人民，但是對巴勒斯坦人隻字不提。他和朋友胡塞尼與哈姆蘭，同樣在一個不可能的矛盾中鬥爭著：如何保護社群不受以色列的報復，同時能夠忠於巴勒斯坦人的事業、失去的阿拉伯土地和耶路撒冷，現在大多數的阿拉伯人都無法造訪這座聖城，因為以色列在一九六七年的六日戰爭中奪下了整個城市的控制權。

難上加難的是，巴勒斯坦人在黎巴嫩的難民營還是當時該區域中所有革命者的訓練營，從日本紅軍到德國紅軍派（Baader-Meinhof）團體，還有想要推翻國王統治的伊朗人，其中包括薩德爾的朋友哈姆蘭。在那個時代，在黎巴嫩受訓是革命者的必經之路，甚至在內戰之前，武器軍火已經很容易取得了。你能跟那些坐在茶館中手裡捏著念珠的發福男人買到槍。[7] 如果他們手上的貨賣完了，你可以去他的鄰居或者競爭對手那裡買到，他們就在街角的理髮店或是雜貨店裡。貝魯特就是一個花花公子、間諜和軍火中間商的遊樂園。

在古巴、阿爾及利亞和越南的革命與叛亂成功的鼓舞下，伊朗各個政治光譜中的反對派，無論是馬克思主義者、民族主義者、宗教原教旨主義者，或是伊斯蘭現代主義者，他們都在探索對伊朗國王發起武裝叛亂的選擇。穆罕默德．禮薩．巴勒維國王（Shah Mohammad Reza Pahlavi）自他的爸爸禮薩．巴勒維國王（Reza Shah Pahlavi）於一九四一年退位後，就一直坐在王位上。波斯帝國有兩千五百歲了，但是巴勒維王朝卻很年輕。一九二五年，憑藉著英國人的幫助，禮薩．巴勒維，一名波斯哥薩克軍隊中的准將，結束了卡札爾王朝兩個世紀的統治。父子兩人在試圖強行推動國家現代化的過程中，一直面臨著挑戰。一九六三年時，穆罕默德．禮薩．巴勒維發起了一場大範圍的改革計畫，他將這場改革稱做「白色革命」（Whit Revolution）。何梅尼和其他的教士批評這場改革是一個專制君主推行的伊朗西化運動，對於賦予女性更大權力，包括競選公職和擔任法官等，他們尤感憤怒。在教士的推動下，左派分子、倒皇派、學生激進分子也走上了街頭，每一群人都有各自的理由。國王鎮壓了抗議行動，有許多人喪生。反對派的領袖不是被捕就是轉入地下或是四散在海外。何梅尼去了土耳其，去了伊拉克，但是黎巴嫩提供了他接觸伊朗異議者的便利途徑，以及在宗教上和社會上志同道合的人，甚至還有娛樂——那些更加世俗的革命者在白天受訓，下午可以去海灘放鬆，或是在貝魯特的酒吧裡度過他們的夜晚時光。

哈姆蘭是伊朗解放運動（Nehzat-e Azadi-e Iran，Liberation Movement of Iran）的關鍵成員，這是一個參加過一九六三年反國王起義的反對黨。這個組織的創立者，邁赫迪．巴札爾甘和自由派教士阿亞圖拉馬哈茂德．塔勒加尼（Mahmoud Taleghani）是宗教現代主義者，虔誠，但擁護政教分離。他們也拒斥白色革命，而且相信伊朗現代化並不代表要掏空它的靈魂。一九六三年後，伊朗解放運動的領導層必須要地下行動或是出國。從德黑蘭到開羅，接著到美國的柏克萊，哈姆蘭最終於一九七一年搬到了黎巴嫩。當他幫助胡塞尼和薩德爾改善黎巴嫩什葉派的生活時，他也忙著在不同的巴勒斯坦難民營中組織伊朗解放運動的訓練。好幾百個年輕的伊朗人——不管是馬克思主義者還是教士等等——都來到這些營地中。[8]他們很快就會變成伊朗革命的先鋒隊。

哈姆蘭在黎巴嫩南部的城市泰爾定居，這是一個古老的腓尼基城鎮，也是迦太基女王蒂朵（Dido）或愛莉薩（Elissar）出生的地方。他虔誠，但是人生態度是世俗的，在他的生活空間裡找不到任何宗教符號，在他的汽車裡，沒有任何一捲關於伊瑪目胡笙的宗教誦讀或講道的錄音帶。這位擁有博士學位的革命者開著車在黎巴嫩到處走，他喜歡聽烏姆．庫圖姆的歌，她曲中那憂鬱的歌詞似乎永無止境，還有她那一遍遍、令人陶醉的愛的吟誦。薩德爾則是對在伊朗享有和烏姆．庫圖姆同等地位的歌手瑪爾齊葉（Marzieh）深深著迷，她是一個教士的女兒，演唱過上千首充滿激情、單戀的情歌。[9]她的女中音唱法讓他在對國家的思念中流下眼淚。

在胡塞尼家的陽臺上，當這三個朋友開啟宗教在他們人生中的角色及其限制的深夜談話時，播放的背景音樂通常是在黎巴嫩無人不曉的歌后菲魯茲的音樂。兩個伊朗人都能說完美的阿拉伯語，哈姆蘭則帶著較重的波斯語口音。在胡塞尼的什葉派認同中，文化上的認同多於宗教的教條，他的認同是由社群傳統、哲學還有來自阿瑪爾山的聖賢的詩歌，以及什葉派的社會平等論述所塑造出來的。伊瑪目薩德爾偶爾會在水煙中放縱一下，這對一個教士來說是十分不尋常的行為。他幾乎是隨意地戴著他的纏頭巾，偶爾戴得歪歪斜斜，或是有一縷頭髮露出來。他認為對細枝末節的古板要求是精神上擁抱宗教的障礙。

他們的話題中有什葉派和黎巴嫩的社群……有伊朗和國王……還有耶路撒冷。這些議題是讓這三個男人能相聚，也是他們興趣的交集所在。胡塞尼家更主要關注的是耶路撒冷，它就像一個位於阿拉伯世界的心臟上的一個巨大空洞，是永恆的提醒。在他家的牆壁上，掛著一張兩公尺長的黑白海報，上面畫的是伊斯蘭的第三大聖地——阿克薩清真寺（Al-Aqsa mosque）。以阿衝突的傷口毫無疑問成為驅使人民採取某些行動的核心，並導致一九七九年及之後幾年中發生的事件。

第一次世界大戰期間，英國人從崩潰中的鄂圖曼帝國手中占領了耶路撒冷，一九一七年十二月十一日的《紐約先驅報》（*New York Herald*）在頭版新聞中宣布「耶路撒冷在六百七十三年的穆斯林統治後獲救」。在同一年，英國外務大臣亞瑟．貝爾福（Arthur Balfour）在以他的名字命名的《貝爾福宣言》中向猶太人許諾在聖經中的巴勒斯坦建立一個民族家園，但是他也指出「應清晰地理解到，不可損害巴勒斯坦已存在的非猶太社群的任何公民權利和宗教權利」。一九二一年，英國最高專員於報告裡指出，[10]在英國託管的巴勒斯坦，猶太人雖然在耶路撒冷已經成為多數，但仍只占巴勒斯坦全部人口的一〇%——他們大多數都是在最近四十年中搬來的，其中包括從俄羅斯逃離迫害而搬來的人。[11]還有更多人正陸續抵達，隨著定居點增加、從事柳橙及尤加利樹種植和釀造葡萄酒的農業殖民地發展，希伯來語這個曾經很少使用的語言漸漸復甦了。

到一九六三年時，已經出現猶太人和阿拉伯人之間的武裝衝突。雙方都發起反對英國託管的起義，但是阿拉伯人也在為了反對不斷湧入巴勒斯坦的猶太移民而鬥爭。猶太移民不僅是在逃離迫害，而且也在回應十九世紀末錫安主義運動（Zionist movement）創始人赫茨爾（Theodor Herzl）所提出的願景，也就是在聖經中的以色列土地上建國。到一九四七年時，隨著殖民勢力撤出中東地區，以及可怕的大屠殺東窗事發，為猶太人提供一個家園與安全避風港，成為新的迫切需求。數萬名來自納粹死亡集中營的猶太倖存者是歐洲的難民，他們先前的社群已經遭毀，而且第三國家都相繼在大屠殺期間關上了猶太移民的大門。在一九三七年，有一份新的分治計畫先是送交至聯合國，要求建立兩個國家：一個阿拉伯人的國家和一個猶太人的國家。新的聯合國人口普查顯示巴勒斯坦的猶太人口已經增加到三分之一，另外的三分之二是混合在一起的穆斯林和基督徒阿拉伯人，但是該計畫是將土地在阿拉伯人和猶太人中間分割。聯合國大會在一九四七年十一月二十九日通過了「分治計畫」（Partition Plan）。在一九四八年五月十四日，當最後一批英國軍隊撤離，猶太領袖在聯合國計畫中劃歸他們的土地上宣布了以色列建國。

但是阿拉伯國家已經拒絕了「分治計畫」，並宣布他們會繼續為一個不可分割的巴勒斯坦戰鬥。他們在五月十五日發動戰爭，將成千上萬的部隊和坦克派至邊境。新成立的以色列國已經動員了起來。在許多歐洲國家的後勤援助和武器運輸的幫助下，以色列人組建了一支火力很快就超過阿拉伯人的軍隊。在一年之內，以色列控制了前英國託管巴勒斯坦七八％的領土，其中包括西耶路撒冷，而約旦在包括東耶路撒冷在內的西岸（West Bank）和耶路撒冷城牆內的老城行使行政權，埃及控制加薩走廊（Gaza Strip）。阿拉伯人失去了巴勒斯坦，這是一場大浩劫，是世人所知的「nakba」（浩劫日）。好幾十萬的巴勒斯坦人被迫逃亡，無論是在國內逃亡或是逃往鄰國。巴勒斯坦人感受到他們正為歐洲人償還猶太大屠殺的罪惡而犧牲自己的土地。他們帶著自家的鑰匙離開，但從沒有放棄過要回家的念頭。但是在一九六七年，在六日戰爭期間，阿拉伯人丟掉了更多的土地，加薩、西岸、東耶路撒冷（包括阿克薩清真寺所在的耶路撒冷老城）、埃及的西奈半島和敘利亞的戈蘭高地。耶路撒冷睽違兩千年又處在猶太人的統治下。在整個阿拉伯和穆斯林世界裡，充滿著懷疑、驚駭和淚水。阿拉伯人將他們的信念寄託在民族主義和埃及總統納賽爾身上。不久前的一九五六年，納賽爾從一場控制埃及蘇伊士運河的勝仗中崛起，這惹怒的不僅是法國和英國，也包括以色列。這位極富領袖魅力的民族主義者成為整個阿拉伯世界數百萬人心中的英雄。這一次他怎麼會輸呢？也許有些人認為，神已經遺棄了穆斯林；也許回歸宗教才是答案。

在數百萬阿拉伯人的心中，巴勒斯坦繼續活在他們的集體意識之中，現在巴勒斯坦難民也生活在他們的身邊，在黎巴嫩、敘利亞、約旦都有巴勒斯坦難民，他們主要棲身在帳篷或是臨時搭蓋的棚戶裡。巴勒斯坦人已經受夠了這些阿拉伯軍隊不斷失去寶貴的領土。是時候到了用密集游擊隊戰術的時候了，起身領導他們的人叫做雅希爾．阿拉法特，一個來自加薩的巴勒斯坦人，在一九六九年時就已經成為巴勒斯坦解放組織（Palestinian Liberation Organization，PLO）的主席。單槍匹馬和以色列人作戰，或是與其他阿拉伯人一道作戰的各個武裝巴勒斯坦人派別，開始在約旦和黎巴嫩的難民人口中鞏固自己的地位，有更多的戰士加入並對以色列發起攻擊。約旦國王將不允許這樣的事情發生——他的軍隊在一九七〇年殘酷地鎮壓巴勒斯坦解放組織。更多巴勒斯坦戰士和更多的難民，前往了黎巴嫩。

以色列對巴勒斯坦游擊隊的報復已經成了黎巴嫩南部生活的一種常態。在這個少數族群的小國裡，外部的支持者非常重要，身為舊殖民勢力，基督徒視法國——這個舊殖民勢力——為他們的保護者。遜尼派有自己的選擇，他們根據自己的政治傾向，有人求助於埃及或敘利亞，其他人則傾向沙烏地阿拉伯。什葉派認為他們無依無靠，伊朗國王是以色列的盟友，且他們最關心的就是密切注意黎巴嫩的伊朗反對派。

胡塞尼想要提高世人對這種狀態的關注。他想要有一個講話大聲，且足夠強大到可以向國王施壓的人，以改變他對以色列的立場。在一九七四年，這位年輕的議員去了納傑夫面見阿亞圖拉魯霍拉·何梅尼。即使在流亡中，他的聲勢也非同小可。胡塞尼向這位七十二歲的阿亞圖拉解釋了作為黎巴嫩什葉派信徒的雙重負擔。他的社群在以色列的炮火面前毫無防備，而一個什葉派人口占多數的國家的統治者是以色列人的盟友。[12]胡塞尼指出，何梅尼不像在伊朗的同事那樣身陷囹圄，雖然何梅尼的名字在報紙上遭禁，但他是相對自由的，甚至在伊拉克的獨裁統治下也是如此。他勸說這位阿亞圖拉可以發聲，並與他談起他和其他在黎巴嫩的人，例如哈姆蘭，是如何支持一場伊朗革命。何梅尼對這次拜訪一定十分高興；他很懷念身處在政治行動中心的感覺。很快就會有其他人在他的耳旁低語關於巴勒斯坦事業的種種，在他心中，這是比黎巴嫩什葉派的境遇更令他關心的事——它有更大的潛力來滿足他讓自己的聲音傳到納傑夫之外的渴望。

何梅尼在什葉派伊斯蘭的首都納傑夫——一個好比「梵蒂岡」的地方——生活了十年，仍然是一個外人。當他抵達這座伊拉克城市時，高級教士已經拒絕他提出的在伊朗和伊拉克發動什葉派起義的請求，在伊拉克，掌權的是世俗民族主義的復興黨（Baath Party）。他們告訴他，這不是一名教士要扮演的角色。在一場張力十足的會面中，最高級教士對這位伊朗阿亞圖拉如此說道：「讓人這樣去送死是沒有意義的。」[13]這樣的拉扯將無止息，讓何梅尼懷疑「我到底是犯了怎樣的罪，才要在我人生所剩不多的幾年裡被禁錮在納傑夫？」[14]

何梅尼絕不退讓的立場吸引到一些人追隨。納傑夫是最古老、聲望最顯赫的什葉派神學研習場所（hawza，Shia seminary），來自世界各地的什葉派信徒匯集於此，他們不僅是來造訪伊瑪目阿里（Imam Ali）的聖墓，並且也來這裡學習。在曠日經年中，何梅尼訓練出了上百名教士，並且向成千上萬的學生傳道，這些學生隨後回到伊朗、巴林或巴基斯坦。在這些演說中，何梅尼提出了他對於伊斯蘭法（沙里亞，shari'a）統治下的伊斯蘭國家的願景，他在演說中使用波斯語以避開伊拉克政府的審查。[15]在傳統的什葉派信仰中，完美無暇的伊斯蘭國家將只會存在於馬赫迪（或隱遁伊瑪目）歸來之時，這樣的人物是像彌賽亞一樣的救世者，是阿里身後的第十二位伊瑪目，此人在九世紀時隱遁了起來。在這位不朽之人回歸前，統治權將會在世俗國家的手中。但是何梅尼斷言《古蘭經》事實上已經為世人提供了建立一個伊斯蘭國家的所有法律和所需條例，先知和伊瑪目阿里本打算讓有學問的人來執行這些法律和條例。有了這些工具，一個睿智的人，或是一個「法基赫」（faqih，指伊斯蘭教的法學家），將能夠監護和統治這樣的國家，這稱為「*wilayat*」，這位法學家有絕對的權力帶來完美和公正的伊斯蘭社會。「Wilayat al-faqih」，或「法學家的監護」（Guardianship of the Jurist，也譯為「法學家治國」）的概念一直是什葉派法學理論中的一個分支，教士認為，在當今時代，這種監護權只適用寡婦和孤兒。何梅尼則是將它轉化為了一個直接、政治性的目標。

當伊瑪目薩德爾讀到何梅尼寫的小冊子時，他簡直驚訝得合不攏嘴。雖然這兩個人是遠房姻親，但他們共同點很少，一個務實，一個毫不妥協；一個講求俗世的事物、涉略廣泛，另一個孤絕而排他。早在一九七三年時，薩德爾曾透過一位朋友轉達，告訴何梅尼關於他對國王觀點的警告：「這是個從病態腦袋中流出的汁液。」[16]但除此之外，他對這位阿亞圖拉的疑慮幾乎從不向外人透露。薩德爾似乎是要向國王施加足夠的壓力讓他軟化，且和反對者展開互動，而不是推翻國王。到目前為止，何梅尼是一把有用的利器，他腦海中的瘋狂伊斯蘭政府的念頭根本不可能實現，至少在薩德爾看來是這樣的。在一九七四年訪問納傑夫期間，胡塞尼並沒有和何梅尼提起法基赫，也沒有爭辯它的瘋狂。[17]

在黎巴嫩，哈姆蘭和伊朗解放運動的同僚正要超前薩德爾和胡塞尼。他們之中包括薩迪格．胡特布扎德，一個高大、寬肩、高調沉溺於女色的人，也是一個曾經就讀於喬治城大學，但是從未畢業的前學運分子。還有常常從美國前往黎巴嫩的易卜拉欣．亞茲迪，他在美國流亡，戴著一副黑框眼鏡，捲髮、留著大鬍子，穿一件粗毛呢大衣，看起來就像是一個法國知識分子，但實際上擁有生化博士學位。哈姆蘭、胡特布扎德和亞茲迪組成伊朗解放運動組織的核心，其成員都是伊朗的中產階級或是過著舒適生活的伊朗富人。他們三人皆出身自傳統的商人家庭，來自勢力強大的巴扎（Bazaar，市場，其中還包括工匠、行會和學徒）商人階層中的頂端。在伊朗，巴扎一直是一股政治力量，在自己的領域中發動反抗西方競爭的運動，且常常與反感西方對伊朗施加影響的教士擁有共同立場。這樣的聯盟在之前一九〇六年立憲革命時就產生了波瀾，君主政體受到動搖和轉化，但它成為一套統治系統延續下來。當前的年輕世代革命者想要撕碎整個結構。

與伊朗解放運動組織一起行動的是阿布哈桑．巴尼薩德爾，他是一名在巴黎流亡的左派民族主義者和經濟學教授。巴尼薩德爾、哈姆蘭、胡特布扎德和亞茲迪都是同一代人，他們出生在一九三〇年代初期或中期。他們歷經過伊朗一九五〇年代的動盪，當時美國中央情報局發動的政變推翻了受人民愛戴、主張獨立於國王的民族主義者總理穆罕默德．摩薩台（Mohammad Mossadegh）。一九五三年的那場政變讓他們所有人都初次嘗到了社會運動的滋味。巴尼薩德爾說話溫和可親，嘴脣上方留著黑鬍，頭髮濃密、身材不高，他的爸爸是一名阿亞圖拉，他沒有進入宗教界，而是選擇從政。他在孩提時期就見過何梅尼，且曾和教士的小孩一起玩耍。[18]一九七二年時，當在納傑夫再次見到那位阿亞圖拉的時候，他對他並沒有好感，他發現何梅尼既不友好、又孤立。巴尼薩德爾也心存懷疑地讀了何梅尼關於伊斯蘭政府的書。他的左翼同事都覺得書的內容十分怪異，以至於他們認定這本書是伊朗政權偽造的，想要用這樣的東西把何梅尼汙衊成一個宗教狂人。

但是伊朗反對派需要這樣一個放火的人來激起革命，並借助這樣的人來接觸清真寺中的廣大民眾。民族主義者和左翼人士是很好的組織者，但是他們沒有群眾的追隨，也沒有切．格瓦拉（Che Guevara）那種領袖魅力。巴尼薩德爾警告何梅尼不要談論他的法學家監護，因為這讓他看起來很不切實際。連什葉派聖城納傑夫的日常事務都只能勉強管理的教士要怎麼管理整個國家呢？何梅尼說他的著作只是一個出發點，以此來推動世人展開對最佳政府形式的討論。巴尼薩德爾對此很滿意。革命的奠基工作現在可以開始了。

星星之火是在一九七七年點燃的。始於阿里．沙里亞蒂（Ali Shariati）在六月份的死。此人是一個危險的理想主義者，他高大又英俊，三十出頭，禿頂上有些稀疏的髮絲。沙里亞蒂是在巴黎學習社會學的民族主義者，他和哈姆蘭以及其他伊朗解放運動組織成員是同一代人，也是在摩薩台的時代長大的。他年輕時，曾因為畫街頭塗鴉表達對摩薩台的支持被當場逮捕，並被迫把牆上的畫舔乾淨。沙里亞蒂是一個充滿矛盾的人，他父親是聖城馬什哈德的一個宗教領袖，但他不喜歡教士的影響；他虔誠信教，但是他曾經承認說如果他不是穆斯林，那麼他就會當一個馬克思主義者。[19]既是左派，又是伊斯蘭主義者，他的衣著打扮是西式的，穿著西裝，戴著領帶，鬍子總是刮得乾淨又俐落。但是他鄙視歐洲那種枯燥乏味的現代性，並且大聲疾呼反對伊朗人拒斥自己的歷史並對西方的一切事物照單全收。與此同時，他還嘲弄那些拘泥於傳統，陷在過去無法自拔的普通人：「沒有未來的過去是一種倦惰而停滯不前的狀態，沒有過去的未來則疏遠而空洞。」[20]因此在他追尋一個忠於自己國家的過去，既保持伊朗獨特的身分認同，又認同伊斯蘭的未來時，他將目光投向了外國作家。他受到了來自馬丁尼克島（Martinique）的反殖民思想家弗朗茲．法農（Frantz Fanon）、法國存在主義者尚－保羅．沙特（Jean-Paul Sartre）的啟發，後者與許多伊朗革命者的關係很緊密。[21]從這一切矛盾中，沙里亞蒂創造出一種什葉派的新形

象，甚至比伊瑪目薩德爾在黎巴嫩宣導的什葉派更好鬥、更具動員性。在沙里亞蒂深度政治化和叛亂性的什葉派版本中，不存在任何靜默主義或是儀式性。他首創紅色什葉派這個詞，染上了馬克思主義的色彩，為了獲取社會公義已準備好做出犧牲。這套理論的對立面是黑色什葉派，是靜默主義的、是儀式性的，也是臣服於統治者和君主的。他斷言，透過重探真正的伊斯蘭，伊朗可以變成柏拉圖在《理想國》中描繪的那種烏托邦社會，有完美領袖，也有哲學家國王。除了沙里亞蒂並不認為教士應該在政治中扮演任何角色，這理論和何梅尼的法學家監護概念驚人地相似。何梅尼看不起那些世俗思想家，但是他喚醒沙里亞蒂的激進熱情，為他的目的服務。

一九七一年時，沙里亞蒂公開呼籲大眾起身反抗國王。在馬什哈德大學發表演說的時候，他一邊抽菸，一邊侃侃而談，演講時間有時候還會拉到六個小時之久，他的聽眾被迷住了，他們的思想被他俘獲了。到一九七三年時，他已身陷囹圄。在四年刑滿釋放後，他去了倫敦。一個月後因突發心臟病而死——但很多人覺得此中有異，並將他的死因歸結於國王的祕密警察機構 SAVAK。伊瑪目薩德爾讚揚沙里亞蒂所提出關於解放和改革論述的努力，該論述對穆斯林社會來說是非常本土的。[22]

下一個死去的是年僅四十七歲的穆斯塔法．何梅尼，他是這位阿亞圖拉的長子，也是他最信賴的左右手，穆斯塔法因其體重問題而有健康之虞，但是他的父親讓陰謀論流傳，說他神祕的死亡是 SAVAK 所為。此前的伊朗已經動盪多年，但是大壩真正決堤是在一九七七年的十一月，國王允許何梅尼在伊朗的親戚為穆斯塔法舉行離世四十天的悼念活動。何梅尼的岳父在發行量巨大的《宇宙報》（*Kayhan*）

上發布了一則公告，將穆斯塔法稱為「全世界所有什葉派信徒的最高領袖的後代」。[23]在德黑蘭清真寺裡的星期五，禮拜者說要為「我們唯一的領袖、信仰的捍衛者、伊斯蘭的偉大戰士、大阿亞圖拉何梅尼祈禱」。十四年來，何梅尼的名字一直是伊朗的禁忌。現在這個名字出現在報紙上、布道詞中，他的名字被誇飾和大肆宣傳，這是何梅尼如何看待自己，以及某些人如何理解他的不祥信號。

在同一個月裡，死去的還有阿拉伯人的榮譽感，至少整個地區數百萬人心裡都是這樣認為的，他們難以置信地看著納賽爾的繼任者安瓦爾．沙達特總統越過敵人的界線，到耶路撒冷的以色列國會中發表演說。淚水從孩子的臉流淌而下，憤怒在人們的心中燃燒。埃及怎麼可以打亂陣腳，背叛阿拉伯人和巴勒斯坦人的志業？和平談判很快就會在以色列和埃及之間展開——那麼現在要由誰來為阿拉伯人洗刷掉額頭上的恥辱呢？阿拉法特非常憤怒；他覺得自己被沙達特出賣了，只好向其他地方尋求支持，他利用何梅尼兒子的死亡作為與阿亞圖拉接觸的機會，透過一個朋友，黎巴嫩的什葉派教士哈尼．法赫斯向何梅尼表示了他的哀悼。[24]在伊朗革命和巴勒斯坦革命之間的連結，包括在訓練營裡，至此幾乎已經成為了左派人士的聚會。現在，巴勒斯坦解放組織和以阿亞圖拉為代表的革命原教旨主義伊斯蘭主義派別之間有了正式聯繫，對於伊朗革命的訓練和革命的支持將變得更密切。何梅尼無休止地利用這種聯繫，他對此志業的挪用將會改變黎巴嫩和中東的政治格局。

一九七七年秋天，黎巴嫩內戰已經進入第三年，胡塞尼買了一臺最先進的 AKAI 立體聲系統、雙卡式錄音機和一臺黑膠唱片機。他的四個孩子都正值十來歲的年紀，十分開心在海邊的家中客廳裡添置了這些他們能夠使用、最先進的科技產品。每天下午放學後，他們會播放他們最愛的唱片：齊柏林飛船、平克．佛洛伊德（Pink Floyd）和披頭四的歌。這是一個革命之家，是一個為了變革而動員起來的家。家中的牆上掛著沙里亞蒂和何梅尼的畫像。他們十分敬重常常來家裡過夜的哈姆蘭。在傍晚時分，如果沒有槍炮聲或是爆炸聲的話，他們可以伴著波濤聲入眠。

在孩子都睡著了以後，音響系統另有目的。革命的訊息必須要傳到遠方。在網路時代以前，在還沒有推特的時候，大家用的是錄音機和傳真機。胡塞尼和伊瑪目薩德爾要開始工作了。這位政治人物會操作起錄音機，教士則會發表演說。他們製作了一卷又一卷向伊朗人民發出革命訊息的錄音帶，鼓勵人民站起來要求變革。薩德爾從沒有為何梅尼宣傳，也從來沒有明確地要求人民推翻國王，但是他深切地認為，暴動可以迫使伊朗國王進行真正且影響深遠的改革。轉錄下來的一卷卷錄音帶被交給那些仍然可以進出伊朗的異議人士。一旦這些錄音帶偷運到了國內，就能轉錄出更多的錄音帶，這些訊息就會像星火燎原一樣蔓延開來。何梅尼也錄製錄音帶，對巴勒維王朝發起了惡毒無休止的撻伐。有一些錄音帶被那些到納傑夫朝聖的伊朗朝聖者偷偷帶回伊朗。他的演講錄音也透過一條國際電話線連到了德黑蘭，在那裡被記錄下來然後再傳播出去。當國王專注在電視、廣播和報紙上控制消息的時候，革命錄音帶的地下事業正在將群眾動員起來，並且慢慢地將國王的控制權腐蝕殆盡。

胡塞尼和法赫斯的家庭生活在不同的世界；他們都不喜歡政治，但他們的小孩個個都高聲讚美革命——他們每個人，對於革命對伊朗意味著什麼，都有不同版本的想法。他們所有人都對第一首波斯語革命歌曲的歌詞熟諳於心，這首歌已經傳遍了整個伊朗：

真主，真主，真主，萬物非主，唯有真主，
伊朗，伊朗，伊朗，子彈從槍口中飛出，
伊朗，伊朗，伊朗，四處都是緊緊攥住的拳頭，
伊朗，伊朗，伊朗，鮮血，死亡和起義。

當日曆翻到一九七八年，差不多已經到了將行動轉移到巴黎的時候。在遠離黎巴嫩的一九七八年八月末，一個獨一無二的時刻為何梅尼和薩德爾的命運蓋上了封印，或許也注定了伊朗革命的走向和精神。在八月二十九日這一天，當伊朗國王正在宴請來訪的政要時，他接到了薩達姆．海珊打來的電話，此人當時是伊拉克副總統和實際上的統治者。[25]國王這一次打破了禮節，離開餐桌，聽從了伊拉克領袖的驚人建議——阿亞圖拉何梅尼成了給所有人找麻煩的傢伙，最好做掉他。薩達姆希望國王能夠先同意他的話，但國王拒絕了。

幾天之前，薩德爾已經和兩個同伴去了利比亞的的黎波里（Tripoli），和阿亞圖拉穆罕默德．貝赫什提會面，此人是何梅尼在政治和神學上的親近盟友。貝赫什提相信神權政體。薩德爾則堅決反對這個概念。這次會面是反西方的利比亞領袖格達費安排的，目的是幫他們解決分歧。[26]薩德爾剛剛在法國的

《世界報》（*Le Monde*）上發表了一篇題為〈先知的呼喚〉的文章，他在文章中把在伊朗發生的抗議示威描述為一場真真正正反對不公不義的革命，這場革命已經將學生、工人、知識分子和宗教人士團結在一起，這是一場思想的革命，而不是政治或暴力的革命。[27]薩德爾認為這是一場對世界其他國家都有意義的革命，他堅持，雖然革命的核心是宗教信仰，但是由人本主義和革命情操所推動。薩德爾表揚何梅尼扮演的指導角色，但是沒有提及半點這位阿亞圖拉的「法學家監護」的事情。他也沒有呼籲人民推翻巴勒維王朝。事實上，薩德爾的計畫是從的黎波里繼續旅行，跟國王的一位特使在西德進行祕密會面。[28]

貝赫什提卻一直沒有出現，薩德爾和他的同伴愈來愈心急如焚。他們也希望能和格達費見面。在八月三十一日下午，他們在入住的飯店大廳碰見了黎巴嫩同鄉。薩德爾的一個旅伴提到他們是來見格達費的。[29]一名約旦記者，正好在飯店外面站著，他向他們道了好運並揮手道別，看著薩德爾和旅伴上了一輛黑色的寶獅四〇五轎車，幾個人從此便音訊全無。

幾天後，薩德爾失蹤的消息傳到了貝魯特，成為所有報紙的頭版新聞。「伊瑪目穆薩・薩德爾在哪裡？」當地的阿拉伯語報紙《晨報》（*al-Nahar*）在九月十二日問道；左翼報紙《大使報》（*as-Safir*）則在同一天提出伊瑪目薩德爾的失蹤之謎是否和在伊朗發生的事情有關的問題。利比亞當局堅持說伊瑪目在八月三十一日晚上八點十五分離開的黎波里，乘坐義大利航空公司的 AZ881 航班前往羅馬。他的託運行李的確在那裡，但是伊瑪目本人卻消失了。許多沒有任何消息的日子就這樣過去了。在黎巴嫩，所有派別的穆斯林——遜尼派、什葉派和德魯茲少數派群體——都在他們的清真寺裡進行抗議。黎巴嫩派出調查員前往羅馬。沒人知道在德國的祕密會面。小道消息不脛而走：他已經被 SAVAK 劫持並帶去伊朗；他正在利比亞監獄裡。沒人知道到底是怎麼回事。在貝魯特，胡塞尼不知道該如何看待他朋友的失蹤之謎。薩德爾曾邀請他一起去利比亞，但胡塞尼拒絕了，並勸他也不要去。[30]這位年輕的什葉派政治家不相信格達費和他的意圖，並且對這位獨裁者對伊斯蘭的反動宣傳感到厭惡，他詆毀基督徒並且付錢讓人改宗。薩德爾在哪？一個像他這樣的人怎麼會憑空消失呢？現在比任何時候都更需要他。在伊朗發生的事情正在快速起變化。何梅尼在伊拉克的旅居即將結束了。

在伊朗的大街上發生了更多流血事件。國王將坦克派到街上。全國各地都有暴動者。動盪夏天的轉折點是八月十九日在阿巴丹（Abaden）國王電影院（Rex Cinema）的縱火襲擊，造成了四百二十人死亡。這次襲擊的日期看起來極度具有象徵性：這天是一九五三年推翻摩薩台政變的二十五週年紀念日。電影院的門都被鎖了，觀眾沒有逃離火海的辦法。政府指責是宗教反動者放的火。何梅尼憤怒地否認，指責是 SAVAK 在背後搗鬼。[31]何梅尼的狂熱信徒在先前的一個月裡已經燒掉了二十九家電影院，他們甚至在此前就已經把國王電影院當成目標。在德黑蘭，一個常有國際明星現身的舞臺——希爾頓飯店的巴卡拉超級夜店（Baccara Super Night Club），也遭到了破壞。這都是全盤計畫的一部分，為了在伊朗播種恐慌，並主張宗教保守主義的新統治。但是國王電影院的縱火案以其破壞巨大顯得獨一無二，被一份報紙稱為「大屠殺」。[32]在反國王情緒的熱情下，出現一種扭曲的邏輯。當今政權想要藉由燒毀一座電影院來指責是反對派所為。成千上萬的伊朗人基於各種理由冷眼旁觀[33]——他們沒有遭受過牢獄之苦，也沒有被流放過，他們不關心政治，也不喜歡教士。但是在那種謠言滿天的當下，許多人開始相信，為了打擊原教旨主義者，國王有能力，也會解決掉他們——甚至不惜殺人。

幾個星期後的德黑蘭，各種陣營的抗議者幾乎達到五十萬人。一九七八年九月八日的黑色星期五是另一個戲劇性的轉折。上千人聚集在加勒赫廣場上高喊著 *Marg bar shah*，也就是「國王去死」。抗議人群主要是由何梅尼支持者、學生、左翼人士所組成。其中，在第一線的女性及年輕人背後，也有游擊隊員，許多人都是在黎巴嫩接受巴勒斯坦人的訓練。[34]到上午九點二十一分時，第一聲槍響了。結果演變成一場槍戰、大潰逃，根據官方統計有八十六名市民死亡。但是革命者聲稱死亡人數至少有三千，故意誇大數字以煽起人民的怒火。這一招奏效了，三千人死亡的消息甚至一直傳到西方國家的報紙上。國王因這樣的暴力而震驚。甚至在這場悲劇之前，他就決心要流亡，至少暫時的流亡。[35]他在一九五三年就逃跑過，幾天後又回來了。這一次，已經實施了戒嚴。隨著秋天到來，陰沉籠罩在伊朗上空，害怕宗教原教旨主義者發動更多攻擊，在傍晚實行宵禁。從色拉子（Shiraz）到伊斯法罕（Isfahan），各種文化節都取消了，享譽盛名的德黑蘭國際電影節也不例外。夜生活已然停止。一個帝國的滅亡已經近在眼前，國王仍然希望伊瑪目薩德爾會克服一切困難重新現身。兩人之間的聯繫從來沒有完全切斷，國王把這位曾經向他警告過要小心何梅尼的教士視為一個可能的救命繩索，認為他是一個受人歡迎、支持改革的領袖，也是一個仍然可以幫他制衡激進、反動的阿亞圖拉的人。[36]

在伊拉克，薩達姆已經受夠何梅尼。這個伊朗教士開始攪動整個地區人民心中的希望，無論是遜尼派還是什葉派，他們都憎惡他們的國王或獨裁者，希望能有更公正的統治。有一些人想要更多宗教、更接近伊斯蘭、更接近精神性。在位的伊拉克復興黨正用劇烈的壓迫建造一個世俗、追求變革的國家，遜尼派和什葉派教士在零星的抗議中團結起來，反對他們眼中對於社會的強制世俗化，如同在伊朗，強制世俗化正在侵蝕他們的特權並賦予女人權利。兩個教派的教士都面臨嚴峻的打擊，在監獄中受到酷刑和處決。長期受到歧視的什葉派在這種打壓中首當其衝。伊拉克境內歧視什葉派社群的政策仍然存在，這是鄂圖曼人和波斯人的競爭和戰爭所造成的後遺症。讓薩達姆・海珊擔心的是，一些什葉派教士現在開始使用更宗派主義的語言，而何梅尼在伊拉克的親信也在煽動反對政府。薩達姆・海珊為何梅尼施加許多限制，讓這位伊朗教士終於選擇離開伊拉克。他試圖到科威特，但是被拒絕入境。與何梅尼同行的還有他的兒子艾哈邁德、伊朗解放運動組織的專員亞茲迪以及兩個隨員。在法國，氣勢洶洶的革命者胡特布扎德和巴黎知識分子巴尼薩德爾很快替他們安排三個月的簽證，他們說服何梅尼，巴黎將會給他兩個關鍵優勢：可以自由發表言論，並且聯絡上國際媒體。

阿亞圖拉在十月六日抵達法國。在頭幾天裡，他仍然很抗拒待在一個不信教的國家，他住在一個巴黎郊外名叫諾福爾堡（Neauphle-le-château）的小村莊，距離凡爾賽宮和法國國王的權力寶座只有半個小時距離。法國總統詢問伊朗國王是否對這位在法國現身的教士有任何異議。國王表示沒有。「一個虛弱又瘋癲的老傢伙」在一個深入歐洲腹地的法國小村子裡能搞出什麼名堂來呢？[37]

在納傑夫，何梅尼已經是一個精疲力竭的流亡者，看不清歸國的前路。在他短暫停留法國以前，何梅尼的名字甚至很少出現在國際媒體上。在法國的諾福爾堡的四個月裡，他接受了一百三十二次採訪，且成為革命的指標性人物，在全世界家喻戶曉。這位七十六歲的老教士非常活躍。

伊朗解放運動組織必須得行動。這個運動的核心成員從世界各地飛來加入。穆欣·薩澤加拉是巴黎團體中最年輕的成員之一。[38]儘管來自一個十分世俗的家族，穆欣從很年輕的時候就相當虔誠，他在一九七五年離開伊朗到芝加哥留學，在那裡和亞茲迪成為朋友，並加入伊朗解放運動組織。他成功地在一九七八年以前數次帶著革命的小冊子回到伊朗，並把祕密文件交給伊朗解放運動組織的活動分子。穆欣幫忙組織罷工和抗議示威，並為革命想出一些口號。有些人則更為激進，他們在那些激動的群眾之間往來穿梭。人民高呼「國王去死」的口號，在一開始的時候是 *Shah beyad beravad*，也就是「國王下臺」。亞茲迪在巴黎打電話給穆欣，讓他加入他們。幾個小時之內，穆欣就帶著口袋裡僅有的八美元飛越大西洋。在諾福爾堡，穆欣協助安排媒體對阿亞圖拉的採訪。多年以來，精明能幹的伊朗解放運動組織革命者已經和許多報導伊朗的美國和歐洲記者培養關係，他們在報導中詳盡地講述政權的暴行和國王的驕奢過度，也培養出記者對伊朗解放運動的同理心。[39]他們的努力大多是祕密進行的。在諾福爾堡，他們在住處的紅磚車庫中建立一個中央總部，裝備包含四部電話、兩條電報線路以及錄音帶複製裝備，將阿亞圖拉的訊息傳播到各地。[40]他們的策略分兩個面向，一是對伊朗國內的激進、保守訊息，另一個是小心翼翼地編輯出符合西方聽眾胃口的語彙。

每天中午前後，何梅尼都會從那棟藍色百葉窗的房子裡現身，在對街的花園裡領著大家禮拜。在一棵蘋果樹下，他坐在墊子上進行儀式。每天都有數十個甚至上百個記者湧入這座小村子。穿著西裝、打著領帶的亞茲迪、胡特布扎德和巴尼薩德爾用完美無瑕的英語和法語為記者翻譯（有時也刻意地誤譯），為記者增加前後文的預警，並且為那些敏感的西方記者打磨何梅尼原話中的稜角。在這樣的過程中，他們塑造了阿亞圖拉的論述和形象，反映出他們對於伊朗未來的看法。最後達到的印象就是，這是一個對政治一點興趣都沒有的禁慾聖徒，一旦實現了除掉國王和返回伊朗的目的，他就會「在庫姆的神學院裡度過餘生」。[41]《衛報》援引他的話：「我不希望權力或政府在我的手上。我對個人權力沒興趣。」甚至那些說波斯語而且更了解情勢的人也被何梅尼的言論誤導。何梅尼在第一次接受記者採訪後就受到巴尼薩德爾的告誡，在那次採訪中他用波斯語向一名法國記者長篇大論地講述他把伊朗變成穆斯林神權社會的計畫。[42]巴尼薩德爾在翻譯上做了些潤飾，此後何梅尼再也沒有公開談論過他的法學家監護概念。[43]相反地，他談論了一個連女性也能當總統的伊朗。

這件事中還有第三個關鍵元素，也就是法國的左翼知識分子。他們對塑造公眾意見有巨大影響力，他們反體制、反強權、反帝國主義。他們把伊朗革命者視為一九六八年五月的巴黎街頭革命中，為自己爭取的價值觀的體現。他們想要相信何梅尼，這位坐在蘋果樹下的賢人。早在一九六四年，巴尼薩德爾就已經將沙特列入一個委員會的主持名單，以引起人民對於國王監獄中的伊朗人的關注。沙特曾經說過：「我沒有宗教，但是如果必須挑一個，那就會是沙里亞蒂。」

雖然反對派的確誇大了被監禁和被政權殺害的人數，但是對於那些被國王監禁過的人來說，這種經歷是非常真實的。禮薩．巴拉赫尼（Reza Baraheni）是當時伊朗最偉大的詩人之一，他在被監禁的一百零二天裡遭受殘忍的酷刑。他的釋放是來自美國和歐洲的作家施加壓力的結果。他的詩句狂妄又尖刻：

像是握著一杯紅酒，國王把油握在手中，一飲而盡，為西方祝壽
王后用她那厚厚的嘴唇擠著祖國母鹿的奶頭
在星空下的夜裡
在太陽落下的日子裡
每一年中的每一個月
都有一雙沾了血的手套，留在聖莫里茨的雪地上。[44]

一九七八年十月何梅尼住在諾福爾堡時，哲學家傅柯（Michel Foucault）來到伊朗，寫了長篇的文章描述人民呼喚的伊斯蘭政府是一個烏托邦、一個浪漫理想，同時譴責基督徒的西方已經拋棄了被他描述為政治精神性的東西。[45]與此同時，美國中情局顯然不知道何梅尼對於伊斯蘭政府的論調，而更關注

伊朗可能會落到共產黨的手中。美國人希望「何梅尼對左派人士和他周圍的激進分子產生一股溫和作用力」。[46]沙烏地人看起來也對何梅尼所知甚少，而且同樣擔心「蘇聯人的猛攻」，一些沙烏地的報紙已經在描述蘇聯的來勢洶洶。[47]沙烏地阿拉伯和伊朗是美國防止共產主義和蘇聯影響力在該地區傳播之政策的兩根支柱。伊朗的力量更強，國王手中有強大的陸軍和海軍，扮演的是該地區的警察角色。沙烏地人對伊朗國王的區域野心有所警惕，但是也把他看成是一個友好的對手。幾十年來兩國皇室成員曾經多次互訪，兩個國家有良好的合作關係。隨著革命繼續發酵，沙烏地王儲法赫德（Crown Prince Fahd）表達了沙烏地對伊朗國王作為該國具有正當性統治者的支持。[48]

在諾福爾堡，數以百計的伊朗支持者前來拜訪何梅尼，人民在他現身的時候，高呼著「*Allahu Akbar*」（真主至大）！或是用法語高喊「*Longue vie, Khomeini*」（何梅尼萬歲）。阿拉法特也來到了這裡，讓兩人新培養出的關係火焰能夠繼續燃燒。沒有人注意到，或者可能沒人理解，那些訪客既不是西方記者，也不是伊朗支持者；不是前來致意的什葉派，也不是打領帶的助手，更不是戴著纏頭巾的教士。來自埃及、突尼西亞和其他國家的阿拉伯訪客就像是來諾福爾堡朝聖一般。遜尼派伊斯蘭主義運動的成員，例如穆斯林兄弟會，他們從遠至蘇丹之類的地方前來親眼看看這位到目前為止只是靠他流亡的助手發言的人。[49]穆斯林兄弟會已經在埃及被查禁超過二十年了，在何梅尼的其他客人中，穆斯林兄弟會的成員十分焦急地想要聽聽他的訊息。他們帶著受到的啟發、新觀點、新戰術，甚至是對抗專制暴君的新詞彙回到各自的國家。他們學會如何利用伊斯蘭術語來推翻一個暴君。他們為何梅尼的成功感到驕傲，並且承諾很快就會再次來訪。勝利感覺就快到了。

與此同時，伊朗國內正亂成一團。基本服務陸續停擺，和政權親近的人紛紛找辦法出國，成百上千的伊朗異議人士正回國參加革命：共產黨員、左翼人士、宗教極端人士混雜其間。在一月時，國王決定逃之夭夭。他指派新的總理沙普爾．巴赫提亞爾（Shahpour Bakhtiar），然後準備好把執掌國家的韁繩交出去。他同時也因為淋巴瘤的病情而衰弱，表面上他和妻子是出國短暫休養。他們的小孩都已經出國了。在一九七九年一月十六日，國王和王后離開了德黑蘭北部的尼亞瓦蘭（Niavaran）宮殿建築群中的居所，搭著兩架直升機向西逃到附近的梅赫拉巴德機場。[50]在君王亭臺外，有一架藍銀相間的飛機在跑道上準備就緒，即將帶他們離開這個國家。宮殿裡的僕人流著眼淚捶胸頓足，害怕自己接下來將會遭遇的情境。在機場，兩個護衛淚眼汪汪撲倒在國王腳下，國王停下來把他們扶起來。王后法拉赫．迪巴（Farah Diba）穿著一件狐狸皮大衣，戴著帽子和鑽石耳環，已經吃了鎮定藥品以保持鎮靜。

下午一點二十四分，波音七〇七客機的輪子離開了地面，國王本人擔任飛機的駕駛員。他們先是飛向尼羅河附近的亞斯文（Aswan）小型軍用機場，他們的朋友沙達特總統會在這裡以皇室規格接待他們。這兩個國家之間有一段悠久又私人的關係史。在一九三九年，國王的第一段婚姻是迎娶埃及國王法魯克一世（Fouad I）的女兒法維齊葉（Fawzieh）——一位什葉派君主和遜尼派公主。這段婚姻並未帶來王位繼承人，也沒有維持下去，但是國王如今正在前岳父的國土上。

德黑蘭的大街正在上演盛大的狂歡。[51]興高采烈的伊朗人手舞足蹈，吹著號角，把身體伸出車窗外振臂歡呼。國王的塑像被人民推倒在地。「*SHAH RAFT*」——國王走了。這句話在下午的《消息報》(*Ettela'at*)頭條上被印得又大又醒目。人民現在要改喊新的口號了:「*Marg bar Bakhtiar*」——巴赫提亞爾去死——國王把國家託付給熱愛法國文學的那位總理。

在黎巴嫩,哈姆蘭和胡塞尼緊緊地追著新聞,他們覺得難以置信,又感到一種成就感——但是少了他們失蹤的朋友,勝利是不完整的。年紀更長、更睿智的伊瑪目薩德爾本應知道會發生什麼事,也應有能力制止。哈姆蘭在地中海的日子就要結束了,下一站是德黑蘭,在那裡有他的同志,正武裝起來準備游擊戰,將國王統治的最後一點殘餘消滅。他們擔心美國中情局的政變可能會帶來的反革命潮。他們心裡已經準備好要打一場漫長的戰役,在何梅尼回來之前為伊朗的新開端打好基礎是至關重要的事。但是阿亞圖拉正心急如焚。

第二章

今日德黑蘭，明日耶路撒冷

伊朗，一九七九年至一九八〇年

當出沒的魔鬼身披天使光芒的偽裝。
暗夜乃獨裁者的近伴。

——哈菲茲（Hafiz），《詩集》（*Divan*）

穆欣・薩澤加拉並沒有時間考慮在一九七九年二月一日載著流亡十五年後回到母國的阿亞圖拉何梅尼的飛機在德黑蘭降落意味著什麼。這位有著縝密而清晰頭腦的虔誠研究所畢業生，自從幾個月前抵達諾福爾堡的那一刻開始，就一直忙得不可開交，以至於無法用最快的速度來處理正在發生的事情。這是一場小火慢燉而成的革命，醞釀多年，突然就猛衝向前了。他們在凌晨一點左右從巴黎起飛，他一刻也沒有闔眼。他正忙著為德黑蘭的伊朗解放運動組織歡迎委員會製作一份名單，上面寫著飛機上記者的名字。他們匆促啟程，穆欣和他的同伴最初是計畫帶兩百五十名記者，乘坐法國航空的波音七四七飛機。機票價格是每人五百美元。[1] 總理巴赫提亞爾重新開放了機場，並指出他會允許何梅尼的飛機降落，但是除此以外他將無法給予任何保證。法國航空公司要求減少乘客數量好攜帶足夠的燃料，以防在沒有降落權的情況下能夠掉頭飛回巴黎。穆欣和他的團隊想要帶上盡可能多的高階記者上飛機，他們可以組成防線來阻止那些仍然忠於國王的伊朗軍官將他們的飛機擊毀。

當飛機進入伊朗領空時，白雪皚皚的德馬溫峰出現在晨光裡。何梅尼睡在頭等艙休憩區的地板上。他在一條法國航空的毛毯上做了清晨的禮拜，然後走去窗邊坐下，摸著他的鬍鬚，心滿意足地微笑，這也許是幾個月來，甚至是多年來的第一次。美國記者皮特・詹寧斯（Peter Jennings）和他的美國廣播公司新聞團隊被允許進入頭等艙向他提問。「阿亞圖拉，您是否能好心地告訴我們您回到伊朗的感受呢？」[2]西裝革履的薩迪格在旁邊翻譯，「*Hichi*」——什麼也沒有——是他給出的回答。薩迪格停頓了一下，然後微笑著，有些懷疑地回應了「*Hichi*」？

何梅尼重複了他的回答。「*Hichi ehasasi nadaram.*」——我沒有任何感受。薩迪格做了其他人幾個星期以來在法國所做的事情：軟化和圓滑他話裡的稜角。「他不想做任何評論。」薩迪格說。詹寧斯繼續追問：「他高興嗎？他興奮嗎？」薩迪格又說了一次阿亞圖拉沒有任何評論。但是「*Hichi*」的真正意思並不會掩蓋很久——有太多人正在觀看美國廣播公司錄製的那幾秒鐘影像，這段採訪被傳播到了美國和全世界。阿亞圖拉的這句話是一個預示，被他的支持者和敵人做出不同的解讀和理解，在當時和此後都是這樣。

在美國德州的瑞斯空軍基地裡，禮薩・巴勒維，這位正在參加飛行員培訓計畫的流亡國王之子呆坐著，為電視鏡頭中冷冰冰的畫面而震驚。[3]何梅尼對於波斯帝國的輝煌，或是伊朗歷史上的文化和智識豐富性，並沒有多少連結感，他只是對自己的重要性感同身受。從小到大都是這樣，他總是在和朋友遊戲的時候堅持扮演國王。[4]何梅尼對於自己和神之間的關係十分有自信，他看起來與世俗的國家概念沒有關聯——他著眼的是超越國家、超越穆斯林各國邊境線的領域——烏瑪（ummah，穆斯林社群）。[5]

對他大多數的熱忱支持者而言，這樣的氣質將他和救世主的神祕魅力聯繫在一起。穆欣就是為這種精神性的沉靜感而著迷。在這個星期的晚些時候，穆欣的父親曾試著警告他的兒子這是個危險訊號，但是這位年輕學子根本聽不進去。許多年後，在伊斯蘭共和國的監獄單人牢房裡絕食時，穆欣將會回想起那個詞，「*hichi*」，並且想要知道自己為什麼沒有在何梅尼的反應和他的著作裡明白那個警告。在當時，他心裡只有歡喜，這是一種成就感，但這恐怕也會是一場曠日持久的起義。幾個月來，穆欣一直在研讀越南和其他地方的游擊戰術，但他最喜歡的一本手冊是一九六九年巴西馬克思主義革命分子卡洛斯．馬里蓋拉（Carlos Marighella）的《城市游擊戰小手冊》，這本書被伊朗解放運動組織翻譯成波斯語。在諾福爾堡的唯一一座旅館裡，遠離何梅尼身邊蜂擁而至的人群，穆欣租了一個房間，在那裡研習如何建立起一支人民軍隊，並與來自世界各地的伊朗志工會面，向他們傳授書中教授的革命技巧：如何組成縱火小隊、搞破壞、維護游擊隊安全、打神經戰。然後，志工會被派到黎巴嫩去接受速成軍事訓練。現在何梅尼已經要回國了，數百名伊朗人也紛紛準備飛回自己的國家和國王政權的殘餘勢力作戰。

上午九點三十分，法航四二七一航班降落在德黑蘭市郊的梅赫拉巴德機場，國王也是從這個機場逃跑的。阿亞圖拉穿著防彈衣，在法航乘務人員的幫助下走下階梯。祕密的伊斯蘭革命委員會的迎接委員在那裡接待他。飛機上和停機坪上的教士將任何看起來不虔誠的人推到旁邊，何梅尼沉浸在纏頭巾的海洋裡。亞茲迪、胡特布扎德、穆欣……伊朗解放運動組織被拋在後頭。第一個把何梅尼當成與大眾溝通管道的巴尼薩德爾，之後將會回憶說：「看起來知識分子的任務就是把何梅尼帶回德黑蘭，然後把他交到穆拉（mollah）的手上。」[6]

革命人士中的現代主義者，對於在不先鞏固自身力量的情況下匆忙回到自己多年前離開國家的風險心知肚明。他們在巴黎擬定的最初計畫是在流亡時組建政府，這將會得到國際社會的認可，然後迫使巴赫提亞爾總理辭職。另一個方案是讓巴赫提亞爾在法國向何梅尼提出辭職，並且受阿亞圖拉的委託，組建臨時內閣，再進行公民投票來確定新政府的形式。[7]但是國王逃離伊朗才不到幾天，何梅尼就決定扭轉順序，先聲奪人回到伊朗。伊朗解放運動組織試圖勸阻這個草率舉動。巴札爾甘——巴赫提亞爾的老同事——正在和他談判，試著協商出一條向前走的路。這個國家正在火光四射，武裝部隊仍然對國王忠誠，阿亞圖拉的人身安全是個隱憂。但是何梅尼已經鐵了心要走。「已經沒理由留下了，走吧，我們回伊朗去。」[8]

在諾福爾堡時，有一天穆欣和亞茲迪一起走回旅館，穆欣正試圖用他年輕的熱情來動搖他這位更睿智的同事。[9]「阿亞圖拉何梅尼是對的，亞茲迪博士，」穆欣說道：「如果他回伊朗，在那裡振奮人民，上百萬人會把巴赫提亞爾的政府一掃而光；巴赫提亞爾是沒有力量的。」[10]亞茲迪停在路中間：

「穆欣，我明白，你是對的，但是在諾福爾堡，阿亞圖拉何梅尼的身邊只有低階教士，我們可以控制他們、可以控制阿亞圖拉。在伊朗的話，那裡有高階教士和他的朋友，他們會把他從我們手中奪過去。我們目前所取得的成果會被那些人毀掉的。」

的確，人民大眾都在歡迎阿亞圖拉。他們在街道上夾道歡迎，擠在屋頂上、吊掛在路燈的柱子旁，看著阿亞圖拉由八輛汽車、十輛摩托車組成的車隊，從機場到光明園墓地（Behesht-e Zahra）的二十英里路程中，緩慢地在人群間挪動，何梅尼打算在那裡發表演說，向革命中的烈士致敬。根據英國廣播公司的報導，有三百萬人走上街頭夾道歡迎。有其他的估計說人數是六百萬——街道上人山人海，人民就像是迎接一位救世主，彷彿何梅尼就是馬赫迪一般，如同隱遁的伊瑪目重見天日，是什葉派的彌賽亞。[11]在何梅尼長時間的流亡和離群索居期間，伊朗人透過違禁的地下錄音帶聽到他的聲音，讀到他的小冊子，如今他的隱匿已經結束。現在，他以肉身重現，不是在麥加，而是在自己的土地上凱旋而歸。數百萬支持者期待著他能帶領伊朗走向正義、自由和更美好的未來。但是何梅尼的傾注和奉獻是面向過去，按照先知時代的樣子重新創造一個伊斯蘭社會。

何梅尼坐在一輛防彈的藍白色雪佛蘭開拓者的副駕駛座，他的兒子艾哈邁德坐在後座，何梅尼幾乎是籠罩在黑暗之中，人群快要將他們的車埋起來了。一架皇家警衛隊直升機前來救援，將他載到墓園，他在那裡大力撻伐國王是一個邪惡叛徒，以此來向烈士表達敬意。他揚起手指，字正腔圓地說：「我將會決定政府，一個人民的政府。我要好好給當前這個政府搧幾個耳光。」[12]何梅尼的語調開始改變，巴赫提亞爾坐在總理位子上的日子已經屈指可數了。

伊朗解放運動組織成員安排何梅尼待在已經改成革命委員會所在地的拉法赫女子小學裡。但是到第二天，亞茲迪最擔心的事情就得到證實：與何梅尼最親近的原教旨主義者，把他帶到了他們擁有和掌握的學校去。何梅尼的忠實隨從貝赫什提（即在利比亞支持伊瑪目薩德爾的教士）也在那裡，一直以側翼的角色等待著此刻到來，現在他開始要以某種參謀總長的角色行事。他正快速地把各層權力緊抓在手上，並將那些無條件效忠於何梅尼的力量凝聚在新成立的伊斯蘭共和黨（Islamic Republican Party）周圍。他們之中還包括未來的總統拉夫桑賈尼（Akbar Hashemi Rafsanjani）和何梅尼以前的學生阿亞圖拉薩迪克．哈勒哈里（Sadeq Khalkhali），後來他在自己的回憶錄中說把何梅尼從拉法赫小學中帶走實際上已經是一場「政變」，把伊瑪目從巴札爾甘的自由運動和民族陣線那裡救了出來。[13]哈勒哈里長期以來一直是「*Fedayeen-e Islam*」（Devotees of Islam，或「伊斯蘭敢死隊」）中活躍的激進成員。

敢死隊是一個由邊緣激進分子組成的祕密組織，由神學院學生納瓦布．薩法維（Navvab Safavi）創立於一九四六年，該組織常常被稱為現代最早的穆斯林原教旨主義團體之一。起初，薩法維和他的信徒被大多數建制內教士當成危險的怪人。[14]這些人追求最清教徒式的沙里亞法理解，包括禁止音樂、賭博、喝酒，女性必須戴面紗，以及用砍斷手腳作為盜竊和其他不當行為的懲罰。按照他遺孀的說法，薩法維是何梅尼家的常客；兩個人看起來是互相影響，對於世俗和現代主義知識分子和政治人物的腐朽影響抱持著共同的憤怒。敢死隊在伊朗暗殺了許多這樣的人，其中包括政府中的部長要員。當國王在一九五六年把薩法維和其他敢死隊成員送上絞架處決後，其殘黨轉向了何梅尼尋求指導。[15]在他身上，他們找到了來自一位建制內的高階教士，一位阿亞圖拉的認可感。在何梅尼流亡國外時，他們都在等待他回來。

在穆欣看來，他覺得何梅尼是被非自願地操弄了，伊朗解放運動組織已經把他輸給了教士，但是事實是他們從來就沒有真正擁有過他。何梅尼是適得其所，是和他最親密的朋友在一起。他操弄了左翼世俗派和伊斯蘭主義現代派，把他們當工具，並在他想要的時候拋棄他們。當時機必要，他甚至也會抽身反對敢死隊。但是何梅尼心中最重要的事情是抓緊權力。

二月五日，何梅尼任命了一個臨時的民政府，由巴札爾甘擔任總理。這是邁向用公民投票來決定伊朗新政府形式的第一步。何梅尼斷言，公投決定的權威來自於他在「*wilayat*」中對於先知神聖法律的看守，因此，公投的基礎就是沙里亞法——所以任何對政府的反對就是對沙里亞法的反對。「反叛真主的政府，就是反叛真主，」何梅尼說：「反叛真主就是褻瀆。」[16]並不是所有人都注意到何梅尼所提到的「*wilayat*」。在何梅尼周圍的原教旨主義者圈子以外，甚至很少有人聽說或理解這個詞。那些在伊朗解放運動組織中知道他是什麼意思的人可能也對此不屑一顧，認為這肯定不會通過，而且也不會得到廣泛接受。但是何梅尼已經定下基調，而且走在他們前面。巴赫提亞爾則是把這件事當成一個笑話來看。但是國王的獨裁統治已經被神聖法律的專制所取代。

經過幾天的反叛和巷戰後，在得到曾在黎巴嫩和法國（諾福爾堡）受訓過的人支援，以及在軍營兵變和全國各地都有坦克開上街道的推力下，軍隊在一九七九年二月十一日宣布中立。巴赫提亞爾已經無力再戰。他宣布辭職並溜出了國門。巴勒維王朝被推翻了。革命勝利了。

復仇立即開始。薩迪克・哈勒哈里被任命為革命法庭的長官，這意味著他將會揪出那些薩法維剩下的人，開始清理「腐敗」。在何梅尼曾度過第一晚的拉法赫女子小學裡，有個房間被改成臨時法庭。審理工作十分迅速，結果就是死刑。亞茲迪試圖拖延這個過程，但是哈勒哈里絕不允許。二月十五日的午夜到來前，槍決始於學校的屋頂上：在經過簡易審訊後，四個最高階將軍遭槍斃，他們受的指控是叛國和大規模謀殺罪。[17]哈勒哈里的恐怖統治開始了；將會持續十年，並且超過他自己的任期。他將會被稱為「絞刑架法官」，後來他曾寫道：「我殺了五百多名與王室關係密切的罪犯，上百庫德斯坦、貢巴德和胡澤斯坦地區的叛亂者，以及許多毒品走私犯……對於這些處決，我並不感到後悔或者內疚。實際上我認為我殺的人不多。還有很多人值得被判死刑，但是我的手接觸不到這些人。」[18]他最悔恨的事情，則是讓巴勒維家族的成員逃脫。

四位將軍被蒙著眼睛、雙手反綁在背後倒在血泊裡的照片第二天就成了焦點新聞，躍上國際新聞的頭版頭條。沒有什麼可掩飾的了。那些肚子裡翻江倒海的革命者試著把這件事當作是怒火發洩後不可避免的過激行為——這會過去的，他們覺得。其他人想要相信這一切是在何梅尼不知情或是沒有首肯的情形下發生的。有一些早期的革命者需要好多年時間才會接受這個事實：他們把他們的國家託付給了一個獨裁者，一個無可救藥的怪獸。

有一個人則是享受著純粹的喜悅，甚至在巴赫提亞爾倒臺之前就已經開始了，他高興自己從最開始就押下正確的賭注——巴勒斯坦解放組織的主席阿拉法特，他和貝赫什提的陣營十分接近。他認為這場革命對他來說就像是對何梅尼一樣重要，他渴望能從中得分。畢竟，巴勒斯坦人協助了訓練工作，這才讓兩千五百歲的波斯君主制度倒臺。訓練工作是阿拉法特所在的法塔赫黨的指導下集中強度。在黎巴嫩的巴解組織辦公室牆上貼著一張海報，上面的標題是「人民將會實現的清單」。[19]衣索比亞、越南和西班牙旁邊打著紅色的勾勾：在國際左翼陣線時期裡獲得勝利的人民反帝國戰爭。一個紅色勾勾剛剛畫在了伊朗旁邊。仍留在清單上的是埃及和巴勒斯坦。

在貝魯特，阿拉法特於二月十七日稍早坐在一輛白色寶獅旅行車的副駕駛座位上，向東行駛了一個半小時，越過黎巴嫩山區和貝卡谷，經過馬斯納（Masnaa）邊境檢查站後進入敘利亞，來到大馬士革。[20]他的朋友哈尼．法赫斯，也就是在一九七七年時第一次幫助他聯繫上何梅尼的人，和他在一起。一行人中還有其他幾人，其中包括馬哈茂德．阿巴斯（Mahmoud Abbas），他也是法塔赫成員，而且未來會成為巴勒斯坦總統，另外還有伊利亞斯．胡里（Elias Khoury），他是一位極具當時風格的左派知識分子活動家，年僅三十歲的他讓人想起了更早期支持革命的作家，比如在西班牙內戰時期的海明威。胡里是黎巴嫩的基督徒，在一九六七年戰爭結束後，他移居約旦並加入法塔赫。他在巴黎念書，並編輯了一份名為《巴勒斯坦事務》的季刊雜誌。他出生於以色列建國的那一年，也是一名小說家，發表過關於黎巴嫩內戰和巴勒斯坦難民的房產被搶奪的知名作品。假以時日，他將會被世人描述為有可能競逐諾貝爾文學獎的候選者。但是在這個料峭的二月午後，他和阿拉法特、法赫斯一起登上從大馬士革前往德黑蘭的飛機。這不是一架普通的飛機：它是敘利亞總統專機，是承蒙獨裁者哈菲茲．阿塞德的好意。兩個小時的航程平安無事，氣氛是所有人都能感到的歡快。他們完全沒有會被允許降落的保證，因為機場仍然處於正式關閉狀態，而且其他的飛機已經被轉移走了。阿拉法特心裡懷著信心。他在德黑蘭有朋友，而且他們正在等他。

在距離德黑蘭還有十五分鐘的時候，空管部門要求飛機上乘客的身分資料。阿拉法特擔心國王的SAVAK殘黨和他們與以色列的聯繫，堅持要求飛行員只能說他「有一支非常重要的巴勒斯坦代表團」在飛機上。空管部門堅持得到更多的細節，但沒得到任何進一步回應。突然間，六架幽靈戰鬥機將這架敘利亞飛機圍了起來。氣氛凝結。空管部門又下達了新指令：「我們將在十分鐘內通知你們是否可以降落。」幾分鐘後，一架戰鬥機的飛行員向坐在窗邊座位上的阿拉法特揮手致意。這些年來，阿拉法特的臉已經變得容易被人認出，他五官明顯，有厚厚的嘴唇，總是留著鬍渣，戴著黑白相間的庫菲耶（keffiyeh，巴勒斯坦格紋頭飾）。戰鬥機的機鼻揚了起來，以示敬禮。空管部門向飛機發出降落訊號。

梅赫拉巴德機場被圍得水泄不通。數以千計的外國人和伊朗人試圖離開，而美國人正在用C－130力士型運輸機撤僑。但是阿拉法特在那個星期六的傍晚六點開心地降落在德黑蘭，他是革命後第一位訪問伊朗的外國領袖。他穿著象徵性的革命者服裝——一件卡其野戰夾克和庫菲耶——走出飛機，抹了一下眼淚，向停機坪上的人群揮舞勝利手勢。在那裡迎接他的是亞茲迪，他現在是副總理兼外交部長，穿著西裝、打著領帶（作為西方文化象徵的領帶很快就會在伊朗被禁止）。阿拉法特在航廈裡受到熱烈歡迎。「降落在德黑蘭的感覺就像是接近耶路撒冷一樣，」巴勒斯坦領袖如此說道：「伊朗的革命並不僅僅是伊朗人的，它也屬於我們。你們所取得的成就如地震一般，你們的英雄主義震撼了全世界、以色列和美國……你們光榮的革命已經解除了對巴勒斯坦人革命的封鎖。」他在接下來五天裡的示愛行程成為阿拉伯世界各國的報紙頭條。在貝魯特，城市裡有的地方響起慶祝的槍聲，成千上萬的人聚集在一起為這成就歡呼。左派社會主義者、親敘利亞和巴勒斯坦的領袖全都站在同一邊：這是一次他們志業的勝利，也是阿拉伯團結勝過以色列和美國的勝利。[21]一面橫幅上寫著：「國王已經離開了。明天離開的將是沙達特。」

當阿拉法特在德黑蘭進行勝利巡迴的時候，埃及人因為在大衛營（Camp David）和以色列人談判而成了頭條新聞。這些新聞報導在頭版頭條交替出現，讓阿拉法特看起來是個英雄，而埃及人則是出賣者。巴勒斯坦領袖直接去見何梅尼。他們席地而坐、握手，交談了一個半小時。何梅尼聲稱巴勒斯坦人的志業在他心裡已經十五年了。阿拉法特向前欠身親吻阿亞圖拉的左臉。何梅尼寬厚地笑了一下。「你能相信巴勒斯坦人的革命在伊朗嗎？」阿拉法特問道：「很難相信呢！但是新的時代已經開始了。」[22]

伊朗革命改變了力量平衡並對巴勒斯坦人有利，阿拉法特這樣說道。在一場新聞發布會上，阿拉法特和阿亞圖拉一同出席，兩個人手拉手並把手舉起來，對著人群高喊「今日伊朗，明日巴勒斯坦」。何梅尼的兒子艾哈邁德陪著貴賓四處忙碌並宣布：「伊朗人民的勝利並不會因為國王的失敗而止步。我們的希望是在耶路撒冷的山丘上升起伊朗和巴勒斯坦的國旗。」[23]

在能夠做到這件事之前，他們有一個更近的目標：得能在以色列大使館升起巴勒斯坦國旗。伊朗和以色列的聯繫自從阿拉法特抵達德黑蘭後就開始惡化，仍然留在伊朗的少數以色列外交人員遭驅逐出境。他們已經燒毀所有的敏感文件。一千五百個在伊朗工作的以色列公民在國王離開之前就撤僑離開伊朗。[24]上萬名伊朗猶太人被飛機接走。亞茲迪現在帶著他的賓客來到一棟庭院中間有著波斯藍色噴泉的三層樓建築中，這裡曾經是以色列外交部門的所在地。在已經被徹底搜查的建築物中，四目所及都是遭破壞的桌子和碎玻璃，燈泡碎片散落在地板上。辦公桌的抽屜被扔到了窗外。一張希伯來文寫的通知仍然貼在某間辦公室的門上。以色列情報部門和國王的 SAVAK 之間的密切合作，是伊朗引起眾怒的來源之一，而且助長了大家對這棟建築物的怒火。阿拉法特、亞茲迪、法赫斯和艾哈邁德．何梅尼走到二樓陽臺上，身邊是一隊拿著槍的烏合之眾。在他們的頭頂上方，用紅色油漆噴著「VIVA PLO」（巴勒斯坦解放組織萬歲）。阿拉法特發表了一段漫無邊際的演說，然後他和亞茲迪、艾哈邁德把手握在一起，高舉過頭頂，然後比出勝利手勢。欄杆上繫著一面巴勒斯坦國旗，下面是一面臨時做出來的看板，上頭寫著「PLO大使館」。大使館門外的街道上已經聚起了幾百人。他們爬上圍牆和欄杆，想要一睹阿拉法特的模樣。他們舉起拳頭高喊：「何梅尼、阿拉法特！何梅尼、阿拉法特！」法赫斯站在陽臺上，穿戴著教士的長衫和黑色纏頭巾，驚訝地看著革命將這些人凝聚在一起，抹去了邊界、宗派和種族。他感到自己已經和伊朗、巴勒斯坦和超越一切的伊斯蘭合而為一了。他感到自己是比任何一個國家都更寬廣的事物的一分子。他相信革命更勝過相信神，為了革命，法赫斯將會拋棄這一切：他的國家、阿拉伯民族、他的家。不久後，他就帶著家人來到德黑蘭，他的女兒巴迪婭後來也到了庫姆的神學院中學習。

在阿拉法特團結的微笑之下，是劍拔弩張和不同的目標。亞茲迪和多數的伊朗解放運動組織成員本來就較慢才擁抱巴勒斯坦志業：除了從巴勒斯坦人那裡獲得他們所需的軍事訓練之外，他們認為這件事是他們推翻國王這項主要目標的干擾。在黎巴嫩，哈姆蘭和肆意橫行的巴勒斯坦游擊隊就有尖銳的分歧，他們把對以色列的憤怒帶到什葉派的村子身上。但是站在以色列大使館的陽臺上，被阿拉法特所到之處的龐大人群擁抱，亞茲迪看到了擁護超越國界事業的好處。它為伊朗的革命者帶來更大的光環，這個光環將會啟發整個地區，也許是整個世界——這是每個革命者的夢想。他不明白何梅尼在多大程度上利用這種願望來實現他自己的目的。

亞茲迪想出一個舉行聖城日（*al-Quds Day*，Jerusalem Day）的主意，時間定在每一年齋月的最後一個星期五。第一次將在幾個月之後，也就是八月漫長又炎熱的日子。何梅尼會利用一切對他有利的東西，包括這個在伊朗日曆上加入一個新儀式的想法。這會把成千上萬的伊朗人帶到街頭，在支持巴勒斯坦的同時，重新樹立起何梅尼是他們的最有力支持者的地位。願景是在全世界展開抗議行動，以反擊以色列自己的「耶路撒冷日」，這是耶路撒冷在以色列控制下被統一的象徵。這樣的抗議儀式，包括焚燒以色列國旗並高呼「以色列去死」，永遠不會在伊朗以外的地方真正扎根。何梅尼希望能控制巴勒斯坦論述，並向阿拉法特施壓，將他的運動貼上伊斯蘭抵抗運動的標籤。儘管一個人是什葉派，另一個是遜尼派，但這不是障礙，正如在那個時代裡，這兩個詞很少會出現在政治中一樣。這種張力存在於民族主義和宗教之間，存在於世俗的行動主義和原教旨主義之間。而且阿拉法特就像這位阿亞圖拉一樣狡猾又不擇手段，他不打算被別人捏在手中；他想要掌舵。他絕不會採用伊斯蘭抵抗運動的名稱。

這種固有的緊張關係永遠不會獲得解決。到一九七九年底時，巴勒斯坦人就產生了幻滅感，有一些人把伊朗人描述為「真正的瘋子案例」。[25]那些「瘋子案例」則反過來對巴勒斯坦人失望：他們多數人不做禮拜、喝酒、打領帶、跟女人打情罵俏。到了這個階段，何梅尼並不在意；他已經得到他需要的東西。在阿拉法特訪問期間，他說他已經把巴勒斯坦人的志業放在他心中十五年了。儘管何梅尼在以色列和耶路撒冷問題上是一個理論家，但是他也做了經過深思熟慮的政治舉動，緊緊抓住一個能彌補他的波斯人和什葉派身分的問題，承擔起遜尼派阿拉伯人最重要的志業。即使阿拉法特不想成為「伊斯蘭抵抗運動」的一部分，伊朗現在也有辦法透過拉攏那些被何梅尼的原教旨主義議程所吸引的黎巴嫩人和巴勒斯坦人，來建立起自己的「伊斯蘭抵抗運動」。就像是哈瑪斯運動（Hamas movement）一樣，一些將來會反對阿拉法特領導的巴勒斯坦伊斯蘭主義者，會轉而尋求伊朗的支持。

在以色列建國後，巴勒斯坦人的志業在伊朗並未引起許多人的熱情，只有包括薩法維在內的一小部分人例外。國王最初曾提出對巴勒斯坦分治的警告，說這將會引起幾代人的衝突，但是他在一九五〇年承認了這個新國家，並且在他的統治期間始終都和以色列保持聯繫。伊朗的猶太人是中東地區最古老的猶太人社群，他們的歷史可以追溯到以斯帖（Esther）的時代，她是一位與波斯國王結婚的猶太王后，曾阻止對猶太人的屠殺，這個故事正是普珥節（Purim）的核心內容。自十九世紀末開始，數百名猶太人從伊朗移民到巴勒斯坦，但是這個社群仍然深深地保持著自己的波斯認同，並且在國王統治下享受繁榮。許多伊朗知識分子在一九七九年之前去過以色列，其中包括著名的世俗主義散文家賈拉勒．艾哈麥德（Jalal Al-e Ahmad），他在一九六四年和妻子造訪了以色列。他對這個年輕、有活力的國家十分著迷，寫了許多打從心底讚賞這個國家的文章，並把以色列稱為「*Vilayet-e Izrael*」：一個由教士監護人——一個以色列人監護者所指導的國家，這是穆斯林治國的榜樣。在一九六〇年代，艾哈麥德是革命中的關鍵知識分子，是反對國王的世俗反對派中最重要的思想家。在他關於以色列的文章發表後，賈拉勒．艾哈麥德收到來自阿亞圖拉阿里．哈梅內意（Ali Khamenei）憤怒的電話，此人是何梅尼的親近助手，也是伊朗未來的領袖。[26]這篇文章讓這兩個人感到震驚——怎麼能有一個在他們看來是自己人的人寫以色列呢，還是這樣的正面寫法，而且用了呼應什葉派宗教傳統的術語以及他們自己的神學論調。

何梅尼和哈梅內意是在一九六二年聽說賈拉勒．艾哈麥德的，那是在他前往以色列之前，賈拉勒．艾哈麥德寫了伊朗革命開創性、奠基性的作品——*Gharbzadeghi*，通常被翻譯為《迷醉西方》（*Westoxication* 或 *Occidentosis*）。在這本書中，他批判了一個被快速現代化壓得扁平，並且拚了命要模仿西方的社會，一個為資本主義而失去獨特的波斯認同的國家。這就是為什麼他對以色列可以為伊朗做出的模範那樣著迷的原因。他去了猶太大屠殺紀念館，並表達對猶太人在第二次世界大戰之後復興的欽佩。他在一個基布茲（Kibbutz）裡住過，並對這裡將蘇聯社會主義理想的原創改編讚不絕口：這是一個既非東方也非西方的國家；它不是簡單地採用外來的模式，而是創造出真正的自己的模式。[27]《迷醉西方》中也主張回到伊朗的文化根源，其中包括伊斯蘭。問題的關鍵不是要拒絕來自西方的所有東西，而是為西方機器找到伊朗的回答，不是一味地以自我厭惡的方式屈服於西方機器。波斯文化與什葉派文化是和西方文化深深交織在一起的；宗教學院教授古希臘文和哲學，在國外的伊朗人造成的影響就和他們受到的影響一樣多。[28]艾哈麥德還提到了西方偉人的作品，例如卡繆（Albert Camus）或尤金．尤涅斯科（Eugene Ionesco）。但是在最基本的層面而言，《迷醉西方》是一個對何梅尼有吸引力的概念——這又是一個他可以加以操縱的觀念。他採用這個詞彙來推動反西方情緒。賈拉勒．艾哈麥德在一九六九年離世；他的智識上的繼承人是讓薪火愈燒愈旺的沙里亞蒂。到一九七九年時，這兩人都恰好不在了，只剩下何梅尼來翻譯和扭曲他們的想法。他最終將會將這些世俗派的人從革命敘事中抹去。

何梅尼曾透過年輕的激進教士薩法維而接觸到巴勒斯坦人的志業，薩法維參加過一九五三年在耶路撒冷舉行的伊斯蘭大會。賽義德．庫特布（Sayyid Qutb）也是與會者之一，他是一名伊斯蘭思想家，並很快成為穆斯林兄弟會中更加激進成員的關鍵理論家，他的作品啟發了一代又一代的暴力原教旨主義者（他的名字「賽義德」並不表示他是先知後裔）。

穆斯林兄弟會的核心是一個傳教組織式的復興主義運動，類似於伊斯蘭敢死隊。這兩個組織一個是遜尼派，一個是什葉派，但是意識形態上有許多共同之處。在耶路撒冷大會上，他們建議宣布巴勒斯坦人的志業是超越阿拉伯民族的，是全穆斯林的志業，和以色列合作或者媾和被視為背叛。[29]在此之後，薩法維去了開羅，庫特布在那裡接待他一個星期。這個伊朗人對於他受到的接待很失望。沒有任何一個官方圈子裡的人願意見他。[30]他原以為自己來到一個伊斯蘭統治的國度，穆斯林兄弟會在這裡是主導力量，相反地，他發現這裡是個保守但是世俗的國家，有音樂、有劇院，女人會回嘴反擊，甚至有個謝赫因為在和女人說話的時候側過臉去而遭到嘲諷。儘管如此，這個年輕的狂熱者對於耶路撒冷的消息仍感到鼓舞，並且將他的觀察帶回給了何梅尼和哈梅內意。兩年後，薩法維被國王處死，遜尼派和什葉派將他視為伊斯蘭的殉道者而哀悼。

穆斯林兄弟會和敢死隊之間的聯繫並未因薩法維的死去而終結。為了發展他的伊斯蘭國家理論和計畫，何梅尼大量借用庫特布的觀點（而且這兩人都在很大程度上參考了巴基斯坦思想家、遜尼派原教旨主義團體伊斯蘭大會〔Jamaat-e Islami〕的創立者阿布阿拉．毛杜迪〔Abu A'la al-Mawdudi〕在他們之前就已經闡述過的概念）。哈梅內意將庫特布的幾本書翻譯成波斯語，並且寫下帶有欽慕之意的前言介紹。何梅尼的《伊斯蘭政府》也翻譯成阿拉伯語並且在埃及受到廣泛閱讀。庫特布的著作在革命後的伊朗，將會在學校中教授。他在埃及的監獄中監禁超過十年，並且於一九六六年處以絞刑。革命伊朗將會發行一版他的郵票以示紀念。當何梅尼還在諾福爾堡的時候，穆斯林兄弟會的成員也曾去那裡拜訪他。

現在是時候慶賀他在德黑蘭取得的成功了。

在二月二十二日，也就是阿拉法特離開的隔天，亞茲迪安排了另一班飛機在德黑蘭機場著陸。這是一架來自伊斯蘭瑪巴德的私人包機，上面載有敘利亞和埃及穆斯林兄弟會的幾名成員，以及巴基斯坦伊斯蘭大會黨的現任領袖，還有一些來自科威特、印尼，甚至（一些報導中所說的）來自沙烏地阿拉伯的訪客。支付包機費用的是埃及穆斯林兄弟會的關鍵金主優素夫．納達（Youssef Nada）。[31]亞茲迪負責這個代表團的事宜，並在家中招待他們。這些人原本預計只訪問五個小時，但是後來待了三天，見了何梅尼和總理巴札爾甘，也造訪了烈士陵園。來自巴基斯坦大會黨的米安．圖法爾（Mian Tufayl）後來寫道：「我們感覺就像是同一個家庭的成員，是同一個商隊中的旅客，是帶著所有的資產前往同一個目的地的旅人。」[32]儘管他們對何梅尼的成功充滿溢美之詞，但是他們心中的議程各自不同。那些巴基斯坦人看起來滿足於在這個阿亞圖拉和廣泛的、普世的伊斯蘭光芒中取暖。何梅尼已經見過了毛杜迪，他在一九六三年去麥加朝覲的過程中建立了伊斯蘭大會黨。他們探討了彼此對於一個伊斯蘭國家的觀點。

穆斯林兄弟會則有更加具體的目標。根據一些紀錄，兄弟會成員提議向何梅尼宣誓效忠，將他提升為穆斯林民族的領袖。[33]他們把他的勝利視為每一個抗擊壓迫、帝國主義和殖民主義之穆斯林的勝利。除了沒有把他捧為哈里發，像優素夫．納達之類的人指出，他們至少希望何梅尼能夠成為全世界數百萬人的精神領袖。但是這需要伊朗擺脫將什葉派作為官方的國教，成為一個單純的穆斯林國家。當波斯國王伊斯瑪儀一世在十五世紀建立薩法維帝國，並強迫他的臣民皈依什葉派的時候，這個決定也主要是基於戰略考量。這位國王原先屬於一個小規模的末世論蘇非什葉派教團，這個教團起初是遜尼派的。隨著他征服鄂圖曼帝國的領土並且鞏固自己的帝國後，薩法維帝國統治者試圖讓他的臣民團結在一個獨特身分的周圍，和敵人在前線上有鮮明的身分對比。兩個帝國之間的戰爭成了遜尼派和什葉派的戰爭，儘管才剛改信什葉派，卻成為幾個世紀以來第一次彼此廝殺。自伊斯瑪儀一世開始，伊朗的每一任國王都是什葉派信仰的守護者，一直到國王禮薩．巴勒維。

雖然穆斯林兄弟會提出打破這個傳統，而且成為一個數百萬人的普世政治領袖之要求非同一般，但是它體現出宗派認同在政治中是有流動性的。它也顯示出伊朗革命所帶來的跨越國家邊界和教派的熱情。何梅尼聽到這個要求，但是沒有回應。穆斯林兄弟會五月時又訪問伊朗。代表團中有一個敘利亞穆斯林兄弟會的激進理論家薩伊德．哈瓦。他提出另一項要求：該組織正在進行低層級的叛亂，反對他們國家的獨裁者阿塞德，他們需要何梅尼的幫助。和伊朗國王不同，阿塞德並不是西方的朋友，但他是個世俗民族主義者。敘利亞穆斯林兄弟會熱切地期盼，何梅尼為伊朗革命帶來的伊斯蘭熱情能夠傳播到敘利亞去。

阿塞德曾經在阿亞圖拉必須離開伊拉克的時候在大馬士革為他提供庇護所。當沙里亞蒂的遺體無法回到德黑蘭時，他被埋葬在大馬士革。敘利亞是第一個承認何梅尼勝利的國家，並且在巴赫提亞爾政府倒臺後的兩天就送上賀詞。敘利亞領袖甚至提供阿拉法特飛往德黑蘭的飛機。現在，埃及成了以色列和美國的朋友，阿塞德對於反西方、反以色列的陣營中加入的這個新強硬派感到欣喜。何梅尼大概看到了與阿塞德保持關係的好處。這位阿亞圖拉再次聽取了哈瓦的請求，但是又沒有給出回應。34

二月二十四日，胡塞尼和哈姆蘭一起去了德黑蘭。無論他們了解多少關於伊瑪目薩德爾對何梅尼所持的疑慮，他們都相信何梅尼好戰、激進的熱情將會受到伊朗解放運動組織和其他溫和教士遏制。德黑蘭各地的牆上還掛著阿亞圖拉塔勒加尼的照片，他比何梅尼年輕十歲，有一雙深邃憂鬱的眼睛和帶點憔悴的臉龐。他一九七八年十月才從監獄中獲釋，因此錯過了一些何梅尼正在利用的不斷擴大的勢力，但是他本身極受歡迎，是全國最富權勢的教士之一。另外還有其他更資深、更睿智的教士，比如卡濟姆·沙里亞特馬達里（Kazem Shariatmadari），他是一位有著慈祥臉龐，帶著一副圓眼鏡、溫柔的阿亞圖拉，他身後有廣大的追隨者，他贊成與國王合作進行逐步的變革。何梅尼要多虧他的救命之恩：當他因為反對國王白色革命而在一九六三年起義被捕，並面臨可能的死刑時，是沙里亞特馬達里出面干預才救了他的性命。

胡塞尼住在洲際飯店裡，就在三年以前，安迪·沃荷（Andy Warhol）以王后的座上賓之姿來為她畫像，並下榻在這間飯店裡。德黑蘭城北看起來就像是比佛利山莊，王后則被稱為中東的賈桂琳·甘迺迪（Jacqueline Kennedy），安迪．沃荷還曾在這裡點魚子醬送到房間裡享用。[35]如今這裡的街道上有狙擊手，那些肖像畫，連同其他三百幅價值三十億美元的世界名畫家的傑作收藏，都被存放到德黑蘭現代藝術博物館的倉庫裡。這裡不會再有西方藝術了。唯一的安慰是這些作品沒有被毀掉。

胡塞尼還跟巴札爾甘開玩笑，說哈姆蘭只是暫時租借給伊朗，黎巴嫩還想要他回去。[36]巴札爾甘則回敬：「波斯人不會把這筆貸款還回去的，我們要把他留在這。」哈姆蘭很高興能回家。游擊隊戰士被任命擔任國防部長。他永遠不會回到黎巴嫩了。他也許想要回去看看朋友，或是去看海，在泰爾的街道上散散步，但何梅尼的愚蠢將很快要了他的性命。

在伊朗發生的事情以驚人的速度向前猛衝。穆欣正處在風暴的中心，仍然為建設一個新伊朗的機遇感到激動和興奮無比。勝利來得比他預想的快得多。他是對的：人民的熱情足以把國王政權的最後殘餘一掃而光，只消幾次關鍵戰鬥，國王餘黨就不在了。他曾設想的由人民軍隊進行一場曠日持久的起義，就像越南的越共或是阿爾及利亞的民族解放陣線那樣，並沒有成為現實。但是國王還活著也離得並不遠，而且美國中央情報局的意圖是永遠的未知數，每個人都害怕政變可能重演。在革命的混亂中，隨著法律和秩序土崩瓦解，隨著武裝部隊的癱瘓，到處都湧現出民兵組織，到處都是槍枝。幾個星期之內，穆欣就幫忙建立起一個組織，以保護革命成果不被那些過激者和任何的反革命可能性所影響。

「*Sepah-e Pasdaran-e Enghelab-e Islami*」——伊斯蘭革命衛隊就這樣誕生了。它在全國範圍內的武裝維安人員會打擊所有的異議、反革命團體和非伊斯蘭軍事組織。因為共產黨分子和馬克思主義者仍然都有武裝，所以他們也是目標。穆欣和一些同志準備編寫革命衛隊的基本章程，這是一份規定責任和權限的文件，將會把所有不同的團體納入到同一把大傘之下。穆欣，作為一名臨時指揮官，去了SAVAK的總部。他是物理系學生，內心是一位革命者，實際工作是技術官僚，他對於將要承擔的情報工作感到有些不安。他和身邊的人談論，和像是優素夫．柯拉杜茲（Yousef Kolahdouz）這種曾於國王軍隊擔任軍官的同事交談。他們重寫了章程，並且任命新的最高層指揮官。穆欣並不清楚這個他所幫助創立的運動將會產生的深遠影響——或者說，如果他當時真的清楚，他也不會承認的。這個非正式的抵抗運動變成一個政府機關，是一個可怕的、全能的準軍事組織，將會給任何反對革命的人猛力一擊。革命衛隊的徽章是一個高舉的拳頭，握著一把卡拉什尼科夫步槍。經年日久後，他們成為伊斯蘭革命衛隊（IRGC），其力量將遠遠地超越伊朗的國境線。

穆欣後來轉到廣播和電視部門，接著又到了工業發展部門，當他試圖保存他對革命的核心理想和對何梅尼的信念時，他從一次失望走入到另一次失望中。他曾經設想的烏托邦從未實現。相反地，現在有了一個伊斯蘭共和國。

在一九七九年三月底的一次公民投票之後，現在這個國家的名稱叫做伊朗伊斯蘭共和國。當時在投票箱前的伊朗人只被問了一個簡單的問題：君主制是否應該被伊斯蘭共和國取代？那時沒有投票站，每個人都能看到別人在選票上的選擇。「是」的選項是綠色。投票率很高，而且有九八%的人選擇綠色，但是人民並不知道伊斯蘭共和國內涵的定義。自從在法國的時候，巴札爾甘和他的盟友們就已經在起草憲法，他們的靈感來自於一九〇六年革命後只短暫實施過的草案文本。這份新的文本在六月十四日公布，設定了一個有執行權力的總統制，其權力來自於人民，而不是君主。一個宗教領袖委員會將會對法律擁有有限度的否決權。男性和女性在法律面前平等。在巴札爾甘的文件中，並沒有提到法學家監護。

何梅尼和那些更傾向改革立場和極受尊敬的阿亞圖拉（例如塔勒加尼和沙里亞特馬達里）之間的緊張關係開始浮現。塔勒加尼的孩子在四月被一群來自革命委員會（*Komitehs*）的民兵迅速逮捕，這樣的委員會正在全國各地出現。塔勒加尼，這位全國第二高階的教士，關閉了他在庫姆的辦公室並緊閉家門以示抗議，並且提出了國家可能會「再一次落入獨裁和專制主義之手」的警告。[37]何梅尼在庫姆和塔勒加尼會面後，他斥責的對象是塔勒加尼，而非革命委員會，立場顯而易見。他尖銳地迴避稱呼塔勒加尼是阿亞圖拉，而稱他為塔勒加尼先生。抗議爆發了。人民高呼「不尊重塔勒加尼就是對國家的不尊重」。[38]幾個月後的九月，塔勒加尼在睡夢中去世，享年六十八歲。他是一個健康的人，而且去世的時機太過巧合，讓有些人相信此事中另有內情。

與此同時，沙里亞特馬達里本人想要回歸一九〇六年的憲法，於是組織了自己的政黨。幾天之內，就有超過一百萬人報名參加。他是何梅尼最強大的挑戰者之一，整整一年時間裡都在為競選奔走，以反對何梅尼品牌的伊斯蘭。但是那些激進教士的組織力更強、更領先一步，而且要無情得多。甚至在何梅尼回國之前，他們就已經在伊斯蘭共和黨的旗幟下組織起一個影子政府，領導者是何梅尼最親近的盟友貝赫什提。他們組織嚴密、專制，聚集了所有無條件跟隨何梅尼領導的人。貝赫什提利用這個黨來鞏固對革命的控制，並從革命委員會、教士、伊斯蘭民兵和革命衛隊中獲得支持。伊斯蘭共和黨努力地確保四月的公民投票將會帶來一個伊斯蘭共和國。他們有自己的暴民力量：真主黨（Hezbollah），他們襲擊那些反對何梅尼的示威者，恐嚇大學校園中的學生，關閉批判的報紙，組成摩托車隊在街道上騎行，手裡揮舞著黑色的旗幟和橫幅。[39]

如果說伊斯蘭共和黨正緩慢地奪取到權柄，那麼街頭仍然保持在世俗左派的手中，他們能將成百上千的馬克思主義者、社會主義者和共產黨拉攏出來。[40]這些人已經從事了好幾十年的地下工作，是這個國家最老的反對派組織，他們實際上為國內的革命奠定許多基礎，與世俗的民族主義者並駕齊驅。他們之前的地下游擊隊現在已經出現在光天化日之下，手中拿起了軍隊基地裡丟棄的槍枝武器。幾天之內，他們開始在街上散播小冊子和報紙。他們有能力動員巨大的抗議示威：勞動節那天，有五十萬到一百萬人走上了街頭。左派的學生組織仍然在全國各地的大學校園裡一呼百應。他們和真主黨人舉行辯論並贏得勝利，因為校園裡仍然遍布著那個時代的意識形態，反帝國主義是最受歡迎的大眾呼聲。

何梅尼在流亡期間從沒有公開表達過反美情緒，自從他回國以後也仍然很少這麼做。他對美國支持國王感到悲痛，並大聲疾呼反對以色列，但是他似乎並沒打算要跟美國對抗。何梅尼、臨時政府，甚至貝赫什提都跟美國保持著聯繫。當某個馬克思－列寧主義團體在這一年的早些時候短暫地占領美國大使館時，他們曾出面協調釋放美國外交人員。但是左翼組織現在正在把他們的反帝大旗舉得愈來愈高，呼籲何梅尼切斷和美國政府的聯繫並取消和美國公司簽下的合約。十月底時，伊朗國王抵達美國接受治療。在國王身邊的小圈子之外，很少有人知道他的病情，在伊朗，很多人都想像國王到訪美國是中情局將又一次發動政變的序曲。左派好好抓住了這個機會，他們動員新學期剛剛返回校園的大學生，並發起了「*Marg bar Amreeka*」——去死吧美國——的口號。

何梅尼那些最激進的追隨者並不打算落後於人——是時候顯示誰才是真正的革命者了。十一月四日這一天，大約四百個學生爬上了位於德黑蘭市中心的美國大使館圍牆。在一個自稱「學生追隨伊瑪目連線」（Students Following the Imam's Line）的團體帶領下，他們把六十六個美國人扣押為人質。何梅尼並沒有下令這麼做，但是他很快就意識到這當中有好處。他可以藉此擊敗世俗左派、削弱民族主義者的根基，並且呼應大行其道的反帝口號。他將擁有一個全新的軍火庫來供他使用，幫他鞏固對國家的控制。何梅尼開始用更多的反美言論來投其所好，祝福那些占領大使館的學生，並且稱呼大使館是「間諜巢穴」。兩天後，總理巴札爾甘以辭職表示抗議。亞茲迪也是。他們在執政風格和國家願景的問題上和阿亞圖拉爭吵了好幾個月，但人質危機是最後一根稻草。激進分子現在可以自行其道了。在不到一個月之內，新憲法就付諸公投。這個最新版本的憲法和巴札爾甘在法國起草、六月在伊朗定案的版本大相逕庭，幾乎完全是貝赫什提和其盟友的作品，他們花了一個夏天的時間修改憲法文本。法學家監護已經被寫入憲法，並且是為何梅尼量身訂做的。法基赫擁有非常廣闊的權力：他能讓自己擔任最高軍事領袖和最高大法官，能夠解除總統職務，取消政治候選人資格，不管是什麼樣的理由都行。[41]他還能宣布戰爭與和平。為這部憲法舉行全國公投，投票率比四月的時候略低，但是在十二月三日，結果依然是壓倒性的贊成。

何梅尼現在成了最高領袖（Supreme Leader），是馬赫迪在大地上的代表。

溫和的阿亞圖拉沙里亞特馬達里在庫姆沒有參加公投，並且把他的決定公之於眾。他強烈反對這部憲法和法基赫的角色。他提出了內戰危險的警告。他的支持者在他的家鄉起義，他變成所有異議者的集結點。但是並不會持續下去，因為他和何梅尼不同，沙里亞特馬達里並不想要流血。他解散了自己的政黨。他很快就遭到軟禁並且被剝奪神職身分。

憲法中的一些條例對於伊朗境外的革命支持者特別有興趣。穆斯林兄弟會一直在等著何梅尼的答覆，他是否答應成為伊斯蘭復興的最高領袖。但是新憲法的第十二條款指出，伊朗的國家宗教仍舊是什葉派伊斯蘭。曾經到伊朗拜訪何梅尼的穆斯林兄弟會成員們深感失望。[42]何梅尼想要成為他們自己一邊的領袖；他想要和其他人分隔開來。他不想把自己投入到八〇%人口都是遜尼派的穆斯林世界裡；他想永遠領導反對派。當他覺得適當的時候，他就會與那些能夠為他的議程服務的遜尼派團體接觸。憲法的第一五四條款正是為此而設計的，它含蓄地指出法基赫的管轄權可以擴大到伊朗境外。毫無疑問地，這部憲法宣布伊朗伊斯蘭共和國支持「全世界的被壓迫者反壓迫的正義鬥爭」。何梅尼的革命才剛剛開始而已。

在美國，數百萬人正在收看美國廣播公司每晚更新的德黑蘭大使館人質危機的最新報導。每天晚上，泰德．柯普爾（Ted Koppel）都會在一個特別節目中報導最新消息：《伊朗危機——美國人質事件：第五日》。然後是第十日、第十二日。在第十四和十五日，總共有十三名美國人被釋放。除了一名人質在一九八〇年因健康原因被釋放，其他的五十二名人質一直被扣押到一九八一年的一月，總共四百四十四天。在這段時間裡，何梅尼繼續清理著左派，並借助激進派鞏固他對國家的控制。恰恰在同一時間，沙烏地阿拉伯正在發生一場相似的危機。馬赫迪好像從隱遁中現身了，他出現在麥加。而他也被扣成了人質。

第三章

流血的心臟

沙烏地阿拉伯，一九七九年

而我異想天開地想要知道，他是否比他們看得更清楚，是否感到威脅，暗示著——他的社會正接近破碎，和信念的崩解。

尤其是在這裡，看起來隨著世界的突然變化到來的惡魔，將會遠超過良善。

——《阿拉伯沙地》（*Arabian Sands*），威福瑞．塞西格（Wilfred Thesiger）

一九七九年十一月二十日，薩米．恩格威睡過頭，錯過了黎明時分的禮拜。[1]他每天做五次禮拜，日日如此，篤信而虔敬。當他在禮拜中有節奏地鞠躬、叩頭時，在他冥思時，在他試著到達與至高無上的真主產生連結的莫測境地時，他可以在每一句話、每一個片刻中找到平安。他特別喜愛在一個世界正在沉睡的靜謐時刻做黎明前的禮拜；他幾乎能感受到那些在全國各地在同一時間起床做禮拜的數千人，甚至數百萬人的脈動，大家娓娓道出相同的句子，面對同一個方向：天房（*Ka'aba*），在麥加的神聖禁寺裡，這是伊斯蘭中最聖潔的地點。他將會在抵達麥加的時候補上他錯過的禮拜。他和他的《古蘭經》

老師認為這是一個吉祥的日子：伊斯蘭曆新世紀第一天，伊曆一四〇〇年的一月一日。作為許多能夠背誦《古蘭經》全部六千兩百三十六句經文的保守穆斯林中的其中之一，薩米並不是從小就開始學習背誦《古蘭經》的。當他十幾歲時，他去了英國留學，然後去德州讀大學。回到沙烏地阿拉伯之後，他開始學習和自己的信仰重新產生連結。這位建築系的畢業生才三十歲，但是他有個老靈魂。他身材高大、健碩，而且已經被認為是一個沙烏地阿拉伯的思想領袖了。這國家是一個擁有世界第二大石油儲量的專制君主國，在那時，貌似主導和驅動這個國家的唯一趨向就是——金錢。

一九三八年發現的石油，推動了一個領土大多是沙漠的王國向現代國家轉變。這個國家年僅六歲，但他的建立者阿布杜阿齊茲．伊本．紹德國王已經成了世界列強爭相拉攏的對象。在一九四五年，小羅斯福和沙烏地君主在大苦湖（Great Bitter Lake）上的美國昆西號（Quincy）巡洋艦上達成交易。兩個人同意，沙烏地阿拉伯將向美國提供無阻礙的石油開採權，換來美國提供的軍事保護和支持。一桶原油的價格在多年來一直很低廉，收入雖然有限，但是對於一個從零開始的國家來說算是綽綽有餘了，到六〇年代末的時候，整個王國已經掀起一股建設的熱潮。沒有來自本地的專業技術，但是那裡有很多錢可以雇人來幫忙。到了一九七三年時，石油的價格幾乎在一夜之間上翻四倍，從每桶三美元漲到十二美元——這個價格約略等同於二〇一九年的五十美元。在那年十月，埃及和敘利亞加入對以色列的戰爭，希望能夠收復在一九六七年的六日戰爭中失去的領土。出產石油的阿拉伯國家宣布對美國和其他在衝突中支持以色列的國家的石油出口禁令。沙烏地阿拉伯很不情願傷害它和美國的盟友關係，但是最終還是帶頭發起攻勢並獲得利益。阿拉伯人的心中充滿自豪，短暫地感謝沙烏地王國在西方國家和以色列面前挺身而出的立場——這是一個對過去屈辱的小小安慰。最重要的是，這個年輕的國家現在正有數十億美元資金湧入。在一九七〇至一九七四年間，沙烏地阿拉伯的石油收入從十二億美元飆漲到兩百二十五億美元。[2]

建築熱潮如火如荼地出現，到處都是工地和起重機。街區正在轉變，或是幾乎一夜之間拔地而起。每一家美國主要的連鎖飯店都出現在城市裡：洲際飯店、喜來登、假日飯店、凱悅、希爾頓、萬豪。[3]有三萬個美國人——從石油工程師到飯店經理和會計師——來到王國提供他們的專業技術，建造了從道路、機場、醫院到學校的一切。美國人使用的是他們最為熟練的模式。例如利雅德，一個沙漠中間的小城市定居點開始變得像是沙烏地的休士頓：由寬闊街道和巨大的購物中心構成的城市網格，沒有大眾運輸。巨大的美國汽車，凱迪拉克和克萊斯勒，大搖大擺地開在街道上，更增添了這好像是在美國的錯覺，只有那些清真寺的宣禮塔才會打破錯覺。每個人都被突然降臨到他們身上的財富搞得眼花撩亂。短短幾年裡，有兩百家外國公司在沙烏地王國設立辦公室。世界聞名的建築師蜂擁而至。設計了紐約世貿中心的美國建築師山崎實（Minoru Yamasaki）也在沙烏地阿拉伯東部設計了達蘭（Dhahran）機場和新近成立的沙烏地阿拉伯貨幣局在利雅德的總部。這個國家甚至連貨幣都是全新的。

王室向大部分臣民發放了慷慨的補貼金。在沙漠邊緣，那些幾乎不屬於這個國家的偏遠地區，許多人未能趕上這股熱潮，仍然貧窮，生活在沒有自來水的茅草小屋中。王公貴胄把他們的財富投入到一切能夠想像得到的奢侈品上：遊艇、珠寶、富麗堂皇的新宮殿，以及在蒙地卡羅一擲千金的賭注。政府預算就是皇室家族成員的私人金庫，一如這個國家在本質上也是他們的私人財產一樣。錢多到不知道該怎麼花，很多人失去了方向或是平衡感。薩米對這樣的生活一點也不感興趣。他與他們不同，對這一切冷眼旁觀——他並非完全對今世的物質不感興趣，但他出身自一個家學深厚的麥加家族，他們是先知的後裔。他的爸爸曾擔任吉達（Jeddah）的警察署總長和穆塔維夫（*mutawwif*），也就是帶領朝聖者完成程序極為嚴謹的麥加朝覲儀式的指導人。來到麥加朝覲是年度的盛事，也是伊斯蘭教的五大支柱之一。他是國家的僕人，但是更主要的，他是朝覲者的僕人，不管是貧農還是大臣都是他服務的對象。這是一個特權位置，只有幾千個家族有這樣的地位，並且世代相傳，比沙烏地阿拉伯王國的建國時間要早許多個世紀。尊貴的地位帶來財富，但最重要的，是與先知和伊斯蘭發源地麥加的深厚連結。

薩米對新的石油財富正在淹沒國家的遺產深感不安。薩米兒時在麥加的家已經消失不見了。古老的「*Souq el-Layl*」——夜市場，和它那些繁忙的攤位、熙攘的氣息和嘈雜的聲音，都在一九五〇年代隨著國王的一聲令下，在聖寺擴建的工程中煙消雲散了。在此之前的一次擴建要追溯到西元十世紀時。自從那時候開始，在超過一千年裡，聖寺一直得以保存，並且由人民以虔誠的態度進行修繕；它的形制和大小，尤其是它那充滿歷史足跡的牆壁和地板一直原封不動地保持原樣，直到這位新的暴發戶守護人到來為止。和這位王國的新統治者出身的貧瘠沙漠內陸省份內志（Najd）不同，麥加位於紅海沿岸的漢志（Hejaz）省，它更富裕，更有活力。伊斯蘭的兩大聖地麥加和麥地那都位於漢志，它們附近的港口城市吉達亦然，它曾是每一個偉大的伊斯蘭帝國的一部分，它的人民對全世界開放，它的建築精美而繁複，是對伊斯蘭的富裕和多元的實踐。內志算不上窮，但是它枯燥而排外，而且一直位於文化多元性和豐富的世界宗教的邊陲。

薩米從美國回來後一直住在吉達，這座城市幾百年來都坐落在貿易和宗教的十字路口上。七世紀時，先知身後的第三位哈里發奧斯曼·伊本·阿凡（Othman ibn Affan）宣布這個海港是所有走海路前往麥加的朝聖者的正式入口。其他的朝聖者是隨著商隊從大馬士革或者巴格達經陸路走來。自那時候起，吉達每年都有成千上萬的穆斯林從世界的各個角落湧入。許多人會定居在這裡，以求和精神世界有更緊密的聯繫。根據對《古蘭經》的一種闡釋，夏娃（哈娃）和亞當（阿丹）在被逐出樂園之後曾經在麥加附近的阿拉法特山（Mount Arafat）重逢。有傳說指出夏娃後來就葬在吉達，這個城市的名字在阿拉伯語中就是「祖母」的意思。這座城市甚至有一個傳說是夏娃墳墓的地方。幾個世紀以來，朝聖者都會造訪這裡，尤其是不孕的女性，她們來到這裡祈求神力相助。著名的旅行家都談論和描寫過這個墳墓，它大約有五百英尺長，有一個雕鑿出的方形石頭代表肚臍。[4]它曾經歷時間的流逝和無數人的懇求，卻在一九二六年當阿布杜阿齊茲·伊本·紹德征服漢志的時候被毀掉了，他當時正將整個阿拉伯半島的省份統一在他的統治之下。他的兒子費薩爾，未來的國王，在吉達被圍困、挨餓了一年多之後終於帶兵攻入了吉達。年僅十九歲的費薩爾獲任命為這個省的總督，他下令搗毀這座墳墓。[5]麥地那那座可以追溯到先知時代的古墓園也被夷為平地。這位阿拉伯半島的新統治者看見到處都是「*shirk*」（以物配主、偶像崇拜）的危險。從內志的蘇丹，到內志和漢志的國王，再到整個半島的國王，阿布杜阿齊茲用自己的名字命名了他的新王國和新臣民。

阿布杜阿齊茲是沙烏地王朝（al-Saud dynasty）的創立者穆罕默德・伊本・紹德的後代（「*ibn*」的意思就是「某某之子」），從內志的深深腹地，阿布杜阿齊茲帶來的是一個有兩百年歷史的獨特伊斯蘭品牌，由他的祖先在一場政治及家族聯盟中和某人共同支持的，這個人就是穆罕默德・伊本・阿布杜瓦哈布。此人是極端正統主義的原教旨主義者，是十八世紀的傳教士，他發動了一場排他的復興運動，走的是一條被人稱為回歸「薩拉菲」（*salaf*：先輩，即第一代穆斯林）的道路。這些薩拉菲主義者相信，要追隨 *al-salaf al-saleh*（正直的先輩）就得回到先知的生活方式中。十二世紀初，出現了一些現代主義的薩拉菲主義者，比如埃及人穆罕默德・阿布都（Muhammad Abduh），他們認為，重要的事情在於擺脫那些伊斯蘭教在幾個世紀中得到的後天習俗和沉積物，回歸到先知教誨的純潔中，這麼做實際上也提供了使宗教適應現代性所需要的答案。只是到了九一一事件後，「薩拉菲主義者」這個詞才為世界所知，它被用來專門指稱那些嚴格的薩拉菲主義聖戰者試圖用暴力將其觀點強加於人的態度。伊本・阿布杜瓦哈布在世時對伊斯蘭的闡釋如此極端，以至於他同時代的人把他視為一個無處可去的人。鄂圖曼帝國的人最先把這套內容描述為瓦哈比主義（Wahhabism），將它定義為一個疏離在主流伊斯蘭之外的運動，這個運動看起來完全集中在一個人的身上，就好像他是某種先知人物一樣。[6]瓦哈比主義者的旗手就是沙烏地王朝的那些人，他們不能容忍在人和神之間有任何東西：聖徒的祈求不被允許，墓園裡不能有碑石，不准讓親人遊墳（掃墓），甚至不允許崇拜先知——這些東西全都是偶像崇拜。這個王朝曾經遭受重大挫敗，其中包括幾乎兩百年之久的打擊和流放，但是在一七四四年被密封在沙漠中，紹德家族與那位傳教士之間的結盟關係存活了下來。夏娃的陵墓成了遇難者之一。在一九七五年，陵墓的遺跡遭水泥掩埋，並且失落在一大片墓地中，裡面有上百個陵墓，它們看起來就像是一排排白色水泥的空花盆，中間有鋪平的小路。

這一股狂熱、不妥協的態度，就是薩米在十一月睡過頭的那天早晨所發生的事件的最早源頭，他還不知道聖寺裡發生了重大的動盪情勢。那天早晨，薩米溫習了昨天他背誦的經文。只是到後來，他才會明白他那天溫習的那幾句經文是多麼大的預兆。

你們不要在禁寺附近和他們戰鬥，除非他們在那裡進攻你們；如果他們進攻你們，你們就應當消滅他們。這是對不信道者的報應。[7]

薩米認為在新世紀的第一天拿出宗教創見（無論是大是小）是個吉利的時辰，而且不是只有他這麼想。

在破曉時分到來之前，聖寺的大伊瑪目（帶領人民做禮拜的人）謝赫穆罕默德・蘇巴伊勒（Muhammad al-Subail）正在洗小淨（為做禮拜而清潔身體的儀式）。這位留著大鬍子的五十九歲男人，肩上披著繡金邊的黑色斗篷。晨禮（*Fajr*）再過幾分鐘就要開始了。十一月夜晚的涼爽和黑暗仍然籠罩在城市的上空，擁抱著俯瞰麥加的那些崎嶇的小山丘，它們的名字都富含深意——*noor*（光），*rahmah*（慈憫）。但是城市的最中心，伊斯蘭跳動的心臟，卻從不會黑暗（自從電力在世紀之交到來後，這裡就安裝了電燈，此後再也不曾陷入黑暗）。聖寺和它的大庭院在夜裡一直有微暗的燈光。庭院的中間，就是神的房子，穆斯林的禮拜朝向：天房，一座四十英尺高的花崗岩立方體，上面有黑色的絲質罩布，並以黃金繡著《古蘭經》裡的經文。據說，天房最初是先知亞伯拉罕（阿拉伯語中叫伊卜拉欣）建造的。

在清晨五點十八分時，擴音器中傳來了宣禮聲：[8]

Allahu Akbar——真主至大。

在來自麥加，來自沙烏地阿拉伯周圍，以及來自穆斯林世界各地的禮拜者中間，有三百個帶著神聖任務而來的遜尼派穆斯林——或者說他們認為自己帶著神聖任務而來。有些人已經來了好幾天，勘查著聖寺複雜的內部和地下。其他人則是連夜抵達，有的還帶著妻小以掩人耳目。他們主要是沙烏地人，但也有埃及人、巴基斯坦人，還有兩個皈依伊斯蘭的美國黑人。宣禮詞還在繼續著。

Ashhadu anna la ilaha illa Allah——我作證，除了真主之外，別無值得崇拜的。

禮拜的人都已經從睡夢中起來了；住在聖寺附近的人紛紛來到聖寺。他們沐浴淨身，開始圍著天房形成一個圓圈，準備做禮拜。他們跪坐在白色大理石的地板上。許多人穿著兩片白布組成、沒有縫邊的簡單戒衣（*ihram*），這是男性朝聖者在正朝（*hajj*）和副朝（*umra*）時穿的衣物。那些帶著任務來的男子穿著傳統的白色或米色的長袍（*thobe*），這是沙烏地人的傳統服裝。有些人很醒目，因為他們舟車勞頓的樣子，是數週的準備和在沙漠中待了好幾個星期的結果。

Ashhadu anna Muhammad rasool Allah——我作證，穆罕默德是真主的使者。

這三百個人相信另一個派遣者——馬赫迪，已經來了。遜尼派信仰中有一個末日救贖者，他會和耶穌一同來到天房，這樣一個時刻便象徵著正義時代之前時代的結束。但是與什葉派不同的是，遜尼派並不將此當成中心的信條，也不相信馬赫迪是幾百年前就已經出生並且隱遁起來，而是將會從一群其屬性被特別闡釋在《聖訓》（*hadiths*）中的人裡現身，《聖訓》是記錄先知言行的集合，編纂於先知去世之後。這個馬赫迪存在的真相是在那群人的領袖之夢境中揭示的，這個領袖當時正在沙漠裡：這位馬赫迪是他同伴中的一員，很快就會成為他的姊／妹夫，穆罕默德．伊本．阿布杜拉．卡赫塔尼（Mohammad ibn Abdallah al-Qahtani）。他的名字和外表與《聖訓》中的預言相符。馬赫迪會是有法蒂瑪血脈的先知後裔，而且編造出一個故事，以解釋來自不同部落和地區的卡赫塔尼家族是如何擁有共同的確定祖先。很快地，這群人裡的許多人做了夢，確認卡赫塔尼就是馬赫迪。

Hayya 'ala as-salah... Hayya 'ala al falah——快來禮拜……快來拯救。

這群人開始聚集，為這個時刻做準備。他們相信救贖就是現在，在這一天的新黎明到來的時候。那些不是馬赫迪觀念和即將到來的末日的真正信徒的人，也仍然忠於這個團體的領袖和他所傳達關於宗教純潔的訊息，以及他對揮金如土的皇室家族把西方異教徒的腐敗、不道德的做法帶到伊斯蘭發源地的批判。紹德家族也許是在信仰上的純潔派，但是他們向金錢的神低頭。這時候穆安津（*muezzin*，喚拜人）的聲音正在迴盪著。

As-salatu khayrun min al-nawm——禮拜強於睡眠。

幾個星期以來，這群人都在訓練。好些天前，他們已經在清真寺的地窖裡囤積了武器。他們賄賂警衛，開著三輛皮卡從負責清真寺擴建工程之建築公司的入口進入。Toyota、Datsun和GMC車上都放滿了武器、彈藥和食品。這些人正在為包圍戰做準備。他們甚至在那天的黎明前帶來了更多的武器，用裹屍體的白布包著，藏在棺材中，假裝他們是帶著已故親友來接受聖寺大伊瑪目的最後祝福。

Allahu Akbar, la ilaha illa Allah——真主至大，萬物非主，唯有真主。

突然間，有人開了一槍。槍聲劃破了寧靜，迴盪在清真寺的庭院周圍。又是一聲槍響。受驚的鴿子向四處飛去。一名男子舉著一把步槍向天房走去。禮拜的人被眼前的情境嚇壞了。為什麼在這麼聖潔的地方開槍？這裡甚至連警衛都只持棍棒。在聖地，暴力是「*haram*」，是被禁止的。隨後，這夥人的首領出現了，他的兩側都是拿著手槍、步槍、短刀的武裝分子。此人又瘦又高，嘴唇飽滿，長長的黑頭髮和他的鬍鬚連在一起，看上去的確像個彌賽亞。他的眼神裡有種吸引力，但是他的名字在阿拉伯語中的意思是「憤怒臉」或是「怒容」。祝海曼．歐塔伊比（Juhayman al-Otaibi）是一個四十三歲的貝都因人，他曾在沙烏地國民衛隊裡服役大約二十年。他沒受過正規教育，說一口貝都因方言，也沒受過什麼宗教上的訓練，而是一個純粹的體制產物——或者說，是一種對體制的內在矛盾和體制意識形態過剩的極端表現。祝海曼推開謝赫蘇巴伊勒，搶過他的麥克風。伊瑪目已經嚇呆了，不僅因為眼前發生的事件太過不真實，而是因為他突然間認出了他們：這些人都曾參加他的演講，他們曾在他的足下學習，就在麥加。太陽已經升起，聖寺的五十一個大門都被鐵鍊鎖上了。祝海曼和他的手下開始向被困在裡面的數千人廣播他的訊息。用那種簡單的部落方言，祝海曼喊叫著簡短的軍隊口令向他的手下下命令：占據高地，房頂和宣禮塔。「阿赫麥德．魯哈伊比！到房頂上去，如果你看見任何人反抗，射死他們。」、「阿布杜拉．哈爾比！去北邊！北邊！」[9]

機槍架設在七座宣禮塔上。它們將近三百英尺的高度，為狙擊手提供了能夠俯瞰全城的完美位置。這次的占領行動非常迅捷而完整；這些人已經做好圍城準備了。他們準備好讓朝聖者向這位救世主效忠。祝海曼把麥克風交給一個古典阿拉伯語說得更好的助手。他開始向數千名被扣為人質的禮拜者解釋他的任務。他的訊息也透過擴音器向全城其他的數千人播放，這將會是個很快就在王國和全世界掀起波瀾的消息。古老的預言已經實現了，這個人說道，馬赫迪就在他們中間。接下來的幾小時裡，武裝分子的發言人大聲念出預言了馬赫迪到來的古老《聖訓》選段，描述馬赫迪和他出現時的世界樣貌。為馬赫迪奉獻並向他效忠的時刻正在到來，發言人說。這是一個千瘡百孔的故事——包括卡赫塔尼令人起疑的家譜——但是對於那些不熟悉神學和古典文本細節的人來說，整個事件太混亂了，甚至無法挑剔其中的細節。更令人感到費解的是，雖然少數的遜尼派信徒曾有種彌賽亞情結，但是遜尼派很少考慮馬赫迪的概念。大多數提出馬赫迪概念的人都是在進行政治鬥爭，通常是在反對像英國人、法國人，或甚至是鄂圖曼人一樣的殖民者的時候。但是祝海曼和卡赫塔尼卻把他們的目光鎖定在紹德家族身上。

叛亂分子明確提出他們的要求：他們希望這個國家切斷和西方的聯繫，停止所有對西方的石油出口，驅逐所有外國人，清除紹德家族中沒能維護伊斯蘭教純潔性的神職人員（這其中的一些要求與奧薩瑪・賓・拉登在多年後提出的要求類似）。但關鍵的是，祝海曼還要求重新分配人民的石油財富。[10]這是沙烏地王室家族自從這個國家建立以來第一次受到挑戰。[11]叛亂者也許是一群宗教狂熱的人，但是他們也在這個絕對君主制的國家裡做出了罕見的政治、民眾抗議。這個國家曾經有過王室內部的權力鬥爭，一個自由派的王子曾經要求過君主立憲，甚至曾發生過國王被暗殺的事件。一九五〇年代勞工曾經發起罷工。但這是第一次有人民用暴力做出抗議。他們表達出來的是許多貧窮和被剝奪權利的沙烏地人的真實不滿，他們被快速的、計畫不周全的現代化，以及不斷上升的社會緊張關係和不平等所拋下。許多沙烏地人對紹德家族腐敗的生活方式、揮霍無度和他們金碧輝煌的宮殿感到震驚。在沙烏地官方版本祝海曼事件的記載中，經濟層面的抗議被刻意拿掉了，即使在王國以外，也幾乎不會在對此事的重述中出現。沙烏地人利用了祝海曼和他手下離奇的宗教主張，把這場運動說成是失去方向、宗教變態的作品。但是這些「變態」的領導者是被沙烏地教士機構的頂級明星培養出來的。這一點也被沙烏地人模糊掉。實際上，當包圍戰開始的時候，他們試圖對自己的國民和外部世界封鎖消息。

「麥加、麥地那和吉達現在都在我們手上。」發言人透過擴音器宣布。院子裡的人質無從得知這是不是真的。與此同時，謝赫蘇巴伊勒成功地逃進了他附近的辦公室並打電話給同事，提醒他們要注意這些以前的學生在最神聖的地方所做的勾當。[12]

在薩米前往麥加的兩小時車程開始之前，正在發生的事件細節就已流傳到吉達。這位建築師和一名政府官員有個討論聖寺的滲滲泉（zamzam）水井維護事宜的會面。當他剛走進來時，這個官員就大叫著：「馬赫迪來了！馬赫迪來了！」薩米一開始還以為這句話是在對他的衣著打扮開的玩笑。在一九七九年的沙烏地阿拉伯，薩米在很多方面都很顯眼，不僅是因為他的身高或馬尾辮。作為一個驕傲的麥加人和漢志人，他一直忠於該省的文化和麥加多元的伊斯蘭實踐，而沙烏地人在征服後則是力求能夠根除這種多元伊斯蘭實踐。薩米的頭上戴著傳統的漢志纏頭巾——這是一種有橙色刺繡的白色布，在頭上繞兩圈。透過這個簡單舉動，他就是在蔑視政府。對於大多數最保守的穆斯林來說，纏頭巾被認為是禁物，這在沙烏地人建國時引起過激烈爭論。沙烏地人還致力於消除地方差異來讓這個各區域文化各異的國家能夠同一化，並宣布所有的政府官員必須佩戴內志人的頭飾——*ghutra*，一塊格子或是白色的方巾，疊起來戴在頭上，然後用 *'igal*（一種黑色雙粗繩）固定。[13]後來，長身及足的白色長袍也成為了非官方的制服，代替了漢志地區曾經穿的更有趣的服裝。漢志人對這種新來的清教主義感到不安；他們已經享受了幾百年的半自治統治，對於他們這些新主人既怨恨又害怕。

薩米的骨子裡和內心深處都是一個蘇非信徒，蘇非主義是一種神祕主義，是伊斯蘭中一種深層次的精神實踐，它將強烈的、幾乎超凡的奉獻和苦修主義結合起來，這種實踐就和伊斯蘭本身一樣古老，在遜尼派和什葉派中都存在，並且在麥加的歷史中十分悠久。對於瓦哈比派來說，蘇非的實踐，包括其有旋律的讚頌和尤其是造訪聖徒陵墓的做法皆屬異端。作為一名建築師和歷史愛好者，薩米有意保護國家的過去。他在一九七五年成立了朝覲研究中心，這是把麥加從紹德家族的現代化狂潮中保存下來的一項努力。透過協助研究快速湧入到聖城的朝聖者，他希望能找到一個多元化的方式來擴建和將城市進行現代化，並同時保持麥加的伊斯蘭歷史遺產。

紹德家族利用其對麥加和麥地那的守護權，聲稱他們是全世界各地穆斯林的領袖，利用朝聖作為在整個穆斯林世界擴充影響力的管道。為了迎接全年愈來愈多的朝聖者，紹德家族開始了規模巨大的擴建工程，將那些古老、有宗教重要意義的地點用推土機夷為平地並鋪上柏油路面。伊斯蘭誕生的那個麥地那在野蠻的現代化中已經不復存在了。古老的道路兩旁曾經是灰泥房屋，他們的立面上裝飾有繁複精美的木工格子裝飾，這些房子現在已經被多車道的大街、缺乏靈魂的現代建築所取代。先知清真寺，Masjid al-Nabawi——伊斯蘭教第二大聖地，也是繼麥加的清真寺之後建造的第二座清真寺，已經面目全非，為了追求更加宏大的樣貌，灰色的石頭替代了精緻的玫瑰木石和優雅的鄂圖曼風格。[14]在那個十一月的早晨，薩米腦中所想的是又要把麥加從什麼樣的新災難中拯救出來。

到了上午為止，已經有六名警官試圖在車隊逼近清真寺時被槍殺，三十六人受傷。增援部隊正在趕到，檢查站也已經設立，清真寺周圍的交通被封鎖了。薩米終於來到這座他童年的城市，看看到底發生了什麼，並發現街道上空空如也。薩米對於真的馬赫迪已經到來的說法感到懷疑：他知道真正的馬赫迪是不需要持槍或是劫持人質的。薩米和一些伊斯蘭教的傑出人物和蘇非夥伴討論過，比如謝赫穆罕默德·阿拉維·馬利基（Mohammad Alawi al-Maliki），此人曾堅持佩戴自己的綠色纏頭巾，並且成功地在聖城裡繼續實踐和教授溫和的伊斯蘭。對於這些麥加的賢達人士來說，毫無疑問那個人不是馬赫迪。雖然對紹德家族和內志人用推土機推平了漢志人的生活方式懷有怨恨，但是麥加人已經準備好犧牲一切，以保衛這座他們的家人和祖先曾擁抱信仰和虔信奉獻的聖寺。每個人都紛紛伸出援手，幫助正在向麥加集結的沙烏地軍隊和官員：為他們提供食物，用手推車幫忙運送物資並為他們提供住所。

薩米伏身做完禮拜，向真主祈禱能夠得到指引，並且決定他也應該前去幫忙。他擁有非常有價值的東西：他的朝聖研究中取得的聖寺平面設計圖和空拍照片。薩米向阿赫麥德的辦公室撥了電話，向這位國王最年輕的異母弟弟和副內政大臣說明他可以幫忙。當局正兩手空空不知所從——軍隊不知道聖寺裡面的情況，它的內部有迷宮般的許多房間，還有地下室。著手聖寺擴建的公司有藍圖在手，但是沒有及時提供。

薩米被傳喚到舒布萊飯店（Shoubra Hotel）中，這是一個臨時指揮所，內政大臣和國防大臣都在這裡，納伊夫王子和蘇里坦王子也在這裡。薩米想要參與解放聖寺的行動。他建議利用工地用的大錘子在大門周圍打出一個通道，然後用推土機開路，讓士兵在掩護下衝進去。但是他很快就明白了，王室急著能夠盡快結束這場對其權威的侮辱性挑戰，已經在考慮動用坦克和火炮了。薩米無法忍受這種事情發生。唯一一個在聖地使用過暴力的是先知本人，那是在他從麥地那流亡歸來並征服麥加的時候。根據最為可靠的《聖訓》，先知當時給出的指示是明確的：「要明白！（麥加是一個聖地！）毫無疑問！在我之前，打鬥在麥加是不被允許的，在我之後也沒有人會被允許。」[15]在聖所範圍內的所有生命和事物都應該得到尊重：「從此，它是一個避難的聖所；它的荊棘也不應被拔起；它的樹木也不可被砍伐。」─薩米提供平面圖給官員後，帶著沉重的心情回家去了。

到十一月二十日的正午，這個國家已經和外界世界斷了聯繫。所有的國際電話線都被切斷，沒人能打電話、發電傳或是電報。陸地邊境對非沙烏地人關閉了。實施徹底的新聞封鎖。由於不確定發生事件的確切性質以及對沙烏地王室家族構成的威脅，所有在國外的王室成員都被召回，無論是那些在加利福尼亞海灘上度假的最無足輕重的王子，還是前國王的兒子，情報部門的副手圖爾奇．費薩爾，他當時正在突尼斯城參加阿拉伯聯盟峰會。法赫德王儲同樣也在突尼斯城，他留在當地。他的助手將來自麥加的報導降溫為只是一場「國內事件」。[16]哈立德國王正在利雅德，因此法赫德不必急著離開。關鍵是要給人一種一切都在掌握之中的印象。

當夜幕降臨麥加，隨之而來的是一種詭異的平靜，偶爾打破平靜的是狙擊手的槍聲。圖爾奇王子當晚剛抵達就差點喪命：當他走進舒布萊飯店的時候，玻璃門被子彈擊中，碎裂在他手中。供應聖寺的電力已經切斷，這個體育場大小的建築群變成了一個在城市心臟上的巨大黑洞。

騷亂的消息傳到了大西洋彼岸，白宮一天的工作正要開始，每個人的心思都被德黑蘭的人質危機所占據，現在這場危機已經到了第三個星期。駐吉達（當時外國使館的所在地）的美國大使已經成功地發出一條電報，這要歸功於連通美國國務院的熱線，還沒有受到沙烏地人切斷一切和外部世界的聯絡的影響。在他的第一封電報中，大使強調在清真寺發生的事件還有諸多不清晰的內容。那些武裝攻擊者像是沙烏地人，但是也有可能是伊朗人，或是葉門人。唯一可以肯定的是，這些裝備優良的人對沙烏地王國構成了巨大挑戰。當「何梅尼」這三個字已經成了白宮裡每個人腦海中揮之不去的陰影，這封從沙烏地發出來的訊息中只有一個詞抓住了每個人的神經：「伊朗」。

十一月二十一日星期三，《紐約時報》（*New York Times*）以頭版三分之二的版面報導了德黑蘭人質事件和麥加發生的事件，把兩件事聯繫了起來，美國提出警告，如果外交行動失敗的話，「其他的補救措施」是讓航空母艦駛向伊朗，新聞標題如是寫道。另一篇文章，題目是「新的一起何梅尼攻擊」，這篇文章關注了阿亞圖拉提出的讓國王送回伊朗受審的要求，以及他威脅把美國人質作為間諜審判。在報紙頭版的底部，伴隨著清真寺庭院中神聖天房的寬幅照片，有一篇關於沙烏地正在發生危機的文章，報導說：「麥加的清真寺被據信是來自伊朗的武裝分子槍手占據。」[17]在這篇報導中，美國官員猜測這起（對聖寺的）占據是呼應何梅尼提出的「原教旨主義穆斯林在中東發起群眾大起義」的呼籲。令人震驚的馬赫迪元素只是更增添了一定是伊朗搗鬼的印象。即使是在何梅尼已經點燃了所有人的想像力的阿拉伯世界中，也有許多人——無論是伊朗人或是沙烏地人、無論是遜尼派還是什葉派——認為麥加的叛亂很有可能是受了阿亞圖拉的啟發。實際上，恰恰在同一個時間點，伊朗正在替反抗紹德家族推波助瀾，但是在這個國家的東部，那裡的起義正要爆發。

到目前為止，大家的關注點仍然在麥加發生的事件上，而且對這件事的來龍去脈有著不著邊際的猜測。最危險的小道傳聞來自何梅尼本人在星期三早晨的德黑蘭廣播節目中朗讀的聲明：「可以毫不牽強地假設，此行徑是罪惡的美帝國主義發起，以這樣的詭計達到分化穆斯林的目的……可以毫不牽強地假設，如同常常表明的那樣，錫安主義想要讓真主的房子受害，並且創造暴亂。」[18]隨著通訊恢復，這起震撼事件的細節流傳至國外。那天早上，從埃及到巴基斯坦的廣播都在播報這個消息，在一些圈子裡，反帝國主義者的情緒已經不需要再添火了。一群憤怒的學生向美國駐巴基斯坦大使館聚集，大使館是一個龐大的建築群，有房屋和游泳池，位於伊斯蘭瑪巴德的邊緣。「美國狗去死，」他們喊著：「為麥加的褻瀆報仇！」[19]暴徒衝進去，點燃汽車和建築物。這場進攻持續了六個半小時，在此期間，巴基斯坦的警察和軍隊不見人影。有兩個美國軍人、兩名使館雇員和兩名抗議者喪生。大使館大樓被摧毀。反美暴力事件繼續在全國肆虐，到星期五時，有三百名美國人被疏散出巴基斯坦。

在這個王國的星期三晚上，在小道消息傳遍全球三十六個小時之後，沙烏地內政部發布聲明，稱「沒有跡象顯示有外國人參與到此事件中……已經確定的是，這次襲擊是一幫偏離了伊斯蘭道路的人所為」。這對在吉達的美國大使約翰．韋斯特（John West）來說還不夠，他擔心他的大使館仍可能受攻擊，他希望沙烏地政府能有一個清晰、明確的聲明，說明美國沒有參與。當時外國使館仍然駐紮在吉達，因為沙烏地人不想要許多非穆斯林住在內志。韋斯特在他的日記中寫下他在困難、枯燥的一天中的思索，以及麥加發生事件的嚴重性。[20]但是他覺得此時至少已經確定一件事，那就是伊朗沒有參與。要再等兩天，沙烏地人才明確無疑地表示既沒有美國人的參與，也沒有伊朗人的參與。沙烏地人最初以卑怯的努力不痛不癢地否認沒有外國人參與此事，以盡可能長時間轉移世人對王國本身責任的注意力，是他們創造出這個劫持了伊斯蘭首要聖地的怪物。模糊和假裝無知，將成為沙烏地人撇開任何與它有聯繫的暴力或是偏狹的責任時最擅長使用的形式。

這個國家一直處在高度軍事戒備上，有部隊駐守「關鍵的工業發電站、機場和宮殿」。[21]無論是誰對這起攻擊負有責任，不管是伊朗武裝分子還是沙烏地槍手，這看起來都像是一場沙烏地人的失敗。一封來自埃及的信函尤其讓沙烏地人緊張。愛資哈爾（al-Azhar）的大謝赫，遜尼派伊斯蘭中最高的宗教權威之一，以及世界上最古老的大學之一，催促「迅速採取果斷的行動」，並呼籲在麥加附近召開穆斯林學者聯席會議，以應對這場「野蠻的進犯」。[22]這不是沙烏地希望聽到的無條件支持，而是對他們作為伊斯蘭教最神聖場所監護人角色的隱晦挑戰：呼籲穆斯林世界中的其他人幫助保護清真寺。與先前兩大聖地的守護者不同的是，沙烏地人既沒有承載自先知的血緣，也沒有住在聖城裡的祖先。當他們在一九二六年征服漢志並摧毀麥地那的古代遺跡時，瓦哈比主義仍被穆斯林世界的大多數人視為異端。有人呼籲成立一個由穆斯林國家組成的委員會來照看聖地。對於這個新君主國來說，這始終是一個不安全和不安的來源。王國努力證明它可以迎接挑戰，因為這個年輕的王朝從聖地守護者的角色裡獲得了威望、權力和正當性。現在紹德家族似乎是以最驚人的方式失敗了。

那天晚上的麥加，清真寺持續漆黑一片，城內幾乎如荒漠一般。但是天空被炮擊的火光照亮了。國王和這個國家的最高階教士在當日達成一項協議，允許在聖寺裡使用致命的武力。他們已經找到了一個方式，繞開那句仍然迴盪在薩米腦中的經文：

你們不要在禁寺附近和他們戰鬥，除非他們在那裡進攻你們；如果他們進攻你們，你們就應當消滅他們。這是對不信道者的報應。

儘管祝海曼和他那幫人是穆斯林，但是有一項論據可說他們表現得像不信教者。教士現在正在趕製文書來說明情況正是如此。有愈來愈多的朝聖者成功逃出來。一名伊朗朝聖者已經逃出而且成功回到德黑蘭，他在那裡接受記者採訪。他為什葉派接管的理論提供了一些可信度，他說那些叛亂者將馬赫迪描述為和什葉派信仰一致的第十二位伊瑪目，隱遁了十一個世紀，現在現身在大地上建立神的王國。這位伊朗朝聖者說他不買帳。無論是談論祝海曼還是卡赫塔尼，他說：「我一見到這傢伙，就知道他靠不住。」[23]

在第三天，這位自封的馬赫迪死了。他用手接住沙烏地士兵向他扔來的手榴彈，再將手榴彈扔回去——他在這危險遊戲中勝利了幾回合，直到有一顆手榴彈在他的手中爆炸，將他炸成碎片。那些對正在發起的彌賽亞行動深信不疑的叛亂者變得困惑起來。如果馬赫迪要帶領世界走向救贖，他怎麼會死呢？戰鬥仍持續著，沙烏地政府繼續撒謊並宣稱獲得了勝利。十一月二十三日星期五上午，在巴基斯坦，頭條新聞聲稱「聖寺已經被沙烏地軍隊完全控制了」。[24]沙烏地資訊部長也表示，局勢「在控制中，這令人欣慰」。但是電臺和電視直播的出現也意味著，穆斯林世界的人都在等待著從麥加轉播的主麻（星期五）禮拜演講。

當星期五到來時，演講不是在聖寺，而是由麥地那先知清真寺的伊瑪目進行的。沙烏地王國並未掌控聖寺，這一點已經隱瞞不下去了。到了星期五當日，王國的神職人員所發布的法特瓦（*fatwa*）——教令，已經準備就緒，為沙烏地當局發動猛攻提供了充分的宗教掩護。教士們圍繞著《聖訓》、《古蘭經》和他們自己的信念來幫助皇室。每個人的存亡都在此一舉，也包括教士在內。

紹德家族的權力仍然仰賴於和教士的結盟，這些教士握有自詡比所有人都更虔誠的傳教士伊本·阿布杜瓦哈布的遺產。此人生於一七〇三年，曾受到一位推崇按照字面意思理解經文的教士、中世紀的神學家阿赫麥德·伊本·泰米亞（Ahmad ibn Taymiyya）的啟發，後者屬於罕百里（Hanbali）教法學派，是伊斯蘭四大教法學派中最嚴格的。伊本·泰米亞是一位留有豐富遺產的複雜人物，他生活在十字軍和反抗基督徒侵略者是神聖之舉的時代，伊本·泰米亞後來因為允許在一些特定情形下對穆斯林統治者開戰的法令而常常被提及和引用。他將會啟發一代又一代的行動分子和薩拉菲聖戰者，他們忽略了伊本·泰米亞教導中的細微差別。阿布杜瓦哈布接受了伊本·泰米亞所宣稱，將伊斯蘭剝離為一種絕對的唯一論觀點，並開始在內志地區執行這些內容。他還進一步向任何不遵循他教義的人宣戰——這些人包括非穆斯林，也包括穆斯林在內。[25]這位內志的傳教士把神學變成一項政治和軍事任務。伊本·阿布杜瓦哈布如此的極端，以至於他的父親和兄弟都譴責他。他向阿拉伯半島和其他地區的學者與穆斯林世界知名人士發送訊息，呼籲他們追隨他，追隨他所宣稱的真正的伊斯蘭教。他遭到來自遠至突尼西亞的拒斥和尖刻回應，突尼西亞的宰圖納大清真寺（al-Zaytuna）是最古老、最重要的伊斯蘭學術研究中心之一，那裡的學者逐條駁斥他的論斷。在他所居住的沙漠定居地，當地人指責他是一個異端，並試圖要取他的性命。[26]

伊本．阿布杜瓦哈布曾在德拉伊耶（Dir'iya）避難，這裡是穆罕默德．伊本．紹德，也就是王朝的建立者所統治的地方，伊本．紹德建議他們合流。在宗教和戰爭的旗幟下，他們反對任何不遵循伊本．阿布杜瓦哈布版本伊斯蘭教的人，兩人可以藉此擴大領土和財富。傳教和軍事突襲齊頭並進，帶來了土地、戰利品和天課（*zakat*，施捨金）。從伊本．阿布杜瓦哈布的女兒和伊本．紹德的兒子開始，兩相適宜的婚姻讓兩個家族聯姻。儘管紹德家族面臨重重的動盪——潰敗、流亡、復興——雙方一直保持結盟，並成為彼此力量的關鍵來源，他們的聯盟基本上是一個王室和教士組成的巨大家族：al-Sauds，也就是紹德的家族（紹德家族），以及 al-ash-Sheikh，謝赫家族。他們無法分割。他們達成的協議是讓伊本．紹德處理政治和政府治理，而伊本．阿布杜瓦哈布負責宗教和傳教。當神職人員或他們的繼承人在精神上或是在家族上越界，破壞了治理所必須的實用主義時，紹德就會將他們拉回原位。這在大多數時候是有效的。但是，與西方的互動，以及成千上萬的西方人來這裡協助建設國家和開採石油，已證明是現代沙烏地阿拉伯王國主要的摩擦來源。

一個名叫阿布杜阿齊茲．賓．巴茲的年輕的盲眼教士成為西方影響力的強烈批評者，他也是一顆正在升起的新星。[27]他的影響塑造許多人的思想，他們將在未來幾十年改變整個地區。一九四〇年時，既不是紹德家族，也不是謝赫家族成員的賓．巴茲，大膽呼籲禁止所有非穆斯林進入阿拉伯半島。他因此鋃鐺入獄。被釋放後，他繼續發表不合時宜的宗教觀點，其中包括拒絕相信美國人已經登陸月球，堅持認為太陽是繞著地球運轉，抱怨引進廣播和電視、女子教育，以及任何現代和新奇的事物。但是他已經學到他在監獄中得到的教訓：永遠不要破壞沙烏地王國及其權力的支柱。

無論紹德家族有怎樣的缺點，教士認為他們是抵抗更糟糕的危險——例如共產主義和世俗主義的屏障。所以教士都提供法特瓦給皇室家族以挽救他們的統治，允許他們在聖寺動用武力。王室用「離經叛道」這個詞來形容那些叛亂者，但是教士更為謹慎：他們只是將祝海曼的人描述為「武裝團體」。[28]他們中的一些人曾經在教士的課堂裡學習，怎麼能說他們是「離經叛道」呢？祝海曼責難的是西方給王國的影響，是世風日下的道德、腐化……和所有教士自己表述出的憤懣。

幾十年前，賓．巴茲也一直在努力防止這種衰敗。作為一九六〇年代麥地那伊斯蘭大學的副校長，他利用自己的影響力協助推動一場新傳教運動，以在漢志地區強化瓦哈比主義。儘管現在是沙烏地王國的一部分，這個省份迄今仍然設法保持較為寬鬆的宗教實踐，並保留較為多樣化的文化。麥地那的宗教學生小團體開始充當義務警察：撕掉照片和海報，破壞使用人體模特兒的商店，奉賓．巴茲為他們的精神嚮導和導師。祝海曼，一位從國民警衛隊退役後的十八年裡沒沒無聞的人，是這個運動的熱心成員之一。到一九七六年的時候，這個團體已經遍布各大城市。關於他們的傳教，或是他們在沙漠中為年輕人組織的營地，都已經沒有祕密可言。在一九七七年，時值不惑之年，有妻有小的祝海曼脫離了這個組織，開始在一個新的、類似邪教的運動中吸引了一批死忠追隨者。[29]在他們的眼中，連賓．巴茲都太軟弱、太遷就王室了。

祝海曼的下一步是撰寫和口述一系列的小冊子，解釋他的宗教觀點並譴責沙烏地人的國家。其中有一本是卡赫塔尼本人簽名的。祝海曼的科威特同伴阿布杜拉提夫．德爾巴斯（Abdellatif al-Derbas）找到一間科威特的左翼出版商，以一沙烏地里亞爾（約二十七美分）的價錢印刷了這些小冊子。[30]當時的伊朗正發生抗議行動，出版商認為他們是在幫助另一個工人階級反對君主的起義。雖然祝海曼的團體已經脫離了體制內的神職人員，但是賓．巴茲仍然在小冊子附上一些贊同的話。[31]

這種咄咄逼人的言詞和隨之而來的煽動開始引起國家的注意，導致一些狂熱分子在一九七八年春天被捕。然而，賓．巴茲再次出面支持他曾經的徒弟——他們或許是頭腦發熱，但仍算是門徒，他在助長他們的熱忱上也發揮了作用。[32]也許賓．巴茲希望自己還擁有他們的青春和視力，或者他可能覺得他們正在進行一件自己只將其理論化的行動。他打電話給內政部長納耶夫．賓．阿布杜阿齊茲王子，要求把這些人放了。他們得到釋放。為了避免自己被逮捕，祝海曼逃進了茫茫大漠，在那裡他花時間準備由自己來接管聖寺和馬赫迪的出現。

賓．巴茲永遠不會為他在祝海曼運動的發展中扮演的角色道歉，甚至不承認自己對此有所作用。相反地，他會利用這個時機迫使王室實現他認為他們忽略的伊斯蘭理想。他和其他教士開出一樁將困擾王國和整個地區幾十年的艱難交易，這樁交易讓沙烏地人覺得時間停止了腳步。為了得到他們想要的，教士甚至同意讓一隊異教徒——法國突擊隊，來幫忙結束進行中的圍攻，這個細節在多年後才浮出水面。

他們帶了三百公斤的濃縮催淚瓦斯來撲滅造反者，此時大部分造反者已經撤進清真寺的地窖中。[33]法國人不能以非穆斯林的身分進入麥加，他們待在附近的城市訓練和裝備沙烏地隊伍以發動突擊，奪回清真寺。

一九七九年十二月四日星期二的黎明前，也就是祝海曼和他那幫人劫持聖寺整整兩個星期時，沙烏地人終於宣布圍攻結束了。勝利的代價高昂又血腥：依照官方數字，有兩百七十人死亡。沙烏地政府承認有一百二十七名士兵喪生，四百五十人受傷，有一百一十七名叛亂者死亡，另外還有二十六名朝聖者喪生。西方外交官十分懷疑，他們認為數字要高得多。聖寺看起來像是戰場：大門被炸開，一輛軍用吉普車被燒毀，上面布滿了彈孔，樓梯坍塌，宣禮塔被炸。大理石破碎一地，扭曲的金屬散落各處，上面沾著血漬。天房本身則絲毫未損。但是，腐爛屍體的氣味和迫使叛亂者投降的瓦斯味縈繞在聖寺和周邊。對至高聖地的褻瀆令人痛心，但是統治者能夠把這種景象擋在更廣闊的公眾視野之外：外國記者不得進入國境；非穆斯林不得進入麥加；沙烏地記者受到官方媒體的嚴控，他們明白最好不要報導有損王國聲譽的汙點。修復工作花了好幾個月。但是到十二月六日的下午，清真寺已經打理得乾乾淨淨，足以迎接哈立德國王本人回來了。國王在現場做禮拜的電視畫面被直播出去。兩個多星期以來，這是全世界第一次可以看到真主的房子仍然矗立的證據。國王繞著天房走七圈，跪拜兩次，喝了一口聖潔的滲滲泉水。[34]

在這次包圍戰之前，曾進行拓展水井的地下建設工程，有水泵可以抽水。戰鬥期間切斷電力，意味著水位上升，薩米被叫到麥加來，進入井內檢查泉水是否遭到弄髒清真寺地下室的由瓦斯、液體和人體體液混雜在一起的有毒物汙染。如同奇蹟一般，聖泉既清澈又潔淨。但是薩米對現場進行調查，嘗了水，心情苦楚。暴力令人警醒。有些事情已經發展到錯上加錯的地步。他認為無論在麥加發生了什麼，都會在全世界產生回響，無論全世界發生了什麼，都會迴盪到這裡，形成無限的精神循環。麥加，穆斯林世界跳動的心臟，受到了深深的傷害。事實上，自從沙烏地人和瓦哈比派的教士推行他們單一的宗教觀以來，和諧早已被打破。

幾百年來，伊斯蘭四個不同學派的學者在這座聖寺裡授課，大批的學生遠道而來，匯聚在他們喜愛的老師周圍，圍成學習圈（*halaga*）。[35]信徒跟在伊瑪目的身後做禮拜，時間稍微錯開。每一個教法學派都有一個自己的禮拜點：沙菲儀派（Shafi’i）、瑪利基派（Maliki），哈奈菲派（Hanafi）和罕百里派。自國王阿布杜阿齊茲在一九二四年控制麥加以來，瓦哈比派的教士反對迄今為止已經成為聖寺常態的安排。如果穆斯林社群只有一個，宣禮詞只有一種，那為什麼不跟著同一個伊瑪目禮拜呢？瓦哈比派的教士贏得了辯論，從而拿到所有的權力。但是，沒有輪流，也沒有妥協：那個在聖寺裡帶領一日五拜的伊瑪目是瓦哈比圈子的人，這個圈子裡的人都繼承著清教徒的不寬容。教義研討圈的數量急遽減少，從幾百個縮水到了一九七〇年代末的三十五個。[36]薩米在麥加被攻擊的第一天時所諮詢的那位蘇非謝赫，穆罕默德·阿拉維·馬利基仍在吸引群眾，坐在一九七一年從他父親那裡繼承來祖傳數代的椅子上，於聖寺的庭院一角授課和演講。但是很少有其他人能夠抵擋瓦哈比狂熱的打擊。薩米認為，和諧會回來的，只要多元性能再次於真主的房子這裡興盛起來。但是這可不是紹德家族開始做的事情，這不是他們為了守住自己的寶座而和賓·巴茲達成的交易內容。

第四章
黑暗
沙烏地阿拉伯、伊朗、伊拉克、敘利亞、阿富汗，一九七〇年至一九八〇年

就像農神一樣，革命也會吞噬掉自己的兒女。

——雅克・馬雷・杜龐（Jacques Mallet du Pan），《關於法國革命性質的思考》，一七九三年

一九七九年有兩場伊斯蘭革命，一場成為世界頭條，並且被仔細檢查到最小的細節，另一場則幾乎沒有受到注意。兩場革命都遭到了誤解。一場是突發地、戲劇性地對變革和對否定數百年歷史的逆轉，另一場則是緩慢但強有力的薩拉菲清教主義的擴張。兩場革命都將改變本國，接著在此後幾十年波及整個阿拉伯和穆斯林世界，帶來黑暗與壓迫。

在一九八〇年一月九日早晨，沙烏地阿拉伯執行了該國史上規模最大的死刑。按照沙烏地王國的習俗，有六十三名囚犯被帶出來，公開面臨沙烏地司法的利刃。六十三顆頭顱滾在沙地上。祝海曼和他的黨羽不會得到赦免。那些為他們送食品和補給的女人被判了兩年。他們之中未成年的男孩被送到了孤兒

院。斬首行動是在全國八個城市裡同時進行的。紹德家族打算以此來展現他們對整個國家的控制，因為他們在努力平息聖寺叛亂的同時，還面臨一個更嚴重的挑戰：這個挑戰來自於擁有石油財富的東部省。

從十一月二十五日起，也就是麥加被困的第五天，在沿海地區卡提夫（Qatif）、塞哈特（Saihat）和薩夫瓦（Safwa），有上百人走上街頭。他們高呼著「紹德家族去死」；洗劫了一家外國銀行，封鎖通往一個重要石油設施的公路。[1]紹德家族似乎正在失去石油和宗教這兩個權力槓桿和正當性的來源。這個省份遭到封鎖，電話線被切斷了。政府從麥加地區撤走一些國民警衛隊並送往東部。報導稱有兩萬人的軍隊進入該地區以平息抗議。有衝突發生，隨後是戰鬥。軍車被點燃，也對人群發射實彈。到十一月三十日時，騷亂大致得到平息，但是有二十名抗議者喪生。

東部省份有一段鮮為人知的抗議歷史，這段歷史可以追溯到阿美石油公司（Arabian-American Oil Company，ARAMCO）的早期，曾有數百名工人因為工作條件惡劣而開始暴動。[2]上世紀五〇和六〇年代的阿拉伯世界是左翼民族主義政治的時代，連沙烏地阿拉伯王國也未能倖免。一九五三年時，在阿美石油公司的一萬五千名沙烏地勞工裡，有一萬三千人發起了兩個星期的罷工，抗議有試圖組織工會的同事遭到逮捕。卡提夫的圖書館裡堆滿了全球左翼運動的經典作品，其中也包括馬克思的著作。印有錘子和鐮刀徽章的共產主義小冊子到處流傳，譴責王室。在阿美石油公司的幫助下，沙烏地政府鎮壓了這場運動，監禁煽動者並將領導者流放。納賽爾．薩伊德（Nasser al-Sa'id）是其中之一，他是阿拉伯半島人民聯盟的領袖，在一九五六年後逃去黎巴嫩。當祝海曼和他的人占據清真寺的時候，薩伊德把這件事描述為人民起義。[3]幾個星期後，他在貝魯特神祕地失蹤，據說是被沙烏地當局綁架然後謀殺。

一九七九年東部省份爆發的城鎮起義，抗議的仍然是壓榨和歧視，但是裡面也有一點沙烏地共產黨和左翼團體的參與，它已經不僅僅是一場單純的勞工運動：為了與席捲整個地區的情緒保持一致，這場起義現在有了清晰的宗教色彩。[4]該省主要是什葉派人口，儘管這個社群坐在國家的黑色黃金之上，並且為石油開採提供了大部分勞動力，但是他們大多被排除在王國的快速現代化之外，於貧困中掙扎。如果說祝海曼和什葉派有一個共同點的話，那就是他們對腐敗王室的憤怒。但是作為瓦哈比派的核心追隨者，祝海曼和他的手下也憎恨他們的什葉派國人。在伊本．阿布杜瓦哈布的絕對唯一論中，什葉派被視為拒絕哈里發（先知的夥伴）領導的異端。由於對伊瑪目的崇敬和造訪墳墓的行為，他們也被視為偶像崇拜者。瓦哈比主義者一直深深地反對什葉派；王國裡的神職人員持續發布宗教法令，譴責他們是異端，更有甚者甚至呼籲殺掉不接受遜尼派伊斯蘭教的什葉派。什葉派社群面臨著多重歧視：他們的城鎮是王國裡最不發達的；他們被排除在王室、敏感部門和外交團隊之外；他們在政府文官系統裡，甚至在阿美石油公司裡都得不到晉升；他們不能營建新的清真寺，並被禁止舉行任何公開的儀式。但是，沙烏地阿拉伯的什葉派信徒看到了人民的力量在伊朗獲得的成就，並在德黑蘭的鼓舞和慫恿下走上了街頭，要求更多的權利。在平息抗議行動以後，沙烏地政府試圖解決這些不滿，並宣布了電力、新街道和學校的計畫，以及更好的排汙系統。[5]但是沙烏地的什葉派國民繼續被視為「他者」，是不信教的人。

紹德家族勉強承受住這種對其統治正當性的雙重挑戰。為了保持對權力的控制，他們知道是時候要兌現他們在褫海曼危機中與教士達成的協議了。例如，當內政部長納伊夫王子在一九八〇年一月的一場記者會上，被問及是否會對狂熱分子（例如誇耀自己的大鬍子）加強取締時，他對這件事嗤之以鼻：「如果我們這麼做的話，那麼大多數的沙烏地人現在都會在監獄中了。」[6]即使是在麥加襲擊事件發生前，納伊夫王子就已經對這位盲眼謝赫在瑣碎事務上的暗示表現得言聽計從。賓．巴茲還抱怨過在利雅德發生的「對伊斯蘭道德的違反」，例如外國女人在公開場合吃飯、基督徒戴著明顯的十字架、商店裡播放西方音樂，以及顯然很腐敗的桌上足球遊戲，因為那些人偶是偶像崇拜。[7]針對他的抱怨，政令立刻送出——但是只在利雅德和內志省。

雖然紹德家族嚴格的宗教觀點自這個國家建立起就開始實施，但是很多臣民仍然感受到每一年都更加現代、更加自由，儘管只有一點點。王室和教士之間的拉扯已經成了關係中的恆常，取決於每一位國王的個性和他在教士眼裡的地位。最成功讓宗教機構按照自己的意志掌握在手中的國王是費薩爾國王，他從一九六四年上臺，直到一九七五年遇刺。儘管有教士抗議，但是他引入電視和女子教育，而且還派出精通經典的代表就宗教議題向他們提出疑問。這些代表人常常是來自於敘利亞或埃及的穆斯林兄弟會成員，他們逃離本國的鎮壓，因為他們建立現代國家的經驗而受到王國的接納，這些人通常是工程師，也有教育家，身影遍及王國各地的學校和大學中。

苦修禁慾又虔誠，且是伊本．阿布杜瓦哈布的直系後裔，費薩爾國王花時間在外公的家中參與神學辯論，而且「按照伊本．阿布杜瓦哈布的規則擁抱宗教的基本和沙里亞的規範」。他的父親阿布杜阿齊茲國王，將費薩爾稱為「來自謝赫家族的男孩」。[8]在道德的責備之上，費薩爾國王還是能夠推行他認為對國家有利的現代化面向。一九七九年的事件已經凍結了其繼任者的勇氣，國王現在要對宗教勢力叩頭。祝海曼已經死了，但是他的任務還在繼續。任務造成的影響是立即的，也在內志以外的省份被深深地感受著，賓．巴茲正在努力規定著合宜的瓦哈比主義生活方式。

電視臺排除了女性主持人。[9]報紙必須要蓋住所有出版物上的女性面孔。當局也壓制女性就業，這種行為在教義上是被禁止的，但是卻受到默許。甚至外國公司的沙烏地分公司都必須要裁撤女性雇員。吉達為數不多的幾個小型陽春電影院也遭到關閉。在吉達海灘上由沙烏地人和外國人贊助的海灘俱樂部多數關門大吉。菲魯茲演唱會的電視和廣播轉播也停止了。宗教警察開始嚴厲執法，在五次禮拜的時間揮舞鞭子和他們的正義。被稱為揚善止惡委員會（Committee for the Promotion of Virtue and the Prevention of Vice）的單位如今得到巨額資金，讓這些失敗的小人用錢來滿足自尊，並且現在能夠站在他人的頭上頤指氣使地使用他們所謂的道德優越性。他們開著全新的ＧＭＣ到處跑，定下他們的法律並恐嚇任何他們想要恐嚇的人。如果他們聽到有誰家在播放音樂，他們會覺得他們的權力大到能夠進入別人的家，爬過別人的花園高籬笆。[10]

在麥加，來自宗教警察的人幾乎要對著薩米的朋友，蘇非謝赫馬利基大聲咆哮了。他仍然帶領著罕百里學派以外僅存的幾個學問圈之一。來自這個委員會的狂熱分子想要把他攆走，所以國王靜悄悄地要求他帶著自己的學生回家研習。[11]

一九八二年在美國印第安納州立大學六年的賈邁勒・哈紹吉結束留學生涯回到吉達時，他發現自己的國家變了。這位身材高大的年輕人長著一張和善快活的圓臉，老家在麥地那。他從高中開始虔誠信教，閱讀在埃及印刷的關於伊斯蘭的雜誌。當伊朗人把何梅尼的錄音帶偷運到他們的國家時，賈邁勒則是花兩、三沙烏地里亞爾就能在吉達的商店裡買到埃及傳教士語氣激昂的錄音帶。他是一位理想主義者，身處在一個沒有公民社會和公民政治的國家，他覺得自己就像是個少數派。對於年輕人來說，按時去清真寺禮拜是很少見的，在吉達這樣的城市尤其如此。星期五的聚禮是那種爸爸要強拉著自己小孩去的場合。但是當他結婚有了小孩並回國後，賈邁勒發現這裡的清真寺不僅變多，而且都更擁擠了。在公共場所嚴格推行的男女隔離已經開始進入私人家宅內，在家人之間出現。在他離家去美國時，在餐桌上，沒有人會對坐在表姊、表妹或者姑姑旁邊有一點猶豫，女性不戴頭巾。到他回國時，大型的家族聚會是男女隔開的。在每個家中，以前至少會有一個人在傳播關於 *sahwa*——伊斯蘭復興——的理念。一九八一年時，哈立德國王還讚揚 *sahwa* 是對落在穆斯林國家頭上的文化、經濟、軍事入侵的回應。[12]「受讚美的復興」，王室成員這樣說道，是前方的道路，而且穆斯林國家的問題只能靠伊斯蘭的解決方案來解決。他開始和穆斯林兄弟會的成員混在一起。他不再聽音樂了。但是他捨不得毀掉他的那些舊唱片，所以他把它們都送人了。

如果說沙烏地阿拉伯文化上的改變是一種進展停滯的話，那麼對伊朗而言就像遭到鞭刑，是數十年的社會、政治和文化進展被暴力和戲劇性地破壞。在整個一九七九年，法令一個接著一個發布。何梅尼禁止了廣播和電視裡的音樂，稱其「無異於鴉片」。[13]伊朗最受人喜愛的流行歌手古谷詩（Googoosh）引退家中。那些賣唱片的被告知要徹底轉行。酒類遭禁。革命衛隊從洲際飯店的地下酒窖中拖出許多古董香檳、高級歐洲紅酒和二十五萬罐進口啤酒，將價值超過一百萬美元的違禁飲料倒進飯店員工入口旁的下水道裡。[14]男女混用的游泳池也被禁止了。一九八〇年夏天，伊朗人目擊了現代人記憶中的第一次石刑處決：兩名被控賣淫的女性和兩名被控同性戀和通姦的男子遭處決。其他的罪犯受了鞭刑或是槍決。伊朗沒有像沙烏地阿拉伯那樣的絞刑，但是就像沙烏地那樣，現在伊朗有了自己的道德警察：Gasht-e Ershad，或稱指導巡邏隊。他們騷擾那些不遵守規範遮蓋頭髮的女性，因為在何梅尼的新伊朗，不戴頭巾的女性是有罪的。

一九七九年三月六日，何梅尼宣布在政府機關工作的女性必須佩戴頭巾；「赤裸的女人」不能在伊斯蘭政府部門工作。[15]兩天後的國際婦女節，成千上萬的女性自發走上德黑蘭的街頭舉行示威，高喊著：「在自由的黎明，自由缺席了。」[16]有一些女性沒戴頭巾，有些戴了，有些則穿著查朵爾

（chador），這種全身罩袍是只有最虔誠和最保守的女性才會穿的服飾。街頭上還有男人，有一些男人在女性受到攻擊時在她們周圍形成一道防護線。來自世界各地的女性主義者蜂擁而至，其中包括美國的活動家，《性政治》（*Sexual Politics*）的作者凱特·米利特（Kate Millett）。很快就有多達十萬名女性走上街頭。在示威的六天以來，她們抗議對她們自由的侵犯。在革命之後，女性很罕見（如果曾發生過的話）能如此迅速又自發地組織起來。但是伊朗的女性已經在國王統治下獲得許多權利，包括投票權、競選公職的權利（一九六三年）以及想怎麼穿戴就怎麼穿戴的權利。為了實現現代化，國王的父親（第一巴勒維統治者）曾在一九三五年短暫地試圖完全禁止頭巾，但是這迫使保守的家庭成員為了保持端莊而讓女子留在家中。此舉很快就被撤銷了。伊朗的女性想要的是選擇：不管是戴還是不戴。

性好漁色的革命者胡特布扎德被安排負責伊斯蘭革命國立廣播電臺，並監督國營媒體。這位西化的花花公子為這場革命奮鬥了很久，他無法忍受有人對這場勝利提出任何反對的想法。但是不管怎麼樣，他認為頭巾永遠不會成為強制性的。[17]關鍵是要表現出團結並削弱抗議的基礎：在媒體上，她們被描述成了為保皇派工作的人。[18]有些女人對於這樣的扭曲感到怒不可遏，她們在一天傍晚攻擊正在車中要下班回家的胡特布扎德。[19]與此同時，更多運動開始懷疑她們是否真的被國王支持者利用成為破壞革命的工具。她們只是想要這場運動能夠兌現它對自由和公正的承諾。但她們反而發現自己被戴上了黑色罩布。隨著她們的意圖遭到誤解和質疑，面對街頭愈來愈多的暴力，抗議行動逐漸平息。女性退回家中。

法國哲學家米歇爾·傅柯仍然撰文讚揚這場革命，而其他人，例如西蒙波娃（Simone de Beauvoir），因震驚而退縮，並為伊朗女性送上支持的訊息。[20]儘管傅柯將伊斯蘭視為可以改變地區和全球平衡的「火藥桶」，他仍然發現在這場革命中有他在西方所懷念的精神性。對他來說，面紗只是一個細節，一種不方便的事物。反帝國主義的誘惑對那些不必在壓迫性統治下做出任何生活所需的艱難選擇的人來說，可能是盲目的。傅柯永遠不會收回他對何梅尼的支持，也不會承認他為個人和智識自由造成的破壞。

一九八〇年夏天，全國所有的大學都被關閉。伊朗的文化大革命正如火如荼地推行著，將由以此為名的機構完成任務，它才剛被賦予按照伊斯蘭和新的國家意識形態對課程進行全面改革的責任。長達三年時間，伊朗沒有開課，全體學生和教授都遭到清洗。大學校園一直是反國王的行動溫床，但意識形態隨後出現了各種顏色和各種可能的組合：世俗左派、現代主義伊斯蘭主義者、民族主義者、左派伊斯蘭主義者。現在只有一種立場、一種敘事得到允許。七百名具資格的學者丟掉工作，國家切斷在海外領取國家獎學金的十萬名學生的金援。[21]科學研究沒有受到改動，但是人文學科則被徹底改革，編寫出《伊斯蘭心理學》和《伊斯蘭社會學》的教科書，必須要在書中和人民思想中徹底清理掉外國影響。[22]

肅清到處可見，這是一場將持續十年的恐怖統治。最早的一批受難者就是保皇黨人、前朝官員、軍隊和情報部門的官員；隨後是共產分子、左翼人士……所有的事情都成了罪名，根深蒂固的偏執和黑暗到來，席捲全國。與何梅尼夢想中的新伊斯蘭共和國相比，之前 SAVAK 的殘暴已經相形見絀。國王為了監禁三百名囚犯而在德黑蘭建造的艾文監獄（Evin Prison）到了一九八三年時已經擠進一萬五千人。「在一九八一年至一九八五年間，超過七千九百名伊朗政治犯被處決，這至少是（國王統治下的）一九七一年至一九七九年間處決人數的七十九倍。」[23]一九八八年時，在國家墮落的大爆發期間，至少有三千名政治犯在五個月內遭處決。一些報告聲稱這個數字要高得多，高達三萬人。大規模的處決需要每半小時就用鏟車來運送囚犯，用吊車來執行。

在裡海附近的一個貧窮村莊中，沒有反對面紗的抗議，也沒有外來的影響需要清除。這裡甚至連一所高中都沒有。村裡的女性本就戴頭巾，但她們的是五顏六色的絲巾，在下巴處打一個結，就像是葛麗絲・凱莉（Grace Kelly）的時尚打扮一樣，露出幾縷秀髮。她們穿寬鬆的褲子，外面套一件長衫，在貧苦中勞作，相信革命會帶來更好、更繁榮的日子。在瑪希赫・阿琳娜嘉德家，男人加入新成立的志願準軍事部隊巴斯基（Basij），以確保村子裡的安全和道德：他們毀掉唱片和酒瓶。家裡最年輕的孩子瑪希赫從小就用面紗緊緊地包住頭髮，一絲頭髮都不露出來。她甚至戴著面紗睡覺。她在學校裡一次又一次聽到，如果她摘下面紗就會下地獄。總有一天，她將會選擇地獄，但是在現在，在她的村子裡，她是以較小的方式反抗，問為什麼她哥哥能在河裡游泳而她不可以，為什麼他能騎腳踏車而她不可以。這一切都是為了一個更崇高的目的，一個她的父母相信的目的：革命。

但革命正在吞噬自己的孩子。在譴責將「法學家監護」的概念寫入憲法的做法以後，塔勒加尼已經在神祕的情況下死去。沙里亞特馬達里會在一九八六年於軟禁中離世。胡特布扎德被指控陰謀推翻伊斯蘭共和國，並在一九八二年的九月遭到槍斃。巴尼薩德爾當了一年半的總統，但是始終無法有實權統治，也無法和教士的無情鐵腕相比。他很快就失去曾經被視為一個父親形象的青睞。何梅尼力推彈劾他，巴尼薩德爾於一九八一年六月轉入地下並逃出監獄，隨後偷偷離開伊朗。在人質危機中辭職的伊朗解放運動組織創始人巴札爾甘和在納傑夫時與何梅尼關係緊密的博士畢業生亞茲迪成為嚴厲的批評者，但是他們都活了下來，並一直生活在伊朗。那位創作言詞灼熱的詩句來反對國王的詩人禮薩．巴拉赫尼在何梅尼回國後也緊跟著回國。在革命的前幾個月中，他在街頭反對那些阻礙新伊朗誕生的人——不是用他的筆，而是用槍。他也會被關進監獄，遭受折磨，然後被迫流亡。曾經幫助建立革命衛隊的信徒穆欣，也會觸犯到神職人員的底線而身陷囹圄，受到殘酷的酷刑。終有一日，他將會回到美國，驚慌地反思自己所促成的事情。

但是第一個為對自由抱有希望的人發起行動而付出代價的是穆薩．薩德爾。他的失蹤，對於那些親近何梅尼的人來說並不是謎團，也許甚至對何梅尼本人來說也不是一個謎（儘管沒有關於此事的紀錄）。[24]在一九七八年八月那個命運攸關的日子停留在的黎波里後，伊瑪目薩德爾本來應該要繼續趕路，前往西德跟國王的特使展開祕密會面。根據報導，有人計畫將他帶到德黑蘭，領導一個反對何梅尼的溫和宗教集團，甚至是在國王政府裡擔任總理，幫忙拯救君主制度。當伊瑪目失蹤的消息傳出後，國王深感痛心。[25]我們不知道計畫裡祕密會面的風聲是否走漏到何梅尼身邊的人耳中。不管是什麼情況，顯然伊瑪目薩德爾對這位阿亞圖拉的計畫是個威脅。薩德爾是唯一一位在精神高度和魅力方面能夠與這位流亡的阿亞圖拉相抗衡的教士。他在庫姆很受愛戴而且知名，跟那些懼怕何梅尼的關鍵教士保持著緊密聯繫，裡面包括塔勒加尼和沙里亞特馬達里。最重要的是，薩德爾有從政經驗：他曾在世俗世界中生活和工作，而不是只待在宗教神學院的封閉環境裡。何梅尼的親密盟友、強硬派的阿亞圖拉貝赫什提，原本應該在的黎波里和薩德爾見面，但是他卻打電話給格達費，要求他扣住薩德爾——對國王的勝利就在眼前，何梅尼的追隨者不可能允許有任何人破壞他們前往德黑蘭的道路。據說，薩德爾和他的兩個同伴在利比亞被拘留了幾個月，到了何梅尼和貝赫什提在一九七九年夏天忙著起草伊朗的新伊斯蘭憲法時，他們不想要讓他再現身。這個訊息要等好多年才會從巴勒斯坦的消息來源和美國的情報文件中浮現出來；報告中不僅牽扯到貝赫什提，而且也牽扯到阿拉法特，據說他亦參與了失蹤事件，樂於幫助消滅這個膽敢把黎巴嫩什葉派排在巴勒斯坦人之前的人。[26]

誰能知道如果伊瑪目薩德爾能回到德黑蘭，與其他的溫和教士集結起力量的話，伊朗革命會如何發展？國王會繼續在位嗎？如果薩德爾在國王離開後回到伊朗，他會在何梅尼的無情運動中倖存下來嗎？何梅尼在他創立出來的法學家監護理念中成為最高領袖，沒有任何先例可循。這個過程需要警惕、狡猾與不斷地周旋，以及他人的軟弱或天真的忠誠來完成的。伊朗伊斯蘭共和國就是在流血、殘酷和黑暗中誕生的。

沙烏地阿拉伯和伊朗，似乎相互呼應著它們正在引進其社會的文化和社會變革——儘管這樣的對比看起來可能不公平或不平衡。伊朗擁有上千年的文明和文化，其中包括前伊斯蘭的文化，這將會繼續在這個國家中抵抗何梅尼化的進程。伊朗是古老的波斯；它的歷代先王，像是居魯士和大流士曾經統治世界上第一個超級大國，比耶穌和穆罕默德都早數個世紀。波斯帝國的力量和疆土會隨著時間自然變化，但是有很多東西是經久不衰的。儘管種族多元，卻有一種共同的波斯認同占據著主導地位。在當代的伊朗，藝術、文學和電影都發展出自己獨樹一幟的運動，對外界和對自身的影響力同等強大。

沙烏地王國自詡為伊斯蘭的發源地，但是卻掩蓋了阿拉伯半島可以追溯至納巴泰人（Nabataean）的豐富前伊斯蘭歷史。古代城市已被遺忘，隱埋於世人的眼前，以免人民崇拜那些建築，尤其是屬於蒙昧時期（*al-jahiliyya*）的建築。古老而繁複的壁畫藝術和男人戴花冠的傳統，在遠離宗教警察的阿西爾省南部遙遠的村子中保存著。即使是在一九七九年以前的紹德家族統治中，也曾有一位大膽、前衛的吉達市長將濱海道路變成世界上最大的露天雕塑館，並且委託訂製了胡安·米羅（Joan Miró）和亨利·摩爾（Henry Moore）等當時最偉大的藝術家的作品（沒有人像表現）。但是在這個沙漠和宗教形塑的國家裡，詩歌、文學和藝術並沒有在特定小圈子之外繁榮過。和曾經的德黑蘭不同，吉達不曾有過狂野的迪斯可之夜。

在伊朗，有更多的事要扼殺和封閉。這種衝擊必須是，也的確是有系統、快速和廣泛地進行著；這是高度組織化，由政府領導的成果。國家在人民眼前發生了變化，生活退居到家門之內。於是在一九七九年有兩場革命，一個上了各地的新聞頭版，另一個則悄然展開，這是一場對數百萬人產生深遠影響的黑潮。同一年中，兩個曾經的盟國之間出現激烈的競爭，也加劇了這些革命，這種競爭是由於何梅尼想要取代沙烏地人成為穆斯林世界的領導者而產生的。

國王曾禮貌地稱費薩爾國王是 *Amir al-Mu'meneen* ——信士的領袖。[27]另一位沙烏地國王的畫像也曾掛在伊斯法罕的飯店裡。國王曾數次訪問沙烏地阿拉伯，沿路都有熱情的人群夾道歡迎。在吉達，披著沙烏地和伊朗國旗的小女孩和小男孩曾朗誦伊朗的詩歌，講述兩個穆斯林國家之間的愛。[28]這兩個國家都是薩法里俱樂部（Safari Club）的成員，這是一個成立於一九七六年的情報部門聯盟，最初由摩洛哥、埃及和法國組成，它們挑起了從安哥拉一直到阿富汗的反蘇聯行動和政變。這兩個王朝——巴勒維王朝和沙烏地王朝——大約是在同時期掌權的，而且都不得不與石油財富推動的快速現代化所帶來的破壞性影響搏鬥。直到一九七九年，國王作為地區大國的世俗野心和沙烏地國王領導穆斯林世界的願望並沒有在同一塊地盤裡發生衝突。雖然遜尼派的瓦哈比主義和什葉派伊斯蘭在本質上是對立的，但是這種對立被控制在王國的邊界內；它並沒有妨礙兩個國家之間的關係。

當何梅尼回到伊朗時，沙烏地阿拉伯官方保持了幾天的沉默。他們仍然擔心伊朗轉向共產主義，並為華盛頓似乎迅速放棄了在德黑蘭的堅定盟友感到震驚。二月十四日，也就是何梅尼宣布勝利的幾天之後，法赫德王子發了賀電給總理巴札爾甘，祝他成功並期待「我們兩個兄弟般的國家」的協作。[29]二月十九日阿拉法特訪問德黑蘭當天，科威特的《公共意見報》（*Al Ra'i al Am*）報導沙烏地阿拉伯讚揚了伊朗革命。按照報紙的說法，沙烏地人還「警告任何人都不要妨害這場革命為阿拉伯人反對錫安主義者敵人的鬥爭所提供的支持」。國王對於以色列的支持，曾是沙烏地與伊朗關係的一個痛點，但現在何梅尼許諾要支持巴勒斯坦人的志業。幾個月後，阿布杜拉王子，未來的沙烏地阿拉伯國王，將會宣布他感到鬆了一口氣，因為新伊朗「是用伊斯蘭，而不是重型武器裝備，來作為（兩國間）合作的組織者」。[30]他並補充道：「兩個國家的憲法都是神聖的《古蘭經》。」沙烏地人現在沒有理由擔心何梅尼，這個人就像他們一樣極度拘謹，許諾一個伊斯蘭的政府，儘管是什葉派的。沙烏地人很可能不知道何梅尼在一九四五年曾出版過一本鮮為人知的書叫做《揭祕》（*Kashf al-Asrar*），他在書裡對「利雅德的那些放駱駝的和（沙烏地內志沙漠裡的）野蠻人，人類家族成員裡最臭名昭著和粗野的成員」顯示出極大的蔑視。[31]何梅尼對沙烏地人的感受如此激烈，因而這本書一開篇就是他對沙烏地人和瓦哈比主義的撻伐。不久後他就會開始挑戰紹德家族對於麥加和麥地那的守護權。

在整個一九七九年，沙烏地對於何梅尼的敵意程度掌握得很緩慢。所有波灣國家的示好都遭到伊朗人的拒絕，伊朗人對他們說教，談論他們國家裡什葉派少數族群的權益，甚至批評像巴林之類的國家為什麼能夠取得酒精飲料。[32]何梅尼一次又一次地給波灣國家貼上「美國版伊斯蘭」承辦人的標籤。在東部省份的什葉派起義讓沙烏地人十分震驚。一些什葉派的確開始向伊朗尋求支持。到一九七九年底時，沙烏地的新政策是「把伊朗革命從一場全穆斯林層級的運動降低到純什葉派的等級，最終將其降低到只是伊朗什葉派這一群人的革命」，[33]也就是追隨何梅尼的人。他們希望把這場革命的層次降低到愈小愈好，但是何梅尼現在是以整個國家的名義發言。

沙烏地人開始下定決心將自己定位為穆斯林信仰的唯一捍衛者，不惜一切代價，從教育到政治，從文化到戰場上的每一條戰線都是如此。在一九六〇和一九七〇年代，費薩爾國王將他從石油上賺來的美元用來推動宗教，以對抗共產主義和泛阿拉伯民族主義。一些組織如世界穆斯林聯盟、世界穆斯林青年大會（WAMY）和伊斯蘭合作組織陸續成立。[34]這些組織的總部都位於吉達，雖然它們不是國家組織，但多數是沙烏地資助的，它們成為沙烏地影響力的管道。反映出國王慷慨，錢的影響有限，既不構成破壞，也不構成轉變。現在，同樣的工具要用在一個系統性和專注性更強的運動中。在一九六二年，沙烏地阿拉伯在一年時間裡資助世界穆斯林青年大會二十五萬美元。到一九八〇年時，閘門已經打開了：資金一躍而至一千三百萬美元。一九九九年時，世界穆斯林青年大會將會花兩百二十億美元在全世界「為伊斯蘭和穆斯林服務」，其中包括教育和文化。和這些錢一起到來的，是對應該如何理解和教授伊斯蘭的期待，一股同質化的潮流從沙烏地王國流向穆斯林世界的其他地方。沙烏地官方發言比以往更加帶有宗教色彩。沙烏地愈是向右翼傾斜，愈是在國內復興瓦哈比主義並且向外傳播，就越發激怒著伊朗人。在相互對立中，沙烏地和伊朗將會發展它們修改過的身分和它們的國家敘事。戰線一條又一條。

一九七九年的耶誕夜，蘇聯的坦克部隊越過烏茲別克蘇維埃社會主義共和國的邊境，跨過阿姆河，開進了阿富汗。十二月二十五日清晨五點，蘇軍開始向喀布爾大規模空運作戰部隊。[35]據報導，到當天下午兩點為止，已經有兩百多架次的飛機起降，幾乎在一夜之間，蘇軍在阿富汗的人數就從一千五百人增加到六千人。

在隨後幾年和數十年裡，那次侵略會被當作起點和一次挑釁來紀念。但它也是一種回應，是冷戰競爭的一部分。分數一直在變動：美國已經輸掉了越南；代理人戰爭仍在黎巴嫩肆虐；但是埃及，作為與以色列和平共舞的一部分，已經背棄了莫斯科，加入美國陣營。蘇聯人不能再失去地盤了。他們必須保持對的掌控，共產黨在一九七八年四月奪取阿富汗政權，卻面臨持續的反抗。一些反抗的領袖在巴基斯坦避難，他們大多是伊斯蘭主義者，到一九七九年二月初的時候，這群為數兩千左右的人已經在巴基斯坦得到軍事訓練。[36]沙烏地人也在促使美國人幫助這些反抗者，甚至出錢提供幫助。[37]一九七九年七月，卡特總統批准了一項小型的祕密援助計畫：提供無線電發射器和宣傳支援，不提供武器。對於反抗者的支持雖然小，但是愈來愈多，這已經足以激怒莫斯科了。

在蘇聯入侵阿富汗的一個月後，稍早在麥加監督擊斃祝海曼行動的沙烏地情報局長圖爾奇·費薩爾去了白沙瓦（Peshawar）。[38]他聽取巴基斯坦同行關於阿富汗抵抗行動的簡報，並參觀阿富汗難民營。沙烏地人擔心蘇聯會進一步推進並且侵入巴基斯坦。但是他們也看到機會：一個可以輸出他們的體系，以創造無數個祝海曼的競技場，以及一個讓這些狂熱分子團結在一起的崇高事業，把焦點從王室的罪惡上轉移開。最重要的是，紹德家族作為兩大神聖清真寺守護人的信譽，已經在一場圍攻戰後變得支離破碎，沙烏地人現在可以重建他們的聲譽，以伊斯蘭支持者的身分反對這些無神論共產黨人。他們能夠為穆斯林世界留下比石油財富更大的印象。他們能夠帶領信士投入到一場神聖的戰爭去。或者至少為它出錢。

在一九七九年時，雅辛．哈吉．薩利赫是一名阿勒坡大學的醫學系三年級學生，對未來充滿著希望和恐懼。他的眼睛閃爍發光，但是微微下垂；甚至連笑容裡也帶著一絲嚴肅。他充滿著希望，因為現在是整個地區發生變革、令人振奮的時日，而變革總是孕育出希望，有可能帶來積極的結果。但是他對暴力事件感到擔憂。大學裡的氣氛很緊張，到處都是祕密警察，敘利亞總統哈菲茲．阿塞德的小圈子讓人噤若寒蟬。雅辛是敘利亞共產黨的活躍分子，獨立於蘇聯人，而更靠近歐洲的共產主義。這個黨激烈地反對阿塞德的獨裁統治。

阿塞德是在一九七〇年十一月一場不流血的宮廷政變中上臺的，這場政變的基礎是他所屬的復興黨

（Baath Party）先前所發動的幾次政變，這個黨是一個民族主義、社會主義和外表世俗的政黨。阿塞德是前空軍指揮官和前國防部長，來自敘利亞人數很少的阿拉維派（Alawite），這是一個十世紀時出現的什葉派分支，被一些穆斯林視作異端。阿塞德現在統治的是占大多數的遜尼派。阿拉維派長期以來都是敘利亞的農村貧民，正在順著社會和軍隊階梯向上爬。在反覆爆發政變的年頭過後，阿塞德帶來了相對的穩定；他建立學校，為貧窮的鄉村帶來電力。但敘利亞仍然是一個窮國，身處在蘇聯陣營中施行社會主義經濟。復興黨從一開始就無情地鎮壓所有的反對派，阿塞德也絲毫不例外。反對以色列的鬥爭，被用來為一切行為辯護：這就是為什麼軍費開支如此之高，耗盡國庫資金的原因。在敵人面前，國家不得不閉關鎖國，沒有人可以大聲發言和要求自由。監獄中擠滿了人。人民的憤恨正在積聚，而醞釀中的社會動盪，也把遜尼派的年輕人推向伊斯蘭主義者的懷抱中。

一九七三年時，阿塞德頒布了一部新憲法，在敘利亞歷史上首次允許國家的總統不必是穆斯林。穆斯林兄弟會在哈瑪（Hama）組織起抗議，反對世俗的復興黨。[39]騷亂蔓延到霍姆斯和阿勒坡等大城市。阿塞德只好退讓並修改憲法，但拒絕了讓伊斯蘭教作為國教的要求。騷亂持續好幾年，針對阿拉維派的官員、醫生、謝赫和知識分子的襲擊後馬上逃逸的行為不斷增加。[40]這些暴力並不全是伊斯蘭主義者所為。[41]當地幫派中的年輕人，被剝奪權利的失敗者、輟學者，所有這些被阿塞德壓迫和疏遠的人，也參與了人民暴動。對阿塞德的反對是政治性、和平的，有抗議行動、工會罷工和學生在全國各地的遊行。但是獨裁者是殘酷無情的。

「好人沉默不語，政府的祕密警察惡狠狠地鎮壓異議者和潛在的異議者。」一位美國教授，小塞謬爾．皮克靈（Samuel Pickering Jr.）這樣寫道。一九七九年時，他和他的妻子利用傅布萊特（Fulbright）獎學金在沿海城市拉塔基亞（Lattakiah）教英文。「在這一年有些時候，阿勒坡和哈瑪就像是外國一樣，是靠坦克才被帶回到大馬士革統治下的。一個學生流著眼淚告訴我：『你不知道，人們就像是雨點一般死掉。』」[42]

然後出現的是反阿塞德的宣戰。在一九七九年六月十六日，可能是受到伊朗事件的啟發，阿勒坡炮兵學院的一名遜尼派上尉和一隊槍手對著穿軍服的學員開槍，他們之中大部分是阿拉維派。政府營運的報紙在一個星期後才報導這件事，將死亡人數定在三十二人，完全沒有提到此事件中的教派色彩。即使在新聞被印刷出來前，雅辛就已經感受到空氣中瀰漫的恐懼。街上甚至來了更多的安全部隊、更多的檢查哨。非官方的消息稱，炮兵學院大屠殺的傷亡人數是八十三人。穆斯林兄弟會否認與此有任何瓜葛，但是阿塞德政權仍然指責是他們所為，並且對該組織發起大規模鎮壓，逮捕了數百人，處決數十人。此外，阿塞德還宣稱，所有反對他統治的人只不過是一支伊斯蘭主義叛亂者，並利用這件事作為藉口，將所有對他的批評消音。

穆斯林兄弟會的理論家薩伊德．哈瓦曾經在一九七九年五月去德黑蘭見何梅尼，他正在約旦流亡，仍然在等待阿亞圖拉給他的幫助。他不會得到答案。[43]在一九八二年時，阿塞德政權將會粉碎穆斯林兄弟會，將整個哈瑪城夷為平地，殺害超過一萬五千人。哈瓦和敘利亞穆斯林兄弟永遠不會忘記，也不會原諒何梅尼和伊朗拋棄他們。在讚揚何梅尼和他的革命之後，哈瓦很快就會開始抨擊這位阿亞圖拉是對遜尼派穆斯林世界的威脅。

何梅尼也許可以算是一個伊斯蘭革命家，但是他很務實，在政治上精明又冷酷。他支持伊斯蘭主義者、遜尼派或是什葉派，只要能夠為他的反西方、反以色列陣線服務，並且永遠按照他的條件行事的人都行。他甚至會幫助伊斯蘭信譽可疑的人（比如阿拉法特），只要能夠對他的目的有益處就可以。對於沙達特這樣的親美領袖來說，何梅尼沒有用處，但阿塞德在他的陣營中。他們將共同組成未來幾十年的所謂抵抗軸心。阿塞德則從觀察伊朗國王的所作所為中吸取教訓：要無情地粉碎你的對手。有了伊朗這個新盟友，敘利亞總統看到了什葉派－阿拉維派位於地理軸心的潛力，可以用它來嚇唬和勒索沙烏地阿拉伯等國家。[44]

甚至還沒畢業，雅辛就被捕了。他躲了兩個月，但安全部隊在一九八〇年十二月七日的凌晨一點找到他。他顯然不是一個伊斯蘭主義者——他跟他們一樣是世俗主義者，但所有反對阿塞德的人都是目標，包括左派在內。有數百人遭到逮捕。在整個地區，領袖對於如何處理伊斯蘭熱忱的興起有著不一樣的看法，但是他們都同意一件事：左派和共產主義者是他們權力控制的威脅，必須加以粉碎。知識分子、作家、學生活動分子仍然對專制統治者形成替代作用，因為他們具備思想和理想。雅辛將會在阿塞德最黑暗的地牢裡苦熬十六年。一旦出獄後，他將成為敘利亞最重要的知識分子之一，不懈和無畏地倡導包容性的民主。但是他會發現，在這幾十年間，自由的敵人已在他的國家裡以倍數增加，戰線亦然。

到二〇一三年時，他和數百萬敘利亞人反對獨裁的鬥爭將會埋沒在沙烏地和伊朗的競爭之中。他將會親眼見證伊朗是如何再次站進阿塞德陣營，膝蓋深深浸在血泊裡。

一九七九年夏天，薩達姆．海珊決定是時候要鞏固他的統治了。他知道阿亞圖拉以及此人對伊拉克什葉派社群的影響。他逼迫他的表兄弟，年邁體弱的總統阿赫邁德．哈桑．巴克爾（Ahmed Hassan al-Bakr）辭職，薩達姆在一九七九年七月十六日成為伊拉克第五任總統。他持續粉碎任何能取代自己的對手。他對什葉派加緊控制，驅逐數百人到伊朗，軟禁許多教士。他們已經無法反抗復興黨政權的殘酷統治。他們現在被困在兩個瘋子之間：薩達姆和何梅尼。伊拉克總統還藉由騷擾和大量逮捕，瓦解了伊拉克變革社會的中流砥柱——左翼：知識分子、教授、記者、藝術家、女性活動家，他們全都流亡了。最後，他開始對庫德人下手，追擊游擊隊，甚至越境進入伊朗打擊他們，還對他們進行空襲。薩達姆正在掏空自己的社會。

有一個薩達姆搞不清楚的組織正在形成。他們涉足宗教、組織禮拜圈子，也傳教。儘管他們宣稱復興黨的世俗主義是異端，但是他們並未要求推翻它。薩達姆包圍其中一些人，指控他們非法組織慈善機構。[45]幾年後這些人會獲釋，然後又入獄。在監獄裡，他們招募其他人，形成基層組織，並透過國內的清真寺擴張網絡。他們將自己稱為「al-Muwahidoun」（穆瓦希敦），是推行絕對一神論者，就像是伊本·阿布杜瓦哈布所說的一樣。他們推崇一個人：謝赫阿布杜阿齊茲·賓·巴茲。他們將他稱為 *al-sheikh al-waled*——謝赫爸爸。薩達姆的壓迫起初並不是以教派為目的，他之所以把怒火傾瀉到什葉派身上，是因為什葉派作為被壓迫的多數派，是薩達姆掌權的最大威脅。與此同時，「穆瓦希敦」將繼續發展、組織、傳教，並且行事低調。他們的時代會來臨的。

一九八〇年四月一日，薩達姆的副總理塔里克·阿齊茲（Tariq Aziz）在巴格達躲過了一次暗殺企圖。伊拉克指責是背後有伊朗支持的什葉派活動分子所為。薩達姆小心翼翼地選擇報復的對象。一九八〇年四月八日，阿亞圖拉穆罕默德·巴克爾·薩德爾和他的姊妹阿米娜·賓特·胡達·薩德爾遭到處決。薩德爾已經按照埃及穆斯林兄弟會的做法建立了伊斯蘭政黨 Da'wa（召喚）。他是在納傑夫唯一公開支持何梅尼法學家監護概念的主要神職人員，他一直在鼓動反伊拉克政府，發布宗教判決來反對加入復興黨。他的支持者將他描述為未來伊拉克的何梅尼。現在他成了一名殉教者。何梅尼呼籲推翻薩達姆。

一九八〇年八月六日，薩達姆展開一場出人意料的二十四小時出訪，在沙烏地阿拉伯國王的夏季休養地塔伊夫（Taef，位於麥加之外六千英尺高的涼爽山地）和哈立德國王見面。[46]薩達姆很少出國；這是他作為總統的第一次外事訪問，也是自從伊拉克在一九五八年推翻君主制以後，伊拉克總統首度造訪沙烏地阿拉伯。伊拉克身處蘇聯陣營，莫斯科是這個國家的主要軍火供應者。伊拉克和美國甚至沒有正式的外交關係。沙烏地阿拉伯和伊拉克政府營運的報紙做出習以為常的乏味報導：領袖討論了波灣事務和面對錫安主義者敵人的阿拉伯團結。以色列已經單邊併吞了東耶路撒冷，並宣布耶路撒冷是以色列不可分割的永久首都。這違反國際法和聯合國解決方案。它也在阿拉伯人的傷口上撒了一大把鹽。法赫德王子呼籲對以色列發起一場聖戰。[47]

九月二十二日中午，薩達姆反倒是對伊朗宣戰了。兩百架蘇製伊拉克戰機轟炸了伊朗境內的幾十個目標。伊拉克坦克和一萬名步兵在邊境線上的九個地點進入伊朗領土。沙烏地人一直否認他們為薩達姆開了綠燈，但是他訪問塔伊夫的時機仍然是個謎。也許沙烏地人只不過是安靜地以一個默許的點頭來想辦法遏制何梅尼。無論如何，一年之內，波灣各國提供石油資源豐富、繁榮的伊拉克一百四十億美元貸款幫助戰爭進行。[48]戰線已經畫好了：約旦派出志願者和薩達姆並肩作戰。科威特和沙烏地阿拉伯繼續向他提供數十億美元。伊拉克的軍隊中有許多為國出征的伊拉克什葉派——這是一場國家之間的戰爭。敘利亞站在伊朗一邊。哈姆蘭是伊朗的國防部長，有幾百名從前和他一起在黎巴嫩阿瑪爾山的同伴也飛到伊朗在他身邊作戰。當他在一九八一年戰死沙場後，他們便離開了。他們崇拜他，但是無法將他和何梅尼的伊朗聯繫在一起。有傳言說哈姆蘭實際上是被從背後開的槍打死的，這是另一個清除何梅尼對手的毒辣動作。

伊拉克的一項軍事評估宣稱伊朗軟弱無力而且孤立無援，無法自衛或是展開進攻行動。最重要的是，它沒有強大的朋友。薩達姆．海珊認為他能夠輕易又快捷地贏得戰爭，變得更強大，同時澆熄何梅尼的野心。但是，這場戰爭成了送給阿亞圖拉的一份大禮，何梅尼現在得以利用這場抵禦外敵的戰爭來鞏固他對國家的控制，送出成千上萬的伊朗年輕人，甚至是男孩子，成為戰爭的亡魂。薩達姆和何梅尼重新揭開了深埋已久、已經遺忘的舊傷疤，這兩人都妄想用古代波斯和阿拉伯的歷史來證明自己的現代殺戮行動是正當的。強大的波斯薩珊帝國在西元六三六年的卡迪西亞戰役（Battle of al-Qadisiyya）中屈服於阿拉伯人的征服。現在，一千多年之後，何梅尼和薩達姆想要再次一決高下。或者是復仇雪恨。伊拉克開始將這場戰爭稱為薩達姆的卡迪西亞戰役。八年衝突於焉展開，這場戰爭將會毀掉伊朗，並且深深地鞏固這個地區的深刻裂痕。如果說一九七九年是一個轉折點，那麼，一九八〇年就是一條不歸路的開端。

一九八〇年時，伊朗國王仍然在世界各國遊蕩，他是一位丟了國家的君主。在亞斯文短暫停留後，他又去了摩洛哥、巴哈馬、墨西哥和紐約以尋求避難和醫療照護。他去美國就醫，引發了德黑蘭的人質危機。由於擔心被引渡回國，他曾飛到巴拿馬，最後在一九八〇年三月回到埃及。沙達特認為，開羅將為他的朋友提供一個良好的基地以發起一場反革命，或者至少是等待那個被沙達特視為瘋子教士的人滅亡，沙達特覺得他很快就會倒臺。但是在埃及，同樣地，有人也把目光望向伊朗，受到那位阿亞圖拉的啟發。

第二部

競爭

第五章

我殺了法老

埃及，一九七七年至一九八一年

不要和解，
縱然它寫在星空之上，
即使占星家為你揭示了這個消息，
如果我在不經意間死去，
我會得到原諒。
不要和解，
直到存在回到了軌道上……
直到烈士和他日思夜想的女兒重逢。

——阿瑪勒．敦庫勒（Amal Dunqul），〈不要和解〉（Do Not Reconcile），一九七六年

納吉赫．伊卜拉欣對伊朗人的革命感到驚嘆不已，他被街上的人群和人民所發揮出的力量景象迷惑

住了，他們打倒了一個暴君、一個人民和巴勒斯坦的叛徒。這位留著濃密黑落腮鬍、長著聰慧雙目的醫學院學生當時正在埃及的艾斯尤特大學（Asyut University）念最後一學年。他看著新聞中人群在街頭湧動的報導，國王逃走，阿亞圖拉何梅尼凱旋歸來，以及伊斯蘭令人振奮的勝利。他喜歡他看到的一切——這給了他和他的朋友許多想法。革命之年也是《候鳥》上映的一年，這是一部巨星級女演員沙姆斯·巴洛迪（Shams al-Baroudi）主演的電影，正在各大院線上映。納吉赫沒有去看。

沒有人禁過電影，也沒有人阻止納吉赫去看電影或是把電影院燒成灰燼。這裡既不是革命的伊朗，也不是清教徒主義的沙烏地阿拉伯。自孩提時代起，納吉赫讀的是莎士比亞和阿嘉莎·克莉絲蒂（Agatha Christie）的作品；和其他數百萬埃及人一樣，在每個月的第一個星期四收聽廣播電臺播放的烏姆·庫圖姆音樂會。烏姆·庫圖姆是教士之女，其名來自先知的一個女兒，她自幼年就以誦讀《古蘭經》的技巧發展自己的歌唱技術。從一九三〇年代，一直到一九七五年離世，這位女歌手以「Kawkab al-Sharq」——「東方之星」的名號著稱，歌唱著永恆和義無反顧的愛。她也歌唱戰爭和愛國情懷的歌曲。她的嗓音征服了整個阿拉伯世界；她的演唱會讓幾百萬人淚如雨下，讓整個埃及靜止。

在六日戰爭之後的幾年裡，埃及十分動盪。納賽爾在一九七〇年去世，沙達特接手並把埃及從蘇聯陣營換到美國陣營中。他去了耶路撒冷和以色列媾和。他照著西方樣貌推行的積極改革和經濟計畫，帶來了穩定的增長，但也加深不平等，造成許多的不安和貧困，一種類似伊朗所經歷過的錯位感瀰漫在社會中。這個國家的自尊仍然因為被以色列奪去領土而受到致命重創。這使得納吉赫和許多人都在尋找答案的過程中，走上一條更為好戰的道路，在這條路上沒有出於休閒目的的閱讀和音樂。納吉赫一直是一個虔誠的人；到一九七九年時，他已經成為原教旨主義者，也是最近才成立的伊斯蘭團（Gama'a Islamiyya）的創始成員，這個組織追求在社會上嚴格實行伊斯蘭法。他對所有電影和這類瞎扯的表演感到厭煩。[1]他是一個不安分的人。

女演員沙姆斯·巴洛迪則來自一個不同的世界。她是埃及最當紅的電影明星。有一頭褐色長髮，她光彩照人，所到之處總是萬頭攢動。在電影《候鳥》中，她飾演一名年輕的職業女性，跟隨同事去澳洲追求愛情。在伊斯蘭主義者的眼中，這部電影連海報都是冒犯的：沙姆斯·巴洛迪穿著低胸粉色洋裝，依靠著一個正在親她臉頰的男人。這個男人是不是她真實生活中的丈夫並不重要。埃及的女演員是整個中東最好的女演員，在埃及內外都廣受觀眾喜愛。金字塔旁舉行的法蘭克·辛納屈（Frank Sinatra）演唱會是菁英階層才會去的，但是所有埃及人都會去看電影，看滑稽喜劇或是社會劇。曾經不受尊敬的演員職業，如今已經成了許多小女孩的夢想。在說著不同阿拉伯方言的區域，埃及方言在一九四〇年代至一九七〇年代初的埃及電影黃金期裡打破所有國界，成為整個地區的通用語言。到一九五〇年代時，埃及的電影業已經是全球第三大——是阿拉伯世界的好萊塢。

每個人都有自己最喜歡的女演員。巴洛迪擁有忠實的影迷，她能夠飾演各種類型的角色；另外還有埃及的灰姑娘——索雅德·霍斯妮（Soad Hosny），她以光亮動人的褐色秀髮和迪斯可舞步著稱；還有人喜愛瑪迪哈·卡梅爾（Madiha Kamel），她能夠像瑪麗蓮·夢露那樣讓人心生漣漪。在一部一九七八年的電影中，她飾演在法國的間諜，她在片中有場戲是和另一個女人在床上擁抱，一本正經但顯然帶有愛戀之意。然後還有法婷·哈瑪瑪（Faten Hamama），她是一位優秀的影壇前輩，自一九三九年才七歲時就受到數學家父親的鼓舞而開始表演。她舉止優雅、言語溫和，以一口完美的法語接受採訪。她是那種天真的女性，但是有自己的政治見解，並相信她是社會變革的推動者，她在電影中也是社會的批評者。在一個正在慢慢開放的傳統社會中，她總是挑戰界線。

一九七五年時，哈瑪瑪飾演了多莉亞一角，這是一個尋求與虐待她的丈夫離婚的女人，對當時只有男人有權利提出離婚的埃及來說是個困難的命題。《我要一個解決辦法》（*I Want a Solution*）是埃及電影的瑰寶之一，曾入圍奧斯卡獎，這部電影引發一場關於埃及女性地位的討論。一九七九年初，在埃及第一夫人嘉哈妮·沙達特（Jehane Sadat）的大力推動下，總統頒布命令，修改個人地位法：女性現在可以在某些情況下提出要求並獲准離婚。這段時期仍有審查制度，但是很多變革的、世俗的藝術也是國家支持和資助的結果。納賽爾甚至把烏姆·庫圖姆當成國家資產加以培養，她有些歌曲抒發的是對國家的讚美。

埃及的女性是先鋒，是阿拉伯女性主義的指路明燈，她們在保守的社會中為自己開出一條路，而不是自外於社會。她們在一九二三年成立了該地區第一個女性主義聯盟，並發行全國性的報紙，例如演員和記者魯茲·優素福（Rose al-Youssef）在一九二五年成立、以自己名字命名的刊物；她們之中還有電影製作人，例如阿吉札·阿米爾（Aziza Amir），她在一九二七年製作了埃及第一部長片《蕾拉》

（*Leila*）。一九七〇年代末，女性的勞動力地位不斷上升，並且在各大機關部會中擔任高層職務。

阿米爾、哈瑪瑪、巴洛迪、電影製作人、女性主義、離婚權、工作女性——這一切像是平行宇宙，和納吉赫所居住的國家不同。大學校園一直是埃及行動主義的溫床，與同時代的各種運動保持同步：自由主義、反殖民主義、民族主義或社會主義。現在則是盛行伊斯蘭主義。納吉赫和他的朋友不懈地追求他們的目標，也就是在校園裡建立一個伊斯蘭的社會。他們開始要求在任何能夠做到的地方施行男女分開、規定上課前的禮拜時間、停止音樂課、在大學校園中舉行星期五的聚禮（主麻）。[2]他們是一支慢慢增長的力量，填補了萎縮的左派和在一九五四年遭到納賽爾查禁的穆斯林兄弟會留下的空白。穆斯林兄弟會已經遭到重創或流放，多數人去了沙烏地阿拉伯。但是在一九七〇年代，來自伊斯蘭團的學生和其他伊斯蘭主義者，都在沙達特總統那裡找到他們沒有預料到的盟友關係，他給予他們幾乎百分之百的行動自由。

納賽爾於一九七〇年死於心臟病後，他的副總統沙達特接任代理總統。他的任期本應只有六十天，但是卻比所有人預期的在位時間都更長。隨著他鞏固了權力，他的一舉一動似乎都被走出納賽爾巨大陰影的執念所驅動著。在他執政的最初期，他是很多笑話中的主角。[3]

沙達特的總統豪華轎車在一個紅綠燈前面停下。
沙達特問司機：在這個地方，納賽爾往哪邊轉？

「向左轉，總統先生。」司機答道。

沙達特指示司機打左方向燈，然後右轉。

其他人則形容沙達特是沿著納賽爾的腳步走，但是隨身帶著一塊橡皮擦。納賽爾使國家擺脫了君主制和殖民列強勢力。他將經濟國有化。沙達特則是會引來被他稱為「*infitah*」的經濟開放。他放鬆規則限制，讓經濟自由化並鼓勵私人和外國投資。納賽爾鼓勵他的國人同胞一起建設國家，而沙達特則鼓勵埃及人到周邊國家工作，特別是石油資源豐富的波灣地區，然後匯錢回家。納賽爾是一位頑強的戰士。沙達特則打了以色列人一個措手不及，在一九七三年十月發動戰爭並奪回西奈半島。他沒有贏，但是最初攻勢的成功恢復了些許國家顏面。

但是沙達特決定與美國交朋友，才是冷戰高峰期改變中東地緣政治的巨大轉向。沙達特相信納賽爾與蘇聯結盟、背棄西方，致使埃及破產。更糟糕的是，蘇聯的支持並沒能幫助埃及取得對以色列的勝利。沙達特堅信，只有美國才能幫助收復阿拉伯人的失地。在與以色列停火後的不到兩個星期內，六日戰爭後與美國之間崩解的關係，於一九七三年十一月七日恢復。沙達特在開羅接待了美國國務卿亨利．季辛吉，並稱呼他是「我的朋友季辛吉」。[4]在敘利亞、伊拉克和利比亞在內的親蘇反帝陣營中，出現了喃喃低語聲。

沙達特進行的一些小調動，和與美國交好的調整手段具有同等明顯的效果。他身邊圍繞著一群忠貞的納賽爾主義者官僚。他不是像前任者那樣的演說家，他是在國家需要方向和目標感的時候上臺的。他相信，宗教可以為這兩個問題提供答案。沙達特對納賽爾主義者進行清洗，不僅讓他們離職，他也為對他們的撻伐開了綠燈，他認為反對他們的人是伊斯蘭主義的良性力量，其中也包括薩拉菲主義者。他還把自己塑造成一位「信徒總統」，鼓勵公開展示虔誠，並確保在星期五的主麻禮拜中有人為他拍照。納賽爾的演說總是用「*Ayyuha al-muwatinun*」（我的國人同胞）開始，而沙達特的演說則是以「*Bismillah al-Rahman al-Raheem*」（以至仁至慈的真主的名義）開始。在一個處在經濟動盪和地緣政治迷茫中的國家，宗教是幫助支撐沙達特自身統治正當性的工具。

沙達特並不是在演戲。事實上，這位總統就像他的妻子嘉哈妮一樣虔誠。沙達特禮拜、齋戒；他有一只瑞士手錶，上面帶有指向麥加方向的指針。[5]他是一個來自鄉村的孩子，曾經跟著鄉村學校中傳統的經師輔導員（*kuttab*）學習，教學重點是《古蘭經》，他對神聖經典中的每一句話都熟諳於心。他曾將自己誦念的《古蘭經》錄下來留給他的孩子和孫子——這是真主之言，由沙達特念誦出來。[6]

但是，他在無意中為一種將長久持續的趨勢埋下種子。埃及的轉變，是伊朗革命將如何加劇和放大該地區驅動力的典型例子。沙達特正在改變私人虔誠和公共政策之間的微妙平衡，將宗教注入了政治。在一九七一年九月，他修改憲法，將伊斯蘭法作為憲法的立法來源。在一九八〇年，也就是伊朗革命的一年後，他將伊斯蘭法作為立法的「主要」來源——這是一個未來沒有別的領袖膽敢推翻的變革，他們擔心推翻這一點的話，就會被人冠上伊斯蘭敵人的帽子。在這之間的十年中，沙達特不假思索地協助和扶持新一代伊斯蘭主義活動家，其中有一些人之後將會擁抱暴力。

儘管沙達特並未允許穆斯林兄弟會復原為合法組織，但是他放寬限制，允許它們的刊物《呼喚》（*al-Da'wa*）再次能夠流通，甚至做到將一些人從監牢中釋放的地步。但是，穆斯林兄弟會已經不是曾經的那支力量了，一股更年輕、更缺乏耐心、更加好戰的新一代伊斯蘭主義者正從兄弟會的遺產中分離出來。這就是納吉赫的組織——伊斯蘭團——所主張的領域。總統希望在大學校園這個行動主義的溫床中清除掉所有關於納賽爾的痕跡，清除所有對他的統治可能構成的挑戰。在民主的名義下，他允許伊斯蘭主義者的組織在學生選舉中參與競選——並且得到安全部門的大力支持。[7]

到了一九七九年底，正當何梅尼在伊朗推行他的法學家監護時，從亞歷山卓（Alexandria）到艾斯尤特，伊斯蘭團控制了全國多數大型大學裡的學生會。伊斯蘭主義者在校園中大力推行勸說行動，積極不懈地清除社會主義者和共產黨分子罪惡的世俗主義。他們有完善的組織架構，為剛剛來到大城市的人提供服務。當時埃及和整個阿拉伯世界正發生大規模移民和都市化，農村和城市之間的張力提供了一個弱點，讓伊斯蘭主義者得以利用。在埃及，他們的目標是下層和中下層學生、中階或低階公務員的子女，他們剛從鄉下和小城鎮搬進舉目無親的大城市裡。伊斯蘭團提供了一個新的部落和在城市裡的歸屬感，讓人可以軟著陸。[8]許多伊斯蘭團的幹部都像納吉赫一樣，是醫學系和工程系的高材生。許多正在加入的人未來會成為伊斯蘭主義運動中的重要人物，他們起初都曾經是年輕的社會主義者和納賽爾主義者。他們年輕、幻滅、正在尋找方向。伊斯蘭團提供了類似的理想——愛國主義、忠於巴勒斯坦、相信對以色列的武裝鬥爭，以一種包括紀律、祈禱和救贖在內，全新而吸引人的外表包裹著。就像在一夜之間，社會主義者的夏令營就更名成阿布・巴克爾・西迪克（Abu Bakr al-Siddiq）夏令營，使用先知身後第一位哈里發的名字。[9]在整個中東地區，左翼光譜中的各色人等——革新派、世俗派、社會主義者、民族主義者——全都丟進被遺忘的角落。他們在埃及的空氣中消散了。新一代的阿拉伯人不會在滋養他們父母輩那一代人的混亂、肥沃的各種政黨和意識形態的環境中長大。他們現在的選擇是獨裁或者伊斯蘭教，或者是更糟的：伊斯蘭教獨裁。沙達特認為是他在利用伊斯蘭主義者，但事實上，他是被他們利用了，他在累積錯誤，助長他們的憤怒。

他對收復西奈半島有所執念。他試過戰爭，沒有奏效。他接著將嘗試和平。這個被所有人低估為納賽爾影子的人，正在證明自己是一個無畏的領袖，他將做出大膽的決定和戲劇性的動作。沒有人確定他是在什麼時候、在怎樣的狀況下有了前去以色列的念頭。在一九七七年的九月時就已經和以色列人進行祕密外交接觸，但是此種和平路線將十分緩慢。沙達特選擇要出敵人於不意。在一九七七年十一月九日的埃及議會裡，他在發言時試了試水溫：「為了和平，我連天涯海角都願意去，即使是到以色列國會也可以。」在另一邊，他找到了一個願意合作的夥伴——梅納罕・比金（Menachim Begin），首位來自右翼利庫德（Likud）黨的以色列總理。鷹派覺得他可以冒險提出和平倡議。在一九七七年的十一月十八日，沙達特飛抵台拉維夫。有超過兩千名記者報導了這次訪問，吸引了全世界的目光。在停機坪上，一名以色列軍官向著埃及領袖敬禮。隨後，沙達特檢閱以色列國防軍儀隊。在耶路撒冷，他在以色列國會發表了演說。以色列的軍隊電臺播放了烏姆・庫圖姆的歌曲。阿拉法特氣得火冒三丈。

埃及人最初時很高興。沙達特在敵方領土造訪兩天後，他在開羅受到熱烈歡迎——大部分可能是由政府組織的，但是這不重要。人民鬆了一口氣，因為對於一個被反覆戰爭弄得精疲力竭的國家來說，真正的和平也許就在眼前了。「沙達特！沙達特！和平締造者！」開羅人在街上喊著，沙達特的敞篷轎車駛過開羅的街道。

但是在整個阿拉伯世界和其他地方，最初的懷疑很快就被憤怒取而代之。[10]貝魯特的街上爆發抗議遊行；埃及駐的黎波里和雅典的大使都受到聲討。伊拉克和敘利亞的報紙宣稱這是一場「背叛和恥辱之行」，譴責沙達特破壞了阿拉伯人的團結並且單方面承認「錫安主義者政權」。[11]黎巴嫩左翼報紙《大使報》強調沙達特在阿拉伯世界的孤立，並呼籲敘利亞、利比亞和巴勒斯坦解放組織團結起來反對以色列和沙達特。這是阿拉法特第一次和何梅尼產生連結，是他的教士朋友哈尼・法赫斯促成的。沙烏地人很惱火，但是他們保持距離——既不譴責，也不鼓掌。但是在私下，哈立德國王祈禱沙達特的飛機會在飛往台拉維夫途中墜毀。[12]

當沙達特在一九七八年發起和以色列的和平談判時，敘利亞和巴勒斯坦解放組織開始聲討要將埃及從阿拉伯國家聯盟中驅逐出去，甚至推動實施制裁。沙烏地阿拉伯私下支持沙達特的努力，但是在檯面上保持沉默，等著看埃及的談判是否也能為巴勒斯坦人和該地區其他的國家帶來好處。他們袒護沙達特，讓他免受外交上的報復，並且拿出支票簿，提供數十億美元以壓制異議者：約旦、敘利亞和巴勒斯坦解放組織，他們是被以色列強占領土的阿拉伯人。[13]當沙達特在一九七九年三月二十六日於白宮草坪上簽署和以色列的雙邊和平協議時，他已經收復了西奈半島，但是他也做出讓步，其中包括承認和以色列的全面外交關係。與以色列簽訂的和平協議並未提到巴勒斯坦人：這是一項純粹的雙邊協議，而且是終極版協定。雖然有關於西岸和加薩地區巴勒斯坦自治的附函，但是沒有討論耶路撒冷的問題，巴勒斯坦人，尤其是阿拉法特，感覺被出賣了。這些討論是在沒有巴勒斯坦人出席的情況下進行的，他們不滿足於自治，他們要的是一個國家。沙達特已經不可挽回地破壞了阿拉伯人在以色列面前的團結陣線，而且還選了一個糟糕的時機做這件事。他全心沉浸在對和平的追求中，沒有認知到自從他去了耶路撒冷以後，周圍地區發生了什麼變化。何梅尼現在在德黑蘭，阿拉法特有了一個新的好朋友。

三月三十一日，也就是沙達特簽署和平條約的幾天後，阿拉法特來到巴格達參加阿拉伯聯盟高峰會，他剛結束德黑蘭的勝利巡迴，準備好帶著其他的強硬派，比如敘利亞的阿塞德，一起反對沙達特。他公開預測沙達特將會被刺殺。他要求阿拉伯國家切斷所有與開羅的外交和經濟聯繫。沙烏地阿拉伯的外交大臣紹德．費薩爾（Saud al-Faisal）拒絕了這個請求，說它是「空洞的開價、口號和修辭」。[14]會談緊鑼密鼓地持續了三天。巴解組織和沙烏地阿拉伯之間的爭端浮上了檯面，直到某天傍晚阿拉法特憤而離席。沙烏地阿拉伯顯露出軟弱和過於妥協。由於無法左右強硬派，沙烏地阿拉伯只好加入他們。阿拉伯國家切斷了與埃及的關係，將其驅逐出阿拉伯聯盟，並將聯盟總部的地點從開羅搬到突尼斯。一個月後，不甘落於人後的何梅尼也切斷了與埃及的關係。沙達特發現自己在這個地區被孤立了，但是他看起來並不在乎。他把波灣地區的君主國領袖視為沒有文化、經濟或政治參考意義的小圈子。[15]他嘲諷何梅尼是一個「把伊斯蘭變成笑話」的瘋子，是一個騙子，預測他很快就會被政變推翻。[16]

當沙烏地阿拉伯把目光投向埃及時，它看到的是一個區域競爭對手，它們曾經爭吵和交戰，但是基本上是在溫和派陣營中。但是當何梅尼望向埃及時，他看到的是一個發動伊斯蘭革命的時機已經成熟的國家。在德黑蘭的街頭，傳來沙達特去死的呼聲。伊朗國王和沙達特之間，如同兩個國家之間，在經濟和政治都有相似之處。在革命初期，美國人質危機發生前，亞茲迪曾經把伊朗革命描述為啟發其他國家的靈感，其中包括巴基斯坦，甚至是沙烏地阿拉伯。「伊斯蘭革命的成功已經向我們的阿拉伯鄰居展現出伊斯蘭提供了變革的意識形態基礎……所有曾經在方法上停滯、遮掩的伊斯蘭運動，都會在阿拉伯和穆斯林世界走到光天化日之下。」[17]在接受美國媒體的採訪時，何梅尼更進一步說：「我要求埃及人民就像我們對國王那樣嘗試推翻〔沙達特〕。」[18]

沙達特和國王之間的相似之處的確很多：非常西化、有改革派的第一夫人；是美國該地區戰略的基石，也是以色列人的朋友；帝王作風，而且獨裁。就像國王曾經在伊朗所做的那樣，沙達特愈是在他的國家推動西化，原教旨主義就愈是四散傳播。然而，與國王不同的是，沙達特從未背棄教士機制或是宗教本身。沙達特一直在公開和私下堅持，他的國家不是伊朗，埃及不會有何梅尼。同時，他開始相信有反對他的陰謀。一九八〇年三月二十五日當伊朗國王來到埃及尋求避難和醫療時，就更難以否認這兩個人的相似之處。沙達特用阿拉伯人的好客和忠誠對待這位曾經的好朋友，為他提供永久庇護身分。從開羅到艾斯尤特，各地都爆發了抗議。在艾斯尤特大學裡，納吉赫幫忙組織了埃及人近年記憶中最大規模的抗議示威——絕對是伊斯蘭主義者勢力所組織的最大規模。超過一萬兩千人走上街頭，抗議伊朗君主的到來。當時發生了衝突，有一名抗議者喪生。在納吉赫看來，這就像是一個轉折點，像是更大對抗的第一點星星之火。國王逗留的時間很短，幾個月後他就死了。他被隆重地安葬在開羅。但是對沙達特造成的傷害已成了事實。

對許多埃及人而言，除了玷汙伊斯蘭共和國誕生時的可怕細節，伊朗革命一直是他們夢寐以求的。左派人士只看到群眾的力量把一個暴君拉下臺——就像是正在壓迫他們的那個暴君一樣，也是一個社會公正的新時代。受到伊朗事件發展的啟迪，有一些埃及女性戴上頭巾以表示拒絕她們國家的那個西化君主。納吉赫和他的朋友看到了伊斯蘭的最終勝利和一個走向正直道路的國家，一個模範的伊斯蘭社會。何梅尼已經展示了，未來並不一定要世俗的、西化的社會；未來也並不一定包括美國人的朋友，比如那位國王，或是沙達特。

> 早安，親愛的德黑蘭……早安，勝利……實現了目標。我們歌唱我們的喜悅，我們賦詩，我們讓夢想成真……

這是埃及國民詩人阿赫瑪德·福瓦德·尼格姆（Ahmad Fouad Negm）給伊朗革命的頌歌。由他的合作夥伴，極受歡迎的盲人歌手謝赫．伊瑪姆（Sheikh Imam）以不敬的歌詞演唱，〈早安德黑蘭〉的曲調傳唱整個阿拉伯世界。

伊朗革命為埃及的伊斯蘭主義者提出許多問題。[19]為什麼我們不能在這裡複製？為什麼埃及的反對派無法把大眾對建制派的反感導入到類似的起義中，從而推翻政權呢？伊斯蘭主義者學生總結認為這是一個結構性問題。伊朗的宗教機構是獨立於政府的，它的組織能力要強得多，有長期反統治者的活動經驗。在埃及，宗教機構是服務於政府的。該國最高的伊斯蘭機構愛資哈爾從來沒有扮演過什麼反對角色，甚至連反對英國殖民主義都沒有。自從十九世紀以來，每個政府都試圖控制愛資哈爾，但是當時努力打擊穆斯林兄弟會的納賽爾最明白這樣的機構對其統治所構成的挑戰。他在實質上將愛資哈爾變成政府的工具，讓政府控制其財政，總統負責任命其領導階層。[20]在愛資哈爾之外，還有一些喚起大眾的傳教士，例如阿布杜．哈米德．吉什克（Abd al-Hamid Kishk），他的講道被錄製成錄音帶並且賣出了成千上萬卷——賈邁勒．哈紹吉在吉達聽的就是這樣的錄音帶。但吉什克不是何梅尼。而在一九七九年各種力量漩渦，即將產生另一個微小但是關鍵的事件：兩個年輕大學畢業生的會面。這兩個伊斯蘭主義者將會把暴力引到國家舞臺上，改變埃及的歷史和政治性伊斯蘭的走向。

卡拉姆．祖赫迪（Karam Zuhdi）是一名二十七歲的農學院畢業生，來自一個貧窮、保守的家庭，正專注於研究伊斯蘭法。他是伊斯蘭團的創始人之一，但他是一個缺乏耐心的人——傳教是一項緩慢的工作。穆罕默德．阿布杜勒－薩勒姆．法拉格（Mohammad Abd al-Salam Farag）與祖赫迪同年，是電機工程師，在開羅大學當行政管理員。他十分瘦弱，留著短而整齊的鬍鬚，是一名不安的反改革者；在他的講道詞中，他宣揚革命。他曾受過年輕的偉大思想家啟發：埃及穆斯林兄弟會的賽義德．庫特布，他在一九六六年遭處決，以及阿布阿拉．毛杜迪，巴基斯坦伊斯蘭大會黨的創立者。庫特布是透過毛杜迪的一個門徒而接觸到這位巴基斯坦思想家的觀念，庫特布在監獄裡也曾閱讀了毛杜迪的著作《四種表達》（*The Four Expressions*）。[21]他深深受其影響，並且在自己的著作中拓展了毛杜迪闡述的關鍵概念，例如認為前伊斯蘭時期——*Jahiliyya*，即蒙昧時期，實際上並沒有隨著先知穆罕默德的到來而結束，因為沒有一個統治者是真正按照伊斯蘭的信條進行統治。在毛杜迪看來，答案必須是「*hakimiyya*」，真主的統治，或者是神的王權，透過對神的話語——《古蘭經》，來進行應用。何梅尼選擇了革命，但是毛杜迪相信，一個真正的伊斯蘭國家將會在社會擁抱沙里亞本身的時候到來，而這個過程是透過緩慢而有條理的勸說和教育完成的。縱然是庫特布——儘管他曾在他的著作中迫切地問道「該怎麼做？」——也勸告人民要有耐心。

法拉格則沒有耐心：答案就是現在行動。在他看來，埃及社會已經接受了宗教，而且基本上是十分徹底的。問題出在埃及的統治者，得把他們趕走，一個真正的伊斯蘭社會才將因此顯現出來。他出版了一本寫得不好又倉促的書，將過去激進神學家的智慧彙編結集，名叫《被忽視的義務》（*Neglected*

Duty）。這個義務，是每個穆斯林的責任，即吉哈德，是個迫切的號召，要求人民採取行動，推翻那些沒有以沙里亞進行統治的領袖。在阿拉伯語中，「吉哈德」的意思是「努力或奮鬥」，在宗教的語境中，較大的吉哈德是為了符合神的理想而不斷與惡鬥爭，而伊斯蘭中較小的吉哈德是為了保衛宗教或社群的軍事奮戰。透過薩拉菲主義者的進一步解讀，變成把對真主理想和伊斯蘭社會的單一解釋強加於戰爭。法拉格就是這麼看沙達特的，他說服祖赫迪和伊斯蘭團加入這項任務。庫特布將會永遠被視為一位飽學的理論家，他多產的寫作啟發了一代又一代的薩拉菲主義者和吉哈德主義者。但是是法拉格寫了展開行動的小冊子和建立伊斯蘭吉哈德組織，此組織在一九八〇年代將由艾曼．薩瓦里接手——就是未來惡名昭彰的蓋達組織。

在伊朗的鼓舞下，對國家感到憤怒的伊斯蘭主義者開始囤積武器。空氣中瀰漫著暴力。除了大多數埃及人買不起的高級商品電視廣告，人民看不到與以色列和平共處、與美國人交朋友帶來了什麼好處。腐敗盛行、貧富差距迅速擴大，經濟管理不善是一場災難。埃及曾經是農產品出口國的國家，現在有一半的食品要依賴進口。反對和平條約的聲音愈來愈大。

「在恐懼中顫抖，在恐懼中顫抖，」尼格姆的詩中這樣寫道：「那些在卡特大腿上跳舞的人，那些去找梅爾夫人（Golda Meir）的人，他們在恐懼中顫抖。」

一九八一年九月初，嗅到危險氣息的沙達特發起一場清洗。他下令展開一波大逮捕，抓了三千多人，不僅是伊斯蘭主義者，還有那些領頭的左翼人士和社會主義者，裡面包括女性主義活動家納瓦爾．

薩達維（Nawal al-Saadawi）和著名的記者和作家穆罕默德．海卡爾（Mohammad Heikal）。沙達特已經成功地團結起一群各自不同，但是存在著共通點的人：大家都反對和以色列的和平協議。

沙達特，這位皇帝一樣的總統，堅持自己的立場，發表演說和接受採訪，為自己的行為辯護。他只是讓事情變得更糟。在持續騷擾和逮捕左翼人士後，他又嘲笑他所扶持的伊斯蘭主義者。他嘲弄那些穿著全套罩袍的婦女「像黑色帳篷一樣走來走去」，並禁止戴尼卡布（*niqāb*，一種眼睛處有縫隙的面紗）；他解散所有的宗教性學生組織，關閉伊斯蘭團體的夏令營。[22]最後，他宣布「宗教中沒有政治，政治中沒有宗教」。[23]沙達特甚至犯了更低級的錯誤：他攻擊一位十分受歡迎的傳教士謝赫阿赫麥德．馬赫拉維（Ahmad al-Mahallawi）；他是窮人的代言者，他講道的錄音帶就像是剛出爐的蛋糕一樣暢銷，並且曾批評過第一夫人。「現在，這個糟糕的謝赫發現自己像一條狗一樣，被丟進牢房裡。」

納吉赫和他在伊斯蘭團裡的朋友法拉格和祖赫迪，以及吉哈德組織，都積鬱了滿腔的怒火。許多年後，納吉赫會想要知道，如果這些伊斯蘭主義者能夠找到一個辦法接受沙達特的和平條約的話，事情會怎樣發展下去。這位總統將很可能會默許他們的許多其他要求，將會為他們的最終目標鋪平道路：建立一個與伊朗競爭的伊斯蘭共和國。伊斯蘭團本來不需要付諸暴力，很多事情都會變得不同。但是，一九八一年秋天的那幾個星期，在那個暴怒的秋天，在那幾個星期裡，納吉赫和他的伊斯蘭團同志將會批准一個最終極的暴力行動：刺殺一位領袖。[24]沙達特犯下許多錯誤，他已經在自己的死亡證明書上簽了名。

在沙達特發起大規模逮捕時，法拉格和祖赫迪逃過了一劫。他們和納吉赫與功勛卓著的軍官、吉哈德組織的創始成員阿布杜・佐摩爾（Abboud Zomor）一樣都在逃亡。法拉格在逃離警察逮捕時摔斷了腿。[25]他們全都覺得自己是在被敵人追殺。左翼人士和納賽爾主義者也被捕了，但是這並不重要。伊斯蘭主義者認為他們是最終目標，他們害怕重演一九五四年納賽爾發動對穆斯林兄弟會的鎮壓，那次鎮壓讓兄弟會的成員人數銳減，被捕者在監獄中遭受的酷刑更積鬱了他們的怒火，這是關乎生存的問題；他們必須先下手為強，重拳出擊。[26]

升高的危機感加快了進度，機會就在眼前：十月六日要舉行一場軍隊閱兵，有個法拉格在一年前認識的年輕軍官朋友將會參加。哈立德・伊斯蘭布里（Khaled Islambouli）來自一個非常埃及式的民族主義者保守家庭：他讀過傳教士學校；他的姊妹全都是大學畢業生。但是這位二十四歲的年輕人也是典型的伊斯蘭主義者吸收目標：一位小鎮律師的兒子，最近才搬到開羅，正在尋找新的部落圈子。法拉格已經將伊斯蘭布里收至麾下，還送了他一本《被忽視的義務》。伊斯蘭布里很虔誠，但是這並沒有引起軍中上級的懷疑——儘管他的兄弟在大逮捕中落網。他不需要進行祕密偵查：他參加過之前的閱兵式，今年的活動舉行之前會有一次彩排。他在彩排當天晚上就向法拉格匯報：他能成功。軍官阿布杜・佐摩爾想要再等一等，他不認為伊斯蘭布里能夠執行襲擊。更重要的是，他設想了一個更宏大的計畫來接管國家，殺死關鍵領袖並占領軍隊總部和政府廣播及電視臺。這需要至少兩年時間準備，就像伊朗之前那樣，建立起堅強的革命委員會來組織規模大到讓軍隊和警察無計可施的抗議示威。但是法拉格堅信，刺殺沙達特將會創造出一套全新局面：它將會讓人民從恐懼中解放出來。他們將會「像伊朗民眾那樣站起來」，其他的政府支柱都會相應倒下。[27]法拉格推翻了佐摩爾的反對意見，而伊斯蘭布里則是讓其他人相信了他能夠做到。

九月二十六日這天，大家將刺殺沙達特的決議付諸表決。伊斯蘭團的領導委員會批准了決議。納吉赫在今後的歲月裡將會時常驚嘆，一切似乎完美無缺地萬事俱備，讓刺殺成為可能：關鍵的高峰會議，偶然的友誼，能夠接近……但最主要的是這個時機。他們的陰謀大膽又簡單。到最後，佐摩爾是正確的。雖然刺殺行動按計畫進行，但是起義失敗了。

沙達特喜歡閱兵的盛況，而且紀念十月戰爭——他的那場戰爭——的閱兵慶典是他最喜歡的。他身穿一件藍灰色的新軍裝，上面掛滿了軍事勳章。一如既往，他拒絕穿防彈衣，談笑風生，時不時地抽著菸斗，坐在一面五英尺長的低矮水泥牆後的前排座位上，矮牆面上裝飾著埃及法老樣式的浮雕裝飾花紋。圍繞著清洗行動的緊張氣息，以及正有一場政變醞釀中的報導，全都看似被拋到九霄雲外了。閱兵已經進行了兩個小時，在午後十二點四十分時，觀眾都仰望著天空，對著在天空中留下一串串白色、紅色、藍色煙霧的幻象戰機讚嘆不已。沒有人注意到那輛緩慢行駛著、蘇聯製造的軍用卡車，它向右偏離了隊伍，停到主席臺前。沙達特在他的副總統胡斯尼．穆巴拉克和國防部長的簇擁下站起身來，可能是預期車上的人會向他敬禮。相反地，伊斯蘭布里和他的手下竄下了車，對著主席臺前的水泥牆扔了幾顆手榴彈，接著開始用AK－47步槍掃射。這次襲擊十分驚人，整整有三十秒沒人做出反應。有人還以為手榴彈是表演的一個段落。槍聲持續了兩分鐘。兩千名來賓亂成一團，伊斯蘭布里大聲地喊道：「我殺了法老！」沙達特的脖子中彈了。另有十人喪生。國營電視臺和廣播電臺在爆炸後就切斷了現場直播，開始插播愛國歌曲。直到當天傍晚六點二十五分，電視臺才開始播出《古蘭經》誦讀，並承認先前數小時裡發生的事情是真的。沙達特已經死了。幾小時之內，德黑蘭的廣播電臺已經開始大聲播送「叛徒傭兵已經死亡」的消息，他「去見他的老朋友穆罕默德．禮薩了」。[28]

在檢閱主席臺上發生槍擊的幾小時中，官方就像是熱鍋上的螞蟻。除了是一場暗殺，沒人知道確切的陰謀是怎麼一回事。佐摩爾去了艾斯尤特，那裡是納吉赫母校的所在地，也是伊斯蘭團的據點。他想要在那裡發動起義，讓艾斯尤特成為新秩序的核心，直到開羅和全國其他地區都加入。[29]密謀者設法招募了一名國營廣播局的官員，向他提供一份由法拉格親筆撰寫和錄製的聲明，呼籲埃及人以宗教的名義起義。該聲明要求，武裝部隊若不支持伊斯蘭革命的話，就該保持中立。[30]這份聲明一直沒有播放出來。三天以來，電臺裡一直在播送《古蘭經》誦讀。起義也只持續了差不多的時間，群眾從未起義。

在某種程度上來說，伊斯蘭團誤判了整個埃及社會。納吉赫和他的朋友為他們在校園裡取得的成功感到鼓舞，他們宣揚伊斯蘭；有愈來愈多的讀者看他們的出版品；在他們身邊有愈來愈多的女性戴上頭巾。他們年輕、豪邁，對自己的訊息信心滿滿。他們未曾和那些有不同意見或是不同世界觀的人們打交道，所以他們相信他們代表沉默的大多數人，人民等待著從壓迫中得到解放的時刻。但是，在一個擁有四千五百多萬人口的國家裡，他們只是一個邊緣團體。人民不愛戴沙達特——但是也沒有打算發動一場在一夜之間就顛覆掉整個體制的伊斯蘭起義。伊朗人將德黑蘭的一條街道以伊斯蘭布里的名字命名以示紀念，但他們也對埃及判斷錯誤。兩國之間確有相似之處，就像是國王和沙達特之間的諸多相似之處一樣，但關鍵的是，埃及在沙達特被刺殺後，並沒有一個何梅尼來領導革命。埃及社會的確是保守而虔誠信教的，但是埃及人未曾遭受過伊朗人受到的那種強制世俗化，所以埃及人從來沒有為傳統受禁止，例如第一個巴勒維國王強制人民摘掉頭巾那樣而感到忿忿不平。埃及人不需要以起義來要求生活中擁有更多宗教，因為想要宗教的人是可以得到的。沙達特的副總統胡斯尼．穆巴拉克立即走馬上任，迅速確保了他的控制。

在刺殺行動的幾個星期後，納吉赫的運氣用光了。他已經逃亡將近一個月時間，躲在田野中，靠村裡人的慷慨和伊斯蘭主義者同伴網絡生存，但是已經有人舉發他了。他在艾斯尤特省的一個小村子裡被捕。他在廣播裡聽到沙達特的死訊，感受到一種平靜的成就感，評估事情已然成功。[31]上千名伊斯蘭主義者已經被逮捕，當納吉赫被送到監獄裡時，伊斯蘭團和吉哈德組織的主要領袖和密謀策劃者都已經被監禁了。陰謀的大部分細節已拷問出來，讓納吉赫躲過審問員最惡劣的怒火。[32]或者這至少是他在今後歲月中所堅持的事件版本。無論遭受怎樣的酷刑，他一直守口如瓶。他還記得年輕人聽到兄弟會成員在納賽爾統治期間，於監獄中遭受的虐待時心中燃燒的怒火。這把火在胸中積鬱了數年，直到在沙達特的面前爆發出來，儘管是沙達特立法禁止在監獄裡使用酷刑。現在，在穆巴拉克的領導下，酷刑正式回歸。安全部隊使用的方法比以往任何時候都要殘虐和羞辱。納吉赫在監獄裡度過了二十四年；他將會變得圓融，並放棄暴力。在後來的某天，他將會為刺殺信徒總統而對埃及人民道歉，甚至親自向沙達特的女兒道歉。

但是在這件事發生的許久之前，有其他人會獲釋，那些人仍然年輕，胸中仍然積鬱著憤怒，他們的身體因為經受了難以形容的虐待而傷痕累累。其中就有一個來自開羅馬阿迪（Ma'adi）富人區的醫生，名叫艾曼・薩瓦里。他因為參與策劃暗殺和買賣武器而被定罪，被判處三年監禁。他是伊斯蘭吉哈德組織的主要成員，從佐摩爾手中接管這個組織。薩瓦里曾在一九八〇年前往白沙瓦，與紅新月會（Red Crescent）一同從事救助工作，甚至還越境去了阿富汗幾次。在一九八四年獲釋後，他回頭從事醫療實務。一九八五年時，他到了吉達。[33]奧薩瑪・賓・拉登也住在那裡，並已經開始向阿富汗輸送資金和穆賈希丁（mujahedeen，聖戰者）。

在一九八一年十月十日這天，艾布特哈爾・優尼斯，一位長髮及肩，有一雙杏仁色眼眸的三十歲法語文學教授，正坐在家裡，靜靜地看著沙達特的葬禮隊伍。在外面的街上，開羅很安靜（安靜到成為ＢＢＣ一部關於刺殺和葬禮紀錄片的標題：「開羅為何安靜？」）街道上並未像阿拉伯英雄納賽爾的葬禮時那樣擠滿數百萬人，在葬禮開始前的五個鐘頭，時間如同靜止一般，有人爬到路燈柱基和陽臺上觀看葬禮。那時候，悲痛欲絕的男男女女在葬禮隊伍經過時流淚，整個阿拉伯世界的廣播電臺都在直播這件事或是播放《古蘭經》誦讀。在沙達特的葬禮當天，寂靜得令人害怕。[34]這位信徒總統和以色列簽訂的和平條約以及與美國的戀情，讓他的國家和阿拉伯世界感到震驚。而他像是美國的總統一樣，在電視中死去。

有三位美國前總統出席葬禮，但在同年稍早躲過暗殺的雷根總統出於安全疑慮而沒有出席。來自德國、義大利、法國，當然還有以色列的總統和總理都來了。所有人都知道，那天恰巧是個穆斯林節日——宰牲節（Eid al-Adha），而且該國的許多地方仍然動盪，如果埃及人心裡真的掛念他們的總統的話，他們會不顧恐懼和安全限制出門的。只有兩位來自蘇丹和索馬利亞的阿拉伯領袖來到開羅參加葬禮遊行。敘利亞官方報紙《提施林報》（*Tishreen*）的頭版上，惡狠狠地寫著：「埃及於今日永別了一位終極叛徒」。[35]

艾布特哈爾．優尼斯並沒有高興慶祝，但是她也沒有流一滴眼淚。她也將沙達特視為一個民族叛徒和巴勒斯坦的叛徒。但是在當下，她忽略了一個關鍵的細節：他遇刺是一群對埃及的未來有不同願景的激進伊斯蘭主義者幹的，而埃及的未來她也有份。她和納吉赫或是法拉格這樣的人沒有任何共通點。她沒有感覺到危險。很少有人感到危險。政治性伊斯蘭和暴力伊斯蘭主義者仍然是一群邊緣人，不被察覺，也不被認識，這場暗殺看起來是僥倖成功；除了那些跟敵人媾和的人以外，沒有人感受到威脅。她本應該記得那些從頭到腳都身著黑色的年輕女性在校園裡分發頭巾的場景，或是開始有了專門提供給女性的公共汽車。最重要的是，她本應注意到在一九七九年秋天有原教旨主義者激進分子闖進她在開羅大學的教室，並且用一條鎖鏈毆打她的法語文學教授。法語是異教徒的語言，在埃及不能容下。在艾布特哈爾看來，那個男人就像是一個瘋子，是一個例外。再過幾十年，這群新一代的狂熱分子和查瓦希里本人就會來追殺艾布特哈爾並顛覆她的生活了。

在數萬里之外的巴基斯坦，另一個獨裁者正在推動的宗教狂熱，也轉變著數百萬人的生活，尤其是女性的生活。

第六章

不准戴杜帕塔！

巴基斯坦，一九七八年至一九八六年

麥加毫無疑問是神聖的，

但是一頭毛驢即便是繞行了天房也不會變成一個朝聖者。

——拉赫曼．巴巴（Rahman Baba），十六世紀的普什圖（Pashtun）蘇非詩人，白沙瓦

當梅赫塔布．查納（Mehtab Channa）一九七六年前往美國完成她在安默斯特學院（Amherst College）的碩士學位時，在她身後的巴基斯坦是一個年輕的、不完美的民主國家。兩年後的一九七八年夏天，當她回國時，這裡已經成了一個獨裁政權。她注意到周圍的變化，大家的穿著打扮或是新聞主播如何開始他們的晚間播報——這些微笑、奇怪的細節，無法用這個國家正處於戒嚴中的簡單事實來解釋。

時年二十九歲的梅赫塔布在美國聽到了軍事政變的消息。一九七七年七月五日凌晨，深受民眾愛戴、富有魅力的祖利菲卡．阿里．布托總理被捕入獄。把布托趕下臺的是他手下的軍官齊亞．哈克將軍。人稱「齊亞」的他許諾這只是暫時的。「我的唯一目標就是組織自由、公正的選舉，選舉將會在今

年十月舉行，」他在電視上宣布：「在投票後不久，權力將會移交給獲選的人民代表人。我鄭重保證，我不會偏離進度。」[1]沒有選舉。一九七八年九月，齊亞自己宣布自己是總統，而布托仍在監獄中。

梅赫塔布去美國學習國際關係之前，曾擔任廣播和電視製作人，而且在她的母校信德大學（Sindh University）教過書。嬌小漂亮、神情堅毅，她是一個小康之家的么女。她的父親是老師，希望他的所有小孩——一個兒子和五個女兒——全都受教育。在他們鄰近拉爾卡納（Larkana）、位於信德省南部的納烏德羅（Naudero）的小村子裡沒有女子高中，所以他搬到海德拉巴（Hyderabad），然後努力把所有孩子都送進大學。不知不覺梅赫塔布一路到了美國：遼闊、美妙、充滿期許的美國。她單身（在傳統社會裡，實際上已經是個「老處女」）、獨自生活在遙遠的國家，但她有家人的支持。她在成長過程中感到很自由，她革新作風的父親給了她力量。她並不覺得自己出類拔萃，而是在時代中遨遊。在一九七〇年代中葉，這個開發中國家中有超過半數的大學生是女性。傳統的男女隔離「*Purdah*」在職業女性中從來沒有真正實行過，她們在田地裡忙碌，或是在城市的家庭裡幫傭。但是現在這種狀態也要在各城市裡褪去了。梅赫塔布的祖母從未戴過頭巾，或者是布卡（*burqa*，一種全身罩袍，眼睛處有網孔）。她的媽媽只在去鄉下的時候才會穿上布卡。她家最大的姊姊曾穿過，但是隨著她長大、成為了一位老師，最終當上校長後就放棄了布卡。姊妹們騎腳踏車，顏色鮮豔的傳統杜帕塔紗巾從她們的脖子上垂到身後。她們的父親讓她們走自己的路，對她們的去處感到驕傲。

當齊亞接管之後，他把自己描述成一個「伊斯蘭的士兵」。很少有人會對這個詞在穆斯林國家裡的意義存有疑問。梅赫塔布在拜訪了她親愛的信德大學副校長謝赫阿亞茲（Ayaz）後，開始想要知道這樣做的意義了。她立即就知道有事情不對勁。謝赫阿亞茲是很有名望的詩人，也是一個革命者和浪漫作風的人，他的詩句裡描繪的是信德省的靈魂，這個省份長久以來都具有蘇非主義傳統，而且是巴基斯坦的第一個首都和港口城市喀拉蚩（Karachi）所在的省。那一天，阿亞茲看起來有點彆扭，幾乎到了難為情的地步。他沒穿長褲和襯衫，而是傳統的 *kurta* 和 *salwar*，也就是傳統的長衫和寬腿褲。年輕的阿亞茲曾經在英屬印度時期創作言詞熾烈的詩句抨擊殖民勢力，並且將他的詩歌和信德民族主義融合在一起，置於新生的巴基斯坦統治者之下，但是他卻從來沒在大學裡穿過傳統服飾，穿著傳統服飾也從來沒有被標榜成文化抵抗的行為或伊斯蘭的象徵。但是齊亞強推傳統寬腿褲成為政府官員、學生和兒童的國家服飾。巴基斯坦的小孩每天早晨都會對他們要穿上嶄新的寬鬆制服鬧脾氣。而阿亞茲站在這裡，這位叛逆、在詩歌中談論自由的人正在試著適應這種新的時尚強迫。

誰說這裡沒有自由？
豺狼是自由的，蒼蠅是自由的；
知識分子是自由的，詩人是自由的，他們可以自由地在電視上念誦虔誠的詩篇。
農民是自由的，他可以從頭上挑出蝨子，也可以不挑。
在這片開裂的土地上，每個人都是自由的，

毒蛇藏在裂縫裡，豺狼在這裡挖洞產崽。2

現在政府辦公室和公共機構（包括信德大學）都強制在工作時間內執行禮拜時間。因此，阿亞茲，這位寫過蘇非聖賢和女人胸脯的詩人，不得不帶領著他部門的工作人員做白天的禮拜。虔誠已經變成了沽名釣譽，變成了競賽。梅赫塔布感到她的心臟在胸膛中愈來愈緊。她無法相信她眼前看到的一切。

起初的變化很小，也很緩慢。在齊亞奪取了政權後，這位將軍承諾要實行伊斯蘭法，但是很少有人放在心上。即使他沒有按照他所說的時間舉行選舉，也沒人相信齊亞會在這個位子待下去。巴基斯坦的伊斯蘭主義者遊說團已經忙碌了好幾十年，但是這個國家實在太喧囂、太多元，又保守又革新，有長久的世俗政治傳統。大家喜歡他們的酒、他們的詩歌，他們在宗教節日中的豐富多彩、不正統的慶祝活動。喀拉蚩正在興建一座巨大的賭場，以吸引一部分在戰亂的黎巴嫩失去遊樂園的中東狂歡者。但是在一九七八年八月的炎炎夏日，在齊亞．哈克統治的一年後，也是該國歷史上第一次嚴格推行神聖齋戒月，所有的飲食場所在日出至日落之間都不營業後。政府信箋、新聞播報，以及齊亞的演說，如今都以「奉至仁至慈的真主之名」開篇。

巴基斯坦於一九四七年立國，成為印度次大陸穆斯林的家園，自印度分治而誕生，但是這裡也有許多少數族群。巴基斯坦的國父穆罕默德・阿里・真納（Muhammad Ali Jinnah）是一位世俗的什葉派，他提名其他的什葉派和阿赫邁底亞派（Ahmadi）進入他的內閣。[3]他的第一任司法部長是印度教徒，顯然法律是出自世俗派的法官之手，而不是由教士和神學家們撰寫的。[4]一九四七年八月十一日午夜，在紀念國家誕生的第一篇總統演講中，真納告訴他的新國人：「你們可以自由地去你們的寺廟，自由地去你們的清真寺，或是巴基斯坦國的任何禮拜場所。你們可以屬於任何宗教、團體或是信仰——這與國家事務無關。」[5]真納闡述了一個在穆斯林占多數的世俗民主國家中實現宗教多元的願景，在這個國家裡，穆斯林和非穆斯林都是平等的公民。他談的並不是伊斯蘭國家，甚至不曾提過伊斯蘭共和國。但是他的寬容多元的願景卻從未實現。他在一年後去世，儘管他的繼任者試圖堅持這種精確細膩的敘述，但是他們很快都回到這個國家更加直截了當的存在理由：伊斯蘭。

巴基斯坦是在恐怖的暴力和難以言表的混亂中誕生的——大約六百五十萬穆斯林從印度遷往巴基斯坦，四百七十萬印度教徒和錫克教徒遷往印度。行動主義、復興主義的伊斯蘭教會在英屬印度發展，一部分是對殖民統治的回應，但同時也為了對應多數的印度教徒。「巴基斯坦」這個名稱是縮寫，結合了組成新國家不同省份的第一個字母。但是在新國家的語言烏爾都語中，它也指「純潔的土地」，很多人希望進一步淨化它。在一九五六年，巴基斯坦憲法宣布這是一個伊斯蘭共和國，並禁止非穆斯林擔任國家元首。一九六〇年代，軍事獨裁者利用宗教作為反對印度的號角，進一步助長對印度教徒的不容忍，並拉近了伊斯蘭主義者。社會和文化生活持續不受干擾，但有些人開始標榜巴基斯坦是伊斯蘭教的堡壘。[6]

這座堡壘的設計師是曾經啟發埃及的庫特布和伊朗的何梅尼的阿布阿拉·毛杜迪。此人並非一直是宗教原教旨主義者。毛杜迪於一九〇三年出生在英屬印度，是一名記者、詩人和報社編輯，他所擁有的學養、神祕、神學旅程讓他成為二十世紀最偉大的復興派伊斯蘭思想家。他從一個穿西裝，圓臉上留著小鬍子的年輕人，變成一個戴著傳統的卡拉庫里帽（*karakul*，一種捲羊毛皮帽）和兩鬢鬍鬚的傳教士。毛杜迪涉獵過馬克思主義和西方哲學，並且在一位詩人朋友的啟發下成為作家。他推崇聖雄甘地，甚至曾短暫成為一個印度的民族主義者。但是就像是與他同時代的埃及穆斯林兄弟會創始人哈桑·班納（Hassan al-Banna）一樣，毛杜迪也對一九二四年鄂圖曼帝國的滅亡和現代土耳其國父穆斯塔法·凱末爾（Mustafa Kemal Atatürk）的世俗主義感到沮喪。[7]毛杜迪關於伊斯蘭和穆斯林認同的思想，反映了他的生存追求，以及印度穆斯林在時代變遷的起伏變化。[8]在一個到處散落著已經倒塌的穆斯林強國，即蒙兀兒帝國遺跡的環境中，穆斯林被夾在即將離開的殖民勢力和日益增強的印度教民族主義之間。毛杜迪認為，西方的民族主義概念在穆斯林中興起導致了鄂圖曼帝國的滅亡，使歐洲列強得以進入這個地區。他相信答案不在於更多的民族主義，也不在於為穆斯林建立一個新的國家，而是在於復興伊斯蘭，並且實施真正的伊斯蘭統治。

一九三二年時，毛杜迪仍然創作著非常現世的詩歌，拒絕天堂回賜的許諾。

噢侍杯者啊，給那些飲者斟滿那帶來狂喜的佳釀。
用每一個醉漢的啜飲，讓酒館門庭若市……
我們相信的是現金，不是信用。
何苦要為我們講述那天堂的故事呢？[9]

到一九四一年時，他已經在拉合爾（Lahore）組建了伊斯蘭人會黨，作為他夢想中的伊斯蘭革命的先鋒隊。他的追隨者將會否認他曾經寫過這樣的褻瀆詞句。毛杜迪曾經反對創造出巴基斯坦。但是一旦這個國家建立了，他便不遺餘力要將它變成一個他的烏托邦式的伊斯蘭國家。他從哲學家和思想家，成為了戰略家、一個有計畫的政治家。伊斯蘭大會黨組織了一個高度結構化的行動者網絡來傳播訊息，在社會和公共生活的各個層面推動伊斯蘭價值，包括政治上的制度化。根據毛杜迪的說法，沒有任何一個統治者和制度是真正的伊斯蘭，因為穆斯林已經遠離了他們宗教的真正規則，而且沒有嚴格實行伊斯蘭法的政府是背教者。因此，前伊斯蘭時期的「*Jahiliyya*」蒙昧狀態仍在繼續，毛杜迪對此的回應是「*hukm*」，即至高無上的統治，藉由真主透過伊斯蘭法統治而實現。以這個詞的阿拉伯語詞根衍生出「*hakimiyya*」這個詞彙和概念：透過教育對社會和國家加以伊斯蘭化，對私人和公共生活加以伊斯蘭化的結果所形成的伊斯蘭國家，這是一種極權主義的模式，真主的法律是至高無上的，選舉產生的官員只在教士的指導下進行運作。

這些觀點後來會被歸在埃及思想家庫特布身上，但它們的確是毛杜迪的思想。他是位於哈桑・班納模糊的伊斯蘭社會觀點，和庫特布急迫的政治宣言《里程碑》（*Milestone*）之間，那一道遺失的連結。在當時，這是一種又新又激進的觀念，毛杜迪的這些觀念成為了現代政治性伊斯蘭、激進薩拉菲主義，以及吉哈德主義的根源。他激勵了什葉派和遜尼派在內的同代人和此後的好幾代人。他對巴基斯坦政治的深遠影響是連接一九八〇年代阿富汗和中東吉哈德主義者的橋梁。幾十年後，當西方作家和記者在尋找導致九一一事件的線索時，他們會把大部分的罪惡歸到庫特布身上，只提供發生什麼事和為何發生的片面理解。毛杜迪的關鍵影響大都被遺忘了，其中也包括他和伊朗革命之間的連結。

毛杜迪的著作是在一九六〇年代初翻譯成波斯語並在伊朗出現。這位巴基斯坦學者和何梅尼於一九六三年在麥加見面，毛杜迪在那裡發表了一場關於穆斯林青年義務的演講，讓何梅尼留下深刻的印象。[10]兩個人在他們的飯店裡借助翻譯交談了半個小時。何梅尼解釋他反對國王的運動，這一年正是抗議反對「白色革命」的一年，何梅尼很快就會被流放到伊拉克去。毛杜迪並不相信巴基斯坦會發生革命；他宣揚將社會加以伊斯蘭化是通往一個伊斯蘭國家的自然途徑。但是巴基斯坦的大多數人對他的訊息無動於衷。他也不受國家領導者的歡迎。他曾四次入獄，因為一九五三年沙烏地阿拉伯的介入才勉強逃過死刑。[11]在一九七〇年的選舉中，他的伊斯蘭大會黨在三百個國會席次中只贏得了四席。[12]但是在齊亞・哈克的巴基斯坦，毛杜迪突然變得有用處了。[13]這個虔誠的軍官尋求他的建議，這名學者的見解現在會被刊登在報紙的頭版上。

就像埃及一樣，伊斯蘭在巴基斯坦作為一種政治力量和社會趨勢崛起並非是一蹴而就的，甚至也不是歸於一個人的力量，它是緩慢的過程，是一波一波、起起伏伏地出現的。它有時候會得到一些羸弱領袖的支持，他們利用伊斯蘭主義者來支撐自己的正當性，比如埃及的沙達特，甚至是世俗的社會主義者布托，他首先推出禁酒令，並規定以星期五（而不是星期天）作為每週的休息日。在埃及和巴基斯坦，領袖經歷軍事失敗的國家創傷後，都把宗教當成一劑良藥。對於巴基斯坦來說，他們的創傷是一九七一年失去了東巴基斯坦，也就是今天的孟加拉。就像埃及在沙達特被暗殺前一樣，巴基斯坦伊斯蘭主義者的不懈努力也還沒帶來翻天覆地的變化——他們在邊緣地帶艱難地努力，一個個地讓人民皈依到他們的事業中。

甚至齊亞在一九七八年春天談論他要淨化國家的計畫時，巴基斯坦的社會也遠沒有被牢牢握在伊斯蘭熱忱中。[14]要做到這件事，需要巨大的權勢、暴力和金錢匯聚在許多的人和事上：毛杜迪幾十年來的基礎工作、齊亞的上臺和暴力統治，但還有沙烏地阿拉伯慷慨大方的支持。

沙烏地阿拉伯在巴基斯坦擁有的影響力並非新聞。到目前為止，它所採取的影響形式是對宏偉建設工程的慈愛和慷慨，比如說，沙烏地國王費薩爾在一九六〇年代時曾經捐贈一座造價一億兩千萬美元的國家清真寺給巴基斯坦。但是印度次大陸沉浸在印度－波斯文化之中，巴基斯坦的遺產是幾個世紀以來層層疊疊的波斯文化影響，從文學和詩歌，到飲食和音樂，還有它的國家語言，都受波斯的影響。烏爾都語裡有數以千計的波斯語單詞，它的國歌歌詞也幾乎完全是用波斯語寫成的。就歷史和文化而言，巴基斯坦更接近它西邊的鄰國伊朗，而不是隔阿拉伯海相望的那些國家。但是像毛杜迪之類和麥加、麥地那有聯繫的宗教學者則有不同的感受。[15]長期以來，毛杜迪讓沙烏地國王留下深刻印象，他的書自一九五〇年代就已經在沙烏地王國出版，伊斯蘭大會黨也長期和沙烏地教士保持穩定聯繫，毛杜迪是麥地那伊斯蘭大學的董事之一，該校的副校長正是那位盲眼謝赫賓・巴茲。

一九七八年九月二十五日，正值伊朗革命風起雲湧之時，何梅尼即將要去法國，巴基斯坦最大的英語日報《黎明報》以小篇幅報導一條消息，宣布「沙烏地阿拉伯國王哈立德的特別助理」應齊亞的特別要求造訪巴基斯坦，就「巴基斯坦法律的伊斯蘭化問題」向伊斯蘭思想委員會提出建議。[16]馬魯夫・達瓦利比（Maarouf Dawalibi）是敘利亞前總理，曾於一九六三年入獄，後來被趕出敘利亞。他曾經擔任過敘利亞外交部長，並與他的沙烏地同行費薩爾王子成為朋友。[17]一九六四年出獄後，達瓦利比受已登基為國王的朋友費薩爾之邀，到沙烏地王室裡任職。達瓦利比是一位政治家和伊斯蘭法教授，在法國索邦大學受過教育，他正是當時沙烏地幾位國王身邊圍繞的那種飽學之士中的一個，他們多來自埃及和黎凡特地區，最終被任命擔任省長、特使或者大使。達瓦利比與一個在巴黎留學時認識的法國人結婚，他虔誠而革新，費薩爾常常以他為榜樣來規勸像賓・巴茲那樣的反動教士。[18]達瓦利比很看不起賓・巴茲，並且認為他只是一個再平凡不過的鄉村傳教士。[19]然而，在一九七八年，時任哈立德國王顧問的達瓦利比將會扮演一個關鍵的角色，促成巴基斯坦實施一種接近賓．巴茲社會願景的生活系統，將巴基斯坦推向該國最黑暗的幾十年。

報紙報導了達瓦利比與各種官員的會晤，包括巴基斯坦的司法部長、伊斯蘭思想委員會的成員，當然還有毛杜迪。報紙上熱情洋溢地報導「著名穆斯林法學家」的到訪，這位法學家來自得到伊斯蘭的訊息和石油財富賜福的土地，在那片土地上，現在正有為數十萬的巴基斯坦人從事著從建築、採礦到服務業等各種工作，將數百萬的盧比匯回國內。但是對大多數讀到這則新聞報導的巴基斯坦人來說並不會多想什麼。只有在私下，在會面時以及在沙烏地大使為達瓦利比舉行的招待會上，來龍去脈才會清晰。在這些非公開場合，有達瓦利比所描述的「去除世俗制度並代之以沙里亞法是全人類的最偉大希望」之類的豪言壯語。[20]他讚揚齊亞是一名真誠的穆斯林，並表示希望埃及等國能夠效仿巴基斯坦。困惑的美國外交官在發回給華盛頓的電文中，描述了對他們來說似乎是一種一時狂熱的「伊斯蘭囈語」，並補充說，沒有實實在在的提案：「其執行仍然遙遙無期。」

在幕後，達瓦利比實際上正忙著奮筆疾書，並將他的模糊願景變成現實。他幫助伊斯蘭思想委員會制定新的伊斯蘭法框架，在委員會的辦公室裡用阿拉伯語書寫。法律後續由一個十五人的團隊翻譯成英語和烏爾都語。一九七九年初，一切已經萬事俱備，只欠東風了。

在伊朗，巴赫提亞爾的政府已在一九七九年二月十一日倒臺，伊斯蘭革命宣布勝利。但是就在前一天，二月十日這天，齊亞發表了長達四十八分鐘的講話，宣布他會在巴基斯坦實行「*Nizam-i-Islam*」，並立即執行——換句話說，巴基斯坦現在將以沙里亞法進行管治。[21] *Nizam* 這個詞是阿拉伯語的「制度」，常常用來表示一個政權，因此，恰如其分地，齊亞的獨裁政權現在要用伊斯蘭政府的制度來統治。這意味著國家法典的改變，違反真主的《古蘭經》設定的行為界線是違法的，必須受到嚴厲懲罰：醉酒、通姦、誣告通姦、盜竊。這些被稱之為「*hudood*」（阿拉伯語的「界線」的意思）的法令非常詳細，並且在巴基斯坦的報紙上占據了整整一版。從此開始，酗酒者將會處以鞭刑，通姦者將會遭投石致死，小偷會被切斷手。還有更多要來臨：齊亞想要將整個社會伊斯蘭化，法律系統、社會、所有的一切。

這個消息讓年輕的電視主播梅赫塔布大吃一驚。她看到周圍漸漸發生的變化，她感到害怕，她知道有公開鞭刑，但是這一切都感覺是暫時的，就像是一場不愉快的夢一樣。雖然全國大多數人可能同樣感到震驚，但是巴基斯坦似乎正在慶賀，因為齊亞，一個專業的舞臺大師和操作者，選擇在聖紀節（先知的生日）這一天的歡慶場合中宣布。烏爾都語中的 *Eid-e-milad-ul-nabi*，或是阿拉伯語中的 *mawled al-nabi*，這個節慶在巴基斯坦就像摩洛哥或印尼一樣豐富多彩。在巴基斯坦的大城市和小村莊裡，街道上掛滿綠色的旗幟和彩旗，街道兩旁擺滿食品攤位，以及舉辦各種文化活動。五顏六色的花環點亮清真寺的牆壁。慶祝活動的籌備工作早在幾天前就開始了。在這一天，禮拜、遊行和在街上玩耍的孩子吸引了巴基斯坦人的注意力，填補了國家滑向更深的黑暗時的寂靜。沙烏地阿拉伯的哈立德國王發了電報向齊亞表示慶賀，稱他很感動，並期待「看到伊斯蘭法律在所有穆斯林國家的實行」。[22]

儘管媒體報導了達瓦利比對巴基斯坦的訪問，但是他對起草法律的參與程度並沒有公開。許多祕密圍繞在他扮演的角色周圍，直到多年以後，一位巴基斯坦法學家在查閱伊斯蘭思想委員會的工作時，才發現了他口中「令人不安」的細節，即在沙烏地阿拉伯施壓巴基斯坦期間，在委員會辦公室裡發生的事情，這件事有效地寫下巴基斯坦歷史上具有決定性的一章。[23]二月十一日，也就是齊亞宣布「*Nizam-i-Islam*」（伊斯蘭制度）的一天後，何梅尼在伊朗宣布勝利的同一天，酒吧、妓院和釀酒廠在巴基斯坦正式關閉了。[24]一八六〇年創立於拉瓦爾品第（Rawalpindi）的沐力釀酒廠（Murree Brewery）只好關上大門，它的庫存也遭沒收。在這之前，外國人和非穆斯林都被允許消費或生產酒類，旅店裡也仍然有酒類供應。但是一剎那間，全國各地有上萬張執照被吊銷。在何梅尼的伊朗，仍然有混亂和街頭戰鬥，但是在那裡，狂熱者也在銷毀香檳和上等葡萄酒。

二月十四日，齊亞上了CBS電視臺，並被問到他所努力達到的目標和伊朗正在發生的事情之間是否相似。[25]「是的，」將軍回答道：「我們的出發點是類似的。」他驕傲地補充說，巴基斯坦甚至已經成功地以比伊朗少的暴力和動亂完成了伊斯蘭法的實施。從埃及到巴基斯坦，看起來都存在著一股效法或趕超伊朗的渴望。也許，當毛杜迪看到何梅尼的革命在一九七八年年底如火如荼地展開，這位阿亞圖拉在巴黎成為媒體明星時，他甚至因此加快推動巴基斯坦法律伊斯蘭化的步伐。他難道不是從何梅尼於二月一日回到伊朗後就加快了改革的速度嗎？畢竟，自從一九六三年兩人見面以來，毛杜迪就知道何梅尼的巨大野心，並且也啟發了何梅尼的一些設想。

一個星期以後，毛杜迪獲得了第一屆費薩爾國王國際獎，以表彰其為伊斯蘭的服務，這個獎項附帶有二十萬美元的現金獎勵，沙烏地阿拉伯後來每年都會頒發這個獎項，常常由觀點激進的學者和神職人員獲得。[26]達瓦利比在拉合爾時去了毛杜迪的家裡作客，對他的成績表示祝賀。沙烏地人永遠不會真正承認他們在巴基斯坦轉型中發揮的作用，這種轉型在一九七九年之前就已經得到他們的幫助。這和他們的世界觀相符，與伊朗或何梅尼的運動沒有關係。但是伊朗的革命意味著一直在醞釀的趨勢，不約而同在整個穆斯林世界得到慶祝和加速，並且開始變得根深蒂固。堡壘正在慢慢倒塌。

對巴基斯坦來說，一九七九年種種事件的影響，尤其是蘇聯對阿富汗的侵略，意味著齊亞．哈克正在成為沙烏地阿拉伯和美國不可或缺的盟友，並且能夠在面對他的人民為反對他的狂熱統治而反覆出現的挑戰中屹立不搖。

毛杜迪在一九七九年九月去世。他未能看到他在巴基斯坦所點燃的火焰，但他的工作完成了。自從獨立以來，巴基斯坦人持續辯論著伊斯蘭教在國家、政府和日常生活中的角色。這場辯論結束了，伊斯蘭主義者勝利了——儘管他們仍然是少數。在一年之內，伊斯蘭學者將會為施行懲罰的細節展開爭論：盜竊清真寺時鐘的年輕小偷應該要被切斷整隻手還是只切斷手指？[27]一個因為通姦而被判處石刑的公車司機正在監獄中苟延殘喘，而所需的四個證人正受到覆審——以確定他們是否足夠虔誠。

在一九七九年初春，梅赫塔布仍然心存希望。她要回國，去當地的信德電視臺主持一檔電視節目，採訪歌手、哲學家和詩人。這個節目十分生動又大受歡迎，反映了千年來的信德文化，這個文化出生在印度河谷，仍然在現代巴基斯坦活躍和繁盛著。她喜愛這些來賓，沉醉在他們的每一句話裡，她的心裡滿是驕傲。她感覺巴基斯坦的靈魂仍然比那個獨裁者更強大，這是自這個國家誕生之時就與生俱來的。她仍然可以在電視節目上露面。

但是在一九七九年四月四日的早晨，梅赫塔布將為她的國家哭泣。凌晨兩點零四分時，前總理祖利菲卡．阿里．布托在拉瓦爾品第區監獄的庭院裡被絞死了。布托因為涉嫌下令謀殺一位政治對手而受審。在這場有爭議的審判結束時，結論裁定存在分歧，然而他還是被判了死刑。儘管透過法院提出上訴，世界各國領袖也請求寬大處理，但是齊亞仍舊把對手送上了絞刑架。布托的支持者來到拉瓦爾品第的利亞卡特（Liaqat）公園抗議，並和警察發生衝突。女人尖叫著「齊亞去死，齊亞的孩子們去死」。[28]在伊斯蘭瑪巴德的政府辦公室裡，男人啜泣著。「現在我們和伊朗一樣了」，某個人說道。

一九七九年發生了一連串的事件，從德黑蘭的阿亞圖拉，到麥加的假冒彌賽亞，從阿勒坡的屠殺，到伊斯蘭瑪巴德的處決，有些人覺得天已經塌下來了。怪異的是，在某種意義上看，事情也的確如此。那年夏天象徵著美國太空總署的太空實驗室（Skylab）太空站的解體。這個太空站自從一九七三年以來就一直在軌道上運行。七月十二日下午，重達七十七噸的太空站在大氣層墜毀，在一片火焰中支離破碎，碎片一直散落到遙遠的澳洲沙漠裡。與此同時，在地球上，整個思想體系都在發生改變：在英國，保守黨領袖瑪格麗特・柴契爾夫人在一九七九年五月成為英國首位女性首相。在中國，鄧小平正在鞏固他的統治並且讓共產中國打開大門，在大洋彼岸引入了市場革命。在美國，共和黨人隆納・雷根於一九八一年成為美國總統，開啟了美國社會保守主義的十年，象徵著美國國內左派革命熱潮時代的結束。齊亞・哈克政變和布托被送上絞刑架等大事件，掩蓋了生活中正在發生變化的小事件。隨著時間的推移，人對自身文化和歷史的記憶會在無形中被改變。回首往事時，大家將難以確定一切變化發生的確切時刻。

但是梅赫塔布則絕對不會忘記：那些變化是發生在她第一次被告知要在電視上戴頭巾的時候。她感到一陣徹骨的涼意。她過去太天真，大錯特錯。齊亞不僅能夠坐穩他的位子，而且他正在實實在在地改變這個國家。訓令在一九八〇年初自伊斯蘭瑪巴德傳出，並慢慢傳遍各省：傳統的杜帕塔必須像面紗一樣緊緊地裹在頭上。梅赫塔布是穆斯林，她很虔誠，但也是世俗的：在她長大成人的世界中，宗教是個人的私事。她和伊斯蘭之間的關係充滿了蘇非傳統：造訪十八世紀的蘇非聖賢沙赫・阿布杜拉提夫・比塔伊（Shah Abdullatif Bhittai）的陵墓，在傍晚聆聽魯米（Rumi）的詩歌。自從一九六四年有電視播放以來，巴基斯坦的電視臺就播出芭蕾舞和民俗舞蹈，女人穿各式各樣的衣服，從紗麗到喇叭褲或無袖上衣。[29]梅赫塔布穿傳統的 *salwar kameez*（南亞人常穿的長衫和燈籠褲），她的杜帕塔鬆鬆地纏繞著脖子，兩端垂在背後。她告訴他的合夥出品人：「我不會因為獨裁者讓我蓋住頭髮就蓋頭髮。他有他自己關於巴基斯坦女人要怎麼穿戴的想法，他想告訴全世界：『嘿，看啊，我們的女人多麼端莊，她們蓋住頭髮。』」[30]就像何梅尼一樣，齊亞想要他的國家對於新主張的虔誠性有一種外露的表現，這在他看來是真正的認同感。但是梅赫塔布有強烈的感受：這不是她，也不是她的家人和朋友的樣子，她的杜帕塔將會待在本來就在的地方，在她的肩膀上。在遠離首都的地方，在信德省的節日裡，在黃金播出時段之外，梅赫塔布得以堅持了一段時日。

她是一顆冉冉升起的明星，她的笑容令人心醉，她作風和氣，有一天她被要求在喀拉蚩做一檔全國播出的晚間節目。她警告製作人說：「我不戴頭巾。」他同意了。恐懼在巴基斯坦還沒有瀰漫開來；到處仍然有不低頭的舉動，無論是小還是大，而且有很多人對來自伊斯蘭瑪巴德的指令不屑一顧。當齊亞禁止女性新聞播報員化妝後，她們拒絕播報新聞長達一個星期，直到這項指令撤回為止。[31]現在，在錄影棚的一名觀眾面前，梅赫塔布正在討論關於年輕巴基斯坦人的希望和夢想的問題：年輕的記者用他們的雄心追求真相，建築師用他們的遠見追求更好的城市規劃，詩人用他們的詞句追求自由。這個節目在全國大獲成功，而且她再一次得到了她想要的。

一九八〇年秋天時，她獨自一人主持節目，在全國播出的電視節目中閱讀和回答觀眾來信。她主宰著螢幕。她的高顴骨、纏得高高的髮髻、精緻的耳環、幾乎不化妝，梅赫塔布有一種奧黛麗．赫本的氣質。幾個月來，她不受任何關於杜帕塔指令的干擾，照常進行著她的工作。她從來不知道是她的老闆在忙著跟伊斯蘭瑪巴德方面滅火，還是只因為來自首都的指令傳到喀拉蚩的速度比較慢。有一天，一通來自總統辦公室的電話打來：梅赫塔布得戴上頭巾，不然就別上主播臺。在下一次錄影之前，她的製作人打電話到她位於海德拉巴的家，「我們有麻煩了，」他告訴她：「指令來了，請幫幫忙吧。」她不需要思考很久。「好吧，我幫你。」她說：「我不會再去了。」

製作人感到如釋重負，再三對她表示感謝。沒有人敢炒她的魷魚，但是也沒有人能再拒絕來自獨裁者的直接命令了。沒人解釋為什麼她突然消失。好幾個星期以來，電視觀眾都想要知道深受喜愛的主持人到底發生了什麼事。有一天，一名記者朋友打了一通電話到她在海德拉巴的家。他要從喀拉蚩花三個小時去看她。她為他準備了一杯茶，然後講了這件事。在第二天，《晚報》用一整版刊登她的故事，旁邊配了一張她的照片，文章的題目叫做「LA DUPATTA」（「不准戴杜帕塔」，*la* 是一個阿拉伯語詞，也許是一個有意的惡作劇來暗示這些變化中存在的阿拉伯影響）。梅赫塔布隨即在巴基斯坦變成了「那個說不的女子」。她的家人，尤其是她的爸爸，為她感到驕傲。幾個月以來，憤怒的觀眾寫來投書，他們要梅赫塔布回來。他們其中一人抱怨說這位「巴基斯坦電視有史以來出現的最佳主持人」只是因為「雞毛蒜皮一樣的小事」就被解雇了。還有一封信上說電視臺當局很明顯根本就不在乎成千上萬的「年輕和年老的、小孩和女人、受過教育和沒受過教育的想要看梅赫塔布的觀眾」。這些投訴信都是匿名的，署名太危險了。但是這些信被刊登了出來——這是報社做出的一件小小的不服舉動。梅赫塔布被一個恭順地戴上頭巾的女主持人取代。梅赫塔布心想，這個告訴女人作為穆斯林要如何穿戴的凡夫俗子算老幾呢？他懂多少伊斯蘭？她討厭齊亞，而且許諾永遠不會見他。她繼續在大學裡教書。大學校方也試圖讓她戴上頭巾，但被她拒絕了。她告訴她的上級，她的學生對她的尊敬不取決於她頭上那一塊布。她有骨氣，她也知曉她的宗教，和她的文化。但是她也是幸運的。她的家庭不靠她養，她也不擔心丟了電視臺的工作。大學讓她繼續在那裡任教。

在一九八〇年，這位對齊亞說「不」的女子對一名男子點頭，她的愛侶名叫阿克巴爾．拉施迪（Akbar Rashdi），來自拉爾卡納的一個信德人富裕之家。他們的婚禮是一件大事，信德省有頭有臉的名流都來到海德拉巴參加婚禮，其中也包括這個地區最著名的家族：布托家族，他們在獨裁統治中幾乎是過著退隱的生活。晚報《星報》刊出了一份四頁全彩特刊來報導這場婚禮，標題就叫做「梅赫塔布結婚了」。梅赫塔布．查納現在變成了梅赫塔布．拉施迪，在婚禮上，她輕輕地將她紅色刺繡的杜帕塔戴在頭上——她向傳統低頭，而不是向齊亞的伊斯蘭教低頭。巴基斯坦人的幽默感依然如故，她的照片旁邊的配圖文字寫著：「梅赫塔布，別讓杜帕塔滑落了！」在另一張照片的下方，是梅赫塔布和一個身穿綠色衣服，沒有遮住頭髮的女賓客，配圖文寫的是「梅赫塔布和來賓」。這名神祕客人是祖利菲卡的女兒班娜姬．布托，她身披政治家族的衣缽，但是她的名字不准在報紙上出現。雖然齊亞已經殺了他的前老闆，但是他仍然害怕布托這個名字。班娜姬和她媽媽在喀拉蚩幾乎是生活在軟禁中，他們在克里夫頓一帶的一九三〇年代宅邸外面圍繞著鐵絲網。[32]

那一期的《星報》銷量就像是剛出爐的點心一樣被一掃而空。大家想要知道這位他們最喜歡的電視主播的生活。但是他們也渴望得到關於布托家族的任何消息，渴望看到班娜姬露面，渴望證實她還在那裡，還活著。所有對於她父親的批評——他在執政期間的激進行為和錯誤——現在都被遺忘了，因為他已經被齊亞變成一個烈士。在獨裁統治的枷鎖下，巴基斯坦人嚮往布托時代。當局對此大為震驚。他們向省政府發出命令，要求買下所有的報紙存貨並逮捕編輯。他轉入地下一段時日，報紙也停刊了數天。[33]

巴基斯坦人開始感到窒息。[34]黑暗正在籠罩這個國家，但是一切仍然寂靜無聲。這種寂靜難以從外部世界穿透。恐懼讓人不敢開口，當地媒體輿論被箝制，對巴基斯坦的新聞報導主要不是以齊亞政權的暴行，而是對他在推動和支持在鄰國阿富汗的反蘇聯入侵戰爭中扮演角色的讚美報導。幾十年後，當他們回想起一九八〇年代，當時的記憶會讓巴基斯坦人不寒而慄。審查制度愈來愈緊；記者遭到鞭刑，有一些還被送上了絞刑架。人民開始失蹤，在夜深人靜的時候被警察帶走，他們的親友在戒嚴令下無計可施。咖啡館不見了，俱樂部不見了，只有越發深入人心的恐懼。除了偶爾的民俗表演，大部分的舞臺舞蹈都被禁止。數十名表演者離開巴基斯坦，帶走了這個國家的部分記憶和遺產。在審查制度的影響下，充滿活力的巴基斯坦電影業正在萎縮，電影院也陸續關門。幾十年來，沒有新建的電影院。生活退縮到了室內。

在社區之間、鄰里之間，甚至家庭內部也在築起看不見的牆。不容忍的種子自從巴基斯坦創建之初就已經存在，儘管它們大多被埋藏起來。現在，齊亞慷慨地澆灌它們，沙烏地人為它們施肥滋養。梅赫塔布是和印度教的朋友一起長大的，他們互相拜訪、一起玩耍。很快地，有一些遜尼派巴基斯坦人甚至拒絕家裡有印度教徒的廚師，因為認為他們的食品不乾淨。愈來愈多的巴基斯坦人開始遵守齊亞所傳播的清教思想，家庭內部的關係也越發緊張起來。[35]兒子批評母親，孫子孫女責備爺爺奶奶，並拒絕參加已經有數百年歷史的宗教慶祝活動，這些活動融入了當地的民俗，例如造訪聖徒的陵墓，或是過*Shab-e-Barat*，阿拉伯語中的*Laylat al-Bara'a*，即救贖之夜（譯注：中國說華語的回民穆斯林稱為「拜拉特夜」），大家認為在這一天的禮拜會特別有收穫。在這一天，小孩會在黃昏時放鞭炮，點燃蠟燭進行夜裡的禮拜。這樣的行為如今被那些受幾百名極保守教士的宣傳所吸引的人視為異端，那些教士在全國各地都有，得到齊亞的新支持。[36]他們是一群各式各樣的在地復興主義者，就像伊斯蘭大會組織所訓練出來的教士和傳教士一樣，出身自迪奧班迪思想門派（Deobandi school of thought），相當於瓦哈比主義之於印度次大陸。當然了，還有不斷從沙烏地阿拉伯吹來的風。

神職人員的影響力無處不在：在文官系統裡，公務員透過公開表達宗教信仰來謀求晉升；軍隊裡現在成立了《古蘭經》學習小組。婦女被禁止在公開場所參加體育活動；世界上最好的國家女子曲棍球隊被禁止出國。歷史也在改寫。[37]作為世俗國父的真納，也經過一番改頭換面：在官方肖像中，他不再身穿著西裝，而是穿著傳統服飾。真納在一九四七年的演說中提到的多元主義和信仰自由從紀錄中拿掉了。這種有條不紊、毫不留情、有系統的變革，類似一場文化革命，在印度次大陸的伊斯蘭歷史上不曾出現過，但是卻與在伊朗和沙烏地阿拉伯發生的事情緊密相連。雖然伊斯蘭大會黨一直對伊朗革命心存敬畏，但是它的領導者認為沙烏地阿拉伯是更值得效仿的完美典範，有全面的性別隔離，禁止女性進入工作場所，禁止女人開車和男性監護制度。

將布托處死時，齊亞已然引發全世界的錯愕。他在執政的最初幾年就激起西方國家對於他侵害人權的責難。但是一旦反抗蘇聯的戰爭開始，這些事情就都沒關係了。齊亞現在是美國的關鍵夥伴，金錢像潮水一樣湧進巴基斯坦——有來自西方國家的官方援助，以及來自波灣國家以金援聖戰游擊隊的祕密援助。齊亞政權的生存得到保證，它能長壽是外部世界援助的罪——這些罪是巴基斯坦人難以原諒的，尤其是巴基斯坦的女性。梅赫塔布也許是對的，如果不是地緣政治的關係的話，齊亞的政權無法在不安、喧囂的巴基斯坦長久持續下去。

沒有人知道究竟有多少小偷被切斷了手，也許一個也沒有；或者是有多少人在這幾年中挨了鞭子，很多，太多了。資訊十分稀少。在齊亞政權的最初幾年，鞭刑和絞刑是在村子的廣場或城市裡的體育場上公開進行的，但是沒過幾年，全國的強烈抗議迫使當局在公眾視野之外進行這種可怕的事情。有件事是肯定的，也是有據可查的：在齊亞的統治下，女性是最大輸家。在一九六〇年代和七〇年代初，巴基斯坦通過非常革新的法律，確保女性的離婚權和限制一夫多妻制，甚至禁止基於性別的歧視。[38]全國識字率仍然低下，女性的識字率更是如此，但是每個人的識字率都在穩步提升。在城市裡，女孩的入學率和大學入學率正在急速提高。女性開始參政，她們正在成為法官。這就是為什麼，儘管民風極為保守的社會還有很長的路要走，但是梅赫塔布相信她是一個具有前瞻性的國家的一分子，在這個國家裡，女性的未來看起來是更光明的。她和她的朋友都沒有尋求西方式的女權，她們沒有美國女性主義者的激進術語發言。「我們必須和男人共存」，梅赫塔布告訴她周圍的人——和男人一起，在自己的社會和傳統中存在。她在美國遇到的那些「女性解放論者」的不妥協態度是一種「激進的立場，對抗是沒好處的」。[39]漸漸地，改變正在開花結果。現在，齊亞威脅要把女人拉回到閨帳後面去。

婦女進行了反擊。她們很早就開始組織起來，而且常常如此。積極行動主要是由城市菁英人士推動的，但是各階層的女性也很快加入進來，因為她們對於男人濫用胡督法令（hudood ordinance），以通姦或其他罪行的虛假指控將無防備的女兒、妻子或姊妹送進監牢而深感不安。在一九八三年，齊亞和伊斯蘭思想委員會著手實行一系列的法律，將會把女性降為半等公民：她們在法庭上的證詞只等於男人證詞的一半效力；在支付贖命金時，她們的性命是男人性命的一半價錢。開始有抗議出現，先是零星的抗議，隨後蔓延到全國各地並延續一整年之久，把所有階層的女性都匯集在一起，無論是農婦或是老師，活動家或是家庭主婦。

一九八三年三月三日，兩百名女性在拉合爾舉行抗議示威。她們跟警察發生持續數小時的大混戰。[40]一些女性從警察手裡搶了棍棒並還擊。在另一次能成為標題畫面的抗議行動中，女人點燃了杜帕塔。男人也加入抗議，比如梅赫塔布的丈夫或薩勒曼．塔希爾（Salmaan Taseer），他是布托的巴基斯坦人民黨中的一顆新星，也是班娜姬．布托的知己好友。他曾在一九七七年被齊亞丟進監獄，並且後來流亡了幾年。但是他帶著他年輕的妻子阿姆娜（Aamna）回到拉合爾。他將會反覆被送入監牢，每次在牢中待幾個月。三十年後，他將會成為旁遮普省的省長，而他對於伊斯蘭化所釋放出的激情抵抗將會讓他喪命。他不是被齊亞殺死的，而是被獨裁者創造出的畸形力量所殺。現在塔希爾參加了示威，並且幾乎是天真地希望這個獨裁者被推翻。

在這一年裡，還有更多的示威行動，成千上萬的男女，各個階層和持各種信仰的巴基斯坦人放火焚燒政府大樓、破壞鐵軌，並且和警察發生無休止的衝突。到十月時，全國已經有四千人被捕。巴基斯坦人如何抵抗齊亞的故事幾乎未見世界報端，這些消息被阿富汗的戰爭報導淹沒了。總有一天，世界會驚訝地看到一個被改變了的國家，並相信它本就如此。但是，齊亞在無情的抗議壓力下勉強生存下來，他不得不使用各種策略，不僅要繼續掌權，還要讓豐富多彩、活力四射、多元的巴基斯坦符合他與毛杜迪等人的那種完美伊斯蘭社會的單色型態構想。

齊亞許諾他終將會在一九八五年組織大選，但是這個狡猾的獨裁者迅速組織了一場公投，提出一個令人費解的問題：簡而言之，就是詢問巴基斯坦人是否希望齊亞繼續按照《古蘭經》把巴基斯坦建成一個模範穆斯林國家。這是一個弔詭的提問。在票面上，承擔這項任務的除了齊亞以外沒有其他任何人，但是誰又會真的為拒絕伊斯蘭教投票呢？反對派甚至不被允許進行反對活動。在投下贊同票時，選民就是在要求齊亞留任了。公投結果在一九八四年十二月二十日揭曉，支持者以九七．二％的贊成票大勝。但是投票站整天都門可羅雀，齊亞聲稱投票率是六二％；反對派聲稱是一〇％，而且發生許多違規事件。[41]

巴基斯坦二十世紀最偉大的烏爾都語詩人之一的法伊茲・阿赫麥德・法伊茲，在齊亞掌權的頭幾年是在監獄中度過的，他後來流亡去了貝魯特，寧願選擇黎巴嫩內戰的混亂也不要接受黑暗的鎮壓。他是塔希爾的叔叔，也是他的導師，這位歌頌愛和革命的左翼詩人投身到黎巴嫩的知識分子熱潮中，並且在那些於停火期間坐在咖啡館露臺上的巴勒斯坦革命者身上找到志同道合的精神。但是巴勒斯坦人吸引了以色列愈來愈殘暴的打擊，在一九八二年夏天，以色列坦克衝進了貝魯特。法伊茲和他的妻子被迫逃亡，回到巴基斯坦。也許是預期到這位獨裁者能夠再一次地繼續掌權這種難以忍受的現實，他在齊亞發起公投的前一個月於自己的國家死去。法伊茲的革命詩仍然被當局禁止，但是有一個女人，一個歌手，卻無視了齊亞。給獨裁者帶來最多痛苦的，總是巴基斯坦的女性。

在這位詩人去世一週年後，作為國家象徵人物的伊克巴爾・巴諾（Iqbal Bano）罕見地獲得在拉合爾辦演唱會的許可。有些事情是連齊亞也無法拒絕的。而且還有一個能夠繞過歌舞禁令的辦法：申請舉行「文化活動」。巴諾穿了一件紗麗，這種衣服在齊亞統治時期是被禁的，因為與敵國印度有關，也因為它露出女人的上腹部。後來，巴諾用她有力而動人、控制得當又飽含情感的歌喉，唱出法伊茲所有詩句中最有反抗性的一首。這首詩寫於一九七九年，是為了抗議齊亞的獨裁主義伊斯蘭教。這一首詩名叫 *Hum dekhenge*，她唱，我們會見證。在長達十分鐘的時間裡，她一直在唱這首詩，五萬名巴基斯坦人的情緒隨著她的演唱而高漲，掌聲在每一次停頓時都會響起。[42]

我們應該見證，
它毫無疑問，但是我們也應見證，
許諾的那個日子，
寫在永恆石板上的許諾，
像棉花一樣被暴君的巨大山岩吹到
我們的腳下——受壓迫的人的腳下，當大地如雷鳴般震動，
閃電將會擊中統治者的頭顱，
那閃電，來自真主的居所。
當虛假的偶像被清除，
當我們——有信者——曾被從聖所驅逐的人，
將會坐在高高的軟墊上，
當王冠被拋棄，
當王座被推倒，
只有造物主的名字永存。

法伊茲的詩句具有深刻的顛覆性。這些語句不僅直接指向了壓迫者齊亞，而且也指向那群主張自己

是聖地保護者的人：沙烏地人。在那場演唱會上，有人用烏爾都語高喊「*Inqilab zindabad*」——革命萬歲，反抗齊亞的鬥爭萬歲。有人把這首歌的現場錄音偷偷帶了出去，當天的錄音帶在人與人之間祕密傳播，再被人翻錄，直到遠遠地傳播到國境線之外。法伊茲所認識的那個巴基斯坦正在死去。他心愛的、離開的貝魯特也正在死去。穆薩．薩德爾和胡塞因．胡塞尼的那個黎巴嫩已經不復存在了。

第七章

貝魯特的卡爾巴拉

黎巴嫩，一九八二年至一九八八年

我們來自貝魯特，啊，自從出生，
我們就借用別人的臉孔，借用別人的想法，
我們的想法是從市場裡的妓女那裡借來的，
然後假裝處女過日子。

——哈利勒．哈維（Khalil Hawi），《灰燼之河》（*River of Ashes*）

一九八二年夏天，貝魯特經歷了一場侵略，一場屠殺，一場疏散。各種思想和意識形態就此死亡。接著黑潮襲來。但是，老貝魯特必須先消逝。那年夏天，在法伊茲被迫離開之前，他為這座讓他躲避齊亞迫害長達五年的城市寫了一首別離的輓歌。這位巴基斯坦詩人在一九七八年抵達，那時已經進入黎巴嫩內戰的第三年。他寧願過這樣的生活，也不要在自己國家裡降臨的那種令人喘不過氣的黑暗。貝魯特的黑暗主要是因為槍戰和停電造成，只有在濱海大道上的晨間散步，或者是晚上在哈姆拉大街的咖啡館裡喝咖啡、抽菸時會感覺到干擾。這條大街位於城市西部的拉斯貝魯特區（Ras Beirut，字面意思是「貝魯特的頭」），是一片伸向大海的城市區域。哈姆拉大街常常被拿來和香榭麗舍大道相提並論，但它更像格林威治村，自從一九五〇年代以來就是智識和藝術實驗的發生地，每一種政治或藝術潮流都有各自占據的咖啡館。

隨著冷戰的代理人戰爭蔓延至黎凡特海岸，撕開了黎巴嫩的內部裂痕，貝魯特也被慢慢撕裂，受到蹂躪的市區分成了東西兩邊，穆斯林的和基督徒的。儘管每天都有致命的煙火，這座城市依然維持著阿拉伯現代之都的地位，是像法伊茲這樣的流亡人士的避難所，一個展開辯論的平臺。在哈姆拉大街上，小販仍然在出售整個地區所有可能的黨派或意識形態陣營的報紙和雜誌：親伊拉克的、親敘利亞的、納賽爾主義者的、無神論者的或親何梅尼的、親共或親美的。展現出的這種清淨，是一個阿拉伯世界依然湧現出理念和夢想的證明，這座城市給予它們思考這些理念的自由，在現代性和傳統的交叉路口上提供啟迪。在當時已經變成威權蠻荒地的地區裡，貝魯特，即使發生戰爭，仍然為來自從埃及到巴基斯坦的知識分子提供著自由和騷動。法伊茲緊密參與第三世界革命政治的互動，從而也沉浸在巴勒斯坦志業中，創作獻給巴勒斯坦游擊隊戰士的讚歌，並將他的最後一部作品集獻給阿拉法特本人，而在美國、以色列等國眼裡，阿拉法特的自由戰士是殺人凶手和恐怖分子。在貝魯特，法伊茲成為《蓮花》雜誌的編輯，這是一個用三種語言發行的國際文學季刊，資助方是蘇聯、埃及、東德和巴勒斯坦解放組織。法伊茲擁有阿拉伯語學位，是這份雜誌第一個非阿拉伯人編輯。他和他富有冒險精神的英國妻子愛麗絲（Alys）在這座城市定居下來，讓他們能夠在遠處對齊亞說不。幾十年來，黎巴嫩不僅僅吸引了革命者，還吸引了詩人、思想家、藝術家和各類反對派人物和謀畫者。一個政府的弱小既是福氣，也是詛咒。在貝魯特，沒有獨裁統治來壓制你的意見——也沒人控管你所持有的槍枝。這場戰爭讓這個地中海小國更加成為一個避風港，一個活力十足的訓練場，這裡有賭場，有餐廳，在停火時依舊供應煙燻鮭魚和魚子醬。這裡有排隊領取救濟食品的隊伍，有經濟困境，有屠殺，也有文學會議。各種間諜機構——美國中情局、蘇聯國家安全委員會（KGB）、摩薩德（Mossad，以色列情報機構）——在城裡都有據點。

阿拉法特、他的手下，還有眾多的巴勒斯坦人小派別仍在四處行動，彷彿他們擁有半個國家，他們存在的觸手遠遠越過在南部以色列邊界處的補給站。在黎巴嫩，巴勒斯坦志業的支持者對這種濫用國家主權的行為睜一隻眼閉一隻眼。他們的敵人很多，冷酷無情，而且嗜血如命，想要在心狠手辣的屠殺中清除黎巴嫩的巴勒斯坦大旗。

但在一九八二年的夏天，先死去的是貝魯特，它被掏空了靈魂，失去它的光彩和在長達五年的同族仇殺戰爭中倖存下來的一切善良無邪。胡塞尼，這位什葉派政治人物，已經做好退出阿瑪爾運動領導層的準備，無法容忍這個他和伊瑪目薩德爾一同建立起來的政黨從事如此殺戮。在六月六日的上午十一點，上百輛以色列的梅卡瓦主力戰車（Merkava tank）和裝甲運兵車進入黎巴嫩肆虐。[1]「加利利和平行動」開始了。以色列人曾在一九七八年嘗試過一次清除行動，在一場為期一週的出擊中入侵黎巴嫩，導致黎巴嫩國界附近的數萬人流離失所，數百人喪生。以色列人留下一塊邊境區域，讓一個和他們結盟、以基督徒為主要組成的武裝組織來控制。他們試圖和該地區的什葉派展開互動，允許他們去以色列工作，組織阿舒拉日的節慶活動，並安排幾千個什葉派人造訪一座以色列境內的陵墓。[2]這裡的村民憎惡以色列人，但是他們更討厭巴勒斯坦人。巴勒斯坦游擊隊仍然不甘示弱，發動火箭彈襲擊，甚至越境進入以色列展開行動。在一九八一年夏天宣布的停火維持了數月。觸發這次「加利利和平行動」的原因是以色列駐倫敦大使遭暗殺，以色列認為這違反了黎巴嫩邊界的停火協議。

乍看之下，行動的目標是把巴勒斯坦人驅趕到距離邊界二十五英里遠的地方。但實際上，入侵一直進入到貝魯特，目的是幫助以色列在該國的基督徒盟友。黎巴嫩的首都遭到持續數星期的圍困、轟炸、飢餓和乾渴，直到阿拉法特和他的手下同意離開這個他們激起內戰的國家，導致民族主義者和革命者、左派和右派、穆斯林和基督徒的分裂。他們沿著黎巴嫩北部撤出，最終來到突尼斯城，在這裡設立巴解組織總部。在黎巴嫩的南部，什葉派用米飯和歡呼聲迎接以色列人，為擺脫阿拉法特和他的手下而鬆了一口氣。阿瑪爾最初指示在南方的戰士不要抵抗，如果被要求的話，就交出武器。過一陣子後，以色列士兵能到處走動、逛街，去位於南方城市泰爾和賽達（Sidon）的電影院。[3]以色列商人能夠開著車越境到黎巴嫩尋找商業機會。但是這些事不會持續下去。這些解放者很快就會成為遭人痛恨的占領者。

但是最先發生的是，在六月六日晚上十點半，黎巴嫩最著名的詩人之一哈利勒．哈維在陽臺上舉起獵槍自殺，他位於貝魯特西邊的家就在他任教的貝魯特美國大學寬廣的綠色校園附近。[4]在戰爭的嘈雜聲裡，沒有人聽到槍聲。哈維是一九一九年出生在舍維爾（Shweir）的希臘東正教徒，曾經創作關於愛與慾的詩歌，但是最多的作品是關於整個地區對政治和文化變革的渴望，努力尋找一條擺脫落後和絕望的道路。十九世紀和二十世紀初的阿拉伯文化和政治復興已經漸行漸遠。對鄂圖曼帝國統治下的知識停滯的反應、面對歐洲軍事優勢的改革呼籲，被稱為「*al-Nahda*」（覺醒）的復興運動帶來無數的文學、詩歌、電影、音樂、媒體和新式教育，包括現代主義的、世俗的和宗教的思想家，也包括像穆罕默德・阿布都這樣的薩拉菲現代主義者。在二十世紀的下半葉，智識行動的熱潮從開羅轉移到貝魯特。但是並沒有出現嶄新的、更好的秩序。覺醒運動最終以失敗告終的原因很多，包括殖民勢力的壓迫，還有一次次美國煽動的政變，幫助強人在整個中東地區掌權。該地區的政治、文化成熟過程受到重挫。哈維這群覺醒世代的傑出人物仍然希望為年輕世代提供一座橋，讓他們找到前進的方向，他在一九五七年的詩〈橋〉：[5]

他們在清晨無憂無慮地走過橋，
我的肋骨鑄成堅實的橋面，
從東方的山洞，從東方的沼澤，
到新的東方，
我的肋骨，為他們鋪出堅實的橋。

但是在那個六月的夜晚，當以色列的坦克轟鳴著駛向貝魯特時，哈維得出了結論，要麼是他無法成為那座橋，要麼就是他接受了新的東方根本不存在的現實。他是一個深沉而極為敏感的人，沉浸在他的詩歌中，全心擁抱阿拉伯民族主義，並被其失敗擊垮了。從令人失望的大阿拉伯夢想，到自己國家被蠶食的煎熬，哈維變得越發衰老和憂鬱。六十二歲的他，已經重負累累的肩膀上再也承受不住最終的恥辱──看到面對以色列的侵略時，阿拉伯領導者的怠慢和無力。那天早上他在大學裡問他的同事：「阿拉伯人在哪呢？」、「有誰能夠清除我額頭上恥辱的汙點呢？」第二天早晨有人發現了哈維在陽臺上的屍體。[6]

彷彿知道這場入侵會帶來甚至比目前所見更不相容的東西一樣，當法伊茲和愛麗絲決定回到齊亞獨裁統治的地獄時，哈維選擇離開。這個夏天，當法伊茲和愛麗絲離開這座被圍的城市，曾為這座他們兩人如此深愛的貝魯特留下一封情書：[7]

貝魯特，世界的寶石
人間的天堂！
當孩子如鏡般
倒映的笑眼
被打得粉碎

這些小星星現在
照亮著這座城市的夜空
照亮著黎巴嫩的土地。
貝魯特，世界的寶石……
這座城市已從太初屹立於此
它將會持續到永遠
貝魯特，世界的寶石
人間的天堂！

那年夏天，貝魯特是人間地獄。法伊茲將這首詩命名為〈獻給貝魯特的卡爾巴拉的詩〉，向這個因不公義而殉難的城市致敬。儘管法伊茲深諳世俗之道，但是他並非無神論者。他在宗教實踐中充滿著精神性；他的作品中充盈著伊斯蘭的意象和寓意。在不知不覺中，他提到貝魯特的卡爾巴拉，預示著殉教崇拜的到來和對伊瑪目胡笙的永恆哀悼。有人認為，這是哈維所提出的那個「誰能消除他額頭上的恥辱汙點」問題的答案。

當謝赫索布希．圖法伊利在六月的那個早晨聽到以色列的坦克部隊進入黎巴嫩的消息時，他既不感到恐懼，也沒有覺得這是不祥之兆——只是感到興奮不已。[8]他當時正坐在大馬士革機場等待飛往德黑蘭的航班，參加革命衛隊及其解放運動辦公室所組織的一次會議。圖法伊利正在評估這次入侵會帶來的可能性。身材發福的圖法伊利三十多歲，長相嚴肅，嘴唇很厚，戴著白色的纏頭巾，來自巴勒貝克附近的小村子布里塔勒（Brital），這是一個以大麻種植園聞名的地方，沒有法律，是部落的天下。他曾在納傑夫跟隨穆罕默德．巴克爾．薩德爾學習將近十年，後者是什葉派召喚黨的創始人。這個伊拉克教士曾支持過何梅尼法學家監護的概念，在一九八〇年被處以死刑。圖法伊利曾經和何梅尼同時待在納傑夫，還有來自貝卡地區的其他什葉派教士賽義德．阿巴斯．穆薩維（Sayyed Abbas Mussawi）和謝赫穆罕默德．亞茲貝克（Sheikh Mohammad Yazbek）。同期的學生中還有十八歲的哈桑．納斯魯拉，假以時日，他將會成為一位民兵領袖。他十分敬畏阿亞圖拉和他「光輝的存在」，視他為一個在他的陪伴下「時間和空間都不復存在」的人。[9]自從回到黎巴嫩，在伊朗革命的前後，較高層級的教士都曾和伊朗人討論如何建立反抗以色列的伊斯蘭力量。曾經有過各式各樣的嘗試，但是從沒有任何實際上的結果。兩伊戰爭抽空了伊朗的資源，它已經沒有冒險的資本。另外，在以伊朗為重的民族主義現代派和相信跨界革命的激進何梅尼主義者之間，也存在內部的拉鋸戰。但是到一九八二年時，激進派已然獲得勝利：巴札爾甘、亞茲迪和哈姆蘭不是過世，就是下臺。而那一年，伊朗感受到對伊拉克的勝利。圖法伊利認為時機成熟了——而且以色列已經展開入侵。在會議上，他和其他意見相同的教士向伊朗求助。

六天後，伊朗士兵開始降落在大馬士革的機場，期待前往黎巴嫩前線。迎接士兵的人是伊朗駐敘利亞大使阿里．阿克巴爾．莫赫塔沙米普爾（Ali-Akbar Mohtashamipur），他是何梅尼的忠實弟子，曾在納傑夫跟著阿亞圖拉學習，也是陪同阿亞圖拉到諾福爾堡的少數幾個教士之一。總共有大約五千名伊朗士兵飛到敘利亞。[10]他們並沒有在黎巴嫩南部和以色列作戰；他們的大部分人後來回國或是回到伊拉克前線上。但是一千五百個來自解放運動辦公室的革命衛隊隊員待在那裡，在敘利亞和黎巴嫩交界處建立一個行動基地。他們起初能夠從行動基地進出貝卡谷，在巴勒貝克和周邊地區租房子；後來他們將會占據黎巴嫩軍隊的地區軍營和一家高級飯店作為他們的總部。其中一個成員名叫馬哈茂德．艾哈邁迪內賈德——未來的伊朗總統。

革命衛隊的成員穿軍裝，但是他們也沒有在作戰：他們是傳教士，把何梅尼的伊斯蘭革命帶到地中海。對許多並不是像謝赫圖法伊利那樣看待世界的巴勒貝克居民而言，這就如同一場外國的入侵。對其他人而言，這些人則是受歡迎的變化，因為在戰時的黎巴嫩，幾乎到處都有桀驁不馴的民兵在發號施令。最重要的是，伊朗人在國家未能提供服務的地方提供了服務，不僅是從戰爭以來，而是自始至終都如此。在幾十年後，那些目睹革命衛隊到來的人，仍然會對他們的城市在幾乎一夜之間產生的變化感到記憶猶新。居民混雜——有什葉派、遜尼派和基督徒——的巴勒貝克變成了小德黑蘭，何梅尼的德黑蘭。巴勒貝克國際音樂節已經因為黎巴嫩內戰的爆發而暫停，但是現在乾脆連音樂都禁止，婚禮也一樣。新的廣播電臺「伊朗革命之聲」，開始播放布道內容、宗教歌曲和支持者的訪談。位於城鎮入口處的納賽爾總統雕像被炸毀，牆壁上貼起何梅尼的海報。[11]伊朗國旗飄蕩在路燈柱上。牆上貼滿了各種關於伊瑪目胡笙、耶路撒冷和殉難的標語。鎮上的大主教被綁架，兩天後獲釋，但這是個清晰的訊息，基督徒離開了此地。酒精飲料被禁止。大量的女性開始戴頭巾，無論是出於被迫或自願，還是小心為妙的心態：拋頭露面地在外行走可能會惹麻煩。[12]伊朗式樣的黑色罩袍，突然出現了。一些報導說，如果家裡的女兒可以戴上頭巾的話，家庭會得到一百至一百五十美元的報酬——這在當時的貧困城市和社區裡是一筆鉅款。[13]伊朗人帶著許多錢來：他們在嚴冬裡分發便宜的汽油、建立醫院（以何梅尼的名字命名），他們接管了學校並且提供去伊朗留學的獎學金。他們教授《古蘭經》和何梅尼對伊斯蘭教的看法。他們潤物細無聲而有條不紊，悄悄地征服了這個小鎮和它周邊的環境。新思想和新形象籠罩著人民，滲入他們的心中，隨著時間慢慢融入他們的意識。

革命衛隊還進行軍事訓練。伊朗人從來沒有和以色列作戰過，但是他們開始招募和組織貝卡谷的什葉派青年。他們吸引仍然屬於少數群體的激進派：那些敬愛何梅尼的人，或是那些認為阿瑪爾運動太過溫和的人，以及那些感到失望轉而建立伊斯蘭阿瑪爾的人。有些人曾經和巴勒斯坦人一起受訓，但是厭倦他們的世俗作風，像伊瑪德・穆格尼耶（Imad Mughniyeh），一個清瘦、面容真誠的二十歲青年，他虔誠而又有幽默感，曾經是阿拉法特的菁英一七部隊的一員。許多年輕的什葉派新兵來自貝卡，其他包括穆格尼耶在內的年輕人則是來自於貝魯特南部的貧民區，這是個擠滿難民的貧困地帶，隨著以色列的每一波攻擊就有又一波的難民逃離到這裡。貧窮、受挫和面對以色列占領的強烈的不公平感發酵將證明有利於伊朗的計畫。埃及的沙達特總統被暗殺後，伊斯蘭革命並沒有發生。在伊拉克，什葉派也沒有起來推翻薩達姆・海珊，沙烏地阿拉伯東部的什葉派起義很快就被平息了。在敘利亞，何梅尼看不到任何支持反對阿塞德起義的意義。這位敘利亞獨裁者也站在伊朗的一邊，反對薩達姆。但是在黎巴嫩，在戰爭的混亂中，在這個國家一個被拋棄、被遺忘的角落裡，一場沒人能夠抵擋的伊斯蘭革命正在集結。

在革命衛隊位於巴勒貝克附近的訓練營裡，這些年輕人接受圖法伊利和穆薩維等神職人員的宗教指導，如今他們在軍裝的外面穿著教士的長袍。[14]大家學會了如何使用AK－47步槍和火箭筒，他們還學會了徒手格鬥和偽裝術。在幾年前巴勒斯坦游擊隊訓練伊朗革命者的同一個貝卡谷，如今伊朗人正在訓練黎巴嫩什葉派，催生出新的運動，它將永遠改變黎巴嫩的什葉派社群和美國與中東的關係。很快地，黎巴嫩人就將會自主管理這些訓練營。這個仍然沒有定型的運動將會在接下來的好幾年中保持沒有名字的狀態。但這就是真主黨的創立，是按照伊朗真主黨的樣子建立的，它將會是革命的最成功輸出品。儘管還是一個鬆散的運動，但該組織凝聚清晰的信念：伊斯蘭是更好人生的完整計畫，為他們的新運動提供思想、宗教、意識形態和實踐基礎。抵抗以色列是首要任務，徹底消滅以色列是最終目標。最關鍵的，該運動服從於法學家監護的概念和法學家——也就是何梅尼——的領導。真主黨在一九八五年以公開信形式發行的一份四十八頁篇幅的官方宣言中明確表示，它要在黎巴嫩建立一個伊斯蘭國家，一個像伊朗那樣的什葉派國家，儘管這個組織十分小心地沒有明確威脅要強加於人。社會將會擁抱它，他們相信，其中也包括基督徒，因為這是一條正義的道路。

關於真主黨的誕生，今後幾十年最廣為人知的故事就是它誕生於一九八二年以色列入侵黎巴嫩造成的廢墟中。玫瑰花瓣之後是子彈，然後是汽車炸彈。這個敘事並不完全錯誤。沒有以色列的侵略和占領，真主黨可能就無法在這個國家扎根。但是這也不是全部的故事。謝赫圖法伊利在大馬士革機場的頓悟時刻是發生在在占領之前的。甚至在一九七九年以前，何梅尼的門徒就已經將黎巴嫩視為他們革命計畫的沃土了。

穆斯塔法．哈姆蘭和伊朗解放運動組織並非唯一一個利用黎巴嫩作為其反國王行動入口的運動。伊朗的左派和馬克思主義者也在黎巴嫩，和巴勒斯坦解放組織一同接受訓練，然後幫忙推翻伊朗的君主制。但是其他在革命的十年前就開始認識黎巴嫩的伊朗人團體，則是那些強硬派的何梅尼主義者，他們在那時就常常和伊朗解放運動組織產生衝突。莫赫塔沙米普爾就曾是他們中的一員。他曾在貝魯特和巴勒斯坦人一起受訓，並在貝卡待過一段時間，因此他很熟悉這裡的地形。作為伊朗駐大馬士革的大使，莫赫塔沙米普爾將成為幫忙組建真主黨和建立經由敘利亞向黎巴嫩運送武器通道的關鍵人物。

另一個何梅尼主義者是穆罕默德．蒙塔澤里（Mohammad Montazeri），他是一個年輕、好鬥、帶著槍的教士，外號叫做「Ringo」，他在革命前曾經在法塔赫的營地裡受過訓練。他的父親是何梅尼最親近的門徒，是一名阿亞圖拉和法官，在起草和執行新的伊斯蘭憲法方面發揮關鍵作用，蒙塔澤里則是典型的激進國際主義者，在整個一九七〇年代中和從菲律賓到西撒哈拉的穆斯林解放運動進行接觸。[15] 一九七九年十二月，美國駐德黑蘭大使館人質危機開始一個星期後，他組織了三百名志願者前往黎巴嫩。[16]

志願者中有十幾歲的年輕人，其他則是三十多歲。有些人穿軍裝，有些人穿便裝。其中有十五名女性。不可思議的是，這一隊人沒有現金也沒有機票。有些人甚至連有效的護照都沒有。他們在梅赫拉巴德機場等了好幾個小時才登上飛機，高呼著「光輝何梅尼，祝阿拉法特平安」。在起飛區迴盪著他們「真主至大」的喊聲。他們沒有帶槍，但是卻走在和黎巴嫩與巴勒斯坦解放組織一起抵抗以色列的路上。或者說他們的希望是這樣的。還有更多的人呼喊著：「今日伊朗，明日巴勒斯坦。」

當這一群不請自來幫助者的消息傳到黎巴嫩，黎巴嫩政府對伊朗飛機關閉領空，[17]並命令駐外領事館將伊朗人的所有簽證申請轉交給貝魯特。總統從敘利亞方面獲得保證，不允許伊朗人從陸路過境。在貝魯特，胡塞尼宣布蒙塔澤里是精神失常的人。[18]一位什葉派學者寫信給庫姆的阿亞圖拉沙里亞特馬達里，告訴他黎巴嫩南部的什葉派不想要蒙塔澤里的志願者，因為他們的到來只會更加激怒以色列，並讓黎巴嫩南部的什葉派倒大霉。蒙塔澤里根本不在乎黎巴嫩人或什葉派的意願。他帶著一百名追隨者在伊朗外交部靜坐絕食，要求得到坐飛機的錢。不知怎麼，他真的在一九八〇年一月成功抵達了黎巴嫩，可能是經過敘利亞非法入境。[19]總共有兩百名伊朗人抵達。在貝魯特的一場新聞發布會上，蒙塔澤里宣布有更多的幾百名伊朗志願者正在路上。黎巴嫩安全官員威脅說，如果允許蒙塔澤里留下，他就辭職。激進的伊朗人早期的這些嘗試以及他們在當地建立的關係，為後來真主黨的成立奠定了基礎。從貝卡，到貝魯特南郊，再到黎巴嫩南部，運動風起雲湧地擴散開來。

當伊朗在探索戰爭的時候，沙烏地阿拉伯在探索和平。一九八一年的秋天，沙烏地的王儲法赫德提出解決阿拉伯巴勒斯坦衝突的八點和平計畫。雖然該計畫沒有向以色列做出讓步，也沒有承認以色列，但是它承認談判是一種選擇。數千人在德黑蘭街頭遊行要求殺死王儲。[20]有橫幅上說他是伊斯蘭的敵人。伊朗現在正在將自己樹立成巴勒斯坦和阿拉伯人家園的最終捍衛者，它正在建立起一支伊斯蘭抵抗運動來反對敵人。

這個運動是以驚人的暴力潮流開始的，以濃烈的煙霧、扭曲的金屬和殘缺的屍體開始。一九八二年十一月，以色列在泰爾的指揮所遭炸毀，七十五名軍事人員被炸死。一九八三年四月，美國駐貝魯特大使館遭轟炸，六十三人被炸死。次年十月，海軍陸戰隊的兵營和法國傘兵總部被炸毀。美國人和法國人是在以色列撤軍後，作為多國維和部隊來到黎巴嫩的。包括兩百四十一名美國人在內的三百多人喪生，這是美國自越戰以來最嚴重的挫敗，也是自第二次世界大戰的硫磺島戰役以來，海軍陸戰隊單日死亡人數最多的一天。每次襲擊都是由一名年輕人駕駛裝滿炸藥的卡車撞向建築物：這是中東地區有史以來第一次出現的自殺式炸彈，是一種新的致命武器。這些自殺式炸彈是結合以色列自己在一九七九年初首次在黎巴嫩使用的技術，和日本在第二次世界大戰中對美國目標使用的神風特攻隊概念，由虔誠的什葉派教徒實施。這些人受到自己的國家和以色列的侮辱，被一種新發現的殉難狂熱感情所驅使。他們的招募者是更狡猾的操縱者，比如阿拉法特菁英部隊的前成員穆格尼耶。[21]是他提出在泰爾對以色列人發動自殺式爆炸的想法。他的武裝分子同僚認為這個想法太可笑了。有誰會瘋狂到要把自己爆掉呢？但他找到了這個人——一個兒時的朋友——並送他上路。穆格尼耶將成為最惡劣的真主黨軍事首腦。和他的連襟穆斯塔法·巴德爾丁（Mustafa Badreddine），他們在一九八〇年代一路劫持和綁架，發展真主黨武裝力量，在伊朗的充分幫助下，把真主黨變成一支高效率、複雜精密的民兵組織。真主黨一直正式否認對黎巴嫩的美國人和法國人的自殺爆炸事件，以及所有在八〇至九〇年代被扣押在黎巴嫩的西方人質負有任何責任，他們指出在一九八三年時，真主黨甚至還不存在。一個自稱是伊斯蘭聖戰組織的團體聲稱這是他們的功勞。但是像謝赫圖法伊利之類的人後來會驕傲地承認，真主黨的早期核心成員的確對此有責任。[22]

到一九八三年的上半年時，真主黨的影響力正從貝卡谷地滲入到貝魯特的貧民窟裡——一波波逃離南方的什葉派難民已經在城市的最底層落腳，靠近機場，他們的家庭和宗族層層疊疊，村民在街區裡匯聚一堂。你在哪落腳決定了你是屬於誰的影響力範圍：是更溫和的阿瑪爾運動或是伊斯蘭主義者的真主黨；是溫和的教士或是火爆的保守派。擴增的家庭朝著完全不同的方向發展，多年後會發現，有一邊擁護戴頭巾和留鬍子，另一邊則喝著酒、打著領帶。到一九八四年時，貝魯特的東西兩區劃分已經固定下來，黎巴嫩軍隊分裂，其穆斯林旅負責維持城市西半邊的秩序。但是他們比不上那些在街頭遊蕩的槍手，年輕的什葉派透過在貝魯特西部的街道上揮舞其權力報復多年來受到的排斥和歧視。法伊茲和哈維曾經漫步過的街道，路燈柱上升起黑色的哀悼旗幟，它們召喚著年輕人在反以色列的鬥爭中犧牲自己。

黑色的查朵爾出現在哈姆拉大街上。當住在拉斯貝魯特的人第一次聽到真主黨的名字時，很多人笑了出來。哈濟姆．薩吉赫（Hazem Saghieh），一名記者、身材高大的黎巴嫩左派知識分子，想要聽得更清楚些：「真主的黨？那祕書長是誰？真主自己嗎？」這位希臘正教徒，曾經是伊朗革命及其公正許諾的熱忱擁護者，但是他的熱情很快就熄滅了。

很快地，人民就笑不出來了。在這座被炮彈震撼的城市牆壁上出現了塗鴉，寫著「*Kulluna Khomeini*」——我們都是何梅尼。每天晚上，爆炸發生在西貝魯特、哈姆拉大街周圍和貝魯特的夜生活中心腓尼基大街上酒吧和賣酒的商店裡，這裡是六〇和七〇年代到處有俱樂部和酒吧的地方。一天傍晚，一百名穿著查朵爾的女子出現在腓尼基大街，砸爛了餐館和酒吧裡的酒瓶和家具。[23]持槍者闖入飯店，對著吧檯上的每一罐酒瓶開槍。留著鬍子的男人在美國大學附近騷擾女性，要求她們戴上頭巾。海報出現在牆上和樹上。上面只有幾行黑體字，呼籲人民加入神聖的事業，並承諾給予現世的回報。「一間大公寓，一輛快車，一個聽話的妻子。」何梅尼伊朗的清教徒主義正在碾壓貝魯特的「*joie de vivre*」（及時行樂）。真主黨在什葉派社區內站穩腳跟，並透過規勸、招募或者暴力脅迫什葉派信徒來建立其所謂的「抵抗社會」，改變社區的認同，這是一場無情而有條不紊的運動，幾乎不為人所知，直到為時已晚。真主黨被視為神在人世意志的化身，真主的黨根據《古蘭經》本身來對決魔鬼的黨，與其說真主黨是一個政黨，不如說它是一場運動——任何有志在此的人都可以加入進來。在伊朗，領袖會用「噢，真主的追隨者啊！」來稱呼人民群眾。真主黨會在他們的宣傳和標識中引用《古蘭經》：「誰以真主和使者，以及信士為盟友；真主的黨羽，確是優勝的。」[24]真主黨還用革命衛隊標識的變體來作為本黨的標識：一個高舉著卡拉什尼科夫衝鋒槍的拳頭。

雖然真主黨在社區內部取得進展，但是南部反對以色列占領的武裝抵抗，仍然是由左派和共產分子民兵聯盟，以及扎根在整個南部的阿瑪爾運動主導。即使一九八二年和一九八三年發生自殺性爆炸事件，伊斯蘭主義者仍然未成為主導力量。以色列人發動侵略時，黎巴嫩全國抵抗陣線曾與巴勒斯坦人並肩作戰，但現在巴勒斯坦人只能靠自己了，他們在黎巴嫩南部對以色列占領者發起小規模的攻擊。自殺炸彈攻擊者愈來愈多，一九八五年類似事件層出不窮。不僅什葉派信徒以神的名義就義，世俗民族主義者也為國家捐軀，他們包括來自西貝魯特的十七歲女孩薩娜・莫海達里（Sana Mohaydali），她駕駛寶獅汽車在檢查哨炸死了以色列士兵。有個女性共產分子提著自殺行李箱通過檢查哨；還有基督徒左派和遜尼派共產分子。但是他們和炸死法國人和美國人卻一直躲在暗處的伊斯蘭吉哈德組織不同，這些自殺炸彈攻擊者想得到的是信譽和戲劇效果，想得到恐怖的殉難聲望。他們想要顯示他們和宗教狂熱者一樣英勇，甚至比他們更加英勇。[25]就是這樣，他們為游擊戰和自殺炸彈攻擊者帶來新現象：他們錄下自己的遺言，在死後公開。年輕的薩娜從學校畢業後在一家賣錄影帶的店裡工作，她曾經幫助一名自殺炸彈攻擊者錄下自己的遺言。「南方的新娘」，她在去世後將會被世人這樣稱呼，也錄下了自己的遺言。「我將成為一個殉道者。我會做一件讓我的靈魂感到平靜的決定，」這位墳墓前的年輕女孩如是說道：「我將為我所愛的人民和我的國家盡責。」[26]

法國的《巴黎競賽》（*Paris March*）雜誌以「神風特攻」為標題刊登兩版的全彩報導。中東各地的刊物上都放了她甜美、帶著微笑的臉龐和黑色的長髮，以及戴在頭頂上的紅色貝雷帽。據當時的一個政治人物說，她的目標是要證明反抗以色列占領的世俗抵抗力量，是宗教狂熱吉哈德的替代方案。真主黨只是一時瘋狂，是戰爭混亂中的奇特現象。但最終，左派還是比不過真主黨應用在戰鬥中的熱忱，這股熱忱不僅針對以色列人，也針對自己的對手。黎巴嫩左派很快就被無情地消滅了，如同在伊朗一樣。

真主黨本身很少使用自殺炸彈攻擊的戰術，它不想浪費身體健康的人。在伊斯蘭教義中自殺是「*haram*」，不被允許的行為，但是自願地在戰鬥中做出終極犧牲，成為「舍西德」（shaheed，殉難烈士）則是真主黨的新兵熱情追求的目標。何梅尼激發出一種狂熱、崇高的熱忱和對於殉難的痴迷，這正深刻地改變著伊朗和黎巴嫩的什葉派。與伊拉克戰爭四年，伊朗將一波又一波沒有武器的年輕男孩送上了死亡之路。數以千計的男孩子額頭上綁著紅色頭帶，手裡拿著一把開啟天堂大門的金屬鑰匙，一步步穿過雷區，為坦克開路，他們的身軀被爆炸的衝擊波拋向天空。[27]他們或自願或被迫地聚集起來，這一波波的人浪衝破了敵人的防線。伊朗軍隊和巴斯基志願兵（Basij force）願意為國家、為何梅尼、為伊瑪目胡笙而死。作為一種意識形態上的決心，殉難成為了理想，每一天的每一分鐘都是阿舒拉日——至少對何梅尼來說是這樣的，直到他堅持到戰爭的最終勝利。這不是胡塞尼所理解的什葉派信仰，這也不是伊瑪目薩德爾所傳播的教義。根據伊朗前總理巴札爾甘的話，甚至連伊瑪目胡笙的殉難都被何梅尼曲解了，前者在一九八六年寫了一封著名的公開信給這位阿亞圖拉，譴責革命是怎樣讓殉道成了為革命服務的目標。[28]

已經手中無權的巴札爾甘仍然身在伊朗，並且直到一九八四年為止一直是議會的成員。他繼續為一個不同的伊朗奮鬥著，他要的是一個更多民主，更少教權的伊朗。當然，他失敗了，但是在他給何梅尼的公開信裡，他正中了何梅尼在政治和神學立場上的要害之處。在福阿德．阿加米（Fouad Ajami）探討哈維這一代人是如何衰亡和失敗的著作《阿拉伯人的夢想宮殿》（*Dream Palace of the Arabs*）中，阿加米深入研究這封信，詳述巴札爾甘是如何提醒何梅尼，伊瑪目胡笙並非心甘情願地走向必死無疑的道路。事實上，巴札爾甘所解讀的胡笙，與伊瑪目薩德爾的解讀一樣，他是個睿智的人，當意識到號召他來幫助攻打亞齊德（Yazid，譯注：即胡笙的對手，當時的敘利亞總督勢力）的人已經撤回邀請函時，胡笙便決定打道回府。他試圖避免和他的敵人對抗，但是這一切都太遲了。因此，胡笙的戰爭是一場防禦戰，而不是主動赴死。也就是說，不能以卡爾巴拉發生的事情為面對伊拉克和其他敵人時的「戰鬥、戰鬥，直到勝利」辯護。[29]巴札爾甘說，何梅尼已經從「客觀現實和聖門弟子和伊瑪目的教訓中」偏離了。

這封信將會遭人遺忘，在與伊拉克的戰爭中，它所傳達的溫和訊息毫無意義，被那些有系統的灌輸、在戰場上尋求殉難的狂熱和對伊瑪目胡笙的高喊聲淹沒了，這種狂熱正在沖刷著黎巴嫩的什葉派社群。

一九八五年，以色列撤出自一九八二年占據的大部分領土，其中包括賽達和泰爾等大城鎮。它開始沿著邊境線建立一個幾英里寬的緩衝區。數以萬計的黎巴嫩人，無論是穆斯林還是基督徒，還要繼續生活在以色列占領中十五年。在沒有以色列士兵的村子裡，真主黨開始忙碌起來。它的模式與巴勒貝克相同，但是更嚴格，範圍更廣：反對賣酒的商店、關閉咖啡館、禁止音樂、禁止所有其他的政黨。隨著真主黨開始實施法律和暗殺浪潮，恐懼感降臨到人民心中。批評者和對手，特別是左派和共產分子，被無情消滅了。這些罪行並未受到調查，也沒有人被抓。但是所有人都知道是怎麼一回事。真主黨持續招募和組織：很多人自願加入，其他人則是被圍捕。與以色列作戰的人愈多，殉難者就愈多，被贊助制度照顧的孤兒寡母就愈多，這確保了人民對真主黨的忠誠。那些宣布有人在反抗占領的戰鬥中犧牲的海報，開始長得不一樣了：為國家捐軀、臉上掛著笑容的年輕女子，和留著長鬢角、鬍子刮得乾淨的男人不見了。這場戰爭現在是以伊斯蘭的名義進行；是留鬍子的人的戰鬥，海報用表示哀悼的黑色和伊斯蘭的綠色——以「伊斯蘭抵抗」為落款。很多海報都是直接謄抄自伊朗的那些牆上海報——由特別從德黑蘭來的藝術家參與設計，他們幫助訓練本地的藝術家製作公開的訃聞並用於宣傳工具。

一九八六年時，伊朗的無情黑暗已經讓法赫斯一家無從忍受，他們決定離開德黑蘭。他的夢想催生出的現實成為哈尼．法赫斯的沉重負擔。一切都沒有改變，一切都在惡化：何梅尼對巴勒斯坦事業的支持未能獲得任何勝利；激進的伊斯蘭民兵在他的國家崛起；他的朋友在伊朗遭到處決。最初針對世俗左派和何梅尼的其他反對者的大清洗正在擴大範圍，讓以前堅定不移的革命者噤若寒蟬。一場全新的處決浪潮正在進行中。離開並不容易，而且也不會毅然決裂。法赫斯來來回回好幾年，直到一九八八年才切斷所有聯繫。就像是和舊愛斷絕關係一樣，解脫的過程是艱難的、漫長的，認為人總是抱著一絲希望，也許對方還能改變。就伊朗政權而言，人民總是抱著希望：也許聖賢何梅尼根本就不知道以他的名義所犯下的暴行。但是他的確知道。

當法赫斯的摯友被解職、監禁、遭受可怕的酷刑，然後被處決，他受到極大的震撼。[30]除了可怕的細節，還有他破碎的夢。法赫斯曾經設想建立一個無國界的穆斯林社群，並前去伊朗，相信那裡就是起點。恰恰和他的觀點相反，他發現了什葉派的宗派主義和波斯人的民族主義。這種組合是有毒的。他重新發現自己的認同，他的阿拉伯歸屬感，他的黎巴嫩屬性。坐在德黑蘭，聽著菲魯茲的歌曲，他流淚了。他們一家人回到了黎巴嫩，卻發現黑暗比他們到來得還早。在他們的傑布什村裡，在一九七〇年代，全村唯一一個穿全身黑色查朵爾罩衫的女人就是他的妻子，這是作為神職人員的妻子理所應當的責任。但現在這裡到處都是查朵爾。從來不戴頭巾的親戚全都遮住了頭髮。她的女兒巴迪婭覺得他們不在國內的時候，這裡好像發生了一場政變，一夜之間就風雲變色。她所離開的伊朗是一個儘管有危險，但是每天都仍然有人不顧危險違抗新政權的國家。但是當她回到自己的家鄉時，卻發現村民完全吸收了何梅尼兜售的觀念。這裡的人遠離革命的心臟，不知道它的可怕，想要得到一些革命的光芒。革命帶來了好處。從伊朗的慷慨援助中，真主黨在黎巴嫩正在建立一個伊朗模式的複本：學校、慈善機構、烈士協會、馬赫迪童子軍、附屬於庫姆而不是納傑夫的宗教學院。還有專門的誦讀家。獻給伊瑪目胡笙的宗教頌詩的職業誦讀者和其他來自伊朗的人來到這裡，在黎巴嫩的什葉派信徒中教授和傳播一種獨特的誦讀風格。

當巴迪婭第一次聽到從村裡行駛的一輛汽車車頂上安裝的擴音喇叭傳出的吟唱聲時，她幾乎不敢相信自己的耳朵。那有節奏、重複而令人著迷，是她以前從來沒有在黎巴嫩聽到過的。在伊朗的確聽過，但不是在黎巴嫩。巴迪婭曾在庫姆的女子神學院學習了一年時間，但是她覺得那對她來說太沉重了，幾乎是一種神經質的投入。那裡充滿太多的寓言故事和波斯人的傲慢。她搬到一個為阿拉伯學生設立的學校，發現那裡的環境更糟，周圍的學生拋棄一切加入他們認為的烏托邦式伊斯蘭國家。他們脫離現實，沉浸在一種狂熱中，已經很難再回到自己的國家了。她也離開了那裡。

阿舒拉日在黎巴嫩一直都是一個朗誦詩歌和講述伊瑪目胡笙故事的場合。男人會坐在胡笙紀念堂（*husseiniya*，這是一種專門為哀悼伊瑪目胡笙而設立的聚會場所）的地板上哭泣，張開手輕輕地拍打前胸。這種捶胸頓足的悲歌狀態被稱為「*latmiya*」。在世界的不同地方，有些什葉派信徒會用更強烈、有時更血腥的 *latmiya*，他們用鐵鍊自我鞭笞，切自己的額頭，用手打頭，讓血流出來——就像是在復活節時能夠在義大利看到的村莊遊行，一直到在菲律賓看到的貨真價實的十字架上的場面一樣。黎巴嫩一直是在比較溫和的一邊，但是現在的阿舒拉日，以及每一場真主黨戰士的葬禮上，都有動員、灌輸和大力拍打前胸的場景。

來自伊朗的阿拉伯阿赫瓦茲（Ahwaz）地區的一位著名吟誦家來到黎巴嫩宣傳伊朗式的「*latmiya*」。

人稱他為阿薩吉里（Asakiri），行駛在村莊周圍的汽車中響起的聲音正是來自於他，他有節奏、軍事化的吟唱，成為生活中新的背景音樂。他站在胡笙紀念堂裡，留著鬍鬚穿著軍裝的人帶領人群並示範著手勢：雙臂高舉過頂，跨過胸口，張開的手掌拍打前胸。阿薩吉里用阿拉伯語吟誦著：

噢，奮戰者的愛人
噢，奮戰者的愛人

高舉過頂，跨過胸口，拍打。高舉過頂，跨過胸口，拍打。「現在大家一起做，大家一起！」人群中有些人看起來不太明白，而是做了擊掌的動作。有些人只用一隻手，輕輕地拍打前胸，就像他們一直以來的那樣。那些最熱情的看起來是那些在前排的年輕人，有力地揮動著胳膊。

噢，奮戰者的愛人，奮戰者的愛人，
魯霍拉．何梅尼，魯霍拉．何梅尼，
在奮戰的戰場上，
噢，奮戰者的愛人，奮戰者的愛人，
拿起你的武器，拿起你的武器，

讓我們走上戰場，真主黨在召喚你，
真主黨在召喚你，衝破所有險阻，
向著敵人開戰。

甚至連革命的歌曲都變了。左翼人士過去是哼唱別的歌曲，手上彈著吉他。他們的遊吟詩人是黎巴嫩的作曲家馬爾西勒・哈利法（Marcel Khalifeh），他手中握著烏德琴（*oud*，這是種類似梨子形狀的弦樂器，在阿拉伯音樂中擁有核心地位）。他的歌詞來自於最著名的巴勒斯坦詩人，馬穆德・達爾維什（Mahmoud Darwish）。

在我和麗塔之間，是一把認識麗塔的步槍，
俯身叩頭，向她眼中的琥珀跪拜。

哈利法仍然演唱，但他不在擠滿人的體育館中了。他的觀眾已經變成伊斯蘭主義者的目標，這是一場無情的消音運動，為的是消滅那些能夠為什葉派社群提供智性替代選擇的人：什葉派對什葉派的暴力，這是兩種對立的世界觀。

在巴基斯坦，一種近代歷史未曾出現過新現象的時代已經來臨：遜尼派對什葉派系統性的殺戮。

第八章

什葉派異教徒

巴基斯坦，一九八〇年至一九八八年

我去到西方，看見沒有穆斯林的伊斯蘭；
我回到東方，看見沒有伊斯蘭的穆斯林。

——穆罕默德．阿布都，十九世紀的現代主義宗教學者

一九八七年夏天，巴基斯坦的遜尼派進入靠近阿富汗邊境的部落地區殺死什葉派，自己的同國人。然後什葉派又再殺死遜尼派，有將近兩百人喪命。這場暴力不是社區暴動的結果、不是部落之間的爭鬥，也不是像伊朗和伊拉克之間的戰爭那樣屬於國與國之間的戰爭。截至當時，兩伊之間的廝殺已經進入第七年，但伊拉克什葉派卻在自己國家的國旗下忠心耿耿地與伊朗作戰，波斯－阿拉伯衝突只不過才剛開始染上教派色彩。與前述事件都不同，巴基斯坦的流血事件是一個教派的民兵對另一個教派的民兵第一次有預謀、政府支持的攻擊，是穆斯林世界在近代第一次看到的殺戮型態。教派殺戮是伊朗革命與沙烏地瓦哈比主義的衝突所埋下的種子，加上齊亞．哈克的挑釁狂熱，多虧了此人在一九八五年弄出的

全民公投，讓他成為國家虔誠的維護者，他如今仍舊在位。

每一個陣營都有自己的過河卒子。但是在流血和宗派民兵之前，曾有公開傳教者：兩個巴基斯坦宗教學者（*allamas*），他們彼此的世界觀對立——一個和伊朗同邊，另一個和沙烏地阿拉伯同邊。這兩個人只見過一次面，但是他們相似的人生軌跡，講述了紹德家族和何梅尼之間的代理人戰爭是如何在一九八〇年代的巴基斯坦開始上演的。[1]他們的言語可以顯示出各自社群的激進化，他們的殘酷死亡象徵著現代遜尼－什葉宗派暴力的開端，這種暴力先在巴基斯坦蔓延，接著擴散到中東。這兩個宗教學者生活在各自分隔的世界裡，和電視主播梅赫塔布幾乎完全不同的世界，但是假以時日，他們的巴基斯坦將會主宰梅赫塔布的那個巴基斯坦。

艾山．艾拉西．札希爾曾在麥地那的伊斯蘭大學學習，也是該校位高權重的副校長——盲眼謝赫賓．巴茲的門徒。阿里夫．胡賽尼則是在納傑夫學習，是巴基斯坦首批擁護阿亞圖拉何梅尼的宗教學生之一，他曾在何梅尼的流亡地一起參加晚間禮拜和演說，並敦促巴基斯坦的同學支持伊朗的反改革派。[2]

札希爾的聲音一直都那麼憤怒，身上穿著民族主義者的服飾：一頂卡拉庫里帽，也就是著名的巴基斯坦國父真納所戴的那種羊毛帽，身上穿著長衫和馬甲背心。他留著修剪過的深棕色鬍鬚，帶著金絲邊的有色鏡片眼鏡，他看起來就像是一個一呼百應的群眾領袖，而不是神學家。

阿里夫．胡賽尼則是身材高大，在人群中顯得格外突出，他身穿教士的長斗篷，黑色的頭巾作為他有賽義德（先知後裔）血統的象徵。他的演講十分火爆，但是並不憤怒。他們兩個人都精通阿拉伯語，胡賽尼有一種柔和的、受到波斯語影響的語調，而札希爾則是操著他在波灣地區學到的那種更拘束、帶喉音的口音。

札希爾和阿里夫．胡賽尼年紀相差一歲，正值一九四七年英屬印度分治時，在新生的獨立巴基斯坦的兩端出世。胡賽尼來自和阿富汗接壤的部落地區的庫拉姆區（Kurram district）裡的小村子派瓦爾（Piwar）——這是唯一一個擁有大量什葉派少數族群的區，比例約占四成。他出身自什葉派的圖里（Turi）部落；其他部落則是什葉派和遜尼派混合的部落，比如班加什部落（Bangash）。札希爾來自旁遮普，那裡的富裕地主常常是什葉派，勞動者是遜尼派。

巴基斯坦的什葉派是這個國家最大的少數族群，是伊朗以外的第二大什葉派人口，但是與阿拉伯世界的什葉派不同的是，他們從來沒有感到被壓迫過。在次大陸上，甚至是在分治以前的印度，也存在著反什葉派的情緒，但就像是在此之前穆斯林世界的其他地方一樣，這種情緒只限於少數的神職人員和追隨者，並未在一般民眾中蔓延，也未破壞一個國家的穩定。社群暴力不時爆發，尤其是在宗教節日時。有時會因為小爭執而爆發，例如宣禮塔的高度或是一場遊行的路線，或者是更加嚴重的事情（但不至於出人命），例如土地爭議。什葉派的領袖為所有巴基斯坦人的權利執言，但是他們作為少數社群所提出的權利要求也被聽見了。

巴基斯坦的什葉派曾在建國過程中扮演關鍵角色，該國的國父穆罕默德．真納本身就是什葉派。巴基斯坦這個國家的建國願景也不只屬於遜尼派，而是一個廣納包容的穆斯林家園。在建國之初的幾十年裡，領袖的教派身分並不重要。什葉派在旁遮普省是富裕地主，但是他們也能成為將軍、著名政治人物。祖利菲卡・阿里・布托就娶了一個伊朗的什葉派。他也不用為什葉派的象徵——他自己的名字——*zulfiqar*——感到有什麼不好意思的。這個詞的本意是指阿里那把尖端分成兩刃的劍。

但是，齊亞・哈克用他的「伊斯蘭制度」結束了包容的穆斯林民族主義。當他在一九七九年二月推行新法律時，他還承諾將在當年的年底之前建立一個國營的天課（*zakat*）基金。天課是伊斯蘭的五大支柱之一，是占個人年收入二・五%的慈善捐款（譯注：作者在此處對天課的敘述過於簡化；關於何人有天課義務，以及何人有權接受天課是有具體而細緻的規定的，並非可如此一以概之），這是真主給穆斯林的規定，但是很少由政府實施（除了極少數，例如沙烏地阿拉伯）。齊亞拿著從沙烏地阿拉伯、阿拉伯聯合大公國和巴基斯坦政府那裡得到的二・二五億美元的種子基金，想要從國內所有穆斯林個人和公司銀行帳戶中強制性扣除天課。[3]他說，這將有助於緩解貧困和乞丐問題，將巴基斯坦變成一個更加公義的社會。這消息在巴基斯坦人之間引起很大的驚駭。有些人開始把錢從銀行中拿出來，以逃避這種額外的稅賦；另一些人則抱怨這是強迫的虔誠，想要知道政府接下來是不是會分發打卡單，讓人證明是不是去清真寺做了五次禮拜。[4]巴基斯坦人開始將天課稅稱為「齊亞稅」，開玩笑說這些錢是進入到他們所有人中的那個最大乞丐的口袋裡。

但是對巴基斯坦的什葉派來說，強制執行天課稅的計畫並非玩笑；這表明齊亞不僅是要將國家伊斯蘭化，而且要將其「遜尼派化」。遜尼派和什葉派的伊斯蘭法律在一些特定的方面有所不同，齊亞強行通過實施沙里亞法，就是在強推遜尼派對於沙里亞法的解讀。對於什葉派來說，自從阿里的追隨者選擇不向先知之後的哈里發效忠或納稅時開始，天課就只能是自願的個人行為，不能由國家徵收。對伊斯蘭法律解讀上存在的小出入，在數十年的社群生活中從來就不是一個問題，如今卻突然導致巴基斯坦社會巨大的裂痕。目前不清楚沙烏地人或者是他們的特使達瓦利比是沒有注意到還是不在乎一個擁有如此多的什葉派人口的國家對於此事的反應。

一九七九年二月，在齊亞宣布其伊斯蘭法的同一天，喀拉蚩的遜尼派團體舉行抗議行動，要求立即在全巴基斯坦實行哈奈菲遜尼教法學派的伊斯蘭法，並在所有的沙里亞法庭中任命遜尼派法官。[5]什葉派的教士擔心此舉只是反對他們的運動的開端，決定要組織起來。在一九七九年四月十二日和十三日，來自不同組織的數千名什葉派教徒湧向旁遮普省的巴卡爾鎮（Bhakkar）參加會議。他們組成了TNFJ（*Tehrik-e-Nifaz-e-Jafariya*），這是一個實施賈法里（什葉派）法律的運動，TNFJ並不要求在全巴基斯坦實行什葉派的法律，而是希望包括其他各事項，什葉派的法律可以得到法庭承認，並且任命更多的什葉派法官進入伊斯蘭思想委員會。幾個月過去了，齊亞也沒有實行天課。

然後，在一九八〇年六月二十日，齊亞終於宣布正式實施天課稅的法令。第二天，全國各地的銀行關閉，立即對所有帳戶徵收二．五％的稅。[6]由於齊亞對他們權利的漠視，全國各地的什葉派人口激憤不已，七月初，他們來到伊斯蘭瑪巴德。TNFJ、什葉派學生組織和激進的神職人員匯聚了十萬群眾，包圍政府大樓。他們冒著暴雨、催淚瓦斯和警察的毆打，堅守了整整三天。巴基斯坦的什葉派從來沒有以這樣的方式動員，也從來不需要這樣的動員。齊亞突然清醒地意識到他們的街頭力量，不得不在幾天內讓步，免除他們的強制性天課。什葉派的活動家興奮不已：他們是巴基斯坦第一個在所有問題上成功反抗獨裁者及其戒嚴法的群體。他們的抗議行動更是特別為什葉派社群取得一場勝利。但是遜尼派的教士和活動家十分氣惱：齊亞向什葉派讓步，破壞了他們對巴基斯坦作為伊斯蘭國家典範的願景。巴基斯坦社會內部正在劃定界線，在繳納天課和不繳納天課的人中間，在遜尼派和什葉派——這些「他者」穆斯林——之間劃出了分野。

利用他們對伊斯蘭瑪巴德的包圍，什葉派又成就了另一個首次：作為一個社群，他們號召來自外部的支持。[7]何梅尼也回應了他們，他警告齊亞，如果繼續迫害巴基斯坦的什葉派，他將會遭到和伊朗國王一樣的下場。現代的伊朗和巴基斯坦是最親近的朋友。作為一個年輕國家，巴基斯坦在制定憲法時曾經以伊朗作為範本，並在一九五〇年國王訪問巴基斯坦時加緊腳步創作出國歌。伊朗國王將自己定位成這個年輕鄰居的恩主，雖然有時候對其頤指氣使，令巴基斯坦人不滿，但是從來沒有直接干預過對方的事務。[8]

革命後的伊朗做法則不盡相同——它將自己定位為各國什葉派的保護者。何梅尼既把什葉派視為輸出革命的管道——就像是在黎巴嫩的真主黨等組織一樣——但同時也把各國什葉派視為他的無國界省份裡的臣民。學生尤其是他的目標。什葉派的伊瑪目學生組織（Imamiyat Student Organisation，ＩＳＯ）成為一個革命輸出口，在巴基斯坦推動何梅尼的願景和計畫。[9]幾年之內，伊瑪目學生組織將直接和最高領袖辦公室聯繫起來，何梅尼的畫像會高高掛在他們的辦公室裡；年輕的學生在臥室裡掛上他的海報。宗教學生受到熱烈的奉承：過去巴基斯坦人主要是前往納傑夫學習，但是在革命爆發後的幾年之內，有四千名學生收到伊朗政府獎學金，來到庫姆完成最長為一年的學程。[10]當這些學生回國後，許多人都完全支持法學家監護的概念，開始在巴基斯坦向其他人傳授此道。

如果沒有齊亞的挑釁，我們不知道巴基斯坦的什葉派會如何接受何梅尼的革命訊息，但是這種挑釁為阿里夫・胡賽尼這樣的神職人員提供強大的號召力。胡賽尼骨子裡就是一個革命者，是能夠挑動大眾追隨的人。當他在納傑夫時，他為受壓迫的什葉派提出的抗議惹怒過伊拉克人。他在庫姆時，還曾經寫抗議信給伊朗國王。一九八〇年發生天課包圍事件時，他從他的家鄉庫拉姆集結了上千名志願者。那時候胡賽尼在庫拉姆之外還沒什麼名氣，但是到一九八四年時，這位三十七歲的教士已經成為了TNFJ的領袖。他去面見何梅尼以接受官方的支持。[11]胡賽尼先前已被指定為何梅尼的代理人，一名瓦基勒（*wakil*），但是官方的認可能夠讓他更有分量。這也意味著他能夠收取 *khums*（一種什葉派的宗教稅），將一部分用於巴基斯坦什葉派社區的公益，另一部分則寄給何梅尼。伊朗的最高領袖也是「*marja'a taqlid*」，是追隨者的效仿對象。具有瑪爾賈（*marja'a*）身分的高級教士大多數在伊拉克和伊朗，他們在穆斯林世界的代表可以代表信眾收取一部分 *khums* 稅。在一九八〇年代，巴基斯坦是伊朗獲得此種收入的一個重要來源。[12]

胡賽尼對阿亞圖拉十分敬重。他認為何梅尼是一個受祝福的人，是隱遁伊瑪目在世間的真正代表，也是唯一一個能夠打破超級大國——美國和蘇聯——對其他國家（包括巴基斯坦在內）的宰制的人。[13]胡賽尼效法革命後的伊朗，在一九八四年時試圖在巴基斯坦引入一個「耶路撒冷日」的新傳統；後來他又增加了一個「美國去死日」。[14]對於胡賽尼來說，儘管他一直小心翼翼地不給人留下要用暴力推翻政權的印象，但只有效法伊朗革命的那種伊斯蘭革命，才能解決巴基斯坦面臨的困境。齊亞可能是他的「近敵」，但是胡賽尼還有「遠敵」，也就是何梅尼非常鄙視的那些人——沙烏地阿拉伯和瓦哈比主義。他在談論他們的時候簡直不屑一顧，說他們是「披著伊斯蘭外衣的瓦哈比人」，並且對紹德家族大加撻伐，拿出何梅尼最喜歡的一句話攻擊他們的最痛處，說沙烏地人是麥加和麥地那糟糕的守護人。[15]他堅稱，這項守護聖城的任務應該交給一個由伊斯蘭各國組成的委員會。阿里夫．胡賽尼的崛起引發社群間的裂痕；那些遵循更為靜默主義傳統的教士不贊成他把巴基斯坦的什葉派伊朗化的做法。

胡賽尼和TNFJ愈是煽動和炫耀他們新發現的力量，就愈是激怒遜尼派的激進組織——在地化的針鋒相對反映的是沙烏地人對伊朗輸出革命的混合反應。當時胡賽尼正在白沙瓦經營一間神學院，宣傳著何梅尼的啟示。他並非這座城市裡唯一的人，那些被他恨之入骨的「披著伊斯蘭外衣的瓦哈比人」現在也在那裡。加入反抗蘇聯的阿拉伯戰士已經匯聚到白沙瓦。他們駕駛著大車，帶著先進的槍枝，到處撒錢。

他們起初只是涓涓細流，但很快就壯大了起來。到一九八〇年代中期時，他們已經占據整個社區，並在大學城松樹林立的街道上租下幾十間房。大學城是白沙瓦一個安靜的區域，位於十九世紀堡壘城市的城牆外，是個繁榮的地區，裡面擠滿灰白色的平房和盛開的九重葛。他們經營慈善機構和神學院，帶著妻子和孩子搬到這裡，然後生下更多的孩子。他們不僅有瓦哈比派，甚至不全是沙烏地人，但是「瓦哈比」是胡賽尼和何梅尼等人用來貶低其追隨者的統稱，以激發他們的追隨者對那些擁護沙烏地伊斯蘭實踐的遜尼派之不滿。對阿拉伯戰士來說，白沙瓦是個完美的基地——阿富汗離這裡只有一個半小時的路程，經過托克哈姆門（Torkham Gate），穿過因吉卜林（Rudyard Kipling）的《國王的玩笑之歌》（*The Ballad of the King’s Jestu*）而不朽，著名的開伯爾山口（Khyber Pass）就到了。

當春日沖洗沙漠中的草，
我們的商隊經過開伯爾山口。
駱駝瘦，鵪鶉肥，
錢包輕輕，行李重重，
當困在雪中的北方貨物來到，
進入白沙瓦鎮的市集廣場。

白沙瓦的命運依靠著亞洲最古老、最長的路線——大幹道（Grand Trunk Road）。從亞歷山大大帝向印度進軍，到英國殖民者將這裡作為全省的行政總部；從絲綢之路上的商隊，到一九六〇年代前往印度的嬉皮，白沙瓦可以是任何人的任何事：*purushapura*，在古老的梵文中，它是「眾人的城市」。這座多元的城市有著層次分明的過去，在獨立之前，錫克教徒和印度教徒曾和普什圖人的部落一同生活。這是一座鮮花的城市，它仍舊美麗，繁茂的花園就在城市的入口處，是蒙兀兒帝國和英國殖民時代的遺物。這保守而包容的城市和區域，因能夠複誦熟諳於心的那兩本書的普什圖戰士而出名，那兩本書是神聖的《古蘭經》，和他們自己的白沙瓦蘇非聖徒拉赫曼．巴巴的詩歌。每天都有數百名造訪者湧入這位十七世紀詩人的陵墓，老奶奶哼唱著巴巴關於愛與和平的詩句，哄著懷中的嬰孩睡去。

長期以來，白沙瓦一直被外人誤解，吉卜林和其他東方主義作家與記者將它貶損為一個「面目猙獰的城市」，這個迷思因他們以對「狹窄小巷」中窺視的「冷酷的黑眼睛」，以及「不善言詞」的可怕部落戰士的描述而永存，那些部落戰士以古老的白沙瓦方式表述自己的想法（按照這些作者的話說，就是開槍射擊）。[16]的確，白沙瓦的市場裡總是能夠買到槍，而且還有毒品，但是在一九八〇年代時，「面目猙獰的城市」終於贏得吉卜林賦予它的聲譽。白沙瓦人一開始並未看到這一切。沒有他們的發言權，他們的城市變成意識形態實驗的培養皿，總有一天會在世界的另一端產生仇恨的爆炸。但是白沙瓦人是第一批受害者。白沙瓦的命運也是成為流亡中的阿富汗聖戰者領袖的總部，幾十萬阿富汗難民的家，幾百名西方援助人員、慈善機構和聯合國工作人員的家——而且有愈來愈多的阿拉伯伊斯蘭主義活動者、戰士、記者，因吉哈德的動人呼喚和展開行動的激動人心而來到這裡。

埃及軍團的人數最多。醫生艾曼．薩瓦里也在那裡；他在沙達特遭暗殺後出獄，現在是埃及伊斯蘭吉哈德組織的領袖，將在今後幾年內成為蓋達組織的第二號人物。刺殺沙達特的凶手的兄弟穆罕默德．伊斯蘭布里也出獄了，自從他的兄弟殺死了「近敵」之後，他就來到白沙瓦加入吉哈德。他在向白沙瓦輸送戰士此事上發揮關鍵作用，後來還試圖刺殺埃及總統胡斯尼．穆巴拉克。伊薩．貝卡維，又名阿布．穆罕默德．馬克迪西，是一名在科威特長大的巴勒斯坦人，他於一九八五年來到這裡。他也曾在麥地那學習，在那裡聯繫上賓．巴茲，並為獲得有關瓦哈比主義的書籍而感到欣喜。馬克迪西的姊夫是阿布杜拉提夫．德爾巴斯，此人和祝海曼有關，一九七九年曾經在科威特幫忙印刷祝海曼的煽動性小冊子。馬克迪西非常欽佩祝海曼，在白沙瓦，他會在自己寫作的書中將這個狂熱分子的觀點再向前推進一步，抨擊沙烏地政府，激勵新一代的狂熱分子。目前，他在奧薩瑪．賓．拉登等人的影子裡。賓．拉登剛抵達白沙瓦的時候，既年輕又害羞，是個經營大型建築公司的富豪家族後代，與王室關係密切。他起初只是從吉達出發到各地走訪，但是在一九八〇年代中期，他終於帶著家人定居在白沙瓦。

阿拉伯人住在社區式住宅裡，他們付得起昂貴的房租。儘管許多白沙瓦人對於他們的傲慢舉止感到不滿，但是也很難拒絕他們的錢。該地區的周圍開始有掛了阿拉伯文招牌的商店，他們是好顧客，所以雜貨店商人都會迎合他們的需求。他們開著車窗貼著暗色貼紙的汽車到處跑，興辦學校和清真寺，出版將餵養幾代暴力好戰分子的阿拉伯語書籍。他們在巴基斯坦的中央建立了一個小小的阿拉伯斯坦（就像是伊朗人在巴勒貝克建立起一個小德黑蘭一樣)。[17]

印第安納大學的年輕沙烏地畢業生賈邁勒・哈紹吉也在那裡。他現在是一名為沙烏地刊物撰稿的記者,從前線發來令人興奮不已的報導,講述阿拉伯戰士的日常生活和事蹟,在他的眼中,他們代表著伊斯蘭民族的團結——阿富汗戰爭是一場好戰爭,一場信仰者和不信者的戰爭。[18]這也是一場符合每個人利益的戰爭:沙烏地人在麥加慘敗後需要重建聲譽,美國人想讓蘇聯嘗嘗自己在越南的感受,而齊亞則利用這場戰爭保住權力。[19]

直到一九八〇年代初,伊斯蘭主義革命者和民兵仍然專注在反對各自政府的鬥爭上,在各自國境內行動,例如在敘利亞或是埃及。雖然他們的目標大致相同——在他們的國家建立一個伊斯蘭政府,但是他們之間並不存在範圍更大的、統一的事業(阿拉伯戰士偶爾也會加入巴勒斯坦解放組織的行列中,但是它從未成為一支真正的跨國戰士集團)。他們目睹伊朗革命的成功,驚嘆言論的力量和伊斯蘭教可以喚起數百萬人走上街頭的能力。在阿富汗的反蘇戰爭中,他們發現了一個戰場,也發現了彼此。不同國籍、抱持不同信念的伊斯蘭主義戰士聚在一起,獲得更大的力量。

如果說一九七〇年代的貝魯特是一間各種左翼人士的大超市,馬克思主義者、共產主義者、埃及人、伊拉克人、各個巴勒斯坦人派別,他們在裡面辯論和發展其理論,出版著作,在酒吧裡喝酒,為各種觀點爭論不休,在街頭打架;那麼一九八〇年代的白沙瓦就是各種伊斯蘭主義者的超市,沒人喝酒,但是他們在這裡討論伊斯蘭法律、教法建議、信士的戰爭、穆斯林民族的統一,以及阿富汗難民的人道需求。

實際上，齊亞時期的巴基斯坦是能夠買到酒的，這些都是走私或者偷運的酒，在隱蔽的地下酒吧或是飯店的酒吧裡供應，也包括一直逃避政府全面控制的白沙瓦，這裡是各種間諜、記者、西方援助工作人員尋求從附近戰爭中抽身出來，在酒吧裡放鬆的地方。有些酒吧只對外國人開放，例如一九八五年開業的美國俱樂部（American Club），這裡提供飲料和漢堡，還主辦有氧運動課程。[20]賓·拉登是美國俱樂部最出名的鄰居。洲際飯店俯瞰著巴基斯坦武裝部隊在一九七五年落成的十八洞高爾夫球場，現在是各種戰士、記者和西方人彼此彆扭地擦肩而過的地方。在巴基斯坦的一次報導任務中，賈邁勒．哈紹吉和聖戰者一起坐在洲際飯店的花園裡，討論著當天的情況和下一步的行動，並嘲諷地看著那些坐在酒吧裡的西方人。[21]其中一名戰士把服務生叫了過來：「把窗簾拉上，我們不想看到那些人在這裡。」沒有暴力、沒有對酒吧的洗劫、沒有對西方人的攻擊，時機還沒到。在八〇年代的大部分時候，酒吧仍能有辦法供應酒精飲料，但是緊張局勢正在累積。賈邁勒當時很年輕，非常興奮能夠成為比自身更偉大的事件的一部分。他拿著卡拉什尼科夫衝鋒槍擺著拍照姿勢，花好幾天，有時候是好幾週的時間和阿拉伯戰士在一起，和他們建立連結，並全心全意將心血傾注在他的派遣任務上。但是在花園裡轉瞬即逝的那一刻，他嗅到了這些阿拉伯戰士身上的傲慢，感覺到了世界和文化之間的摩擦。他的一個伊斯蘭主義者朋友曾經批評他幫助一家歐洲援助機構為阿富汗難民裝貨——為什麼賈邁勒在幫助那些不信教的人，那些異教徒？「因為這些不信教的人正在把上百萬美元的物資交給阿富汗難民，」他回答道：「你幫了什麼忙嗎？」[22]

前往白沙瓦的阿拉伯人是一群很怪異的群體：被自己國家的政府避之不及的人、尋找正義事業的真正信徒、尋求刺激的短期吉哈德度假者、為受傷的聖戰者療傷的醫生。他們是是個大雜燴，混合了聖戰者、和平工作團的志工、西班牙內戰時期共產主義國際旅的穆斯林版本。他們所有人受到的啟發，或者至少是大部分的啟發，都來自阿布杜拉·阿扎姆（Abdallah Azzam）。[23]一位極富領袖魅力的西岸巴勒斯坦人，留著代表性的兩縷白鬍子。他是首批到達巴基斯坦的阿拉伯人之一，為更多的人奠定了後勤供應和神學上的基礎。

阿扎姆自年輕時就是個虔誠的人，他有一些在約旦和巴解組織一同抵抗以色列的經驗。自埃及愛資哈爾大學畢業後前去吉達教書，對吉哈德的嚮往讓他更加靠近在阿富汗進行的戰爭，並將他帶到巴基斯坦，於一九八一年開始在伊斯蘭瑪巴德的伊斯蘭大學裡教授阿拉伯語和《古蘭經》。那裡最近才竣工揭幕的費薩爾國王清真寺，以及伊斯蘭大學，都是沙烏地資助的。阿扎姆很快就在白沙瓦定居下來，並勸說他在吉達時結識的賓·拉登來這裡。他們兩人想要打開一道閘門，讓已經慢慢湧入的阿拉伯戰士來得更加踴躍。賓·拉登提供資金，阿扎姆負責號召。一九八四年時，賓·拉登首先在吉達為聖戰者籌集了一筆高達一千萬美元的錢，這些錢都是他的親戚和王子的捐款。[24]他宣布將會為每個參加戰鬥的阿拉伯人（和他的家人）提供機票、住宿和生活費。隨後阿扎姆發布了一則顛覆現代傳統的宗教判令：他的宗教建議指出，去阿富汗參戰是個人的主命（*fard ayn*），是每一個穆斯林的個人義務。[25]

這在以前是不曾有過的；個人的主命大多適用於禮拜、齋戒等義務，這些都是伊斯蘭的根本支柱。個人主命可以運用在反對自己的領袖上面，就像是法拉格曾經在埃及宣布反對沙達特那樣。但是阿扎姆則是讓穆斯林有義務保衛不是自己所處的穆斯林土地免受非穆斯林攻擊。更宏大的事業通常是歸入到另一個主命類別，即 *fard kifaya*，這是整個社會要履行的義務，對於個人則不一定有約束力。教士對阿扎姆的宗教判令感到嗤之以鼻。但是賓．巴茲卻是閃爍其詞，要求人們給予金錢和道義上的支持。日後，當教士看到阿拉伯戰士回應阿扎姆的呼籲，這條界線便開始變得模糊，教士的嘲弄也消失了。

在一九八五年前後，阿扎姆和賓．拉登在白沙瓦成立了支持者之家（Maktab al-Khadamat）：一半是賓館，另一半是辦公室，這棟位於大學城，有著大花園的寬敞單層房屋成為阿拉伯聖戰者的神經中樞。他們利用該機構為難民籌款和提供資金、招募和部署聖戰者、分發武器。賓．拉登每月支付兩萬五千美元以維持其運轉。後來，這兩個人將會因賓．拉登要把吉哈德推向全球的計畫而分道揚鑣；阿扎姆將在一九八九年在白沙瓦遭到暗殺，支持者之家則會變成蓋達組織的核心。

大部分和蘇聯的戰鬥由阿富汗人完成，在整場戰爭中，還有二十五萬全職或兼職戰士。[26]美國向他們提供官方和暗中的支持，在八年的戰爭中供應他們三十億美元，沙烏地人利用每一塊錢。阿拉伯戰士，或是後來他們被稱呼的阿拉伯阿富汗人，是少數人，無論何時都是幾千人規模，在整個戰爭期間據估計總數有三萬五千人。[27]還有數千人作為包括醫療人員在內的各類志願工作者，他們不是為了體驗戰鬥的刺激，而是為了感受白沙瓦令人振奮的氣氛，和這種新型跨國聖戰的連結。沒有任何國家系統性資助或組織阿拉伯阿富汗人；他們在私下籌集資金並自行組織。用非官方的說法而言，他們是沙烏地阿拉伯的心頭好，是一項國家事業。沙烏地情報部門的負責人，已故國王的兒子圖爾奇·費薩爾王子是白沙瓦的常客，他的參謀長也同樣為聖戰者提供大量的現金。[28]在一個威權的王國裡，什麼屬於政府、什麼不屬於政府的界線常常模糊不清。沙烏地航空公司為飛往白沙瓦的機票提供大幅折扣。[29]阿扎姆的工資是由世界穆斯林聯盟（World Muslim League）支付。[30]該聯盟在白沙瓦還有一間辦公室，作為輸送資金和招募志願者的前線。在開羅，雇用當地技術勞動力並在沙烏地施工的賓·拉登家族建設公司的辦公室成為尋求參戰者的管道。[31]沙烏地個人籌集和捐贈的資金形形色色：商人開出豐厚的支票，婦女捐出珠寶。[32]利雅德的省長、未來的沙烏地國王薩勒曼王子負責為聖戰者籌集私人資金，並為這項事業輸送了數百萬美元。[33]沙烏地的紅新月會和國際伊斯蘭救濟組織等慈善機構都與政府有聯繫，它們在白沙瓦設立辦公室，與沙烏地支持的聖戰者組織密切合作，管理難民營。賈邁勒有點擔心這些沙烏地人會把這些錢花在什麼地方。這些錢進入小的宗派團體裡，他們在廣泛的阿富汗人口中並不受歡迎，但是卻更貼近沙烏地阿拉伯對於伊斯蘭的解讀。據說，更早的時候有人將一名受歡迎、有蘇非傾向的阿富汗起義者提拔進入到聖戰者的最高領導層中，此舉讓賓·巴茲大為光火。賈邁勒認為，提拔更加宗派主義、清教主義的阿富汗團體不會有好結果，並向薩勒曼王子表明他的觀點。[34]

一九八〇年時，在八千萬人口的巴基斯坦，已經有一百多萬的阿富汗難民。到一九九〇年時，登記在冊的阿富汗難民人數已經到了三百二十七萬。[35]最初的幾年裡，在巴基斯坦的難民必須要在七個受沙烏地阿拉伯支持的官方聖戰者組織之一註冊，才能獲得領取食品和物資的資格，這七個組織被稱為白沙瓦七黨聯盟（Peshawar Seven）。有食物就有忠誠。難民營成為招募步兵的中心，而神學院則會向年輕人灌輸一種新的世界觀。

在齊亞的批准下，沙烏地的慈善機構在與阿富汗接壤的地區建立了數百所學校（*madrassa*），他們偏愛來自印度次大陸的原教旨主義思想流派的排他教義，這些流派和沙烏地的清教主義最接近，例如迪奧班迪和札希爾的「聖訓之民」（*Ahl-e Hadith*）。[36]課堂裡充滿阿富汗學生，巴基斯坦人在這些學院裡的入學率也在上升。在全國各地，尤其是巴基斯坦和阿富汗、伊朗接壤的西部邊境地區，來自天課稅和沙烏地的資金為宗教學院如雨後春筍般的發展提供助力。一九八〇年代，畢業生人數的增長速度超過人口增長速度，據估計高達三〇〇％。[37]教學的品質無法保持，學校教學的特點也改變了：不再注重宗教知識裡的精華，而是強調灌輸和動員，生產出為戰爭服務的民兵活動分子或是繼續將國家伊斯蘭化的文官。[38]*Madrassa* 這個阿拉伯語詞彙可指代任何形式的學校，無論是世俗的還是宗教的，是基督徒的還是穆斯林的，但是在這裡帶著一種黑暗、不祥的意味。這些宗教學校的部分畢業生成為一九九〇年代讓阿富汗受到恐嚇的塔利班運動創始人。沙烏地人為阿拉伯阿富汗人提供的贊助將會導致蓋達組織興起。和沙烏地帝國主義相關的問題、文化問題或是其他的問題，都因他們是糟糕的管理人而導致。更常發生的情況是，他們對自己的產物失去控制，然後再假裝無知或無辜。

西方媒體常常關注那些宗教學校中的少數狂熱者，但是卻忽視更大的問題：即便是那些不支持暴力的人，他們的思想也開始封閉，被塑造成某種更加教條主義的思想，比他們父母輩對於世界的理解更不寬容。巴基斯坦各地的普通學校裡也灌輸偏執觀念，學校的課程在改變。所有科目的教科書都穿插宗教內容，歷史遭到扭曲以適應當前的意識形態，將巴基斯坦的民族主義定義為穆斯林獨有，越發頻繁地把少數族群描繪成次等人。沙烏地阿拉伯正在幫助創造一種可以將思想和行動推向極端的環境，他們看不見自己創造的後果，因為他們無法認知到自己意識形態中的不寬容。

所有被一九七九年造成的影響、恐懼或黑暗所轉變的城市中，白沙瓦受到的傷害最嚴重，也來得最快：大量的難民、槍枝和仇恨。這座城市被齊亞的伊斯蘭化、駐紮在此之阿富汗聖戰者的狂熱和殉難追求和阿拉伯戰士的傲慢影響，阿拉伯人在這裡走來走去，就如同這座城市是他們擁有的一樣。星期五的演說內容愈來愈憤怒。「以神的名義開殺戒，」傳教士大喊道：「以神的名義奮戰。」清真寺的大喇叭裡傳出的毒液在城市裡迴盪，透過打開的窗戶或門縫進入家家戶戶，滲透進人的意識。阿里夫·胡賽尼還在他的白沙瓦清真寺裡傳教，他的宗教學校在這裡很受歡迎，充滿了何梅尼訊息的追隨者。兩個世界正在發生對撞，起初只是在語言上。從白沙瓦的遜尼派清真寺的擴音器裡傳出當地人未曾聽過的話語，或者即使他們曾經聽到，也只不過是小聲的耳語：「什葉派異教徒，」那些傳教士叫嚷著：「什葉派異教徒」……

賈邁勒．哈紹吉以前也聽過這些話，或是說這些話的變體，不僅因為他在沙烏地阿拉伯長大，也因為一九八一年十二月時，他同意在他幫忙組織的伊利諾州春田市（Springfield）阿拉伯穆斯林青年會的書展上展示一本反什葉派、反伊朗的小冊子。有人拿著一本新出版的阿拉伯文書的樣書來找他，書名叫《祭司已歸來》（*And Now the Magi's Turn Has Come*），書中認為伊朗革命只不過是什葉派統治中東的一個策略。作者認為，伊朗人並非真正的穆斯林，而是祆教徒（祆教中的祭司稱為 *magi*），這些人自從先知去世以來就滲透進伊斯蘭教裡，因此，他們是穆斯林民族團結的真正威脅。這本書裡充滿歷史和神學上的不準確之處，但是對那些對伊朗革命保持戒心的人來說，這些不準確都不重要。埃及學生因為書展上販售這樣一本分裂性的書而發起抗議。哈紹吉為難地思前想後，但還是選擇讓這本書繼續販售——這書有些價值，也有利益。一九八一年，阿拉伯世界正處於兩伊戰爭中，人民對何梅尼為神權統治成功帶來權力的熱情已經在遜尼世界裡消退了。地緣政治當前的要求是不惜一切手段削弱伊朗。雖然是薩達姆．海珊入侵伊朗並發動戰爭，但是阿拉伯人認為何梅尼是個挑釁者。

這本反什葉派小冊子的作者在一九八〇年初時首次試圖出版他的書，但是在阿拉伯世界沒有一家出版商願意接受，沒有人願意觸及這種教派論戰。[39]反什葉派的著作在穆斯林世界裡並不新鮮，但是他們的受眾一直很有限，他們的訊息——來自原教旨主義的邊緣地帶，被大多數人迴避。在歷史上，神學上，遜尼派和什葉派的分野並不影響人的日常生活。實際上，《祭司已歸來》的作者也害怕這種反應，所以用化名寫作。但是在一九八〇年的九月，正當兩伊戰爭開打，這個作者找到了一間出版商和一個最出色的贊助人：賓．巴茲。麥地那大學的副校長現在是沙烏地高級烏里瑪委員會的負責人。他請了一個委員會來審核這本書，並立刻就成了這本書的支持者：他訂購了三千本並出力推廣。[40]這本書很快就印刷了十二萬本，在沙烏地阿拉伯、科威特和其他阿拉伯國家到處流傳。這本書的廣泛傳播成了一個分水嶺，為一九八〇年代反什葉派出版物的氾濫打開大門。這本書的作者在二十年後以穆罕默德．載因．阿比丁．蘇魯爾（Mohammad Zayn al-Abidin Surur）的名字露面，他是一個正在流亡的敘利亞穆斯林兄弟會成員，曾短暫住在沙烏地阿拉伯，然後於科威特定居。他的反什葉派觀點是出自於對阿塞德的仇恨和此人與伊朗的結盟。蘇魯爾的寫作和影響力將會在幾十年間引起波瀾，推動一波反變革武裝分子的興起，這些人後來將會轉而反對沙烏地政府。但是在一開始，蘇魯爾的書正好滿足戰略上的目的。

沙烏地人熱中宣傳的另一個反什葉派作者是賓．巴茲的明星學生，巴基斯坦本土的艾山．艾拉西．札希爾，咸認他是加劇南亞遜尼－什葉緊張關係和暴力方面最有影響力的教士。[41]他在一九六三年至一九六八年間就讀於新開設的麥地那伊斯蘭大學，以優異的成績畢業，並在很早就受到賓．巴茲的鼓勵，將他的觀點發表出來。他甚至在伊朗革命之前就已經寫了反什葉派的論戰文章。札希爾接受的是拒絕什葉派的「聖訓之民」教育。他在沙烏地阿拉伯的歲月很可能鞏固了那些觀點，伊朗革命更是發揮火上加油的作用。札希爾後來發起聖訓之民黨（Jamiat Ahl-e Hadith），充分滿足沙烏地贊助人的期許，並且出版十四本反什葉派的書，還吸引到大量的聽眾。[42]這些書很多是用阿拉伯語寫成，後來才翻譯成烏爾都語。他論點的核心與蘇魯爾的論點相似，但是不包含政治：什葉派不是真的穆斯林，他們是受到猶太人、祭司和其他人滲透的。就像在蘇魯爾的書裡那樣，這是一種新的語言，並不是神學辯論，而是對什葉派信徒為人本身的攻擊。主流的、溫和的遜尼派教士試圖抵制這種對穆斯林同胞不妥協態度的滑坡言論，但是激進的聲音變得愈來愈大聲。愈來愈多的書籍出版，書名諸如《什葉派對《古蘭經》的反叛》、《什葉派對伊斯蘭的反叛》之類。沙烏地人不僅鼓勵這種惡毒言論，還幫助將這種書翻譯成多種語言，在穆斯林世界裡發行。[43]從伊斯蘭瑪巴德到美國華盛頓的沙烏地大使館裡都備有印本以供分發。[44]這已經不再是勸說，而是政治譴責了。

雖然札希爾在他的著作中並未涉及過多政治，但是當兩伊戰爭拖到第三年，他還是盡自己的努力來團結信眾。伊朗的政治宣傳為伊拉克政府貼上異教政權的標籤，薩達姆則尋求伊斯蘭世界的掩護。雖為一個世俗的復興黨人，他對伊斯蘭組織的世界沒有什麼經驗，所以他轉向沙烏地阿拉伯。[45]沙烏地派來他們最喜歡的人：馬魯夫．達瓦利比。這位沙烏地國王的敘利亞人顧問同時也是世界穆斯林大會的負責人，他在召集伊斯蘭世界的名人參加一九八三年四月舉行的民眾伊斯蘭大會（Popular Islamic Conference，PICO）發揮了重要作用：有兩百八十名宗教學者和五十個國家的活動者出席大會。巴基斯坦代表團是最大的代表團。[46]最初期望何梅尼能夠支持他們各自的伊斯蘭革命，就像敘利亞穆斯林兄弟會的賽義德．哈瓦一樣；也有反對伊朗的人，因為他們認為何梅尼是阿拉伯民族的威脅；還有那些與沙烏地關係很近的人；還有視伊朗人為區區異教祭司的人——所有人都來了。他們頭戴著纏頭巾，教士穿著長袍，前排則坐著那些公然世俗的復興黨人，形成十分奇怪的畫面。

札希爾因為他的書，如今在阿拉伯世界有了許多追隨者，他發表一篇演說，譴責伊朗人並且呼籲穆斯林世界集結在薩達姆．海珊的身後。「那些人只明白劍的語言，這些人需要在胸前掛起劍，不僅是薩達姆的劍，也不只是他的英雄的劍。」[47]用流利的阿拉伯語寫作，沒有出處注腳，札希爾將伊朗人描述成和其他邪惡領袖——敘利亞和利比亞領袖——結盟的邪惡的人。但陰謀會失敗的，札希爾堅持說，他揮動著拳頭，在演講結束時幾乎是尖叫著。在前排，薩達姆聽在耳中，無動於衷，然後起身與札希爾握了很長時間的手。

在小冊子、書籍和會議後，出現的是法特瓦和民兵。一九八五年，在齊亞和安全部門的默許之下，旁遮普成立了巴基斯坦「聖賢軍」（Sepah-e Sahaba Pakistan，SSP）。[48]聖賢軍的唯一目標就是譴責和攻擊什葉派，這是穆斯林世界第一個公開的宗派主義武裝組織，有著令人不寒而慄的集會口號「異教徒、異教徒、什葉異教徒」。一九八六年，一系列法特瓦開始廣泛地四處流傳，禁止遜尼派吃什葉派烹飪的食物或參加他們的葬禮。隨後，更多的法特瓦明確宣布什葉派是異教徒——這是真正的殺人執照。[49]在巴基斯坦或穆斯林世界，讓非遜尼派信徒變節脫離並非一個新現象（這在更小的穆斯林少數群體中發生過），但是現在這成了一個針對什葉派，一個在巴基斯坦有數百萬人口的少數派的共同趨勢。

接著發生的事情是不可避免的。一九八六年，齊亞和沙烏地向巴基斯坦注射的教派毒藥，與阿富汗戰士在胡賽尼的家鄉、與阿富汗交界的庫拉姆地區發生衝突。胡賽尼的什葉派圖里部落對於阿富汗難民湧入感到不滿，並對他們的地區被用於向阿富汗發動襲擊的發射臺、戰鬥人員和武器越境的通道感到不滿。他們是處在被來自阿富汗境內報復所攻擊的一邊。當地部落動員起來，以阻止戰士並解除他們的武裝，因為有報導說，政府想要把庫拉姆變成聖戰者的永久基地。[50]齊亞不能讓任何人阻擋他的奮戰，這是一項有利可圖的事業，能讓他的經濟運轉，並讓他繼續掌權。一九八六年一整年都有零星衝突發生，直到一九八七年七月，齊亞派阿富汗和巴基斯坦遜尼派武裝分子襲擊什葉派的圖里村莊。戰鬥持續兩週；什葉派發動反擊：五十二名什葉派和一百二十名遜尼派死亡，十四個村莊遭部分或全部摧毀。這裡是現代教派流血事件的中心，是現代第一次發生的此類事件。教派主義已經變成了武器。

隨即而來的是鎖定目標的暗殺。一九八七年三月二十三日早晨，札希爾正在拉合爾對著臺下他所在政黨人山人海的年輕派演講。他的演講因一個安裝在他腳下的小型炸彈爆炸而中斷。八個人當場喪生，札希爾受了重傷。薩達姆和法赫德國王都提供醫療服務。[51]沙烏地人特許一架專門的醫療飛機來接他，札希爾在他父親的陪同下到利雅德接受醫治。他在三月三十日凌晨於費薩爾國王醫院中離世。他得到兩項最高榮譽：他的葬禮禮拜有數千人參加，是由謝赫賓．巴茲親自帶領的，而且他得以葬在麥地那。他的死亡導致巴基斯坦爆發抗議示威；數千人走上拉合爾街頭，與警察發生衝突，焚燒汽車，高喊「血債血償」和「齊亞殺手」。[52]札希爾和齊亞有過分歧——他認為這位將軍利用宗教作為保衛自己權力的工具。和許多原教旨主義者一樣，他也覺得這位獨裁者在天課稅的問題上向什葉派屈服，是破壞巴基斯坦的認同和意識形態。齊亞真的解決了一個變得越發礙手礙腳的強大教士嗎？還是什葉派想要讓一個對他們噴發仇恨的人閉嘴？賓．巴茲親自跟進，推動調查。沒有人會因為札希爾的死被逮捕，這是巴基斯坦第一起高調的宗教學者暗殺事件。但是在未來的幾年裡，人民會把責任完全歸咎於什葉派，也就是那些祭司異教徒。

過了僅僅一年多，在一九八八年八月五日的晨禮後，幾名槍手闖入胡賽尼在拉合爾的學校對著他開槍。他當場死亡。他的保鑣顯然因為沒能保護他而試圖自殺。胡賽尼的死也讓他獲得了兩項榮譽：伊朗人派出一個代表團和一個何梅尼的代理人在他的葬禮上致悼念詩文。伊朗後來發行一版他的郵票。齊亞也來參加他的葬禮，並且被人民喊著「齊亞殺手、齊亞殺手」。實際上這次殺手是該省的省長法齊勒·哈克（Fazle Haq）將軍雇用的，他是齊亞時代的重要人物，他與齊亞安全小組裡的一名成員合作進行暗殺陰謀。這場陰謀的部分成員後來進了監獄。法齊勒·哈克接著遭到暗殺。總統的直接參與從來沒有獲得證實。

札希爾和胡賽尼兩人之間沒有什麼共同之處，卻也十分相似：他們都死於暴力，他們都將各自的社群激進化，並且在沙烏地阿拉伯和伊朗的代理人戰爭中發揮作用。巴基斯坦如今見證了現代歷史上最早兩起以教派爭鬥為動機的重大暗殺事件。

齊亞正在試圖要打的是一張危險的教派政治牌，但是他又不能在自己的國家挑起內戰。他也在他的鄰國伊朗，和他的慷慨贊助者沙烏地阿拉伯之間巧妙遊走。一九八〇年代初，當兩伊戰爭已經顯然不會迅速分出勝負的時候，巴基斯坦派出一批一萬一千人左右的士兵前往沙烏地阿拉伯，裡面包括一支高度機動化的菁英坦克團和戰鬥機飛行員，幫助維持沙烏地王國內部和王室家族的安全。沙烏地人沒有用現代化武器打常規戰爭的經驗，但是他們有錢，而且巴基斯坦人是好士兵。一九八七年時，沙烏地對巴基斯坦特遣隊中的什葉派士兵起了戒心，懷疑他們的忠誠。[53]他們要求齊亞只派出遜尼派士兵。沒有任何一個沙烏地官員公開證實這一點，也沒有任何一位巴基斯坦官員或軍官會直截了當地回答有關此事的問題——他們只是說，如果齊亞收到這樣的要求的話，他是明白以教派為基礎來經營巴基斯坦軍隊是會引發內戰的。官方的說法是雙方的合約已經到期，巴基斯坦軍隊要回國了。

在此前的十二個月裡，有兩件讓沙烏地人驚恐的關鍵事件發生：兩伊戰爭打到了前所未有的暴力高潮，伊朗發起了大規模攻勢，六十萬大軍已經在一九八六年夏天集結於伊拉克邊境，並警告也要攻擊其他國家。[54]但是更讓沙烏地人擔心的是發生在自己領土上的殺戮，一九八七年七月三十一日在麥加，伊朗朝聖者和沙烏地警察發生衝突，導致四百人死亡。沙烏地人擔心那是伊朗要接手聖寺的陰謀。何梅尼現在呼籲穆斯林對紹德家族開戰，沙烏地駐德黑蘭的大使館遭到洗劫。

沙烏地希望加強對於其王位和伊斯蘭領導身分的保護。為此，他們需要拉近和阿拉伯人與穆斯林的團結。一九八七年十一月，在約旦舉行的阿拉伯聯盟高峰會上，沙烏地阿拉伯發出了對伊朗的嚴厲公報。報紙評論說，這種語氣通常是留給以色列的。沙烏地甚至利用這個機會恢復和埃及的關係，埃及自從一九七三年三月在巴格達舉行的阿拉伯聯盟高峰會以來一直受到排斥。

但是在伊斯蘭誕生之處的暴力，以及在天房的暴力，則是動盪變化的預兆。至少沙烏地建築師薩米·恩格威是全心全意這樣相信的。這位朝覲研究中心的負責人，曾目睹一九七九年十一月麥加大寺被圍困的過程，當數百名朝聖者在後來被稱為「血腥星期五」的日子裡喪生時，他再一次來到了聖城。

第九章

麥加是我的
沙烏地阿拉伯，一九八七年

朝覲的朝聖者啊，你們去了哪裡，哪裡？
被深愛的在這裡，來吧，來吧，
你的深愛是隔壁的鄰居；
為什麼你在沙漠中漫步求索？
如果你看到了被深愛的不知名臉孔，
那麼你便是得到了轉變，成為了真主的房子，成為了天房。

——魯米，《詩頌集》（*Divan*），六四八年

麥加已經改變了。不僅僅是城市改變了，還有聖寺本身。對於所有的穆斯林來說，那是最神聖的地方，是真主在大地上的寶座，它已經不再是薩米．恩格威孩提時期的樣子，也肯定不是他父親作為一名穆塔維夫——朝聖者嚮導——時的樣子了。沙烏地人把大清真寺視為他們權力和穆斯林世界領導權的來

源。他們的目標是要盡可能吸引更多朝聖者來朝覲。為此，他們需要更多的道路、更多的飯店、更多的清真寺空間。薩米認為整個麥加城應該是一個避難所，但是紹德家族計畫在天房的周圍建立起一個名副其實的大都市。

薩米戴著他的漢志人頭巾，仍然像一九七九年時一樣，在這個國家裡引人注目。一九八七年七月三十一日這一天，他坐著直升機在麥加上空盤旋，進行航拍，以記錄城市的變化。[1]他的縮時攝影是在追蹤朝聖者的流量，以確定如何擴大進入清真寺的通道，讓內殿裡面和外面的宗教儀式進行得更好。從高空中，他可以看到人潮湧動，一群人正在清真寺的一英里之外。自從邪惡和暴力在一九七九年十一月於聖寺爆發之後，薩米在這些年裡一直生活在暴力可能會再度爆發的恐懼中。他現在往下方看到的事情是否就是這樣？他看得出發生嚴重問題。甚至是流血。他的心在胸口繃得緊緊的。超過一百萬名朝聖者正在湧入麥加。朝覲在幾天後就要正式開始了。

薩米對老麥加有著深深的懷念，他懷念更容易獲得和保持在現代和傳統之間的 *mizan*（平衡），那個更簡單的年代。他對精神和諧的永恆追求總是被工地吊車、推土機、發電機和擴音器中斷。薩米信念中的進步是尊重延續性的進步，但是麥加和過去的連結正遭到活生生的破壞。伊斯蘭聖地的未來處於危險之中。他的研究中心的目的，是讓清真寺的進一步擴建和清真寺周邊環境在歷史上更妥善地相得益彰，更加尊重傳統。但這是一場徒勞卻又無休止的奮戰。

每一位國王都試圖在城市和清真寺上留下自己的印記，有些國王比其他人更糟。費薩爾國王是一個簡樸的人，他的擴建工程也反映出了同樣的特點——量力而為，合情合理，沒有過於華麗的事物。當前的統治者法赫德國王則熱愛絢麗，厭惡一切老舊的東西。他喜歡亮晶晶的東西和黃金。更多古老的街區被拆毀，麥加的古典伊斯蘭建築迅速地消失。醜陋的現代建築拔地而起，而且開始建造更多的連鎖飯店以接納更多朝聖者。薩米並非反對城市現代化，但難道這就意味著要摧毀城市的歷史嗎？對於建築師來說，最痛苦的就是對伊斯蘭歷史古蹟的持續漠視，甚至漠視那些可以追溯到先知時代的遺跡。王室成員對於歷史不感興趣，而教士機構則沉迷在防範偶像崇拜的關注中，為拆除歡呼。薩米的最近一次心碎是他未能阻止阿布・巴克爾的故居被毀，他是先知的聖伴和岳父，也是第一位哈里發。在它的所在地取而代之的是一家希爾頓飯店。[2]「過去永不會死去，它甚至不會過去。」威廉・福克納（William Faulkner）在他的《修女安魂曲》中這樣寫道。但是在沙烏地王國裡，對於穆罕默德・伊本・阿布杜瓦哈布的後繼者而言，過去是不存在的；歷史是死的，它的遺跡已經被埋葬了。

有愈來愈多的朝聖者來到聖寺參加一年一度的正朝和一年中任何時候都可以進行的副朝。一九八七年有一百八十萬朝聖者參加了正朝，遠超過一九五四年時的二十三萬兩千九百七十一人。[3]世界人口數字在這個期間只增長了二・五倍，朝覲人數的數字卻翻了八倍。沙烏地王國持續擴大聖寺的範圍，拓展公路網絡以讓更多朝覲者能夠來到麥加，在這裡感受到伊斯蘭的團結，擺脫所有虛飾、附加物和各式各樣的念頭。沙烏地人甚至還努力讓《古蘭經》的印製也隨之增長：一九八四年十月底，法赫德國王發起法赫德國王古蘭經印刷廠（King Fahd Holy Quran Printing Complex）。[4]這是全世界最大的印刷廠，有能力每年印製八百萬本《古蘭經》以及製作三萬卷古蘭經誦讀錄音帶和錄影帶。這個廠區建築群是由黎巴嫩承包商拉菲克．哈里里興建的，一九八〇年代他在沙烏地王國發了大財，成為紹德家族的朋友並且回到黎巴嫩擔任內戰後的總理。學者委員會經過數個月的努力，完成一部「完美無暇」的《古蘭經》注釋和評論。其他的經注被沒收，「完美」版本分發到各處。另一個委員會正在進行英文翻譯的工作。有上百萬本《古蘭經》贈予朝聖者，並透過各個管道在國外分發，包括透過大使館的伊斯蘭事務科，這些部門已經取代了沙烏地外交部門駐幾個重要城市的文化事務部門。

沙烏地背書的翻譯帶有驚人的修訂或注釋，讓這些版本引入與猶太人和基督徒的辯論。[5] 一九八五年最為廣泛分發的《古蘭經注》極度依賴中古時期思想家的解釋，其中包括伊本．泰米亞的學生，將其評論加入實際的經文內。在《古蘭經》的開端章（*Fatiha*）中，經文後括號中加入「猶太人」和「基督徒」字樣，讓他們成為被鄙視的標的，而這一節經文是在呼籲信徒保持中正之道：「求你引導我們上正路，那是你所祐助者的路，不是受遷怒者的路（例如猶太人），也不是迷誤者的路（例如基督徒）。」當代政治也被加入到這個版本中，於一節關於聖地的經文後加入「巴勒斯坦」，例如「我的族人啊！你們進入上帝為你們注定的那個聖地」，變成了「我的族人啊！進入聖地，巴勒斯坦」。得到沙烏地背書的翻譯本一直是最廣為流傳的，它為非阿拉伯文的讀者提供了非常具體、一面倒的伊斯蘭解讀，不具備阿拉伯文知識的人很難對此提出質疑。這些嚴格的、論戰性的、對經文的中古時期的解釋也成為阿拉伯文宗教研究的基礎，得到賓．巴茲等人的喜愛，並被視為對《古蘭經》的最佳解讀。如果將這些解讀和各種其他的解讀放在一起進行對比研究可以獲益良多，但是將它們定為唯一可以接受的注解版本則是有問題的。

薩米對於他身邊人思維的封閉感到絕望。他試圖說服自己，思想是可以重新訓練，心靈是可以回歸的。但是在聖寺內部被摧毀的歷史遺跡是無法重建的。被稱為「*Bab al-Salam*」——和平之門，先知曾穿過這裡到天房的拱形入口早已被拆除。[6]甚至連鑲嵌在石頭地板裡，標記大門歷史位置的黑色大理石邊框也不見了。朝聖者繞行天房的開闊圓形區域「*mataf*」一次又一次地擴大，並且以會反射熱量的白色大理石重新鋪設。為了允許擴建，古老的講臺、古代的大門，一切東西都被移除，包括曾經為亞伯拉罕的妻妾夏甲（Hagar）和他們的兒子伊斯瑪儀（以實瑪利）解渴的那神奇的滲滲泉井口上方的遮蓋建物。井裡的水被引入地下，原先的井口被鋪平，它的位置以白色大理石上的黑色圓圈標示。清真寺周圍的建築物愈來愈高，從天房到聖城周圍山丘的視線慢慢被遮住。薩米一直在思考一則也許是在對此提出警告的聖訓：「如果你看到建築物高過了（麥加的）山，便要知道那個時刻已臨近了。」在不同的《聖訓》中的措辭有一些不同，但是（所有《聖訓》集裡的）這則聖訓都是在指審判日的臨近。

每一次鑽打地基，每一次推土機移動，都是對薩米的心臟的一次刺痛，他的身體彷彿正被撕碎。「這不是神的意願，」他想：「這是祂考驗的一部分。」

紹德家族現在又受到考驗了。薩米在城市上空的直升機上看到的場面，並不是另一個祝海曼劇本，而是沙烏地和伊朗爭奪穆斯林世界領導權的體現，正在伊斯蘭最神聖的地方上演。兩伊戰爭已經進入第七個年頭，沙烏地仍在為薩達姆·海珊的努力慷慨解囊，提供數十億美元的民用和軍用物資：到一九八一年十二月時已經拿出了一百億美元，然後（和科威特一起）又另外給了兩百至兩百七十億美元。[7]沙烏地阿拉伯本身也被捲進衝突。伊朗想要阻止運送伊拉克石油的輪船穿過荷姆茲海峽（Strait of Hormuz）。它瞄準沙烏地的輪船；伊朗和沙烏地戰鬥機正在天空中對峙。

儘管伊拉克得到各種資源，他們還是沒辦法打贏這場戰爭。雖然幾乎是孤立無援地卡在戰壕裡，伊朗咬著牙堅定不移，拒絕接受停火。只要伊朗人聽起來更加咄咄逼人，彷彿他們在戰場上占了上風，沙烏地人就會急忙推動停火。他們也曾向伊朗提出兩百五十億美元的戰爭補償金。[8]他們還嘗試過祕密談判，然後又嘗試公開談判。一九八五年，沙烏地外交大臣紹德·費薩爾甚至來到了德黑蘭。他的伊朗同行阿里·阿克巴·維拉亞提（Ali Akbar Velayati）造訪了利雅德。一九八六年二月，當伊朗人占領伊拉克關鍵的法奧（al-Faw）石油港口時，沙烏地人又再次發瘋一般想要用檯面下交易的方式達成停火，不顧一切想要避免伊朗人徹底的勝利。[9]但是何梅尼和他的強硬派親信想要的就是薩達姆立即下臺。這是不可能的事情。對沙烏地人而言，更令人震驚的是伊朗要求獲得對麥加和麥地那的「觀察權」。此類言語總是會引出沙烏地人心裡最深處的恐慌。他們很快又批准了對伊拉克的四十億美元貸款。

自從何梅尼在一九七九年二月順利推翻國王之後，他就把目光放在伊斯蘭的聖城上——他把沙烏地人視作篡權的人，是德不配位的監護人，是他幾十年前筆下的「牧駱駝的」。麥加是真主在大地上的寶座，是穆斯林進入天國的大門，它不僅具有宗教意義，而且還具有政治和經濟上的重要性。幾個世紀以來，這座城市一直位於伊斯蘭宗教的中心，卻是在權力的邊陲。自從伍麥亞哈里發國家的建立者穆阿維亞·賓·阿比·蘇富揚（Mu'awiya bin Abi Sufyan）開始，沒有任何一位哈里發是在麥加或麥地那施行統治，哈里發在西元七世紀下半葉（譯注：作者於此誤將時間寫成西元六世紀下半葉）選擇大馬士革作為他的首都，並且制定了將一座古老教堂改為一座足以媲美麥加的輝煌清真寺的計畫。[10]伍麥亞清真寺沒有天房，但是擁有聖人施洗者約翰的聖蹟。廣闊無垠的漢志地區漸漸變成更加自治的地方，自己作為一個酋長國，有一個貴族上層，一位「謝里夫」（*sharif*），可能是個麥加人，或者是源自先知另外一個外孫哈桑（Hassan，胡笙的哥哥）血脈的後裔。麥加遠離了政治、哈里發的陰謀詭計和內部衝突，形成一個神祕的、天國之城一般的光環。數世紀以來，麥加的謝里夫都作為哈里發之僕，哈里發則從聖城獲得統治正當性，同時透過朝聖者的稅收獲得經濟上的好處。

何梅尼把朝覲視為一個獨特的機會，能夠接觸到數以百萬計的穆斯林，並讓他的革命開枝散葉。多年以來，他一直有條不紊地一點一點努力著。一九八一年時，沙烏地警察和伊朗朝聖者發生暴力衝突，因為伊朗人分發何梅尼的照片並且呼喊「真主至大，何梅尼是領袖」。[11]何梅尼想要改變朝覲的本質，將精神性的行動變成政治抗議，以削弱紹德家族的基礎。到一九八四年的時候，何梅尼已經建立了在他直接監督下運作的朝覲捐獻與慈善組織（Organization for Hajj Endowments and Charity）。受指派負責引導伊朗朝覲團的領袖接受廣泛的意識形態培訓，並負責透過小冊子（用各種語言印刷）以及與非伊朗朝覲者和外國官員舉行會面來傳播最高領袖的訊息。[12]他們的目標不僅是傳播革命的訊息，而且還積極地勸說改信什葉派。在兩年的時間內，伊朗人，或者至少是其領導層中更為激進的派系，已經覺得足以推行他們對於麥加的規劃了。一九八六年，有一百一十三名伊朗和利比亞朝覲者一抵達吉達就被逮捕，遭控攜帶大量爆炸物。他們之中的伊朗人被指控是革命衛隊成員。沙烏地人相信他們計畫接管聖寺。

法赫德國王已經受夠紹德家族作為兩聖地守護者的正當性不斷地受到挑戰。一九八六年十月，法赫德國王坐在巴洛克風格的金漆扶手椅上，當著王室成員和神職人員的面宣布，他將正式用兩聖寺守護人的頭銜代替他國王陛下的頭銜。這個頭銜最早是由薩拉丁（Saladin）在十字軍戰爭期間提出，[13]但是從未正式使用過，直到這位法赫德國王——以賭徒和花花公子著稱——比他任何一個前任者都更需要這個頭銜的光環。[14]但是沒有任何頭銜能夠阻擋何梅尼的使者。在一九八七年的朝覲開始前，何梅尼勸告伊朗朝覲者將聖地變成一個「戰場」，[15]「在朝覲期間盡可能地舉行儀式」以「表達他們對於真主的敵人和人類的敵人的憎惡」。[16]伊朗已經達到軍事能力的極限，並且正陷在戰場上。沙烏地政府以過量生產的方式擊垮石油市場，把每桶三十美元的價格壓低到十三美元，讓伊朗經濟更進一步流血。何梅尼需要一個刺激，某種能夠讓信士再次重振旗鼓的東西。

一九八七年七月三十一日，就在朝覲正式開始的前幾天，伊朗朝聖者在做完禮拜後離開清真寺，聚集在一起發動了一場遊行。有報導稱伊朗和沙烏地達成默契，沙烏地將容忍不帶政治口號的和平遊行。

負責監督朝覲安全的情報局長圖爾奇・費薩爾王子親口否認曾達成這樣的協議。[17]無論如何，遊行隊伍都和試圖阻止遊行者的沙烏地警察發生衝突。傍晚六點半，抗議者焚燒美國國旗。將近七點時，爭執發生了。沙烏地警察開始用催淚瓦斯驅退抗議者。六萬名群眾後退，但是出口處被堵住。[18]目擊者說朝覲者用刀攻擊沙烏地警察。也響起槍聲。圖爾奇王子描述，朝聖者拿著藏在他們朝覲戒衣裡的棍子和劍形砍刀，準備打警察。伊朗的說法是沙烏地採取過度和無理的暴力。沙烏地人一直否認曾向群眾開槍，但是目擊者說有人的胸部、手臂和大腿中了槍傷。「可以聽見響亮又清楚的槍聲」、「主要街道上有彈殼」。[19]到了晚上八點，一切都結束了。根據沙烏地官員的說法，有超過四百人死亡，其中包含兩百七十五個伊朗人。[20]伊朗人說有四百個伊朗人死亡，受傷人數是四千人。

薩米再一次為在本應是和平聖域的地方所發生的事感到震驚。政治在這裡是沒有地位的，無論是伊朗還是其他國家。三天以來，沙烏地國營媒體什麼也沒有說，就和往常一樣。甚至是在該地區有成千上萬讀者的泛阿拉伯報紙《中東報》（*Asharq al-Awsat*）也遮掩表示這是一次成功而平和的朝觀，以標題忽略悲劇。八月二日報紙提到伊朗人的小規模騷亂後，官方發出對所有抗議行動的警告。然後報導內容突然轉向強調全體阿拉伯人和全世界穆斯林對王國的支持與反對「伊朗暴徒」。[21]但是流血災難是遮掩不住的，它已經洩漏到世界各地的頭條新聞中，並且在世界各地被數以萬計的朝聖者講述，這些人靠得夠近，目睹或是聽到屠殺。這是紹德家族作為聖地守護者紀錄上的又一個汙點。

伊朗人對此大為光火。兩天後，有超過一百萬人聚集在德黑蘭，高呼著「報仇」和「沙烏地統治者去死」。議長阿亞圖拉阿克巴・哈希米・拉夫桑賈尼呼籲信士為烈士的流血而復仇：「把沙烏地統治者連根拔起」、「從瓦哈比派那些流氓無賴的不潔之手中奪回聖城的控制權」。[22]他還補充說「真正的復仇，是將阿拉伯半島土壤下屬於伊斯蘭世界的巨大而珍貴的財富……從犯罪者的控制中拿走」，並且用它來和「不信者、多神崇拜和無知」戰鬥。一群暴民洗劫了沙烏地、科威特、法國和伊拉克駐德黑蘭的大使館。一名沙烏地外交官遭殺害。

幾個月以來，伊朗人和沙烏地人努力將全世界穆斯林的觀點集結到自己這一邊，透過媒體和組織相互競爭的會議來傳播他們的訊息。沙烏地人從一百三十四個國家裡聚集了六百名支持者來麥加參加世界穆斯林大會組織的會議。[23]花費超過四億美元。伊朗人以「關於維護聖寺之聖潔及安全國際大會」的標題來舉行會議，有來自三十五個國家的三百人參加。會上對沙烏地人的指責，揭示出這兩個國家在伊朗國王統治時期作為親密盟友期間所隱藏在檯面下的陳年舊怨。拉夫桑賈尼呼籲「解放」（liberation）麥加，而另一位教士指責紹德家族「是一群來自內志的英國間諜，對真主的房子和作為真主客人的朝覲者都沒有尊敬之心」。這說法是因為沙烏地王國的建立者是依靠英國人的幫助才把來自麥加的謝里夫胡賽因擠走的。

當阿布杜阿齊茲・伊本・紹德在二十世紀初發動第一次的突襲，收復祖先在內志的土地時，他也盯上了阿拉伯半島的其他地方，尤其是麥加和麥地那，這些聖地將為他的王冠增添伊斯蘭的榮耀。那些地方還處於先知的後裔、英國人的長期盟友謝里夫胡賽因的統治中。一九一六年，鄂圖曼帝國在第一次世界大戰中搖搖欲墜，謝里夫胡賽因宣布自己擔任漢志國王，英法兩國默認了此事。但是阿布杜阿齊茲也一直在和英國人眉來眼去，希望能說服英國人讓他統治整個阿拉伯半島（而不僅是漢志）才是更好的選項。他帶著他的戰士征服愈來愈多地方，打敗另一個對手王朝——拉希德家族（al-Rashid），他們已經統治半島大部分地區將近一個世紀。一九二四年的三月，鄂圖曼帝國轟然倒塌後，現代土耳其的世俗派立國者穆斯塔法．凱末爾解體哈里發制度，驅逐鄂圖曼王朝的末代哈里發阿布杜邁吉德二世（Abdulmejid II）。謝里夫胡賽因曾短暫地自稱哈里發，但是很快就失去英國人的支持（他的兒子成了伊拉克國王，另一個兒子建立至今仍在約旦統治的君主制）。阿布杜阿齊茲派兵征服漢志，從塔伊夫展開無情殺戮。當沙烏地人在一九二四年十二月抵達兩大聖城時，瓦哈比狂熱分子摧毀了麥地那的巴奇墓園（*Jannat al-Baqi*），那裡是先知許多親屬和同伴的安息之地，其中也包括先知的女兒和妻子的墓地。這種破壞和褻瀆行為在整個穆斯林世界引起驚駭，但什葉派尤其感到憤怒。他們呼籲穆斯林團結起來，將沙烏地人趕出漢志。[24]

阿布杜阿齊茲迅速出手。他邀請來自波斯的代表團調查被指責的損壞。[25]其中一份代表團報告指出麥加的狀況比謝里夫胡賽因統治時期更好。另一個代表團則是在目睹麥地那遭受的破壞後心碎地離開。然而還有一個來自印度的代表團，他們要求將聖城的控制權交給一個代表所有穆斯林國家的委員會。阿布杜阿齊茲立即就將他們送走了。其他的旅行者是如此描述一個遺產如此豐富的地點所遭受到的可怕破壞：「偉大先賢的遺產幾乎都已失去它們個體上的重要性，這些遺跡裡的任何一個，都足以被其他穆斯林城市拿出來視為至寶。」[26]

激進狂徒想要確保墓園和穹頂永遠不會再重建——這是瓦哈比主義勢力第二次的摧毀嘗試。第一次的破壞狂熱發生在十九世紀初，當時穆罕默德．伊本．紹德（沙烏地王朝的最初創始人）的後裔曾試圖征服其內志酋長國之外的更多領土。他們對波斯屬地卡提夫和巴林，以及鄂圖曼帝國統治的伊拉克發動突襲。一八〇一年，他們洗劫伊拉克的卡爾巴拉，在伊斯蘭歷史上最慘烈的一次屠殺中殺害了兩千人（根據他們自己的編年史作者的記載）。[27]他們洗劫這座城市和伊瑪目胡笙陵墓中的珍藏，鑲嵌有珍珠和寶石的布匹。一八〇三年，一名紹德家族成員在他們的老家德拉伊耶一間清真寺裡遭刺殺，這是對他們的復仇。兩個世紀後，當沙烏地人被問及他們祖先血跡斑斑的歷史和他們對卡爾巴拉的掠奪時，他們會立即指出，其實這一切都始於一場關於貿易路線的爭端，是伊拉克人先發起攻擊，「殺死了三百個瓦哈比」。[28]很少有歷史學家記錄此事，但是當時的沙烏地編年史作者卻提及這件事，紹德家族為他們的祖先對正義理所當然的追求被忽略感到沮喪。現實情況依舊是卡爾巴拉遭到不成比例的慘烈洗劫。掠奪的財物用以支持沙烏地人征服麥加和麥地那的攻勢，他們短暫地占領那裡，洗劫先知陵墓的珍藏，摧毀巴奇墓園。穆斯林世界驚恐萬分。麥加人把這夥人視為危險的瘋子，是打扮成穆斯林的不信者。到一八一〇年時，鄂圖曼帝國已經對瓦哈比分子忍無可忍，派出軍隊擊潰他們。德拉伊耶被夷為平地。阿布杜拉．伊本．紹德（Abdallah ibn Saud），立國者的後代被逮捕，並送到君士坦丁堡接受絞刑。一位當時在大馬士革享譽盛名的法官和學者穆罕默德．阿敏．伊本．阿比丁（Muhammad Amin ibn Abidin），是哈奈菲教法學派的一名蘇非和穆夫提（大法官）——對於「那些追隨阿布杜瓦哈布的人」除了蔑視之外再無其他。在他影響力巨大的著作《迷途啟珍》（*Radd al-Muhtar ala ad-Dur al-Mukhtar*，*Guiding the Baffled About the Exquisite Pearl*）中，他寫到鄙視那些只認為自己才是真正穆斯林，並殺害穆斯林同胞和學者的人，最後「真主終於讓他們無能為力並摧毀他們的國家」。

十九世紀下半葉，一位麥加的沙菲儀教法學派的穆夫提阿赫麥德·伊本·扎伊尼·達赫蘭，寫了一篇關於煽動性瓦哈比分子的長文，描述在阿布杜拉·伊本·紹德被捕後，埃及鳴放一千響禮炮、在城市裡張燈結綵，一連慶祝七天。達赫蘭對於伊本·阿布杜瓦哈布及其追隨者也沒有什麼好評價，他將他們描述為狡猾的人。他寫了兩本著作駁斥瓦哈比派：一本講述他們被剿滅的故事，另一本駁斥他們的觀點，書名為《駁斥瓦哈比主義之燦然珠璣》（*al-Durar al-Saniyya fil Rad ala al-Wahhabiyya*，*Resplendent Pearls in the Refutation of Wahhabism*）。達赫蘭對伊本·阿布杜瓦哈布這樣的人所宣揚的觀點和信條的單一性感到深深的憂慮，他認為這將會是穆斯林民族的滅頂之災。

在被鄙視兩百年、被鄂圖曼人摧毀、被流放到科威特以後，沙烏地阿拉伯王國的建立，一定會讓他們覺得這是來自於紹德家族和他們的瓦哈布謝赫家族盟友的甜蜜復仇，他們在英國人的幫助下回歸，而且腰包裡塞滿了錢。他們能夠讓所有人閉嘴了。

一九八七年，索法娜．達赫蘭坐在吉達一所小學的美術教室中上課，她正在她畫的人物脖子上描一道黑線——實際上是割斷他的喉嚨。這個十歲的孩子並沒有暴力傾向。她只不過是在做學校老師教她的事。她還得把書本上所有人物的臉孔塗黑。創造力正在沙烏地的學校中日復一日地被抹殺。索法娜是穆夫提達赫蘭的一位後人，他的預測成真了。

這個年輕的女孩生活在伊本．阿布杜瓦哈布的原教旨主義教義，和她的祖先穆夫提達赫蘭的寬容、包容觀點的雙重遺產中。在學校裡，索法娜學到的是伊本．阿布杜瓦哈布一元化版本的極端薩拉菲主義、罕百里教法學派的伊斯蘭。他的爸媽告訴她去為考試成績學習那些東西，然後再忘掉——只要記住在私下輔導中學習的沙菲儀教法學派的教導。在學校裡，她學到的是不能跟猶太人和基督徒交朋友；在家裡和在旅行時，她的父母和各式各樣的非穆斯林交際。在學校裡，她被教育所有的人像都是罪過，即使相片亦然，照相也被描述成是「*al-shirk al-asghar*」——較輕微的偶像崇拜。但是在家裡，牆上掛著全家福和照片。對一個小孩來說，有太多的矛盾之處，太多無法理解和調和的事情。她還太小，不能完全領會這種公領域和私領域的分離，但是它帶來強烈的內心波動。她會克服這種困惑，並最終對體制發起挑戰，成為沙烏地第一批女性律師之一。但是有一項教誨是她無法丟在身後的，這會一直留在她的腦海裡，即音樂是「*haram*」，是被禁止的。「要是聽音樂的話，」老師告訴才六歲的索法娜：「在審判日的時候，會有融化的鐵水灌進耳朵裡。」她將永遠無法擺脫這種可怕的意象。她聽到音樂的時候總是會嚇一跳，即使是作為一名直言不諱、周遊世界的律師，即使是作為一個四十多歲的成年女子也是這樣。當年輕、手握權力的王儲成為沙烏地阿拉伯實質上的統治者時，她甚至感到更加困惑，這位王儲開放了音樂廳，把約翰．屈伏塔（John Travolta）和太陽劇團請到了沙烏地王國。

經過這翻天覆地的十年，經過這些革命、起義、一系列全新的戲劇性事件後，下一個十年的到來也為沙烏地－伊朗搭建了新階段敵對的舞臺。戰爭將會結束，獨裁者將會死去，但是新到來的和平卻無法抹消一九八〇年代在國家心理和人民心中已經扎根的深刻轉型。

第十章

文化戰爭

巴基斯坦、阿富汗、伊朗、黎巴嫩，一九八八年至一九九〇年

在你贏得勝利的時候會發生什麼呢？
當你的敵人任你處置：
這時候你要怎麼做？
妥協是弱者的誘惑；是對強者的測驗。

——薩爾曼．魯西迪（Salman Rushdie），《魔鬼詩篇》（*The Satanic Verses*）

一九八八年八月十七日，齊亞．哈克乘坐的四引擎C－130運輸機墜毀了。[1]當時是下午四點半，就在飛機從和印度接壤的巴基斯坦旁遮普省的巴哈瓦爾普爾（Bahawalpur）剛起飛的幾分鐘後。機上三十名乘客全部罹難，他們殘缺不全的屍體散落在距離機場幾英里外的一大片沙地上。有人說在飛機墜毀之前，一團火焰吞噬了飛機。是人為破壞嗎？還是導彈攻擊？內部故障？人為破壞是最有可能的答案，但是調查結果從來未曾允許公開。只有一件事是確定無疑的：獨裁者死了。

在喀拉蚩的家中，前電視主播梅赫塔布．拉施迪甚至不確定這回事。至少不是一開始就確定。齊亞，一個消音巴基斯坦女性並蹂躪這個國家的人，真的不在了？這個仍然被人稱為「那個說不的女人」多年來一直在等待這樣的消息。她不知道這個國家要如何或是在什麼時候才能擺脫這個邪惡的丑角，但是她一直在等待。現在電臺和電視頻道裡都在播送《古蘭經》誦讀。她沒有悲傷，但是她也還不敢感到喜悅。街上很安靜，她的心平靜如水。到傍晚的時候，她可以放鬆呼吸了，也許是多年來的第一次。她覺得壓在自己胸口的一塊巨石被搬開了，也從整個國家的身上被搬開了。他真的不在了。

弔唁的訊息湧入，甚至包括印度。美國國務卿喬治．舒茲（George P. Shultz）將齊亞描述為「偉大的自由鬥士」。[2]副總統喬治．布希（George H. W. Bush，老布希）稱他是一個「特別好的朋友」，他的喪生是一個悲劇。但是在巴基斯坦國內卻沒有悲傷的感覺——也許不祥，但不是悲劇。在人民家裡，許多巴基斯坦人悄悄地慶祝，很多人甚至偷運了威士忌。在阿富汗邊境沿線的庫拉姆區，這裡是被暗殺的什葉派教士阿里夫．胡賽尼的家和不幸的現代教派殺戮的誕生地，什葉派信徒大聲慶祝，對著天空發射火箭彈和開槍，惹怒他們的遜尼派鄰居，後者將齊亞視為他們的支持者和捍衛者。[3]隨後發生更多教派衝突，有十二人死亡。什葉派信徒的商店遭到燒毀和洗劫。

在大多數巴基斯坦人眼中，獨裁者得到了他應得的。他不是自由的鬥士。梅赫塔布認為這是真主之怒。[4]一個無所不在的人在轉瞬間就化成了灰燼。

「我不為齊亞的死感到遺憾。」[5]這是班娜姬．布托得知這個將他父親送上絞架的人之死訊時的第一反應。自一九八六年四月她從流亡中凱旋回到巴基斯坦才兩年多。齊亞宣布他終於要舉行選舉，允許她飛回國，卻沒想到有數十萬人湧上街頭迎接她，並高喊著「齊亞是條狗」。獨裁者決定在她的道路上設置路障。他維持黨禁，意味著布托和她的巴基斯坦人民黨無法出現在選票上，儘管最高法院裁定他們應該被允許參選。[6]齊亞把大選定在一九八八年十一月十六日，距離班娜姬生下她的第一個小孩只有幾天時間。[7]但是現在，獨裁者已經死了，班娜姬幾乎是在無人反對的情況下參選。梅赫塔布一直在想，命定已經介入，公正畢竟會到來。

幾個星期後，這位前主播接到巴基斯坦電視臺伊斯蘭瑪巴德總臺的電話，問她是否願意報導大選。「你希望我怎樣出現在螢幕上？」她問。她得到的回答是一陣輕鬆的笑聲。「妳想怎樣就怎樣。」不會再有任何強加給女性的杜帕塔了。她同意了。這是她戰勝黑暗的勝利，戰勝那個自以為自己是比她更好的穆斯林的人。她八年來第一次出現在電視螢幕上，這象徵著改變的訊號已經到來。班娜姬．布托的巴基斯坦人民黨贏得足夠組建政府的席次。

五天以來，巴基斯坦的街道上都有舞蹈和音樂，這是在多年恐懼之後爆發的公眾喜悅，是在除了宗教以外所有事情都遭到禁止以後，人民迸發出對生活的慶祝。人民是在慶祝超過十年以來的第一次民主選舉嗎？還是對齊亞殞命的遲來慶祝？也許兩者都是，但是，另一個更加無固定型態的獨裁正在抓住這個國家，它來自於齊亞栽培下的種子，得到來自沙烏地阿拉伯和美國的慷慨幫助。

班娜姬現在是總理，是有史以來第一位女性穆斯林政府領袖，也是世界舞臺上少見的女性領袖之一。女性領袖仍然只是一個小群體。但是她不會在沒有頭巾的情況下出現在公共場合——無論是在國內還是國外，她鬆鬆戴在頭上的白色雪紡紗頭巾造型已經成為她的象徵。她將會試著抹平齊亞的伊斯蘭化，並且推進她父親的夢想，建立一個沒有性別、宗族或宗教歧視的進步國家。但是她的嘗試會失敗，因為她受到根深蒂固的宗教和安全部門的攻擊，他們對一個女性領袖和她的世俗統治感到不滿。在沙烏地神職人員的鼓勵下，甚至出現了反對她競選公職的教法建議。

面對軍方的反對和指控她貪腐，她在一九九〇年八月被趕下臺。大多數曾希望她重新上臺的巴基斯坦人是想要恢復前齊亞時代的正常生活，沒有大吼大叫的教士或是武裝團體——無論是宗教的或是犯罪的——統治街道。他們期待文官統治全面回歸。但是巴基斯坦的軍方以前就很強大，現在已經牢牢地涉入政治，他們甚至不需要一個總統府裡的將軍來統治國家了。布托被齊亞的門徒、沙烏地阿拉伯的朋友納瓦茲·夏立夫（Nawaz Sharif）所取代，他是一個圓臉、頭髮稀疏、講話溫和的四十多歲男子。夏立夫看起來平淡無奇，相貌平平，但他是冷酷、狡猾的政治人物，將會在今後的三十年時間裡主導巴基斯坦的政治，斷斷續續地執政，在沙烏地阿拉伯的政治流亡中往返，但是始終推動著齊亞的伊斯蘭化和國家的宗派化。

齊亞·哈克在一九八八年夏天去世時，伊拉克和伊朗的戰爭剛剛結束。伊朗軍隊在這個夏天受到重創。薩達姆發起地獄般的怒火，更不用提他對伊朗的城市使用化學武器。在前一個冬天，飛彈已經像雨點一樣落在德黑蘭，讓該城四分之一的居民流離失所。在七月三日星期日上午，美國海軍的文森尼斯號巡洋艦（USS Vincennes）在荷姆茲海峽上空擊落伊朗民用航空公司六五五航班的客機，當時飛機正飛往杜拜，機內兩百九十名平民，包括六十六名嬰兒和孩童無一倖免。[8]他們蒼白的遺體和飛機的碎片一同漂浮在海面上。

美國海軍發言人表示文森尼斯號巡洋艦把空中巴士A300客機誤認成伊朗的F－14戰鬥機。一小時後，文森尼斯號上的一架直升機飛越海峽，受到一艘伊朗船隻射擊。美國人還擊並擊沉兩艘伊朗船隻。美國總統雷根說他並不是要讓恐懼最小化，並描述其為一場「巨大的悲劇」，但是是一個「可以理解的事故」。在聯合國裡，伊朗要求譴責。但是沒人譴責。也沒有道歉。伊朗外交官說擊落客機是「有預謀的侵略行為和有預謀的冷血謀殺」。伊朗發誓將進行報復。隨後，國內雖然出現一些反美示威行動，整體反應是平淡的。伊朗人已經疲憊不堪，甚至無力抗議，但是最令人受傷的是國際社會缺少對此悲劇的同情，彷彿這只不過是戰爭的一部分代價，是身為伊朗人要付出的代價。[9]這個國家忍無可忍了。對包括何梅尼在內的伊朗領導層來說，這次的飛機射擊事件是一個明顯的轉折點。幾個月以來，他身邊最親近的人，包括他的兒子，都認為是時候接受停火了。他們認為對薩達姆的戰爭如果不付出更多的鮮血和財富，就不可能勝利。現在的證據表明，外界並不關心還有多少伊朗人會死於戰爭或空難。政權和革命本身的生存已經命懸一線。

在七月二十日的一次廣播談話中，何梅尼贊成與伊拉克達成停火。「那些因殉難而離開的人是快樂的。那些在這個光明的行列中喪失生命的人是幸福的。不快樂的是我還活著，飲下這杯毒水。」[10]在麥加的致命崩潰和何梅尼一次又一次呼籲穆斯林世界讓聖城國際化的失敗仍然讓他感到痛苦。這位阿亞圖拉需要另一種工具來重振革命熱情。

另一場在阿富汗的戰爭也即將落幕。蘇聯人被一場他們看起來似乎永遠也無法分出勝負的衝突拖累得精疲力盡。他們被釘在一面牆上，受到美國人、巴基斯坦人和沙烏地人投入的金錢和武器所壓制。聖戰者軍火庫新進加入能擊落飛機的刺針飛彈（Stinger missile），改變了力量的平衡。在一萬五千名士兵死亡，幾十萬人受傷，數萬人死於疾病的情況中，戈巴契夫總統想要退出了。還沒有人知道，蘇聯的崩潰才剛剛開始。

齊亞在天上爆炸之前，已經於一九八八年四月十五日的《日內瓦協定》中簽字，這項協定結束了蘇聯對阿富汗的介入，並規定十五萬人的蘇聯軍隊在隔年二月之前撤離。一九八九年二月十五日，在緩慢縮減兵力的數週之後，最後一批蘇聯軍隊越過阿姆河上的特麥斯（Termez）大橋，朝著與一九七九年十二月相反的方向離開阿富汗，撤到烏茲別克斯坦蘇維埃共和國。

美國中情局在伊斯蘭瑪巴德的工作站發了一封電報回總部：「我們贏了。」總部的人開香檳慶祝。[11]美國駐巴基斯坦大使館裡也在慶祝。沙烏地人也覺得他們贏了。他們的錢已經支付他們看見的伊斯蘭勝利。沒有香檳，只是一種安詳的成就感。何梅尼則沒有這樣的感覺。他想要對阿富汗的未來有一份發言權。在蘇聯最終撤退的兩天以前，泛阿拉伯報紙《中東報》的新聞頭條報導「伊朗正在威脅聖戰者並讓他們和什葉派合作」。[12]什葉派只占阿富汗總人口的一五%，但是伊朗在白沙瓦為組建流亡政府和協商委員會（*shura*）而進行的談判中要求更大的代表權。伊朗也曾支持過聖戰者組織，主要是哈札拉（Hazara）什葉派，雖然他們沒做過什麼戰鬥。這是沙烏地人的表演，沙烏地王國多年來的工作：向忠誠的阿富汗聖戰者口袋裡注入資金和武器，現在正在獲得回報。激進的遜尼派伊斯蘭組織占了上風。德黑蘭支持的組織退出談判，伊朗空手而歸。但是何梅尼仍不放棄。蘇聯人從阿富汗過橋的前一天，也就是沙烏地阿拉伯悄然獲勝的前一天，何梅尼開始了一場文化戰，這場戰爭將在未來幾十年內深刻改變穆斯林世界。

一九八九年情人節，在下午兩點的新聞節目之前，德黑蘭廣播電臺的新聞播音員播送了何梅尼的聲明稿：[13]「我通知全世界的有尊嚴的穆斯林，反伊斯蘭、反先知、反《古蘭經》的《魔鬼詩篇》作者及所有知曉其內容而參與出版的人，都要被判死刑。我要求所有的穆斯林在找到他們時將他們就地正法。」[14]何梅尼並補充說，任何可能在此過程中死去的穆斯林，將會被視為烈士。

我們可能永遠不會知道何梅尼下這步棋的時機和狡猾算計，是不是為了蓋過蘇聯在二月十五日撤軍和沙烏地勝利的新聞頭條，或是他看到機會就順勢抓住。最大的諷刺是，他正在完成沙烏地及其盟友實際上已經開始的工作。

《魔鬼詩篇》的作者是英國籍印度作家薩爾曼．魯西迪，他已於一九八一年獲得布克獎。這是他的第四本書，出版於一九八八年九月，內容是關於兩個前往英國的印度穆斯林移民死於飛越英吉利海峽時爆炸的被劫飛機上。他們落地後奇蹟般地成為活生生的善惡象徵。他們的故事與一個叫「魔罕德」的先知故事交織在一起，發生的地點名叫「無知之地」（jahiliyya）。魯西迪聲稱他的書是關於「遷徙、蛻變、分裂的自我、愛、死亡、倫敦和孟買」。[15]但是穆斯林看到書中對先知穆罕默德和其妻子的影射，而且她們的名字在書中被當成妓女的名字。何梅尼下令殺死魯西迪的判決在文藝和出版界引起震撼。當天晚上，魯西迪就得到警察的保護躲了起來。何梅尼成了那些感到委屈和輕視的穆斯林的代言人，包括那些根本沒讀過這本書的人。這本六百頁篇幅、二十五萬字的書也許是本佳作，但它也是一場混亂。然而在魯西迪的故鄉印度，有個人正十分賣力地翻閱它。而且在一九八八年秋天這本書出版的一個月後，這個人打電話給在萊斯特（Leicester）的朋友，告訴對方印度正經歷一場禁止這本書的運動，敦促他在英國替天行道。

在萊斯特，有著開朗外表的法亞祖丁．阿赫麥德（Faiyazuddin Ahmad）開始工作，他影印這本書的摘錄內容，寄給穆斯林組織和四十五個穆斯林國家駐英國的大使館。阿赫麥德剛來英國不久，之前在東巴基斯坦和沙烏地阿拉伯擔任報社總編，現在在萊斯特的伊斯蘭基金會工作，該基金會是巴基斯坦伊斯蘭黨的地方分會，接受沙烏地阿拉伯的資助。[16]阿赫麥德還與沙烏地資助的世界穆斯林青年大會有聯繫，他在十月前往吉達向伊斯蘭合作組織成員說明情況。[17]在沙烏地駐倫敦的大使館，伊斯蘭事務部門的負責人穆格拉姆．賈姆迪（Mughram al-Ghamdi）協助成立英國伊斯蘭事務行動委員會，展開反對這本書並令其查禁的行動。只有少數的穆斯林國家回應這項呼籲。但是到十二月時，英國穆斯林已經走上街頭抗議，在博爾頓（Bolton）的小鎮中燒掉一本書。迪奧班迪和巴雷維（Barelvi）派別之間在印度次大陸上的對立也投射到英國，促使兩邊競相舉行更大規模的抗議。一個月後的一九八九年一月，在距離博爾頓只有一小時路程的布拉德福德（Bradford）發生更大的抗議事件。憤怒漣漪傳回印度次大陸。不甘心落於人後，伊斯蘭黨在二月十二日於伊斯蘭瑪巴德組織自己的示威行動，帶領大量人群在美國文化中心門外抗議。有八十多人受傷，五人中槍死亡。[18]據說，何梅尼當天晚上正收看這則新聞，並十分為巴基斯坦年輕人喪命而感動，於是發布了那條教法建議。這本書已經翻譯成波斯語並且在德黑蘭上市——看起來沒人對它感興趣，直到何梅尼開口談論此事。

沙烏地人不能讓這件事就這麼過去。他們採取法律途徑。謝赫賓．巴茲宣稱魯西迪應該接受缺席審判，以裁定他的書是否是褻瀆的。埃及最高宗教機構愛資哈爾大清真寺的領袖謝赫加德．哈克（Gad al-Haq）站出來反對何梅尼的教法建議。[19]但是他們並不是站在言論自由和寫作自由的立場，不是這樣的，愛資哈爾的觀點是，在沒有公平的審判來確定是否犯了褻瀆之前，不能將任何人判死刑。只要是這樣的判決都必須要由政府領袖宣判。

魯西迪沒有接受審判，他在死亡威脅中倖存下來。但是他的書的日文和土耳其文譯者以及挪威的出版社，都因為與魯西迪的關聯遭暗殺。從埃及到巴基斯坦，其他與魯西迪沒有關聯的人也很快會受到褻瀆的指控而身敗名裂。現在，伊朗和沙烏地阿拉伯為了把自己定位成全世界伊斯蘭教的旗手，在競爭中以一種奇怪的扭曲方式把褻瀆罪的死刑引入穆斯林世界。但是，沙烏地阿拉伯在此態勢中的作用將會被人遺忘，而針對魯西迪的教法建議，則完全成為了一個伊朗故事。

一九八九年六月三日，八十六歲的何梅尼年老體弱，因心臟衰竭離世。他在遺囑中留下給沙烏地人的告別一擊。二十九頁的文件由總統、即將成為最高領袖的阿里．哈梅內意宣讀：「穆斯林應該詛咒暴君，包括沙烏地王室家族，這些人是真主最偉大聖地的叛徒，祈求真主、先知和天使的詛咒降臨到他們身上……法赫德國王把人民的財富的很大一部分花在反《古蘭經》、完全沒有根據的瓦哈比主義迷信上。他濫用伊斯蘭和親愛的《古蘭經》。」[20]

何梅尼的死亡事實上讓伊朗和沙烏地阿拉伯之間的關係開始緩和。總統阿里．哈梅內意成為最高領袖；議長阿里．阿克巴．拉夫桑賈尼當選為總統。儘管拉夫桑賈尼曾在一九八七年的朝覲危機中對沙烏地人惡言相向，但他是個實用主義者，渴望在兩伊戰爭後重建國家經濟。一九九〇年八月，伊朗的敵人薩達姆．海珊入侵並吞併科威特；他的軍隊就在沙烏地阿拉伯的邊境旁。面對同一個狂人的恐懼，讓伊朗人和沙烏地人立刻團結起來。到九月時，兩國的外交部長利用在紐約召開聯合國大會期間在會場旁開始交談。

對科威特的入侵讓中東地區發生另一個地緣政治變化。在老布希總統極力擴大組建軍事聯盟時，他急於讓阿拉伯國家參與，愈多愈好，也包括敘利亞在內。哈菲茲・阿塞德同意參加。作為心照不宣的交換，敘利亞軍隊在一九九〇年十月十三日入侵黎巴嫩境內仍在其控制外的基督教地區，美國則對這件事保持靜默。

敘利亞的坦克讓所有的槍聲安靜下來，並推行敘利亞治世（Pax Syriana）。在黎巴嫩戰爭的過程中，盟友和代理人發生了變化。敘利亞入侵數次，並且控制該國穆斯林主導的地區和西貝魯特。巴勒斯坦解放組織消失了；巴勒斯坦難民仍在。基督徒之間相互殘殺。以色列仍然占據著黎巴嫩南部的大片領土。真主黨的影響力繼續崛起，他們消滅社區內知識分子反對者的無情運動已經進展到貝魯特，奪走知名作家和記者的生命。其中最著名的是胡賽因・馬洛維（Hussein Mrouweh），他在家中的病榻上被槍殺。思想的力量是真主黨無法承受的。但批評者仍然沒有被壓制下來。他們永遠不會被壓制住，就像在巴基斯坦，齊亞為了保護他的地位而不得不反覆、不斷地用暴力壓服批評者一樣，真主黨也不得不反覆打擊反對者。一九九〇年七月，就在黎巴嫩戰爭正式結束之前的幾個月，有數千人在泰爾舉行了抗議示威。「我們要說真話！」他們高喊著：「我們不想看到任何一個伊朗人！」黎巴嫩什葉派教士要求結束「伊朗人的侵略」，並要求在一九八二年的以色列侵略之後仍然留在貝卡谷的革命衛隊離開。但實際上，革命衛隊大可以放心離開；他們的在地附隨組織真主黨就在那裡。透過允許阿塞德出兵進入黎巴嫩，美國人已經不自覺地為阿塞德的盟友伊朗人提供維持伊朗在地中海立足點的通道。來自伊朗的黑潮不會退去，而另一波源自沙烏地阿拉伯的黑潮，正沿著尼羅河的波濤洶湧而來。

第十一章

黑潮

埃及，一九九二年至一九九五年

這些最無知的蠢人，
認為他們的智慧超過全人類；
他們油腔滑調地把所有和他們不同的人譴責為不信者，和蠢驢。
——歐瑪爾．海亞姆（Omar Khayyam），《魯拜集》（*Quatrains*），一一五六年

納斯爾．阿布．齊德從來沒打算要成為埃及的薩爾曼．魯西迪。他從來沒有想要讓人留下他「反對伊斯蘭教」的印象。「遠非如此」。[1]他最害怕的事就包括西方會把他視為伊斯蘭的批評者。他不是這樣的人。這位革新的開羅大學伊斯蘭研究和阿拉伯文教授從小生活在穆斯林家庭，以穆斯林的教養方式長大成人，他一直都是一個穆斯林，而且正如他喜愛重複的那樣，*inshallah*（但憑主意），他將會以穆斯林的身分死去。[2]他只是想讓這個宗教更加親近今日世界，更柔軟、更少的教條。

關於魯西迪教法建議事件僅僅幾年後，當納斯爾．阿布．齊德在埃及被指控為叛教，西方媒體在對

外國進行報導時，很容易就會把當事人和那位印度裔英國小說家相對照。但是納斯爾．阿布．齊德的支持者更願意將他比作義大利物理學家和天文學家伽利略。大約在三百五十年前，天主教會在羅馬宗教審判所時期，曾將伽利略提出地球圍繞太陽運行的說法當作異端邪說而對他加以迫害。伽利略不得不收回自己的說法，這讓他苦不堪言，直到死去。隨著時間流逝，教會收回對他的譴責，一九九二年十月，教宗結束歷時十年的譴責調查，並發表一份正式承認教會錯誤的聲明。[3]對納斯爾．阿布．齊德的指控約莫與那次道歉同時，就像是伽利略堅信科學和理性一樣，納斯爾堅持他將要繼續「為支持伊斯蘭而奮鬥，以科學推理和堅實可靠的方法論來武裝這場奮鬥」。[4]

納斯爾的批評者認為他是一個笨拙、安靜的「小」世俗作家，一個不信教的人。他的支持者則對此嗤之以鼻。納斯爾是他們的伽利略，唯一的區別是梵蒂岡已經向那位義大利天才道歉了，而「我們的大學裡還有一些人仍然相信地球不會轉動」。[5]那是埃及對革新思想家的恐懼，是在外部蔓延的黑暗，「披著宗教外衣的恐怖主義」，現在正爬上大學的牆壁，把那裡變成宗教審判所的法庭。[6]理性和信仰、科學和教義——都被困在開羅這場戰鬥中。一時之間，埃及的知識分子不甘示弱，受到挑戰的鼓舞和振奮。「自由主義不是勝利，就是成為殉道者」，穆罕默德．賽義德．阿什瑪維（Mohammad Said al-Ashmawy），一位資深革新派法官如是在上訴法院裡宣布。[7]

會有許多人喪命。

對納斯爾來說，一切都始於一九九二年，那一年他申請直接晉升為開羅大學阿拉伯語系的正職教授。終身職評審委員會將他的檔案，包括他的所有出版物都提交給三位教授進行評估。其中的一位，阿布杜勒．薩布爾．沙辛（Abdel Sabour Shaheen）博士是一位原教旨主義者傳教士，他來自建於七世紀時的阿穆爾．伊本．阿斯清真寺（Amr Ibn Al As Mosque），這是埃及歷史上第一座清真寺。沙辛並不喜歡他所讀到的東西。

訓詁學，對神聖文本的批評闡釋並不是伊斯蘭的傳統，對於像沙辛一樣的正統穆斯林而言，《古蘭經》是非創造的、永恆的、不可侵犯的來自神的話語。同時，納斯爾則是寫下標題諸如《伊斯蘭話語批評》（*Critique of Islamic Discourse*）、《訓詁學中的理性主義：穆泰齊賴作品中的比喻問題研究》（*Rationalism in Exegesis: A Study of the Problem of Metaphor in the Writing of the Mu'tazilah*）等書的作者。

這位在社交上害羞、戴眼鏡的學者是個自由思想家，他挑戰伊斯蘭的正統傳統，認為《古蘭經》必須要用隱喻和歷史背景兩個方面來理解。他是個與時俱進的人，渴望幫助他的穆斯林兄弟姊妹將《古蘭經》的教義應用於現代世界中。為此，他認為「需要重新考慮關於《古蘭經》的人類維度」。[8]因此，儘管《古蘭經》的確是神的話語，納斯爾的論點是，《古蘭經》是以一種語言，甚至是一種地方方言傳達給先知穆罕默德的，並根植於特定的語境中：是用七世紀阿拉伯半島的阿拉伯語頒降的。如果真主的話語不是鑲嵌在人類語言中，怎麼會有任何人能理解呢？[9]

納斯爾的論點並不是沒有基礎：它建立在一種可以追溯到八世紀的偉大遺產上。他的碩士論文就是關於穆泰齊賴派（Mu'tazilah）的，這是一個吸收希臘哲學的理性主義伊斯蘭運動，就在伊斯蘭建立兩百年後曾激起一場理性和教條之間的大論戰。

穆泰齊賴派首先出現於八世紀的巴斯拉（Basra，位於今日伊拉克南部）。他們認為雖然真主的話語不是被創造，而是啟示給先知的，但是《古蘭經》則是一種世間的現象：話語、墨水、紙張。而且，其書寫發生在啟示和先知去世的很久之後。穆泰齊賴派用推理來學習《古蘭經》，並相信自由意志。他們的運動反映出他們所處的時代——阿拔斯（Abbasid）王朝是伊斯蘭的黃金時代，是科學和哲學的時代，是艾布・努瓦斯（Abu Nuwas）關於愛情和酒的放縱詩歌的時代，是《一千零一夜》雪赫拉莎德的時代，也是阿拔斯王朝哈里發哈倫・拉施德（Haroun al Rashid）的年代。巴格達著名的圖書館智慧宮（House of Wisdom）成為世界知識的寶庫，充滿開創性的作品和翻譯作品。與此同時的巴格達，也是在阿拔斯王朝哈里發的統治下，罕百里教法學派——其字面意思是堅定正統派，按照字面意思解讀的人——的創立者阿赫麥德・伊本・罕百里（Ahmad ibn Hanbal）反對已經成為官方教義的穆泰齊賴派教義。他的反對讓他身陷囹圄，而且他的追隨者也愈來愈多。罕百里教派相信穆斯林已經迷失了道路，隨著阿拔斯哈里發國家的衰弱，伊本・罕百里的追隨者變得更有組織，帶頭反對理性主義和任何可能分散原初信仰的最純粹形式的東西，也包括音樂。[10]他們「事實上建立了一種『遜尼派的宗教審判所』」。[11]

隨著四大教法學派慢慢穩定下來，正統思想也逐漸定型。有一些遜尼派的宗教領袖相信最主要的宗教事務已有定論，並且開始限制「伊吉提哈德」——*ijtihad*，獨立推理——的大門，以效法先例為先。閱讀、理解和解釋《古蘭經》將要依靠到此時為止累積起來的知識群體，穆泰齊賴的時代結束了。罕百里主義後來將會快速發展，並傳播到波斯和巴勒斯坦周圍地區，伊本·泰米亞是其中的一顆明星，然後在鄂圖曼帝國時期，背負其自身僵化和不寬容的重量而再度衰落。它的地理影響將慢慢減少到阿拉伯半島的內陸地區，即第一個沙烏地王國的家園，在內志的貧瘠高原上。正是在這裡，穆罕默德·伊本·阿布杜瓦哈布將其推上了另一個層次。

快進十二個世紀，納斯爾將他的腳放在伊吉提哈德的大門上。沙辛的論斷是尖刻的：他指控納斯爾是「宗教良心萎縮」，將判斷集中在他的信仰上，而不是他的工作上。沙辛將他描述成一個異端，一個領導「馬克思－世俗主義者想要摧毀埃及穆斯林社會的嘗試」的無神論者。[12]這位傳教士還希望「真主會給他在天堂中留一個位子，因為他的好作品可以反對那些偏離正道的學者」。[13]向其他人展現伊斯蘭的正道而得到真主獎賞的渴望，將會在接下來的幾年裡成為一再出現的主題，出現在無論什麼原因，對革新思想家或是任何被貼上叛教者標籤的人的言語或人身攻擊中。在巴基斯坦，這會被當成是強迫印度教徒和基督教徒改宗伊斯蘭教行為的正當理由。

到一九九三年初，大學已經屈服於壓力並拒絕納斯爾的晉升。四月二日星期五，勝利的沙辛在阿穆爾·伊本·阿斯清真寺的聚禮日講臺上宣布這位學者是叛教者。「叛教者」這個詞就像顆彈力球在開羅的宣禮塔之間來回跳動，到了下個星期五，在全國各地的講道演說中，傳教士對納斯爾窮追猛打——甚至在他自己的村子裡都是如此。根據伊斯蘭法律，作為一個叛教者，他就喪失了過日子的權利，也許對於一個新婚男子來說，還喪失了更加珍貴的——與穆斯林女子結婚的權利。他的妻子是艾布特哈爾·優尼斯，一名學法國文學的學生，曾在一九八一年時默默支持對沙達特的暗殺。

他們的故事是傳統社會中的非傳統愛情，循規蹈矩年代裡的叛逆，醞釀動盪的時代中的安靜。他們在許多方面都不像一對夫妻。艾布特哈爾．優尼斯現在是開羅大學法國文學的助理講師。納斯爾的工作則是關於伊斯蘭研究和《古蘭經》。他是來自窮困鄉村的小孩，她出身埃及上流社會；他的父親是雜貨店商人，她的父親是外交官；她身材嬌小，他身材高大。她脾氣火爆，在三十歲時，按照埃及的標準，已經是一個難結婚的女人了；他比她大十五歲，離過婚，這對身處保守社會裡的人來說仍然是個汙點。

她不在乎。他們雖然不同，但他們說同樣的語言，做著同樣的夢。他們的友誼成長為愛情，當他們結婚時，正是他的麻煩即將開始之前，納斯爾感到彷彿他的人生終於有了意義，他終於到達他的目的地。突然之間，不了解他們，也不了解他們彼此愛情的原教旨主義者就將他們分開了。在埃及，叛教者的指控甚至不存在於文本上，因此納斯爾是在家庭事務法庭上被控訴的，這在法律中被稱為「*hisba*」，此原則允許任何一個相信伊斯蘭受到傷害的穆斯林上法庭申訴——這是一個伊斯蘭主義者剛剛發現的漏洞，並且將會濫用多年。在伊斯蘭法律中，穆斯林女子不能嫁給非穆斯林，納斯爾現在被認為是一個叛教者，這意味著艾布特哈爾得離開這個異端。

這場法律戰拖了兩年。以前從未發生過這樣的神學辯論。這是埃及和伊斯蘭主義者的一個轉折點，穆斯林世界都在注視著。與此同時，在開羅，書店裡所有的納斯爾的出版物都被搶購一空。媒體頭條都聚焦在納斯爾身上，但是艾布特哈爾也受到深深的傷害。她感覺受到道德上的強暴，成為一個伊斯蘭主義者來傷害納斯爾的工具，而這個工具現在被放到市場上待價而沽：沙辛甚至提出要為她找個新丈夫。[14]

艾布特哈爾的信念從來沒有受到動搖。如果有任何人在服務伊斯蘭的話，那這個人一定是她的丈夫，她對此堅信不疑。他們都是虔誠的、踐行的穆斯林，所以這些人有什麼資格宣布他是異端呢？有什麼資格判決誰是或不是一個好穆斯林呢？在某些方面，「這些人」是為暗殺沙達特鋪平道路的同一運動的一部分。現在她明白了，這從來就不是關乎於巴勒斯坦。殺害沙達特是一場披著政治外衣的宗教暗殺，現在她成了這場暗殺所引發出來的趨勢，和一九九〇年代席捲埃及的原教旨主義受害者。[15]

法拉格．福達是埃及最有聲量的世俗派知識分子，他比艾布特哈爾更早看到這一點。納斯爾是從歷史、神學和語言學的角度來討論伊斯蘭原教旨主義，而福達是一位農藝學家，他是面對埃及社會原教旨主義的蔓延，有條不紊地捍衛世俗國家的科學家。在十年前的一九八五年，他的暢銷書《在墜落之前》（*Before the Fall*），一本短小而精闢的政治文章，清楚明瞭地總結了阿拉伯民族主義在面對以色列屢屢遭到灼傷的失敗後，在尋找答案的社會中正形塑而成的伊斯蘭熱潮之趨勢。

福達指出埃及的三種伊斯蘭趨勢。第一種是穆斯林兄弟會的傳統性政治趨勢，它根植於埃及的歷史中，按照福達的說法，它是最弱的，但也是最務實的。然後是革命性的伊斯蘭，由伊朗所啟發，是那種想要將體制全盤推翻的，是納吉赫．伊卜拉欣、阿布杜勒－薩勒姆．法拉格和其他埃及年輕人在一九七〇年代所接受的。在福達看來，這是最危險，但是最不普遍的，因為它依靠的是特定的一群人：年輕的熱血青年。最後一種是被他描述為金錢的伊斯蘭，富人的伊斯蘭——石油美元的伊斯蘭。[16]

按照福達的說法，這第三種，亦即金錢伊斯蘭，是最強大的一種，因其貌似現代，有時代感，但是實際上是暗中有害的，它慢慢滲透到社會的各個方面。暴力將平息、武裝分子將會被抓進監獄，但是一旦人民的思想被一種新的世界觀所改變，其破壞力需要好幾代人的時間才能消弭。金錢的伊斯蘭炫耀著財富，並推動一種新的、號稱是更加端正的道路：[17]引入伊斯蘭銀行然後要求女性行員戴上頭巾；設立出版社並提供巨額資金來支持作者寫作，但是只有那些推崇特定願景、清教主義宗教理解的人可以得到這樣的支持；或者雇用記者來為例如《中東報》等沙烏地出資的泛阿拉伯出版物撰文。該報的固定撰稿人每月可以賺到三千美元，這個價碼比埃及刊物同樣工作的年薪還要高。[18]但是伴隨著薪水一起到來的是政治紅線、知識審查和自我審查，這種審查會讓充滿活力的社會思想萎縮。這樣的策略，按照福達的說法而言，將他們的經濟安全和沙烏地的社會和政治願景服務連在一起。

一九九〇年，敘利亞詩人尼撒爾．格巴尼（Nizar Qabbani）在他於倫敦自我流亡時，寫下一篇無情的預言詩〈阿布．賈希里買下了弗利特街〉（Abu Jahl Buys Fleet Street），諷喻那些來自阿拉伯半島、身穿著白色長袍的富人來到城市裡大買特買。阿布．賈希里在阿拉伯文中的字面意思是「無知之父」，格巴尼這首詩的標題的阿布．賈希里，也是先知的同時期的人，是一個曾經與穆罕默德作戰並拒絕伊斯蘭的人。

格巴尼在他的詩裡問道：「英國已經是哈里發國家的首都了嗎？是石油以國王的身分在弗利特街遊走嗎？」這首詩主要是警告阿拉伯的記者和知識分子不要成為沒文化的土財主的奴隸。左派知識分子已經「背棄了列寧，騎上了駱駝」，那些想要成為成功編輯的人「不得不日日夜夜親吻王公貴冑的膝蓋」。格巴尼向一個不具名的統治者呼籲，可以拿走任何他想要的，但是請放過文化和字母：

噢萬壽無疆的人啊，你用油桶買筆，
我們對你無所求，
所以請隨便繼續幹你的女奴，
繼續隨便殺你的臣民，
用火和鋼鐵圈住你的國家……
沒人想要偷你的哈里發長袍，
請繼續喝你的石油酒吧，
但是別碰我們的文化，我們的字母。[19]

福達十分憂慮沙烏地人的文化帝國主義會成為整個地區的定調。但是他所認定的趨勢並不是在分隔、平行的軌道上各自運作。他們是彼此相互加強的：當地人的態度和動力受到新的驅動，被區域潮流惡化。穆斯林兄弟會的成員正從沙烏地阿拉伯回到埃及，致力於從內部改變制度和社會，為他們自己的國家對於宗教理解和實踐增加新的層次。伊斯蘭團和伊斯蘭吉哈德黨都是當地因素的結果，對於當權者的靜默方式感到氣餒的結果——他們相信暴力；他們參加了阿富汗的戰鬥，沙烏地阿拉伯的錢和影響力也在那裡主導，有些人回來了。金錢和革命這兩種趨勢如今在埃及混合了起來。

福達毫不留情地攻擊各種類型的伊斯蘭主義者。一個身材高大、聲若洪鐘的男人，手中揉搓著念珠，謾罵、嘲諷他們，一字一句地將他們的論點打破。他是技術嫻熟的辯論家，隨時隨地都做好準備把對手駁倒，無論是在採訪中還是在他言詞尖刻的文章中都是如此。一九九二年一月八日，他在一萬五千人面前公開謾罵伊斯蘭主義者——這是一個致命轉折點。

第二十四屆開羅國際書展組織了一場公開辯論會，有福達和其他三位發言人參加。他們中的穆罕默德·卡拉法拉（Mohammad Khalafallah）就像福達一樣，是一個世俗主義者，另外的兩人則是伊斯蘭主義者。兩人中的一位是穆罕默德·加扎里（Mohammad al-Ghazali），他是愛資哈爾的重要伊斯蘭學者和畢業生，是一個擁有領袖魅力的傳教士，曾經在麥加的伊斯蘭大學裡任教，一九八〇年代時也曾在杜哈和阿爾及利亞任教過。另一位是馬蒙·胡岱比（Ma’moun al-Hodeibi），他於七〇和八〇年代時生活在沙烏地阿拉伯。他是穆斯林兄弟會第二位總導師（Murshid A’am）哈桑·胡岱比（Hassan al-Hodeibi）的兒子，未來也將會成為總導師。

甚至連這場活動的題目都經過激烈辯論：「埃及，一個世俗的還是伊斯蘭的國家？」這個題目是伊斯蘭主義者喜歡的版本，他們想要把他們的對手呈現為無神論者。書展最後確定的辯論會題目是「埃及：一個公民國家或是宗教國家？」埃及從來沒有過關於這個主題的公開辯論。現場氣氛十分熱烈，男女觀眾都相當激動。有人高呼「*Allahu Akbar wal Jihad sabeeluna*」（真主至大，吉哈德是道路！）辯論會場人滿為患，不得不關上書展的大門。場內只有站位，觀眾彼此沿著牆壁摩肩接踵，甚至連擴音喇叭後面都有人。現場沒有安全防範。

加扎里和胡岱比慷慨激昂地描述他們心中以伊斯蘭法律統治的伊斯蘭民主，並痛陳西方文化入侵之害。福達捍衛他自己作為一名穆斯林的認同：「我可以接受共產主義被冒犯，我可以接受社會主義被冒犯，但是我無法接受伊斯蘭被冒犯。」[20]但是，他反問他的對手，哪一個國家是他們認為的模範伊斯蘭國家？成功的範例是不存在的；伊朗、沙烏地阿拉伯和蘇丹都失敗了。他還更進一步提出：「為什麼會有這種突然出現的對伊斯蘭國體的執迷？一千三百年來（自先知去世後的第一個世紀起），只有一%的人主張建立一個宗教性的國體，而九九%的人所擁護的是我們現在正呼籲的，是一個公民的政府。」甚至那個理想化的、光輝燦爛的時代也不是完美無瑕的，其中也糾纏著爭端和暴力，他繼續說道。最初的哈里發中有三位（他們是先知的親近夥伴，被稱為正統哈里發）是死於暗殺。

在這件事情上，福達對伊斯蘭主義者來說已經如芒刺在背長達好幾十年，甚至在他因為《在墜落之前》成了媒體頭條人物之前就已經開始。他正在努力成立一個世俗政黨「*al-Mustaqbal*」（未來黨），將穆斯林和基督徒聚集在一起。現在，福達正在公眾面前打碎伊斯蘭主義者的公信力。是時候要除掉這個人了。

他們甚至無法從正面殺他。那是個星期一的下午，一九九二年六月八日，也就是書展辯論會的半年後。他當時正和他的兒子與一位朋友從開羅郊區的辦公室走出來。兩個從來不曾與他交談過，也沒有讀過他的作品的文盲男子騎著摩托車飛馳而過，對著他的後背開了七槍。他們還開槍打傷了他十五歲的兒子。他們只是在執行命令。參與暗殺沙達特的薩夫瓦特．阿布杜勒．加尼（Safwat Abdel Ghani）雖然被監禁，但是從未遭指控，正是他透過他的律師傳達招募殺手的訊息。

埃及曾經發生過政治暴力和暗殺事件，但這是第一次針對知識分子的恐怖主義。整個國家為之震動，阿拉伯世界也驚駭了。現在將會有福達之前和福達之後的分別。這位無所畏懼的農藝學家和知識分子在各家報紙上被描述為國家的烈士。[21]成千上萬的埃及人參加他的葬禮。總統穆巴拉克派了一名代表參加葬禮；部長、省長、共和國的穆夫提、知識分子、大使都加入了穿過開羅街道的悼念遊行隊伍。當他們抬著繡有《古蘭經》經文的綠色棺木時，悼念者平靜地唱起了國歌。「我的國家，我的國家，我把我的心和愛獻給你。」悲傷很快就讓位給憤怒，遊行變成反對恐怖主義的抗議示威。「不要吉哈德，不要兄弟會」，「新月萬歲，十字萬歲」。[22]

國家分裂了。也許最早表達出這一點的就是福達的姊妹，她在葬禮後摧人心肝、痛心疾首地哭訴著：「他們為什麼要殺他？他是穆斯林啊！他們怎麼可以宣布他是無神論者，讓他和他的宗教分離呢？是誰給了他們這個權利，讓他們把我們分成穆斯林和不信者？」[23]這恰恰就是正在發生的事情。強硬的遜尼派伊斯蘭主義者不再只是簡單地分開穆斯林和非穆斯林，或遜尼派和什葉派，這種做法已經造成許多流血，讓宗派暴力將小社群再撕碎。他們現在還會在各自的社群裡問：「你是一個好穆斯林嗎？」

在福達遇害後，非暴力或是政治性的伊斯蘭主義者撇開責任。穆斯林兄弟會主張政府負有一部分責任，因為政府允許福達利用廣播媒介來「猛擊伊斯蘭的心臟……〔這是一個〕在全世界以戰爭圍攻穆斯林的時候，對穆斯林感情的挑釁。」[24]在殺人事件發生後，愛資哈爾曾對其加以譴責，但是稍早時，它也批評過福達的世俗政黨計畫，稱此舉是對穆斯林國家的威脅，並譴責像他這樣的世俗主義者敵視著「任何帶有伊斯蘭色彩的事物」。[25]暗殺者後來會表示，是因為愛資哈爾這樣說，他們才採取行動。很不幸地，遜尼派世界最高的宗教權威機構已經展示了言論將如何被用作謀殺的邀請。

更加令人震驚的是，在一九九三年七月舉行的審判中，有一名愛資哈爾的學者擔任福達刺客的辯護證人。穆罕默德．加扎里曾經在開羅書展上和福達交鋒，並且曾在阿爾及利亞啟發上千伊斯蘭主義者原諒這次暗殺。他的論點部分呼應愛資哈爾首長在魯西迪一案中的論點：對叛教者進行審判後的行刑是國家的事情，但是由於國家未能遏止福達，因此可以由行為公正的穆斯林執行。令人害怕的是，加扎里宣稱，對於穆斯林出面執行這項致命職責，是沒有任何懲罰的。[26]加扎里是一九八九年費薩爾國王獎的獲得者，這個獎項的首位獲得者是巴基斯坦伊斯蘭黨的創建人毛杜迪。

埃及政府一直試圖將暴力分子和溫和的、政治的伊斯蘭區分開，把武裝分子和傳教士區分開，把那些希望推翻體制和那些像愛資哈爾一樣致力於在體制內工作的人區分開。但是福達本人曾警告，政府是在安撫激進分子——例如給溫和的伊斯蘭主義者更長的廣播時段，是在助長不容忍和玩火。[27]

自從一九八〇年代中期開始，在愛資哈爾的大伊瑪目加德．哈克的領導下，愛資哈爾清真寺在推動保守主義伊斯蘭上更加積極，以制衡世俗價值觀。它以前也曾實施過禁書的舉措，其中包括禁止諾貝爾獎得主納吉布．馬哈福茲（Naguib Mahfouz）一九六六年的小說《尼羅河上的漂流》（*Adrift on the Nile*），但是現在則更為積極地參與文學作品、電影和任何文化產物的審查。有些人曾發布支持伊斯蘭銀行業和禁止器官捐贈及有色隱形眼鏡的教法建議，並譴責不遮蓋頭髮的女性。[28]

關於沙烏地推動這種最新趨勢的影響力，存在著無止境的猜測和傳言。在沙烏地人和埃及人的關係之間，存在著各式各樣的矛盾。愛資哈爾大學教授四大教法學派所有的律法學問，並給予它們同等的重要性。許多愛資哈爾老師和學生，甚至大伊瑪目都是蘇非教團的成員。愛資哈爾仍然認為瓦哈比主義偏離真正的伊斯蘭，然而其大伊瑪目和沙烏地阿拉伯的關係很緊密。[29]他也將獲得費薩爾國王國際獎。來自波灣國家的富人會捐款給愛資哈爾，很多傳教士和學者都曾在麥加學習和培訓。這種影響雖然難以捉摸，卻十分普遍。驕傲的埃及人同時拒絕承認沙烏地人對他們國家施加的影響，堅持認為從吉哈德到政治性伊斯蘭議題等各個層面，埃及才是老師，但是他們也抱怨沙烏地王國正在腐化埃及。憑藉著新的財富，沙烏地人勢不可擋，又有說服力。沙烏地阿拉伯——伊斯蘭的誕生地——也是得到石油財富祝福的地方：一定是這樣，真主對這個國家微笑；他們的伊斯蘭一定是真的。

這種想法是數百萬來自埃及、巴基斯坦、敘利亞和其他穆斯林國家的移民工人在上世紀八〇年代時去這個蓬勃發展的年輕王國找工作時的想法。一九六八年時，沙烏地阿拉伯有一萬名埃及人，到了一九八五年則有一百二十萬人。他們屬於底層和中下階級的埃及人，對沙烏地支薪者的財富心存敬畏。建築工人、司機、銷售員、園丁和移工讓這個國家維持運轉，然後帶著新的錢和新的道德觀念從王國回國探親訪友或是歸國定居。他們能夠付得起之前對他們來說遙不可及的東西，從電視機到汽車、房子。他們沉浸在沙烏地的生活方式和世界觀裡，許多人保持著他們在那裡的習慣——穿著長長的白色長袍，女士戴著尼卡布，更勤勉地做禮拜，並且譴責蘇非派、聖徒求請（代禱）的觀點或什葉派。在巴基斯坦的鄉村裡，在敘利亞的鄉村裡，或是在埃及的郊外，在阿拉伯半島賺到錢的移工建起了清真寺，用來彰顯其新財富和虔誠，在沙烏地培訓的傳教士則在這些清真寺中任職。這種沙烏地生活方式的潛移默化覆蓋到所有事物上，也包括女性在內。

埃及一直是一個保守的傳統社會，但是戴頭巾並不具主導地位，也不是緊張關係或爭論的來源；它既不被國家禁止，也不強制施行。伊斯蘭團在大學校園裡推廣頭巾取得了一定成功，但是一九七九年迎來一波真正的浪潮，女子紛紛效仿伊朗這個令人振奮的例子，遮住頭髮，象徵著對帝國主義和西方的拒絕。第二波浪潮在九〇年代到來，沙烏地提供的資金和勸導尤其針對中產階級進行。七〇年代時，佩戴頭巾的埃及女子占三〇％；到一九九〇年代中期時，這個比例是六五％。[30]

頭巾是新的時尚，是一種身分象徵。在過去，中產階級和富裕的埃及人可能會追逐歐洲的最新時尚。現在，他們把目光投向了沙烏地阿拉伯，不僅戴上頭巾，甚至還有人戴上尼卡布，這在以前的埃及是不曾有過的。

在黑潮沖擊埃及的時候，最引人矚目的視覺效果是數十名深受埃及人喜愛的美麗女演員戴上頭巾，她們曾讓數代埃及人和阿拉伯人感到愉快。她們一個接著一個迎來皈依伊斯蘭的時刻。其中第一位是沙姆斯．巴洛迪，她曾經扮演為愛前往澳洲的職業女性角色。她在一九八二年去麥加朝覲，回國時戴上了頭巾。她以一個經歷深刻的精神體驗之後找到信仰的人脫穎而出。但是巴洛迪繼續積極鼓勵其他人悔改，並將罪惡的演藝生涯拋到身後。

到一九九三年的時候，許多知名的女演員戴上頭巾或是尼卡布，並在開羅菁英階層家庭每週舉行稱為「伊斯蘭沙龍」的宗教講座中，明確地傳達她們的訊息。她們以這些宣講讓其他大多數對宗教一無所知的女性留下深刻的印象，鼓勵她們戴上頭巾並分發小冊子，有一些是在利雅德印刷的。在她們的信仰和勸說下，有些參加講座的人當下就決定戴上頭巾。[31]隨著時間的推移，數百名女性參加了這些沙龍，她們中的多數人再將訊息傳播到了更遠的地方。這些被人稱為「悔改的」女演員，進行勸說時相當引人注目和公開。她們是引人好奇的對象，但是她們也樹立了榜樣。

沙烏地人金錢的影響力難以證明，但是每個人都在談論。幾位埃及明星，包括曾出演過具有里程碑意義的埃及電影《我要一個解決辦法》，美麗動人的法特恩．哈瑪瑪，她拐彎抹角地暗指有人曾提出一筆鉅資讓她放棄演藝圈並戴上頭巾，但是她拒絕了：在價碼最高的幾份開價中包括一份百萬美元和一個月十五萬美元薪資的開價，開價人推測是來自波灣國家。[32]

戴上頭巾的女演員堅決否認她們得到了報酬。但是她們的確和沙烏地阿拉伯有關聯。巴洛迪曾經在吉達住過一段時間，另外一位女演員則是經營伊斯蘭風格的時尚事業，並且在吉達和埃及兩地居住。還有一些人在沙烏地阿拉伯的活動中講述她們獲得第二人生的經歷，並得到高額演講費。有些人則是出於保住工作的需要：沙烏地人正在建立衛星電視頻道和製作公司，他們投資電影和電視劇，而且他們不想看到太過暴露的肉體。一些悔改的女演員完全放棄演藝圈，但是有其他的女演員為了持續演出而戴上頭巾。沙烏地是埃及電影的大市場，在一九六〇和七〇年代，沙烏地人喜歡看那些穿著短裙和頂著大波浪髮型的女演員，一九七九年以後，沙烏地王國的氣氛和市場都發生變化。有無窮無盡的猜測、零散的證據和聯繫——但是沒有白紙黑字的證據。沒有一個女演員會確鑿地否認和沙烏地人有聯繫。但是關於沙烏地人在這股資助趨勢中扮演之角色的懷疑，則是很多笑話的來源。

「埃及薪水第二高的女人是哪些人呢？」

「跳肚皮舞的，因為沙烏地遊客在她們跳舞的時候往她們的腳下扔百元美鈔。」

「那埃及薪水最高的女人又是什麼人呢？」

「那些悔改的肚皮舞演員，因為如果她們不再表演的話，沙烏地長老會轉帳數千美元到她們的帳戶。」[33]

埃及著名電影製片人尤賽夫．夏因（Youssef Chahine）相信，宗教原教旨主義對埃及人來說是外來的異類，並且將它描述為來自海灣的「黑潮」：「埃及人在宗教上是非常虔誠的人，但是與此同時，埃及人也是熱愛藝術、音樂和戲劇生活的人。」他相信，他的國人能夠找到世俗現代性和傳統的宗教力量之間的平衡點。[34]

他們沒有。

福達遭刺殺象徵著暴力開始包圍埃及知識分子。在接下來的許多年，世俗派、自由派、革新派的作者和思想家會被追獵、禁止、騷擾和暗殺。長長的目標名單中包括記者、知識分子和整形醫生。甚至諾貝爾獎得主、國家象徵，宛如尼羅河般代表埃及的作家馬哈福茲都遭受攻擊——在一九九四年十月被兩名刺客刺傷了脖子。他會倖存下來，但是他寫字的手則受到嚴重的傷害。

宗教快速地占據了一切。一九八五年，埃及出版的書籍中僅有六%是宗教類書籍。一九九四年，這個比例是二五%，一九九五年開羅書展上售出的書有八五%是宗教類書籍。[35]一九八〇年代中期，埃及每六千零三十一人擁有一座清真寺；到二〇〇〇年代中期，每七百四十五人就有一座清真寺。計程車司機減少播放烏姆．庫圖姆的歌曲，取而代之的是《古蘭經》誦讀。全家福照片從牆上和壁爐上拿下來，收在抽屜裡，尤其是祖母穿著短袖低領衣服，或者是留著一九六〇年代那種大波浪髮型的照片。[36]端莊是新的標準，照片可能會導致偶像崇拜。最正統、最字面意義上的偶像崇拜和較輕微的偶像崇拜概念，也就是索法娜．達赫蘭在吉達的學校裡學到的，已經滲入埃及人的儀式裡，儘管在幾個世紀的埃及傳統、藝術和文化中，這是個陌生的概念。在大學藝術課上畫裸體畫已經是過去式。現在一切都是由「*halal*」或是「*haram*」決定，這是在宗教中「被允許的」和「不被允許的」的概念。人民生活的每一秒鐘都變成宗教法令規範，尋求天堂的救贖。伊斯蘭主義者的信念和做法，曾經是邊緣的，現在已經進入主流之中。

幾十年後，當社會適應了新的文化和宗教參照物之後，納賽爾總統於一九六五年紀念埃及在蘇伊士運河危機中勝利的演說，在人民捫心自問「我們怎麼了？」時又重新浮出水面並流傳開來——因為納賽爾在其中一段話中口出不遜地談到了頭巾。他曾是阿拉伯世界有史以來最偉大的演說家，他的演說透過廣播電臺播放，讓整個阿拉伯世界的聽眾都為之著迷，因為他的演說從振奮人心的勸告，到嚴肅的解釋，再到說笑話，都是以一種平易近人的風格進行。他是個說故事大師。

在司空見慣的大量支持者面前，在一群西裝革履的男人和穿裙子的女人混在一起的聽眾面前，他談到與穆斯林兄弟會的對抗。[37]該組織的一些成員曾試圖暗殺他，因而遭到殘酷鎮壓。他講述他如何在一九五三年和穆斯林兄弟會的領袖哈桑．胡岱比會面。胡岱比提出一些要求，其中顯然包括強制戴頭巾。人群中的男男女女為如此荒謬可笑的想法爆發大笑和掌聲。下面人群中的一個人還喊道：「讓他戴吧！」然後引起了更狂妄的爆笑。納賽爾說，他試圖向胡岱比解釋這是個人的選擇，但是胡岱比堅持：納賽爾是領袖，他必須定下基調。納賽爾繼續說：「我告訴他，你有一個讀醫學院的女兒，她沒有戴。為什麼？如果你不能讓你的親生女兒戴上頭巾，為什麼要讓我到大街上強迫千萬個女人戴上頭巾呢？」

這時候，即使是納賽爾也笑了出來，眾人高興地大笑起來。

納賽爾的遺產和他對穆斯林兄弟會的鎮壓引發一種驅動力，這種驅動力在幾十年中促成了埃及和其他地方的原教旨主義、薩拉菲主義、瓦哈比主義的有毒結合。他是一個民族主義者，現代化推動者，他也是一個守教規的穆斯林，曾經兩次前往麥加朝覲——沒有人能夠爭辯說他的觀點是來自一顆被西方價值觀腐蝕的心。這些觀點也許反映出的是他作為一個在城市長大的人和來自城市的中產階級對於鄉村階層的鄙視，後者仍然穿著加拉比亞（*gallabiya*），即一種傳統農民穿的長衫，而且讓他們的女人戴頭巾或是待在家中。那些進城的人摒棄了被他們視為鄉村生活的落後裝束，而選擇接受現代性。伊斯蘭主義者主張，是腐敗的西方影響力促使女性拿下頭巾。但是這種假設忽略了一項事實，也就是埃及是阿拉伯女性主義的發源地，埃及自己從西方手中獲得的解放象徵表現在一座著名的雕像上，一個農民女子靠在神話中的司芬克斯身邊摘下她的頭巾。那座馬赫穆德．穆合塔爾（Mahmoud Mokhtar）一九二〇年的雕塑成為國家獨立的隱喻，至今仍然矗立在距離開羅大學不遠的尼羅河邊。

埃及有長久的啟蒙歷史，這為那些經歷一九九〇年代黑暗日子的人帶來希望。福達在一九八五年《在墜落之前》中的最後一句話是對其他知識分子的號召，表達出他自己的信念：只要有更多溫和的聲音，埃及仍然可以回歸正軌。這在過去是行之有效的。「對話是擺脫這場危機的唯一途徑，」他寫道：「因為有時候話語可以阻止子彈，因為它絕對更強大，而且絕對更持久。」福達的精闢分析誤判了他身邊發生的社會轉型程度。他對埃及和筆的信念並沒有拯救他。

這就是學者納斯爾在一九九四年，也就是福達遇害的幾年後，為他和他的婚姻的生存所做的戰鬥。他沒辦法將自己的苦難和他所愛的埃及完全對號入座，因為他知道，這不是他年輕時的埃及。西方人看待納斯爾和其他像他一樣站出來對抗伊斯蘭主義者的人時，所看到的是一個「像我們一樣」的人，一個與西方人價值觀相同的例外。納斯爾對這種觀點感到不滿——他們沒有領會到他深沉的埃及氣質。他的故事並不是個關於一名西化、世俗的埃及菁英拒絕農村人的做事方式的故事。納斯爾是一個村子裡的男孩，是人民的男人，是土地的男人；他的血管裡流淌著尼羅河的水。[38]

在像是位於坦塔（Tanta）的小村莊庫哈法（Quhafa）這樣的地方，寬容的空間是存在的，納斯爾就是出生在這個村子裡。這是一個由基督徒和穆斯林組成的村子。[39]寬容並非從別處學來的概念，而是人的生活方式。納斯爾的父親有個來自另一個村子的奇怪朋友，他是來庫哈法做工的科普特（Copt）基督徒。他們家接待了他許多年，他死後也埋在他們家的墓地裡。沒有人介意他是個基督徒。

在庫哈法，除了宗教之外，還有現代性的空間。納斯爾的父親是個雜貨店老闆，把納斯爾送到村裡的學校中學習讀寫、算術和《古蘭經》。到八歲的時候，納斯爾已經將《古蘭經》背了下來。他的父親對他的長子有很大的期望：他希望納斯爾繼續他的宗教研究，並成為偉大的宗教學者穆罕默德・阿布都（十九世紀伊斯蘭現代主義的創始人）傳統的謝赫。但是自年輕時候起，納斯爾所著迷的是另一位改革家塔哈・胡賽因（Taha Hussein），即那一代人中最有影響力的現代主義者，也是埃及智識復興的領袖人物，盲眼的阿拉伯文學院長。塔哈・胡賽因是個來自上埃及的鄉下孩子，進入愛資哈爾的課堂，並一直念到巴黎索邦大學，在那裡與一位法國女人結婚，然後回到開羅。他也爭辯說，《古蘭經》裡充滿各種隱喻和寓言，儘管也充滿歷史事實，但是不可以按照字面意思來讀經。他同樣被指控為叛教者。以字面意思解讀的人和現代主義者之間的辯論並不是什麼新鮮事——但不同的是這些辯論結束的方式。

與福達和納斯爾不同，胡賽因曾經多次和伊斯蘭主義者交鋒，並且每一次都獲勝。當女性在一九二九年獲得進入大學的權利時，宗教復古主義者在幾年後試圖將她們趕出大學，但是她們的「男性同事和〔他們〕展開對峙，並驅散衝進大學裡的示威者。」胡賽因動員學生捍衛女性教育，就像是軍事指揮官為了「正義的事業」上戰場，而這個事業是「洶湧的大海」，不是「往裡面扔幾塊鵝卵石」就能抵擋得住的。[40]

在面臨被視為叛教者的指控時，胡賽因不得不離開大學幾年，但是當他返回後，他的學生歡呼著把他抬在他們肩膀上，勝利地把他一路抬進辦公室。他最終在一九五〇年代成為埃及的教育部長，並獲得諾貝爾文學獎的提名。當他在一九七三年去世時，他是以埃及智識復興中的偉大人物受到悼念。

這些年來，納斯爾一直渴望著追隨塔哈・胡賽因的腳步，他或許也希望自己能夠得到平反。但是原教旨主義的浪潮已經襲來，納斯爾面前卻沒有防波堤。「塔哈被校外的人指控為叛教者，而校方則替他辯護，」納斯爾後來說道：「在我的案例中，我在大學內部被指控是叛教者，而校外的人在替我辯護。

塔哈．胡賽因從來沒有被稱為不信者。最能說明問題的地方在於，叛教的概念現在是如何被移植到大學裡的。」[41]

到一九九五年的春天時，艾布特哈爾和納斯爾已經精疲力竭了。他們大部分的時間都被困在公寓裡，外面有武裝警衛站崗。她看起來像老了十歲，雙眼浮腫。她身上掛著一個墜子，上面是納斯爾的照片，就像護身符一樣。她不在乎激進分子是否會殺了他們；她內心的一部分已經死去了。[42]

在這一年的六月，矛盾和不安接踵而至，讓人頭暈目眩。開羅大學不顧一切爭議，將納斯爾晉升為正職教授。任何欣喜都是短暫的。開羅上訴法院在六月十四日裁定納斯爾的著作證明他的確是叛教者，並宣布他和艾布特哈爾的婚姻無效。[43]伊斯蘭主義者成功地顛覆了法律程序。他們將鬥爭從清真寺帶入法庭，並贏得他們的第一個大案件。埃及正設下先例。

謝赫優素夫．巴德里（Sheikh Youssef al-Badri）是對納斯爾興訟的伊斯蘭主義者律師之一。與沙辛一樣，他也是一名傳教士，但是是在一座小小的街坊清真寺中。他的講道充滿了對這位學者的憤怒：「這是全世界三分之一人口的宗教！你怎麼能攻擊伊斯蘭還假裝自己是穆斯林呢？」他的聽眾人數甚至不足一百人，這些人在判決的第二天聽了巴德里的講道。這個判決不夠：納斯爾是叛教者，「一個穆爾塔德（*murtad*，叛教者），穆爾塔德得判死刑。」[44]讓事情變得更糟糕的是，艾曼．薩瓦里在蘇丹（他和賓．拉登現在都在那裡）抬起頭來，發布一條教法建議：殺死納斯爾是一項伊斯蘭義務。

一九九五年七月二十三日，艾布特哈爾和納斯爾登上前往西班牙的飛機，離開他們的故土，後來他們到了荷蘭的萊頓（Leiden）大學，這座學府歡迎他成為該校阿拉伯和伊斯蘭研究系的教授。在幾個月內，他的著作就被清出開羅大學的圖書館。[45]在流亡中，納斯爾和他的著作慢慢地在埃及人的腦海中褪去，和他一同褪去了顏色的，還有法拉格·福達、馬赫穆德·穆合塔爾、塔哈·胡賽因、穆罕默德·阿布都，以及許多其他人所留下的財富；他們代表開羅和埃及作為阿拉伯文化的麥加的時代，他們是整個地區智識復興的執牛耳者。多年以來，納斯爾心心念念地想要回國。埃及出現在他的夢裡。但是他要再等超過十年的時間才能再次親眼看到尼羅河。

一九九三年八月，埃及內政部長哈桑·阿爾菲（Hassan Alfi）在伊斯蘭吉哈德組織實施的暗殺中倖存下來。這次襲擊由於其目標人物的高層級及其方式而成為大頭條。艾曼·薩瓦里批准一種新武器：自殺炸彈。[46]關於自殺這件事，遜尼派的教法對此甚至比什葉派更為嚴格。但是正如伊朗革命激發了原教旨主義者的觀念一樣，像是真主黨之類的組織實施的行動，正在激起致命的競爭。一九八三年針對海軍陸戰隊軍營的自殺炸彈攻擊達到一個關鍵目的：美軍離開了。巴勒斯坦人看到了這一點。一九八七年，在經受以色列二十年之久的占領、隨意拘捕和沒收土地的日子之後，巴勒斯坦人在西岸和加薩發起抗爭。自由與和平都遙遙無期。第一次的巴勒斯坦人起義是一場草根的民眾運動，群眾抗議持續了六年，但是沒有任何事情得到解決。一九九一年在馬德里開始的和平談判，以及隨後在奧斯陸開始的談判只獲得了緩慢到幾乎看不出來的進展。因此，就在薩瓦里和阿爾菲襲擊的幾個月前，巴勒斯坦武裝分子選擇對占領西岸的以色列人發動自殺炸彈攻擊，目標是位於梅霍拉（Mehola）猶太人定居地的一間餐廳。[47]這次襲擊並未登上許多媒體的頭條。但是巴勒斯坦人會在被占領的領土和以色列內部，對以色列的平民和士兵展開無數的自殺炸彈攻擊。除了打擊占領者，薩瓦里對自殺炸彈的背書開啟了一扇危險的大門。在不到十年的時間裡，薩瓦里和賓・拉登就將派出十九名劫機者展開一項有去無回的任務，將飛機撞向美國的大樓。

第十二章

一九七九世代

沙烏地阿拉伯，一九九九年至二〇〇一年

在黑暗的時代，還會有歌聲嗎？
是的，會有關於黑暗時代的歌聲。
——布萊希特（Bertolt Brecht），〈斯文堡詩歌的格言〉（Motto to the Svendborg Poems），一九三九年

曼蘇爾．諾蓋丹（Mansour al-Nogaidan）曾經犯過暴力罪。年僅二十歲，他就已經因為傳播激進觀點蹲過好幾次監獄了，比如呼籲人民把孩子從國立學校裡帶走，只有宗教學校教育才是可以接受的，除此之外都是異教徒的模式。一九九一年，在黑暗的掩護下，他和朋友在距離利雅德西北方三個半小時車程的家鄉布萊達（Buraidah）放火燒了一間錄影帶店和一間女子支援中心。因為這件事，他在牢裡待了將近兩年。在他看來，他之所以受刑，是因為他試圖根據一位小街坊清真寺伊瑪目向教眾傳達的教義，將他在周遭看到的世界和其應有的樣貌統一。這樣的教導在沙烏地阿拉伯並非異類；它們是非常主流的

思想脈絡。這個小個子、圓滾滾、眼睛突出、留著鬍子的虔誠薩拉菲主義者和一九九五年十一月十三日在利雅德的爆炸沒有任何瓜葛。但不管怎樣，他又被抓進了監獄。沙烏地當局不打算冒險。

在那一天，也就是納斯爾．阿布．齊德和艾布特哈爾．優尼斯離開埃及的三個月後，沙烏地人發現，自己並不能從他們於國內培養並協助在國外提倡的死板不寬容浪潮中免疫。上午十一點四十分，一枚汽車炸彈在美國軍事教官辦公室所在大樓外的停車場爆炸。[1]猛烈的爆炸震動了首都，大火吞噬了這棟建築物。黑煙在城市裡飄散。這座建築物就在繁忙的歐拉雅區主幹道旁邊。有六人喪生，六十人受傷。他們中的大多數人都是在一樓的簡餐店吃早餐。死亡的五個美國人中有四人是平民。美國人在貝魯特遭襲擊，在埃及的遊客被殺，阿爾及利亞因為軍方取消伊斯蘭救贖陣線（Islamic Salvation Front）勝券在握的選舉而被內戰撕裂，這一切全都發生在一九七九年的祝海曼事件後。但是在沙烏地阿拉伯王國裡，第一次有這樣的暴力發生：外國人遭到汽車炸彈攻擊。

美國人在這裡執行訓練沙烏地國民衛隊的長期任務。這次攻擊是向王室發出的一個訊號，即在最保守的沙烏地人眼中，和美國的結盟仍然是罪惡的，就跟祝海曼的看法一樣。那個春天，有人曾經發了威脅傳真給美國大使館，要求這群「十字軍」在六月之前離開「伊斯蘭的土地」。大使館的工作人員說，他們認真看待這些傳真，但是從來沒聽過發出威脅的組織，也找不到任何進一步的消息。「這不是你認為會在這發生的事情」，美國駐利雅德大使小雷蒙．馬布斯（Raymond E. Mabus Jr.）說道。[2]

自從一九四五年小羅斯福總統和阿布杜阿齊茲國王第一次握手以來，沙烏地和美國之間的盟友關係只增不減。其結盟都是在肉眼難以發現的地方進行，或者不是在心臟地帶：美國空軍操作的軍事基地在一九六二年以前都位於達蘭，這是遠離首都的地方，是石油資源豐富的東部省份。沙烏地阿拉伯國家石油公司（ARAMCO）的總部也設在這裡，它的大型門禁住宅營區裡住著幾千名外國雇員和家屬。那是王國為外國人設立的第一個大型居住區，這裡本身就像是一個小宇宙，並將在全國各地以較小的規模複製。沙烏地王國歡迎外國專家，但是在各處都將外國人隔在高牆背後，在利雅德尤其如此。

這些住宅營區是外國人的常態小綠洲：女人能夠在裡面工作和開車；那裡有男女混合游泳池、俱樂部酒吧和音樂。對保守的沙烏地人而言，這些地方就是他們不願意知道的罪惡之城；對於激進的沙烏地人來說，它們將很快就會被當成目標。經年日久中，隨著外國人的數量已經達到百萬，這些飛地只是強化沙烏地人和外國人的分歧，這些分歧在那些屬於純粹伊斯蘭土地上的人，和不屬於這裡的人之間。除了菁英圈子外，沙烏地人和外國人很少有社會互動。有一些家境好、有正確人脈的紹德家族想要逃離在利雅德令人窒息的氛圍，他們能找到搬到這種住宅區的門路——但是他們將會為這樣的舉動付出高額代價。

一九九五年十一月被襲擊的大樓不是在住宅營區裡，它甚至不是在一堵牆的後面。這是一個軟目標（以保防術語而言），是該國激進分子一直在尋找的那種目標，以此來表達他們對幾年前沙烏地和美國之間的軍事聯盟在自己眼前急遽擴張的憤怒。一九九〇年，當薩達姆·海珊入侵科威特的時候，法赫德國王曾向美國要求提供保護，老布希總統也迅速給出回應。在八月八日，也就是薩達姆派兵越境進入到這個小酋長國的六天後，有約一萬五千名美軍和兩艘航空母艦一起前往沙烏地阿拉伯，美國開始召集多國部隊將伊拉克軍隊趕出科威特。[3]國王掀起了一場風暴：呼籲西方國家前來援助，並把更多異教徒帶來伊斯蘭的發源地，這既是一種軟弱的表現，也是對每一個穆斯林尊嚴的冒犯。紹德家族在需要保護的時候是很務實的。在一九二〇年代，他們就曾依靠英國人鞏固他們對半島的控制，甚至調動皇家空軍來鎮壓國王戰士中爆發的起義。一九七九年，他們曾請法國人來協助鎮壓聖寺的叛亂。這一次，他們需要美國人的全部力量來對付這個他們知道可能會讓自己完蛋的人。畢竟，這些人多年來已經為了反對伊朗而全副武裝。

一九九〇年時，奧薩瑪・賓・拉登在吉達。蘇聯人撤退後，他暫時結束在阿富汗的行動。他不希望美國在阿拉伯半島上提供幫助，並相信透過「組織正義的伊斯蘭志願者營」是可以打敗薩達姆・海珊的。[4]他想面見國王並陳述他的計畫：一份六十頁篇幅的計畫，概述他的游擊戰戰略。賓・拉登堅稱自己有大約八萬戰士可以指派，他們都是久經沙場的阿富汗戰爭老兵。他還說自己擁有所需要的武器。他從來沒有見到國王，而且見過他的國防部長蘇里坦（Sultan）親王也否定了他的計畫：科威特沒有阿富汗那樣的多山地形；賓・拉登無法與一支會向他發射飛彈的傳統軍隊作戰。但是賓・拉登卻不為所動：「我們會帶著信仰跟他戰鬥。」[5]

王室沒有接受他的提議，但他們作為信仰和聖地守護者的身分再次受到了懷疑。一九九〇年一月九日，薩達姆又一次召集民眾伊斯蘭大會，此會議曾經在一九八三年時召集了伊斯蘭世界的名人，為他在一九八〇年代對伊朗開戰的行為賦予伊斯蘭的正當性。[6]這一次，薩達姆則是向沙烏地人宣戰，這些人「把穆斯林的麥加和先知穆罕默德的墳墓置於外國人的矛下」。他在伊拉克的國旗上加入了「真主至大」的字樣。

沙烏地人進行反擊。他們同時在麥加召開自己的全民伊斯蘭大會。不用說，它吸引到更多人參加。馬魯夫・達瓦利比當然是在那裡而不是在巴格達。法赫德國王還依靠那個從未失敗過的人——盲人謝赫賓・巴茲，他曾幫助紹德家族走出困境，在批准於聖寺使用武力之前培養出祝海曼和他的小圈子。賓・巴茲不顧沙烏地同仁的建議，在一九九〇和一九九一年發布了兩條教法建議，批准了不可批准的行為：他宣布在一定的緊急情況之下，穆斯林國家可以向非穆斯林國家尋求幫助。[7]他隨後祝福所有參加反對薩達姆的「聖戰」中的穆斯林和非穆斯林，薩達姆如今被宣布成了「真主的敵人」。到一九九一年一月底的時候，有五十萬美軍降落到沙烏地王國保護油田，並將這個王國當成解放科威特的前哨。有美國女兵駕駛卡車。包括女性在內的外國記者蜂擁而至，在無人陪伴的情況下住在旅館裡。

事態的發展讓沙烏地公民猝不及防：為什麼這個王國需要外人保護？為什麼沒有自己的專業軍隊為此做好準備？沙烏地人在一九八〇年代容忍了政府的失誤甚至是王室的腐敗，國家告訴他們削減預算是為了加強國防以應對兩伊戰爭的肆虐。錢都去哪裡了？當這個王國意欲在戰爭驅力下對外開放，社會的兩股力量被拉往完全不同的方向。有些受過教育的革新派，看到推動自從一九七九年後就被束之高閣的社會和政治改革的機會。憲法仍然不存在，儘管國王一九八〇年時表示憲法已經準備就緒了；諮商委員會（shura council，一個任命、諮詢和非立法性質的議會，在一九三〇年代首次引入）多年前就已經退下舞臺，至今仍未復甦。無論沙烏地公民在他們的王國裡能享受什麼樣的現代奢侈品和津貼，都已經不再足以彌補愈來愈嚴苛的社會限制，讓王國的生活更灰暗。出國度假是容易的逃避之道，但是人民，尤其是女性，想要更多。

一九七九年以前所擁有的有限社會自由被一步步緊縮，女性因此受到最大的影響。從國外大學畢業的數百名女性對在沙烏地王國中過著大門不出的生活感到不滿，沙烏地是世界上唯一一個不允許女性開車的國家。一九九〇年十一月六日，七十名沙烏地女子聚集在利雅德的塔米米超市的停車場上。[8]她們把司機打發走，自己控制起方向盤，在城市各處行駛。由豪華轎車組成的車隊——別克、賓士、林肯大陸（Lincoln Continental）等等——在每一個路口分成小隊，直到抗議開始的半小時後，她們被沙烏地警察攔住。這些女性都得到她們丈夫和男性親屬的支持，她們被短期拘留並被迫簽下不再抗議的保證書。[9]其中有政府職位的人（例如大學教職人員）被國王下令解雇。這是體制中厭惡女性的父權一面，是國王處理不守規矩的女性臣民的軟語。那些狂熱分子則一點也不軟。

神職人員在講壇上譴責抗議者是「骯髒的美國世俗主義者」和「墮落女子」。[10]她們的名字和地址被印在清真寺周圍散發的傳單上，其中一張傳單指責她們放棄了伊斯蘭；這項指控的背後意思是威脅對叛教者的死刑。賓．巴茲發布一項正式禁止女性開車的法令，但是他無法挽回他默許向五十萬美國人敞開大門的傷害。一場口水戰開始了；熾烈的演講在全國各地以仍然是當時最受歡迎的宣傳工具傳開，也就是何梅尼用來傳播革命訊息的工具：錄音帶。

兩名教士領導抗議行動：薩法爾．哈瓦里（Safar al-Hawali）和薩勒曼．奧達（Salman al-Audah）。哈瓦里是個四十歲的男子，外表沉默寡言，深眼窩，留著長長的、未修剪的黑鬍子。奧達更加年輕，看起來更活潑，留著短鬍鬚。兩人曾經反對在阿富汗進行吉哈德，他們不同意阿布杜拉．阿扎姆呼籲所有穆斯林和蘇聯人作戰的做法。但是他們無法忍受異教徒來到阿拉伯半島上。他們的錄音帶就像剛出爐的蛋糕一樣熱銷，在桌子下面，在商店後面，在清真寺結束禮拜後四處傳播。他們譴責西方對這個國家的影響力，警告說對伊拉克開戰和異教徒軍隊來到沙烏地阿拉伯，都是西方主宰阿拉伯和穆斯林世界之更大計畫的一部分。「不是全世界在反伊拉克，」哈瓦里在演說中說道：「是西方在反伊斯蘭。如果伊拉克占領了科威特，然後美國占領了沙烏地阿拉伯。真正的敵人不是伊拉克。是西方。」[11]

這些演說愈來愈政治化和熾烈，激怒那些已經感到不滿和無所事事，或是從反抗蘇聯的吉哈德回國後感到沮喪的沙烏地年輕人。有些人正前往波士尼亞和車臣作戰。哈瓦里和奧達也在兩封請願信中向國王提出改革：他們要求成立承諾已久的諮商委員會，並呼籲制定符合沙里亞的內政和外交政策。信中沒有直接要求清除王室，也沒有對紹德家族的正當性提出任何質疑。相反地，他們呼籲更真實地接受伊斯蘭價值觀，拒絕被西方奴役。這是一場在國家範圍內進行的改革運動，但是國王認為這是他的臣民的背叛。到一九九四年的時候，哈瓦里、奧達和他們的追隨者都被扔進了監牢，在裡面一直待到一九九九年。但是他們布道的錄音帶仍然四處流傳，其他人也還在傳教，流亡海外的異議分子藉由傳真來傳話。

紹德家族感到被出賣的原因還有一個。這兩名神職人員有一些共通點：他們都是曾經和穆斯林兄弟會有關的著名人物的學生，是埃及人穆罕默德．庫特布（賽義德．庫特布的兄弟）和敘利亞人蘇魯爾的學生，後者就是那本說什葉派是祭司的書的作者。兩個人在七〇年代就來到沙烏地阿拉伯。庫特布曾在八〇年代於麥加的烏姆庫拉大學（Umm al-Qura University）指導過哈瓦里關於世俗主義的論文。奧達則是深受蘇魯爾的影響，後者曾在其家鄉布萊達的附近教書和傳教。[12]

第一波來自阿拉伯世界的老師是在二十世紀三〇和四〇年代帶著世俗教材來到沙烏地王國的：法國大革命史、偉大的阿拉伯詩人的詩歌、阿拉伯復興的改革著作。然後是穆斯林兄弟會帶著他們的宗教教育來到，他們的內容更符合王國所需，儘管穆斯林兄弟會和瓦哈比派之間有著關鍵性區別。最初，穆斯林兄弟會是在政府框架內工作，專注於塑造一個模範的、保守的伊斯蘭社會。但是作為埃及人、作為敘利亞人，政治存在於他們的ＤＮＡ裡，到一九九一年時，他們的思想將傳統上服從於統治者的瓦哈比薩拉菲主義，轉變成活躍行動的薩拉菲主義。有些人將它描述為庫特布瓦哈比主義或蘇魯爾瓦哈比主義，追隨的是庫特布或蘇魯爾。他們在絕對君主制中注入政治行動主義，已經打開一種對國王帶來挑戰的抗議運動。紹德家族將永遠不會原諒穆斯林兄弟會，他們便宜行事地指控穆斯林兄弟會要為即將出現的所有極端主義和暴力負責。但是當地人的憤懣不平是十分真實的。蘇魯爾、庫特布和其他人只不過是給了民眾抗議的工具而已。

王室開始詆毀這場伊斯蘭覺醒運動，這場運動並非他們在一九七九年後開始鼓勵的那種復興，他們曾相信這場運動將會專注在宗教和教育中，只是勸說和促使人民準時做禮拜。沙烏地王室令人不安的真相在於，他們也長期利用穆斯林兄弟會來為他們服務，利用他們為麥地那的伊斯蘭大學提供正當性和人民的景仰。

這所大學由費薩爾親王在一九六一年建立，作為送給瓦哈比運動的禮物，有一個明確的目標：訓練、推動和延伸沙烏地阿拉伯宗教機構在國境外的影響力。[13]在此之前，來自內志的瓦哈比學者曾經被送到鄰國伊拉克和敘利亞進行宗教勸說，但是卻受到輕蔑。（在巨額支票的幫助下）吸引非沙烏地人學者來到這所大學，將會展現出這所大學不只是純粹的瓦哈比運動，而是一項擁有廣泛伊斯蘭吸引力的正當推動。其教學大綱仍然是由瓦哈比的信條形塑而成的，重點是伊本．阿布杜瓦哈布、伊本．泰米亞和罕百里教法學派的思想。比較研究的內容則十分有限。位高權重的副校長不是別人，正是賓．巴茲。毛杜迪是校董成員。穆罕默德．庫特布是大學創始顧問委員會的一員，哈瓦里則是學生。穆斯林兄弟會影響了他們的瓦哈比同事，自己也吸收了瓦哈比思想——但是產品還是在沙烏地阿拉伯製造和培養的。直到一九七九年，國王一直對大學產品和教士保持控制。到一九七九年以後，瓦哈比宗教系統已經成了國王。

曼蘇爾，放火燒毀錄影帶店的那個年輕人，並沒有讀過麥地那大學，但是他讀過蘇魯爾和庫特布兄弟倆的著作，這些作品在沙烏地阿拉伯到處都有，在學校和大學裡都能看到。曼蘇爾與眾不同的地方在於他對一切都有質疑，甚至對神的存在也是如此。這種初衷引領他走向極端道路。曼蘇爾受到疑惑的困擾，他向他的造物主提出交易：如果神能夠幫助他打消他的那些疑惑，那麼他可以放棄一切，過先知和聖門弟子在一千四百年前過的那種生活。[14]十六歲時，他加入一個強硬薩拉菲主義團體，試圖重建那種神祕的先知時代，生活在沒有電視、廣播、報紙和任何現代設施的環境中。三百人的社群擁有自己的學校，只注重宗教知識的教育。曼蘇爾開始留鬍子，不再和家人講話。他後來把他的生活比作是美國阿米許社區（Amish）的生活。他開始超越他的原教旨主義老師：他宣布了宗教判定，反對一九八九年的世界青年足球錦標賽在沙烏地王國舉行——他說足球是「haram」。他因為敢於反對王室熱中的運動而被關進監牢五十五天。曼蘇爾和他的同伴對於周圍大大小小的虛偽感到很沮喪：為什麼兩大聖地的守護人會邀請異教徒來到王國？為什麼政府的謝赫說西方電影正在做反伊斯蘭宣傳，卻仍然允許這些電影上映？為什麼曼蘇爾做的事和塔利班在阿富汗做的事一樣，卻會被丟到監獄裡去？

一九九六年，沙烏地阿拉伯外交承認了塔利班政府和他們的阿富汗伊斯蘭酋長國。他們也在銷毀錄影帶和錄音帶、禁止音樂和體育運動、強制規定禮拜時間。沙烏地支持塔利班的成長，他們在這些革命者身上看到同樣的志向，他們擁抱伊斯蘭的純潔，而這種純潔正是紹德家族或許也心有渴望的，但是作為一個與西方結盟的王國，他們永遠無法做到。[15]沙烏地促進了揚善止惡委員會，也就是宗教警察，幫助訓練和支持塔利班警察，並且有沙烏地慈善機構為塔利班提供「人道主義救濟」。雖然塔利班秉持的是迪奧班迪思想，但是他們和沙烏地瓦哈比正統派是無限近似的，而且沙烏地王國希望他們能成長為一個成熟的國家，就像是他們自己在阿布杜阿齊茲國王的寶劍下統一之後所做的那樣。

最激進的沙烏地年輕人甚至認為哈瓦里和奧達都太軟弱。他們閱讀阿布．穆罕默德．馬克迪西的書，這位巴勒斯坦學者和知識分子是祝海曼德傳人，他在白沙瓦時出版了幾本書。在一本出版於一九八九年的書裡，他尤其針對沙烏地王國——《沙烏地國家不虔誠的明證》（*Al-Kawashif al-Jaliyya fi Kufr al-Dawla al-Saudiyya*，*The Obvious Proofs of the Saudi State's Impiety*）。他在一九九四年被約旦關入監獄。但是就在此之前，他曾經與一名二十四歲的沙烏地人見過幾次面。[16]這個人是阿布杜阿齊茲．穆阿薩姆（Abdelaziz Mu'atham）——他是一九九五年十一月利雅德國民警衛隊訓練設施爆炸案的主謀。

阿布杜阿齊茲．穆阿薩姆和他的共謀者在電視上認罪，描述了和馬克迪西的幾次會面及其著作的影響。他說他也受到賓．拉登的啟發。沙烏地人感到震驚。怎麼會有年輕、虔誠的穆斯林會對自己的國家採取這種暴力？他們中的一些人還被反蘇戰爭的光輝所籠罩。沙烏地人無能也不想承認，這些年輕人是環境的產物，是在青年時期學習伊斯蘭的敵人和美化聖戰者的產物。對於那些只知道傳教的人來說，憤怒到此為止。但對任何有暴力傾向的人而言，或是那些嘗到戰爭或是目睹死亡的人而言，戰爭在他們回國之後仍然繼續。他們會被譴責為走火入魔的人，就像祝海曼一樣。賓．巴茲說這樣的極端主義需要被正義的呼喚加以打擊，正義的呼喚會讓穆斯林走上救贖之路。[17]

當沙烏地當局在一九九五年的爆炸事件後將數百名極端分子關進牢房裡時，政治上的伊斯蘭復興運動就結束了。但是它所帶來的暴力傾向仍然持續，並且發展成阿拉伯半島上的蓋達組織（al-Qaeda on the Arabian Peninsula，AQAP）。曼蘇爾仍然充滿了問題，關於神的，關於宗教的，甚至是關於《古蘭經》的——它真的是自時間的開始以來就存在，還是由人類寫成的？這些問題是納斯爾．阿布．齊德在埃及時寫作的中心問題，也是更早之前的穆泰齊賴派的問題。但是沒有人敢在沙烏地阿拉伯提出這個問題。在監獄裡，曼蘇爾讓他的姊姊為他送來蘇非主義的著作，這個流派被瓦哈比主義者斥為異端邪說，然後曼蘇爾又拿到西方哲學家的作品。

當他被關在自己的牢房裡，一個人踏上思想和精神之旅時，隨著一九九〇年伊拉克入侵科威特，伊朗和沙烏地之間開始緩和的關係仍持續著，並發生了一些讓人難以理解的時刻。一九九八年，不再擔任總統，但仍為最高領袖的拉夫桑賈尼到沙烏地阿拉伯進行十天的訪問。他是一九七九年革命以來訪問沙烏地最高層級的伊朗人。這不是一趟外交部長的旋風式外交之旅，而是一場高層級、鋪紅地毯的高規格事務。拉夫桑賈尼在一九八七年的朝覲危機時曾呼籲將麥加從紹德家族手中解放出來。這個務實的伊朗人現在則和法赫德國王一同擺姿勢拍照，並且去麥加進行副朝（小朝）。怎麼會這樣呢？兩大聖寺的監護人難道可以跟祭司中的大祭司友好交談嗎？這件事不會不受到譴責就過去的。神職人員系統將不會吞下這樣的王室現實政治的。當拉夫桑賈尼在麥地那的先知清真寺參加星期五的主麻拜時，阿布杜拉親王在他的身邊，常駐的傳教士謝赫阿里．胡賽菲（Sheikh Ali al-Huthaifi）生氣地譴責什葉派，用了一個貶義的詞彙「*rafidha*」，這個詞源自阿拉伯語的「拒絕」——那些拒絕承認第一位哈里發阿布．巴克爾，而是追隨阿里的人。這件事造成沙烏地人深深的尷尬，謝赫胡賽菲被從清真寺傳教士的位子上革職（儘管只持續了一年）。[18]

緊張局面於一九九〇年沙烏地和伊朗外交部長在紐約的低調會面後開始緩和，這件事能穩定發展，多虧了兩人的性格，拉夫桑賈尼——一個實用主義者，而阿布杜拉親王則一直是一個和解、伊斯蘭團結的堅定信仰者。阿布杜拉畢竟是曾在一九七九年四月因為伊朗革命具有的伊斯蘭憑據而讚揚過革命的人。兩伊戰爭於一九八八年結束後，拉夫桑賈尼曾經去蘇聯採購，但是他知道這不足以彌補這場讓伊朗損失了一兆美元、約一百萬伊朗人死亡的戰爭。伊朗需要出售更多的石油，需要在石油輸出國組織（OPEC）中擁有更多的發言權。為此，伊朗需要沙烏地阿拉伯。當薩達姆入侵科威特的時候，伊朗令人驚訝地沒有批評沙烏地要求美國——大撒旦前來援助的行為。

一九九一年三月初，科威特被解放不久後，伊拉克南部的什葉派和北部的庫德人抓住了獨裁者一時虛弱的機會，在老布希總統的鼓勵下起義，這場起義幾乎要推翻薩達姆了。但是美國、沙烏地阿拉伯，甚至伊朗都沒有來幫助他們。薩達姆活了下來。三月十八日，沙烏地和伊朗外長在阿曼舉行了三小時會晤，隨後宣布一項驚人消息：兩國已經解決關於朝覲的爭端，將會在四十八小時內恢復外交關係。[19]沙烏地阿拉伯承諾將增加伊朗朝覲者的配額，雖然沒有恢復到一九八七年「血腥星期五」之前的水準，但是從四萬五千人增加到了十一萬人。阿拉伯世界對此迅速而令人難以置信的和解表示歡迎。科威特的《政治報》在三月十九日的頭條報導中說「這是正常關係的正常回歸」。報紙寫道，這是伊朗和它的波灣鄰居之間可以追溯至數世紀以前文明聯繫的證明。社論文章則補充道，科威特危機已經顯現了伊朗的內在本質，以及伊朗為正確的事情挺身而出。拉夫桑賈尼向世界其他地區開放的努力也得到回報：世界銀行向伊朗提供自從一九七九年以來的第一筆貸款。法國和德國已經和德黑蘭展開活躍的業務。對伊朗石油銷售的禁令取消了。[20]

沙烏地阿拉伯和伊朗都有想要緩和關係的理由，這也證明了，他們之間的共同利益（如果真有的話）可以勝過任何意識形態上的區別——甚至到了讓教義分歧和宗教仇恨都消音的程度。拉夫桑賈尼尤其希望化解自一九七九年以來遜尼派和什葉派之間的緊張關係。他還下定決心達成一項協議，允許更多的普通什葉派信徒能夠造訪巴奇墓園的遺留部分。墓地裡有一排排未標記的墳墓，進入墓地受到管制，而且僅對男性開放。拉夫桑賈尼相信禁止入內的做法加劇了什葉派信徒對紹德家族持續的憎惡，因為他們沒辦法去哭墳，導致此事成為永遠無法癒合的潰爛傷口。[21]在拉夫桑賈尼後來的一次造訪中，阿布杜拉王儲確保巴奇墓園對伊朗訪團不分性別，開放三天。[22]

這次和解非常成功，讓美國人很擔心，他們對阿布杜拉心存戒備，他比同父異母的哥哥法赫德更保守，不那麼親西方。他的教育程度有限，但是更有遠見。沙烏地阿拉伯和伊朗突然在各種區域問題上同聲一氣，包括伊拉克問題和中東和平進程。似乎沒有任何事能夠妨礙這場蜜月——伊朗的飛彈試射妨礙不了，甚至另一場有伊朗人在沙烏地阿拉伯參與的炸彈攻擊也妨礙不了。

一九九六年六月，一場巨大的爆炸將位於沙烏地阿拉伯東部省的霍巴爾塔（al-Khobar Towers）八層樓建築撕開一個大破口，美國空軍的人員就駐紮在這裡。十九名美國軍人死亡，超過四百人受傷。裝在汙水卡車裡的炸藥相當於兩萬磅的TNT炸藥，比一九八三年貝魯特海軍陸戰隊軍營爆炸案的破壞力更大。第一嫌疑人是蓋達組織。但懷疑很快就轉向一個什葉派組織，即隸屬於黎巴嫩真主黨的漢志真主黨（Hezbollah al-Hejaz）。沙烏地在與美國聯邦調查局的合作中表現得十分沉默。即使二〇〇一年六月的一份起訴書將真主黨的幾名黎巴嫩什葉派和沙烏地成員列為與伊朗有聯繫的人，沙烏地也不願意加入譴責德黑蘭的行列。[23]與德黑蘭保持友好關係是當務之急。沙烏地人的正當理由是堅持認為他們正在保持對話的伊朗人是務實的溫和派——例如拉夫桑賈尼和他的繼任者哈塔米，後者是一九九八年的溫和派獲選人，而強硬派試圖要攪亂這種關係。在沙烏地阿拉伯和波灣國家裡，沒有人對於伊朗抱持天真的想法。毫無疑問，信賴是不存在的，但是想讓事情以某種方式得以順利發展的渴望是存在的，這是沙烏地的想法，希望經過時間的沖洗，共同的利益能夠沖淡革命的激情。一段時間後，沙烏地將會相信他們受了愚弄，認為溫和派和強硬派實際上是一樣的，或者至少是行動一致的。

但除了阿布杜拉和拉夫桑賈尼以外，還有雙方多年以來一直在培養的其他力量正發揮作用。對伊朗人而言，這些勢力是何梅尼革命的狂熱擁護者、強硬派和革命衛隊。在黎巴嫩，真主黨正在從一個單純的民兵組織轉變成一個擁有組織性武裝的政黨。對伊朗來說，意識形態是國家力量的工具，德黑蘭培養的盟友和代理人都是對最高領袖負責。而在沙烏地，暗黑勢力是金錢的產品，來自私人或政府，這些錢已經到了阿富汗聖戰者、巴基斯坦的迪奧班迪神學院手中，甚至是埃及愛資哈爾的金庫裡，以及曾在沙烏地留學的穆斯林世界上百位神職人員手中。從軍事上的恐怖主義到智識上的恐怖主義，這些勢力受到沙烏地阿拉伯的培養，但是並未回歸體制；他們都不是政府營運的，無法受到控制。有些勢力變得溫和，但是也有人變本加厲成更暴力的版本。

曼蘇爾．諾蓋丹非常清楚他們為國家和世界帶來的危險，儘管他永遠無法想像即將發生的事情有多嚴重。出獄後，他在思想和心靈上都走了很遠，對於參加他在利雅德的清真寺裡布道的人們來說太遙遠；對沙烏地國家來說也太遙遠。一九九九年時，曼蘇爾仍然有疑問。他在一家沙烏地報紙上寫道，他認為每個人都應該有提問的權利，包括對宗教領袖提問。他在清真寺吃了閉門羹，因為別人拒絕和他一起做禮拜。他搬到沙烏地南部，繼續書寫關於向教士和他們的解經內容提問的需要。當局禁止他繼續寫作。他將會回到鐵窗後面一段時間。曼蘇爾現在是一個前吉哈德主義者小圈子的成員，他們發現了批判性思考，並且持續發覺自己正處在強大教士體制的監視中。他是少數幾個先是因為太激進，後來又因為太自由主義而被監禁的沙烏地人。

在二〇〇一年九月十一日下午四點四十六分的沙烏地阿拉伯，曼蘇爾正探望他老家布萊達的父母。他坐在客廳裡看半島電視臺的節目，這家電視臺如同阿拉伯世界的CNN，自一九九六年起從卡達播出。雖然由政府營運，但是比其他阿拉伯國家提供的陳舊、國家控制的新聞自由得多，這家電視臺很快就聲名大噪——它已經播出了兩場對奧薩瑪．賓．拉登的採訪。半島電視臺正在報導一架飛機剛剛撞入紐約世貿中心雙子星大樓的北塔。曼蘇爾被電視螢幕上播放的畫面驚駭地定在那裡。第二架飛機在三分鐘後的下午五點鐘衝入南塔。就像是世界其他地方大部分不知所措的人一樣，曼蘇爾也試著要理解這件事情的意義，他的大腦飛快運轉。當新聞開始播報一架飛機衝入五角大廈，然後又有一架飛機墜毀在賓州地面上，毫無疑問，美國被攻擊了。而且他有一種不祥的感覺，他清楚地明白發生了什麼事，以及這意味著什麼。在一天之內，矛頭就指向蓋達組織。九月十三日，國務卿科林・鮑爾（Colin Powell）就認定賓・拉登是主要嫌疑人。到九月十五日的時候，已經清晰地顯示十多個襲擊者都是沙烏地人。九月二十七日，聯邦調查局局長羅伯特・穆勒（Robert Mueller）公開了所有襲擊者的面目和姓名。

沙烏地王國的反應就像精神分裂一般。默默地，許多沙烏地人已經明白，他們所生活的壓抑文化和封閉社會造就了像劫機者這樣的人。他們知道，他們集體允許不寬容在他們身邊生長和繁榮，而他們沒有做任何事阻止它，無論以社會之名或政府之名。但是也有人否認，包括最高層在內：這一定是西方或錫安主義者陷害沙烏地阿拉伯的陰謀。甚至在一年以後，內政部長納耶夫・賓・阿布杜阿齊茲（Nayef bin Abdelaziz）王子仍然表示有十五個沙烏地人參與攻擊這種事是不可能的——他指責這是一場錫安主義陰謀。「我們仍然在問自己，誰能從攻擊中獲益？我認為是那些人（錫安主義者），他們是主謀。」他這樣對科威特的報紙《政治報》說。[24]

同樣地，劫機者被描述為迷失方向的異類，他們既不代表他們的社會，也不代表真正的伊斯蘭。但是沙烏地的劫機者並非被拋棄的人，他們沒有生活在最邊緣的地方，甚至不是像曼蘇爾那樣。他們上過學，學過《古蘭經》，成長在大多數是中產階級、宗教信仰深厚的家庭，而且去大學裡學習法律。有一些是輟學生；只有一個人有心理問題，而他在清真寺裡找到慰藉。他們是街坊清真寺裡的伊瑪目，或者是哈菲茲（*hafiz*），也就是能背誦《古蘭經》全文的人。他們中的大多數人都短暫地去過阿富汗、波士尼亞，或是在一九九九或二〇〇〇年去過車臣，儘管真正上過戰場的人很少。[25]波士尼亞和車臣被沙烏地官方視為正義之戰，是一場以伊斯蘭之名進行的戰鬥，是保護穆斯林免遭屠殺。薩爾曼王子，利雅德執政官和未來的國王，曾像之前為阿富汗那樣為波士尼亞籌款。在九〇年代中期，由於對西方在波士尼亞的不作為感到失望，沙烏地阿拉伯除了提供五億美元的人道主義援助，還向穆斯林領導的波士尼亞政府提供價值三億美元的武器。[26]對蘇聯的吉哈德可能已經結束了，但流向阿富汗的人員還在繼續。沙烏地阿拉伯是僅有的三個承認塔利班的阿富汗伊斯蘭酋長國的國家之一，這個國家現在正庇護著賓・拉登。自從他號召襲擊沙烏地王室以來，就和沙烏地當局站在對立面，但是許多沙烏地人眼中，他仍然是民間的英雄。[27]九一一劫機者在他們的國家裡並不出眾，並不起眼，代表的是那一代的沙烏地普通人，一九七九年的一代人，他們中的多數都是在這決定性的一年前後出生的。他們彷彿生下來就只為了在煉獄般的火球中死亡，他們既是受害者，又是兇手。

有個沙烏地人沒有否認或安靜地懺悔，他就是曼蘇爾。他花了幾個星期的時間解構這些人走過的道路，他認為，他對封閉、壓迫、不寬容的制度提出警告是正確的，在這種制度下，年輕的沙烏地人在全國各地的清真寺裡被激發出的憤怒無處發洩。他開始將自己在報紙上的寫作集中在挑戰王國當前的思想上。[28]他試圖「為那些呼籲穆斯林、基督徒與猶太人之間敵對的解釋帶來新的詮釋」。那些經文的內容不是在說現代的事，他呼籲所有信仰之間的友誼。他被朋友迴避，在網路論壇被貼上褻瀆的標籤。後來報社解雇了他。但是他並不畏懼，繼續寫作。

二〇〇三年五月和十一月，利雅德的住宅營區發生兩次重大爆炸事件。有五十六人死亡，近四百人受傷，包括兒童。其中有約旦人、埃及人、黎巴嫩人，甚至有沙烏地人。這不是錫安主義陰謀，不是遙遠的悲劇，也不是對異教徒的攻擊。爆炸者是蓋達組織的沙烏地成員，他們殺害王國的平民百姓——包括穆斯林在內。最重要的是，這個細節似乎讓沙烏地人對恐怖主義的威脅清醒過來。對極端主義嫌犯的大範圍鎮壓開始了。五月的爆炸案後來被稱為沙烏地阿拉伯的九一一事件。多年以來，有許多關於紹德家族結局的預測，但這一次幾乎昭然若揭：沙烏地王國的上空籠罩著一股政權終結的氛圍。

曼蘇爾認為當局在追捕錯誤的罪犯，接著在《紐約時報》上寫了一篇無所顧忌的文章，標題是〈說出實話，面對鞭子〉（Telling the Truth, Facing the Whip）：「我不禁要問我們的官員和專家，他們繼續聲稱我們的社會愛其他的國家並祈願它們和平，我國那些最大的清真寺裡，受國家贊助的傳教士卻持續地咒罵它們，並且呼喚所有的非穆斯林滅亡。」曼蘇爾隨後在監獄裡待了五天。他犯了不可饒恕的罪過，不僅公開批評神職機構，而且還是在西方媒體上批評。到二〇〇四年時，王國的穆夫提宣布他是個不信者。[29]

在九一一攻擊事件後，沙烏地人被美國強迫更緊密地控制他們的慈善和勸教資金——這些錢很多都是在國家的控制之外。大約三百家沙烏地私人慈善機構，每年向世界各地的伊斯蘭事業輸送六十億美元。[30]每一天，富有的沙烏地人向慈善機構捐贈約一百六十萬美元，有一部分錢落入到不法之徒的手中。根據一項估計，將近有六千萬美元捐給沙烏地境內正當慈善機構的錢後來走了歪路，每年有兩百萬美元進入蓋達組織的帳戶裡。沙烏地成立一個政府委員會監督流向國外的善款，解散了一些慈善基金，關閉五個駐西方國家的主要大使館中的伊斯蘭事務部門。沙烏地人也不情願地許諾重新核查學校課程，但是他們從未大幅改動——若非因為他們的核心王室成員擁護和神職機構相同的信念，就是他們不敢挑戰神職人員。

賈邁勒・哈紹吉，這位曾在阿富汗戰爭前線發出激動人心報導的記者回到吉達，擔任英語日報《阿拉伯新聞》的副總編。他仍舊信奉政治性的伊斯蘭，但從未崇尚暴力，尤其反對穆斯林殺害其他的穆斯林。這就是伊斯蘭世界分裂的原因：相信要讓別人活命的人，和不讓別人活命的人。奧薩瑪・賓・拉登曾是賈邁勒・哈紹吉的朋友；他們一同在白沙瓦和阿富汗共事。賈邁勒是最早採訪這位高大、修長、富有沙烏地人的記者之一。一九九五年時，賈邁勒・哈紹吉作為賓・拉登在沙烏地阿拉伯家人的非官方中間人，曾試圖說服賓・拉登公開放棄反對沙烏地體制的運動，並且譴責在王國內部施暴。[31]暴力復興運動才剛剛開始。當時住在蘇丹經營一個武裝分子訓練營的賓・拉登，拒絕了這個要求。賈邁勒惱火地離開了。在九一一之後，賈邁勒・哈紹吉將賓・拉登描述為一個生活在恐怖異想世界（fantasyland of terror）裡的傢伙。[32]他在個人網站上寫了一篇自責的文章，說這個王國甚至沒有嘗試了解導致這十五個沙烏地人變成劫機者的原因。

二〇〇三年五月的爆炸事件發生一星期後，前聖戰者哈立德・卡納米（Khaled al-Ghannami）就像他的朋友曼蘇爾一樣，在革新派的《家園報》上發表了一篇評論文章，質疑瓦哈比派的精神之父伊本・泰米亞的遺產。他認為這位中世紀的原教旨主義教士是沙烏地阿拉伯大部分麻煩的根源。卡納米寫道，伊本・泰米亞的文字是真正的災難，導致人自作主張地把道德強加到別人身上。對於薩拉菲和瓦哈比派而言，伊本・泰米亞的話和法令都是不可動搖的。哈紹吉在兩個星期前剛剛上任為這家報社的主編。他立即就被解雇了。

在九一一事件後，所有試圖喚醒國人注意沙烏地體制所滋生出的排外和不寬容之危險的人中，來自吉達的建築師薩米・恩格威採用了最大膽、最具視覺衝擊力的方法。他五十多歲了，仍在大聲反對破壞麥加和麥地那的伊斯蘭遺產——原來的大約三百多處只剩下了十處。[33]他於一九八八年從他創立的朝觀中心辭職，也許是被自己的正直所驅使，他不願意接受麥加成為一個拜金的地方。如果在他的生命中有什麼最讓他覺得痛苦的創傷，莫過於他從未成功擋下推土機。[34]被挖出的每一塊石頭，被拆掉的每一棟建築，都像在他的心上捅刀子。對薩米來說，對建築物和伊斯蘭遺產的破壞與在紐約造成的驚駭之間存在著關聯：這些人壟斷了宗教，認為只有他們的方式才是正確的，抹殺其他的一切。宗教當局贊同這種破壞，指出美化建築物是不被允許的。薩米在他位於吉達的家裡舉行一個小團體的私人講座，他家本身就是他親手建造的對古代麥加建築的頌歌，有內庭和空中花園。投影片顯示了三個畫面：二〇〇二年沙烏地人爆破拆除麥地那一座聖陵的宣禮塔；塔利班在二〇〇一年三月炸毀阿富汗山洞裡的六世紀巴米揚大佛；最後是九一一事件中被火焰吞噬的紐約世貿中心。沙烏地官員認為他的演講是種極端的推斷。[35]

一九九〇年代，中東經歷了相對平靜的十年，有一部分原因是多虧了伊朗和沙烏地阿拉伯之間的緩和，但也是「美國治世」（Pax Americana）的結果——冷戰後，美國成為無可挑戰的霸主。沙烏地－伊朗關係的緩和超過所有人的預期，其中還包括一份安全協議。當沙烏地阿拉伯國防部長在一九九九年五月訪問德黑蘭的時候，他的伊朗同行說：「伊朗和沙烏地阿拉伯的關係與合作是沒有極限的，所有的伊朗伊斯蘭軍事力量都在為沙烏地穆斯林兄弟服務。」[36]比爾．柯林頓總統沐浴在單極世界的榮耀中，美國正作為一個不可或缺的國家蓬勃繁榮。在他的整個總統任期裡，直到他執政的最後幾個月，柯林頓一直在致力於阿拉伯人和以色列人之間的和平——只在約旦人那裡成功了。雖然像納斯爾這種人的生活在埃及傾覆，伊拉克受到聯合國禁運，沙烏地王國裡發生過爆炸，但是這十年還是有一些希望。這一切都隨著九一一事件終結了。小布希總統對庇護奧薩瑪．賓．拉登的塔利班發動戰爭。在解放阿富汗以後，美國宣布全球反恐戰爭，一場瘋狂的解放。小布希決定完成他父親開始的事情——追殺薩達姆．海珊。

第三部

復仇

第十三章

該隱與亞伯

伊拉克，二〇〇三年至二〇〇六年

我不孤單：許多我家鄉的孩子帶著他們的苦難逃到了伊朗。在他們的逃亡中，他們是我的家人，在失去中，我們都是兄弟。我是巴格達的兒子，無論你在何時遇見我，我是巴格達的兒子，無論你在哪裡遇見我。

——伊卜拉欣．歐瓦迪亞（Ibrahim Ovadia），〈一個德黑蘭的訪客〉，《巴格達：詩句中的城市》（*Baghdad: A City in Verse*），一九五一年

沒有時間慶祝。曾經擁有自由、團聚，然後是謀殺，一系列令人眼花撩亂的事件、強烈的情緒和令人作嘔的野蠻行為。流亡在伊朗的賽義德．賈瓦德．霍伊（Sayyed Jawad al-Khoe）從伊拉克老家的家人那裡聽到這個消息，可怕的細節從他的家鄉納傑夫慢慢流出，恐怖的程度讓他無法理解。在庫姆，他聽著晚間新聞的評論者描述他的叔叔在聖城遇害是一個叛徒應有的下場。被砍成碎片棄屍街頭。然後被槍擊。即使是黑色的纏頭巾和教士的長衫也無法保護這個四十歲的男人，他在什葉派最神聖的地點——

伊瑪目阿里陵墓的影子下，遭遇如此殘酷的結局。

二〇〇三年四月九日，侵略的美國軍隊來到巴格達。薩達姆正在逃亡。他在菲爾多斯廣場（Firdous Square）上的塑像被欣喜若狂的人群推倒，他們陶醉在突然湧來的氧氣裡，彷彿壓在胸口上的混凝土被移開了，大家在各式各樣的可能性裡呼吸，並想像著三十多年獨裁統治後的新景象。賈瓦德的叔叔阿布杜馬吉德．霍伊四月十日遭什葉派教友殺害。但他並不是叛徒。自由怎麼會如此莫名其妙地致命，如此充滿矛盾呢？他的叔叔怎麼會在薩達姆的背叛、流亡的痛苦中倖存下來，卻在回歸自由的伊拉克時遇害呢？

從遠處看，賈瓦德正在重溫多年的創傷。他才二十三歲，但是他深褐色的眼睛如同老人。他身材高大，體態魁梧，鬍鬚修剪得短而整齊。他的父親穆罕默德．塔奇．霍伊在一九九一年庫德人和什葉派起義後不久就將他送出伊拉克，讓他免遭薩達姆的毒手。賈瓦德想留下來。他在啟程前哭了好幾天，在驅車穿越沙漠到安曼十二個小時的車程中也一直流淚。他再也無法見到他的父親。賈瓦德在流亡中成為孤兒。一九九四年的一個星期五傍晚，穆罕默德．塔奇．霍伊在喀爾巴拉做完禮拜回家的路上，一輛不知從哪來的大卡車撞上了他的車。這並不是意外。他和車上的另外兩人在起初的撞擊中倖存下來，但是隨後被扔在路邊流血。[1]政府官員在附近設下路障，阻止任何人前來提供幫助。

此時賈瓦德正在位於庫姆的神學院裡接受培訓，這裡僅次於納傑夫，是第二好的地方。賈瓦德愛這座城市；他在這裡感到安全，並且是一個十分熱心學業的學生。[2]但這裡不是他的家。他總覺得自己是一個阿拉伯人，一個陌生人，甚至不那麼什葉派。他憤恨伊朗民族主義和強烈什葉宗派主義的強大結合——排他又帝國主義。他和納傑夫神學院的畢業生以及流亡的伊拉克神職人員一起學習，用阿拉伯語和納傑夫傳統傳授宗教。納傑夫和庫姆的神學院在教誨和思想學派上有很大的不同。最大的分歧是何梅尼造成的。

賈瓦德的祖父，阿布杜卡西姆·霍伊（Abulqasim al-Khoei）自從在一九七〇年成為大阿亞圖拉以來，是近年最受人歡迎和尊敬的什葉派精神領袖之一，直到他一九九二年在納傑夫的軟禁中去世。如果納傑夫相當於什葉派的梵蒂岡，那麼大阿亞圖拉就像是教宗。霍伊在全世界擁有大量的追隨者，他是「*marja'a taqlid*」——被遵循的榜樣。對於世界各地的什葉派信徒而言，瑪爾賈是個參照，它跨越國界和海洋，解決各地什葉派信徒在生活中關於宗教的所有問題，同時也解答社會和政治問題。整個家庭可以追隨同一位瑪爾賈，個人也可以選擇追隨不同的瑪爾賈，但是成為一位瑪爾賈意味著巨大的軟實力和經濟上的來源，何梅尼曾經試圖以宣布自己為法學家監護中的最高領袖來分散和轉移這個頭銜，並要求各地什葉派效忠和效法。無論是何梅尼還是哈梅內意，受民眾追隨的程度都比不上霍伊以瑪爾賈身分所享受到的。他的學生和繼任者大阿亞圖拉阿里·希斯塔尼（Ali Sistani）繼承了霍伊的大部分追隨者和人氣。希斯塔尼在薩達姆統治下倖存；在自由的伊拉克，他將會面臨伊朗意圖將納傑夫納入最高領袖運行軌道上的努力。儘管希斯塔尼是個伊朗人，但是他忠於納傑夫延續數個世紀之久，不涉入政治的獨立傳統。

當何梅尼一九六四年第一次來到納傑夫的時候，霍伊已經盡到他作為一名大阿亞圖拉的職責，並招待何梅尼一個星期。[3]但是除了最初的熱情款待，這位伊朗政治的煽動者已經感受到納傑夫的冷淡歡迎。霍伊和納傑夫的高級教士階層不相信原本法學家監護的概念能夠延伸到寡婦和孤兒監護權事務的範圍以外。[4]關鍵的是，霍伊相信在馬赫迪缺席的情形下，監護權不能只由一個法學家掌握，因為沒有人能夠有如此的睿智——假設這樣做就是一份帶來宗教獨裁的配方。就像黎巴嫩的伊瑪目穆薩．薩德爾一樣，他立即認知到何梅尼政治的危險性。一九七八年秋天，隨著伊朗的動盪和何梅尼已經抵達巴黎，伊朗王后在薩達姆的陪同下造訪了納傑夫，並希望獲得霍伊對他丈夫——國王的支持。[5]霍伊曾送給她一枚戒指，上面銘刻一句話：「真主的力量比他們的力量更加至高宏大」。他認為伊朗人想要擺脫國王統治真是瘋狂的念頭。[6]伊拉克的什葉派有時會請求伊朗的君主幫助他們減緩薩達姆的壓迫狂熱，他們擔心失去這條求生索之後的日子。何梅尼從未原諒霍伊，因為那個時刻，也因為他在神學上的批判削弱了何梅尼想要在伊朗和伊朗以外建立伊斯蘭國家的基礎。他也從來沒有原諒納傑夫對他的輕蔑拒絕。幾十年後，美國人的侵略清除了報仇的道路。

一九九一年，賽義德．阿布杜馬吉德，大阿亞圖拉的兒子，賈瓦德的叔叔，帶著家眷從伊拉克逃亡到倫敦。在那段動盪不安的日子裡，有兩項緊急任務：一個是擁有千年傳統的神學院需要保存和保護，因此有些人必須得留下，包括年邁的大阿亞圖拉和他幾個年長的兒子。但是霍伊家族的延續也需要薪火相傳，因此其他的家庭成員必須出國避難。阿亞圖拉最年輕的兒子已經在起義和後續的動盪中失去聯繫，極有可能和兩百多名什葉派教士一同死在政權手下。穆罕默德．塔奇，賈瓦德父親的另一個兒子，他會是下一個喪命的人。薩達姆．海珊在接下來的年月中繼續動手清除什葉派的神職人員。在倫敦，阿布杜馬吉德，一個總是面帶微笑、害羞，有著綠色眼珠的教士，營運著他父親的慈善基金會。他嘗試用他跨宗教信仰的影響力來軟化西方對於什葉派的印象，尤其是在德黑蘭人質事件、真主黨的興起和劫機事件發生的十年後。他也和西方國家的官員展開對話，討論有朝一日在沒有薩達姆．海珊的時候，回歸伊拉克。

阿布杜馬吉德於一九九一年的起義中，在他爸爸的指導下往南走，和從科威特進入伊拉克的美國人會面，向他們詢問在鼓動他們起身反抗獨裁者之後，能夠提供伊拉克人什麼樣的幫助。但是會面在最後時刻取消。美國人撤退了。阿布杜馬吉德馬上就知道這場起義完蛋了。[7]他沒辦法回家，於是越境進入沙烏地阿拉伯，然後把家人帶出去。什葉派已經被丟棄在那裡自生自滅——上千人死亡，屍體丟在大街上被野狗撕扯。伊拉克的什葉派感受到背叛。十多年後，阿布杜馬吉德被說服事情已經不一樣了，這次是小布希總統，美國人將會一路開進巴格達。他覺得自己應該要在這之前就抵達納傑夫，這很重要，他有許多這麼做的理由。他相信一九九一年的起義失敗是因為不同的城鎮、團體和彼此對立的神職人員之間未能協作。他帶著霍伊姓氏的分量和聲譽，希望能從納傑夫提供幫助，促成彼此協作，與美國人的攻勢同時進行，再發起一次反抗薩達姆的起義。

阿布杜馬吉德想去納傑夫的另一個原因，是他擔心什葉派社群內部堆積的層層怒火和憎恨，不只針對薩達姆和復興黨，也針對作為一個整體的遜尼派，他們已經被當成壓迫的同義詞。他也擔心，之前被美國人背叛過的什葉派可能會乾脆拒絕美國的占領，從此被排除在後海珊時期的政府之外。他想要所有人能和彼此對話；他想要什葉派和遜尼派一起努力，允許他們開放宗教學校，甚至也在納傑夫開放。他想要讓遜尼派感受投票選出一個無論是遜尼派還是什葉派總統的光榮感。伊拉克的遜尼派也是薩達姆統治下的受害者；他的監獄是不分遜尼派和什葉派的。但是如果什葉派已經只把政府視為一個被薩達姆拿來壓迫他們的宗派機構的話，相較之下遜尼派仍然相信政府本身是有正當性的，無論他們對於獨裁者抱持怎樣的感受——而且當美國人侵略時，他們感受到自己腳下的大地在震動。[8]內部開始出現一道危險的裂縫。受到美國人連連失策的震撼，這道裂縫很快就會愈裂愈大，撕開這個國家，從中孕育出新的魔鬼。

無論美國是受到什麼樣的誤導而發動戰爭，伊朗都看到改變兩伊衝突的得分機會。阿布杜馬吉德已經受夠伊朗對伊拉克的野心，尤其是對納傑夫的野心。薩達姆曾經大力限縮納傑夫神學院的力量，而且在一九九一年後，對於外國什葉派學生而言，來到這裡學習已經成了幾乎不可能的事情。與此同時，庫姆正以什葉派宗教學習中心之姿崛起。阿布杜馬吉德和其他像他一樣的納傑夫教士，希望這座聖城在自由的伊拉克，可以恢復其作為學習中心的領導地位，並成為與庫姆由國家撐腰的什葉派相抗衡的聲音。在關於納傑夫的藍圖之外，德黑蘭也把籌碼押注在伊朗流亡的伊拉克人網絡上，這些伊斯蘭主義者擁護伊朗的政治，其中一些人仍然將自己視為伊朗革命新階段的先鋒。「但伊拉克的什葉派對這種角色並不滿意，」阿布杜馬吉德說：「我們連在文化上都和他們不一樣，更不用說在宗教教義上的巨大差異。」

[9]他堅定地相信，教士不應該和治國有瓜葛。在後海珊時期的真空中會遇上許多危險，但是阿布杜馬吉德告訴他的家人：「我必須去，因為不去的風險更大。」[10]二〇〇三年四月一日，阿布杜馬吉德與美國軍隊一同坐飛機來到巴斯拉附近的南方城鎮納斯里亞（Nassiriyah）。

有種危險是他未能預見到，或者顯然是低估了：什葉派的內部競爭和那些認為自己比別人更虔誠正直之人的愚蠢。

四月四日左右，他已經抵達家鄉附近，在納傑夫郊區的一座廢棄工廠裡，與美軍特種部隊一起紮營，他們隨同他進出城市。[11]各地的人一下子就認出他，把車留在路中間跑過來和他打招呼，難以置信地衝上前摩挲他的長袍。他在教士長袍下面穿了一件防彈背心，因為他畢竟正處在一場戰爭中。[12]但是他說：「我從來沒有像在這裡一樣感到如此安全。」[13]當他終於來到伊瑪目阿里的陵墓時，他從其中一扇巨大的門走進庭院，抬頭仰望著在春日陽光下閃閃發光的金色大圓頂，兩邊各有一座用數千個金色磚塊建成的宣禮塔。他被來此祈福的人簇擁著；當他走進內殿，他們跟著他做禮拜，並親吻了伊瑪目阿里陵墓的銀色格子圍欄。

阿布杜馬吉德走進庭院後方，登上幾層臺階，走進一個大房間，裡面有繁複的內部裝潢：這是霍伊家族的陵墓區，他的爸爸，偉大的阿亞圖拉和他的兄弟穆罕默德．塔奇都埋葬在這裡。他終於能夠在這裡為他們的靈魂祈禱。在離開十三年後，這個什葉派信徒極神聖之所的精神聖潔對他而言永遠都不夠，這裡蘊含著如此多的痛苦，無論是古代或是近代，卻又令人為其靜謐和令人窒息的美深深感動，因此在幾天以後，四月十日上午將近九點的時候，他又回到伊瑪目阿里的陵墓旁禮拜和祈禱。

他進了聖陵，把在街道上保護他的美國人留在身後。中午的禮拜結束後不久，他坐在聖陵管理員的辦公室裡時，外面有一群憤怒的人高喊著：「薩德爾萬歲！薩德爾萬歲！」他們在呼喊的並不是那位失蹤的伊瑪目薩德爾，而是他在伊拉克的遠房表兄弟，才能遠不及他。穆格塔達．薩德爾是個暴躁的年輕人，他的父親是一位受人歡迎的阿亞圖拉，在一九九九年被薩達姆暗殺，薩德爾年僅二十五歲就被推上了領袖的位置。阿亞圖拉薩德爾曾經是個活躍的教士，他在星期五的禮拜中發表言詞火爆的演說，能夠在巴格達的貧民窟裡集結大量人群。政權允許他這麼做，是因為他抨擊美國和以色列，也就是薩達姆最喜歡的敵人。作為一個民族主義者，阿亞圖拉薩德爾也強調伊拉克什葉派的阿拉伯人認同感，而不是波斯人的什葉派。但是當他變得太受人歡迎後，薩達姆也把他和他最年長的兩個兒子一起殺了。

他最年輕、愛搞怪的兒子，因為喜歡打電玩遊戲而得到「阿亞圖拉雅達利」（Ayatollah Atari）的綽號，突然就繼承了他父親的衣缽，發現自己成為成千上萬什葉派信徒的領袖。穆格塔達．薩德爾的黑色纏頭巾甚至還沒在他的頭上戴穩。[14]他的言詞風格十分普通，握手時軟綿綿的，憤怒隱藏在心裡。但是他有雄心壯志，他相信自己——不是別人——理應成為薩達姆滅亡後的伊拉克什葉派領袖。為了實現自己的目標，他甚至會背叛他父親的民族主義，接受伊朗的訓練和武器。在巴格達陷落之前，穆格塔達就開始組織武裝，這支武裝力量將會成為讓人害怕又下手不留情的馬赫迪軍。他們會殺死美國士兵，但也包括伊拉克境內任何不服從於穆格塔達的人。這就是阿布杜馬吉德在四月的早晨坐在那間辦公室時聽到的喊聲。[15]

一扇窗戶被打碎。[16]槍聲響起。每個人都有槍——無論是外面的暴徒還是裡面的人。阿布杜馬吉德的一名保鑣受了致命傷，正好被擊中防彈背心下面，因流血過多而死。阿布杜馬吉德摘下了纏頭巾，拿在胸前，祈求平靜和憐憫。槍聲持續了九十分鐘。一顆手榴彈被扔到屋子裡，阿布杜馬吉德受了傷。不久後，裡面的人用光了子彈，他們投降了。暴徒把他們的手捆起來推到外面。「我們要把你們帶到穆格塔達．薩德爾那裡去，讓他下命令。」據報有人如此說道。在外面，囚徒被反覆刺傷，其中一人喪命。阿布杜馬吉德血流如注。他被拖到穆格塔達位於阿里陵墓附近的住處外。裡面傳來一句話，穆格塔達說：「別讓他們坐在我的門前。」[17]他被拖到街上開槍打死。在穆格塔達的眼中，他是擁有真正的資格和信譽的對手，阿布杜馬吉德知道穆格塔達智性上的羸弱和神學成就的匱乏。但是這個魯莽的年輕人從來沒離開過伊拉克，他憎恨那些出國流亡的人，將他們描繪成西方國家的代理人和國家的叛徒，甚至連曾為國家和信仰做出如此大犧牲的霍伊家族也是如此。

在庫姆，賈瓦德為他的叔叔哭泣，重新體會到失去父親的痛苦。一個人被宗教暴力殺害，另一個人被世俗暴力殺害；一個人是以神的名義被暗殺，另一個人是以民族主義的名義被暗殺。[18]賈瓦德曾經計畫在幾天之內前去伊拉克和他的叔叔會合。而現在，他留在庫姆，為他的國家擔心，這個國家從一種恐怖中解脫出來，卻又沉入到另一種恐怖中。他的思緒在一九九一年發生的事情裡游離。他當時只是一個十幾歲的孩子，但是他記得希望的激動，以及隨之而來的野蠻。自由曾如此接近；起義幾乎要成功了。

一九九一年一月，以美國為首的聯軍藉由大規模空襲，展開將薩達姆逐出科威特的戰爭，在幾個星期後的二月十五日，薩達姆在美國的火力面前顯然像個稻草人一樣，老布希總統在這時候號召伊拉克人奮起反抗獨裁者：「還有一個辦法可以停止流血，那就是伊拉克軍隊和伊拉克人民自己動手，迫使獨裁者薩達姆．海珊下臺，然後遵守聯合國決議，重新加入愛好和平的國際大家庭。」[19]

幾天之內，沙烏地就邀請流亡的伊拉克政治人物到利雅德去，希望能組建一個候補伊拉克政府。[20]他們也和不同的軍官及退役軍官團體磋商，策劃對薩達姆採取行動。但是沙烏地人是沒有組織的，而且還發出自相矛盾的訊息。伊拉克的政治人物描述，他們會接到一通沙烏地人的電話，然後就再也沒有聯繫。沙烏地人的努力毫無建樹。伊朗人也在試圖抓住這個時機，而且他們做起事來要成功得多。

在伊朗流亡的其中一個伊拉克人是阿亞圖拉穆罕默德．巴克爾．哈金，他在一九八〇年當他的朋友、召喚黨的創辦者穆罕默德．巴克爾．薩德爾被薩達姆處決後逃出伊拉克。哈金在伊朗成立了一個伊拉克伊斯蘭革命最高委員會，這是個宗教暨政治團體，有一個武裝側翼：巴德爾旅（Badr Brigades）。隨著時間推移，巴德爾旅的人數將擴充到一萬人，他們從伊拉克軍隊中叛逃出來，或是被伊朗逮捕並強迫加入。[21]巴德爾旅從一開始就在伊朗革命衛隊的監督和控制下行動，進行小型的越境和破壞行動。有影像記錄下他們的創始指揮官哈迪．阿米里（Hadi al-Amiri）在前線談論他們反對伊拉克軍隊和薩達姆，說他是「瘋子敵人」。[22]在一九九一年的起義開始時，巴德爾旅迅速行動，從南部滲透進入伊拉克，並和國內的地下部門聯繫。

民眾叛亂是在二月下旬以小規模的反抗和破壞行為自發開始的。從南部的什葉派到北部的庫德人，被壓迫的人民抓住了獨裁政權的弱點。在離開科威特的公路上，到處都是燒毀的坦克，一支士氣低落、受盡侮辱的軍隊正在反抗一個再次將他們送上失敗戰役的領袖。三月三日，南部城市巴斯拉的中心廣場上，一名伊拉克坦克指揮官用炮彈打穿薩達姆的巨幅畫像。[23]旁觀者和附近的士兵紛紛鼓掌。恐懼之牆在轟然間倒塌，勇氣如烈火般蔓延。到三月五日的時候，卡爾巴拉已經起義了；在納傑夫，伊瑪目阿里陵墓附近的抗議行動變成一場槍戰。五天後，薩達姆政權似乎氣數已盡：他失去了對十八個省中的十五個省的控制。當伊拉克境內的什葉派領導層試圖組織平民和大阿亞圖拉霍伊呼籲的和平起義時，阿亞圖拉哈金從伊朗趕到，並在巴斯拉任命代表，幫助建立一個伊斯蘭共和國。何梅尼的照片出現在街頭。當政權的部隊開始反擊時，絕望的男人、女人、小孩躲進清真寺裡。伊瑪目阿里的陵墓裡設立了臨時手術室。死者堆積如山。群眾被逼得走投無路，惶恐不安，高喊著「伊朗救救我們」和「除了阿里，沒有統治者，我們要賈法里（什葉）領袖」。[24]

起義剛開始的時候，美國人正和伊拉克人商討停火條件。在奇怪的插曲中，美國軍事行動指揮官諾曼・史瓦茲柯夫（Norman Schwarzkopf）同意允許伊拉克人使用直升機運送軍官離開前線回國，因為該國的基礎設施已經嚴重受損。他的伊拉克同行特別詢問他武裝直升機是否也能得到飛行許可，因為它們也能被當作運輸直升機。史瓦茲柯夫同意了，只要直升機不經過有美國軍隊的地方就可以。「在接下來的幾個星期，」這位將軍在他的回憶錄裡寫道：「我們才發現這個狗娘養的心裡真正在想什麼：用武裝直升機來鎮壓巴斯拉和其他城市裡的叛亂。」[25]很難相信這個將軍沒有預見此事。也許他早有預料，但是他不在乎，只要他的軍隊安全就可以。但是很少有伊拉克人感覺到他們也成為這個奸險外交時刻的受害者：當薩達姆的軍隊從空中射殺逃亡的難民並進行大規模的處決圍捕時，沙烏地和伊朗的外交部長正在阿曼會面討論和解。三月二十二日，沙烏地和伊朗宣布，他們將恢復一九八七年中斷的外交關係。阿亞圖拉哈金的巴德爾旅打包回伊朗去了。美國和沙烏地阿拉伯已經開始擔心伊拉克在混亂的內戰中解體，或者更糟糕的，有個忠於德黑蘭的什葉派神權體制崛起。但是伊朗伊斯蘭共和國這個各地什葉派的保護者，已經出於現實政治的考量而放棄了伊拉克的什葉派。三月二十四日，沙烏地《生活報》的頭版頭條刊登了「美國決定不對抗伊拉克直升機」的消息。

一九九一年的殺戮是前所未有的。薩達姆的統治在此前並沒有明確的宗派之分。什葉派只有當他們多數反對薩達姆的時候才會被當作目標。現在，薩達姆開始果斷地追殺他們。卡爾巴拉和納傑夫的陵墓遭到炮擊，這是一種傲慢、報復性的怨恨行為。成千上萬的人消失。在南方和庫德人的北方，有兩百萬人在逃亡。年輕的賈瓦德看到他父親和祖父被強拉出家門，被帶到巴格達和薩達姆進行羞辱性的電視直播，這是一場被迫的和解秀。霍伊家族受到二十四小時監視。安全人員站在屋外，到處跟蹤他們，甚至和他們一起搭車。恐懼瀰漫在各處：人的生活、夢想、呼吸的空氣。賽義德．阿布杜馬吉德在前往倫敦的路上。賈瓦德被送走了。不久後，他的父親就會在未告別的情形下去世。像阿舒拉日這樣的什葉派紀念活動被禁止了。幾年過去，又有成千上萬的人死去，消失在薩達姆黑暗的地牢裡，或是被這個國家的苦難所吞噬，現在這個國家遭受到禁運，與世界其他地方隔絕，這個國家正在因為他們領袖的瘋狂受到懲罰。

二〇〇三年三月中旬，就在美國發動地面入侵的「先發制人」轟炸攻勢的幾天後，薩達姆的政權仍然有空閒逮捕試圖前往卡爾巴拉紀念阿舒拉日的什葉派朝聖者。然後，在剎那間，薩達姆的雕像就被推倒，獨裁者開始逃亡。到四月底的時候，成百上千的什葉派信徒從伊拉克的各地向卡爾巴拉進發以紀念阿巴音（Arba'een），也就是伊瑪目胡笙殉難的第四十天紀念。他們在慶祝自己殉難的結束。在伊拉克這個伊瑪目胡笙犧牲的地方，儀式總是比穆斯林世界其他的地方更熱烈。男人、女人和孩子走了好幾天，有些人還跪著抵達陵墓。他們揮舞綠色或者黑色的旗幟，緩慢而有節奏地用自己的右手反覆拍打胸膛。上下揮動他們的右手——砰的一聲。上、下——砰。有些人用鐵鍊鞭打自己的後背。這種具催眠效果的儀式是對信仰的重溫，也同時是什葉派在新伊拉克一次力量的展現。年復一年，前往卡爾巴拉的朝聖活動吸引愈來愈多的人，數百萬人之後又是數百萬人，人潮是每年麥加朝覲人數的五倍。納傑夫和卡爾巴拉將會對世界開放，至少是向所有敢於進入一個仍被占領並陷入暴力的國家的人開放。首先來到的是流亡伊拉克人以及伊朗人。伊朗人在每輛大巴士上都有一名指定的嚮導，開車穿越邊境。這些人的年齡足以讓他們對十五年前的兩伊戰爭和伴隨他們走上前線的歌聲保持記憶。

我們會獻出生命征服卡爾巴拉。
起來啊，勇敢的戰士，將家園從敵人手中奪回。
通往勝利的道路穿過卡爾巴拉。[26]

現在，有些伊拉克流亡者回到卡爾巴拉和他們的家園，他們不只是去祈禱，而是去完成在一九八〇年代要和伊朗人一起完成的願望。阿亞圖拉哈金，伊斯蘭革命最高委員會的領袖回到了納傑夫。[27]他疲憊不堪的同事哈迪．阿米里和他的巴德爾民兵也是如此。哈金看來已經軟化他的觀點：他同意和美國人合作，並勸告人民對美國人的占領保持耐心。畢竟，若不是美國人，他不可能凱旋歸國。他呼籲人民團結一致。

阿亞圖拉哈金在二〇〇三年八月二十九日帶領大家完成星期五的主麻禮拜後，走出納傑夫的伊瑪目阿里陵墓，從庭院的南側門廊走到街上。他穿著黑色長袍，戴著黑色纏頭巾，走向他的汽車。突然之間，一切天昏地暗。大家被震聾了。鮮血、涼鞋、乾果、斷臂殘肢、糖果、碎片在空中飛。[28]

「賽義德死了。他們殺了賽義德。」一個男人大喊著。[29]

汽車炸彈太強勁，因而靠近哈金的人說他的身體完全蒸發了。在地上留下一個三英尺的彈坑。清真寺受到損傷。附近一座兩層樓的商場被夷平。九十五人死亡，將近五百人受傷。最近的醫院陷入混亂場面，死傷者的親屬擠在大廳和走廊裡。一群身穿筆挺襯衫的年輕人出現，他們手持擦得晶亮的嶄新AK－47步槍和對講機，開始為亂撞的人群帶來秩序。他們的領袖十分顯眼：五十多歲、穿著灰色的褲子和白色鈕釦領襯衫。[30]他詢問護士是否需要補給品、安慰崩潰的醫生。他表現得像個伊拉克政府官員，但他不是。他說的是阿拉伯語，帶著明顯的口音：他是伊朗人，而他的部下，穿著整齊襯衫的年輕伊拉克人，則是巴德爾武裝人員。他們中的一些同事也受了傷，可能是哈金的保鑣。伊朗人是他們的指揮官，很可能是伊朗革命衛隊成員。他正在安慰一名伊拉克醫生，這名醫生反覆地問究竟為什麼會有人做這樣的事。

「你難道沒看到嗎？」伊朗人回答：「他們已經對我們宣戰了。」[31]

他看起來已經感覺到，或者知道這場殺戮不是穆格塔達或其他的什葉派所為，而是遜尼派做的。這不是遜尼派政府透過法外處決的方式來壓迫他們，不是的。這是遜尼派激進分子、教派殺手、什葉派憎恨者所為。這是一場戰爭。這也是自從一八〇一年瓦哈比分子突襲卡爾巴拉之後，阿拉伯世界首次有遜尼派戰士專門針對什葉派下手。在巴基斯坦，宗派殺戮已於齊亞統治下開始，最初是發生在一九八七年靠近阿富汗邊境的屠殺，接著巴基斯坦獨裁者允許遜尼派武裝分子劫掠什葉派村莊。從白沙瓦一直到伊拉克，仇恨和宗派暴力已經突變成更加暴力的循環，讓這裡的人都想要超過他們的導師。

殺死阿亞圖拉哈金的攻擊是阿布・穆薩布・札卡維幹的，他是阿布・穆罕默德・馬克迪西的門徒，這位約旦理論家曾在白沙瓦住過，寫過啟發一九九〇年代在沙烏地阿拉伯發生第一起爆炸案的反沙烏地小冊子。阿布・穆薩布・札卡維是阿赫麥德・法迪勒・卡勒雷（Ahmad Fadeel al-Khalayleh）的化名，他是一個來自約旦城鎮札卡（Zarqa）的高中輟學生、私酒販、惡霸，於阿富汗反抗蘇聯的戰爭末期在戰場上找到自己存在的理由。他在一九九二年於約旦入獄，遇到馬克迪西，並在他的指導下成熟，成為領袖和招募者。出獄後，他在一九九九年回到阿富汗，在那裡建立自己的戰士營地，這要多虧蓋達組織的啟動資金。[32]叛逆的札卡維在一開始時拒絕向賓・拉登效忠，但是蓋達組織認為他是進入某些國家的潛在有用管道。在九一一事件和美國轟炸阿富汗塔利班的行動後，札卡維經過伊朗逃向伊拉克東北部，並在二〇〇二年夏天抵達那裡，為他的組織「伊斯蘭輔助者」（Ansar al-Islam）建起一座營地。在聖戰分子的小圈子之外，沒有人聽說過他。二〇〇三年二月五日，他一舉成名。

美國國務卿科林・鮑爾在聯合國發言，為清除薩達姆的行徑辯護。美國政府用上所有的藉口、所有的工具來證明開戰的正當性——伊拉克所謂的大規模殺傷性武器、中東地區的民主需求，以及聲稱薩達姆和蓋達組織有關係。「伊拉克今天窩藏著一個以阿布．穆薩布．札卡維為首的致命恐怖網絡，他是奧薩瑪．賓．拉登和其蓋達組織副手的同夥和合作者。」[33]札卡維的大鬍子臉出現在大螢幕上。鮑爾聲稱，蓋達組織和薩達姆是透過札卡維進行合作。在一次演講中，鮑爾提了二十一次札卡維的名字。雖然像薩達姆這樣公然世俗的獨裁者，會在符合他的議程時利用宗教和與伊斯蘭主義者合作並不令人驚訝，但是蓋達組織和伊拉克政權之間沒有正式聯繫。札卡維在那裡不是協助薩達姆，而是為了推進他自己的聖戰野心。而美國人剛剛為他清除了前往巴格達途中的所有障礙。

美國領導的軍事行動開始了，年輕人在大馬士革的伊拉克大使館前排隊，這裡距離美國大使館只有幾個街區之遙。[34]他們來自阿爾及利亞、約旦或是沙烏地阿拉伯，想要得到參戰的機會，他們希望這會是阿富汗或車臣聖戰的重複，不同之處在於這一次將要面對最強大的異教徒——美國人。敘利亞人也加入。他們都在伊拉克大使館拿到偽造的伊拉克護照，以便越過國境。他們搭上公車並進入伊拉克，準備好戰鬥和死去。敘利亞官員，包括大穆夫提在內，公開鼓勵這項吉哈德，希望美國人會陷入讓他們焦頭爛額的沼澤地裡，讓他們無暇顧及推翻其他獨裁統治者的計畫。伊拉克是遜尼派暴動的肥沃土壤，比札卡維事前預期的更加肥沃。

在整個九〇年代的禁運之下，伊拉克幾乎被世界隔絕，變得向內發展。伊拉克是聖經伊甸園的所在地，是文明的搖籃，曾為世界帶來七大奇觀之一的巴比倫空中花園；這個阿拉伯國家在一九五九年就有了第一位女性內閣部長，一九七〇年男女平權就已寫入憲法；這裡是享譽國際的建築師札哈．哈蒂（Zaha Hadid）出生的地方；美術學院裡的藝術家在這裡畫裸體畫和傑作——這樣的伊拉克已經不復存在了。食品短缺、基礎設施惡化、居高不下的嬰兒死亡率、成千上萬人逃離國家——這個國家被九〇年代的制裁掏空了。絕望讓人民投入信仰，在伊拉克，有愈來愈多的人湧入清真寺，愈來愈多的女人戴上頭巾。

薩達姆對此趨勢既鼓勵又加以控制。他是一個愛抽雪茄的人，據說他最喜愛的飲料是蜜桃紅酒，他嘗試各種辦法以標榜自己是虔誠穆斯林的面貌。一九八〇年代，為了抵擋伊朗對他的異教徒指控，他在沙烏地人的幫助下主持了民眾伊斯蘭大會。始自一九九一年的波灣戰爭期間和戰後，薩達姆試圖把自己重塑成一個對抗西方異教徒的信仰者總統。但是他很擔心，他開始認知到並害怕薩拉菲派日益增長的影響力，其中有些人和他的新敵人沙烏地阿拉伯有直接聯繫。伊拉克情報部門曾記錄沙烏地神職人員試圖將瓦哈比的宗教宣傳品偷運到伊拉克。[35]一九九三年，為了安撫大眾，同時也為了打擊瓦哈比主義在伊拉克的傳播，他發起自己的信仰運動，推進國家認可的伊斯蘭教。[36]

學校將宗教教育定為必修課、禁止酒精飲料、印製更多《古蘭經》、修建更多清真寺。隨著清真寺愈來愈繁忙，情報人員被派去監視教士和他們的追隨者。有幾十座清真寺是由薩拉菲派教士所控制的，自一九七九年以來，他們的勢力一直在薩達姆的眼皮底下發展。

那一年，薩達姆曾經短暫監禁過穆瓦希敦團體的成員，他們是以瓦哈比主義為榜樣的絕對一神論薩拉菲主義者。有些關鍵成員是軍隊裡的官員。他們被解除職務，監禁在阿布格萊布（Abu Ghraib）監獄，在那裡遇到志同道合的伊斯蘭主義者。他們於一九八〇年代中期獲釋後，繼續在全國各地的清真寺裡進行傳教和招募活動。這些人將沙烏地阿拉伯的謝赫賓・巴茲稱為「父親謝赫」，並公開宣稱讚賞祝海曼・歐塔伊比去麥加朝覲並帶回瓦哈比主義書籍。一九九三年後，他們利用信仰運動來為自己服務。他們將自己最激進的想法隱藏起來，假裝成國家的僕人，準備協助傳播薩達姆的福音。隨著時間推移，許多軍官和復興黨的官員已經被多年來的戰爭打垮，最終接受一種更純粹的虔誠。他們在本該是要他們監控和匯報的清真寺裡行動，經由滲透而吸收了薩拉菲主義。

雖然伊拉克的一些穆瓦希敦和其他的薩拉菲主義者只專注於勸說，其他人聖戰的傾向則更明顯。有一些地下組織形成，成員在裡面傳閱激進的文學作品，包括馬克迪西的著作。一九九九年前後，薩達姆擔心伊斯蘭化的趨勢失控，他處決了幾十人，監禁幾百人。這些來自偏遠村莊或城市的店員、警察、軍官在監獄裡見面，並擴張他們的薩拉菲主義網絡。二〇〇二年十月，當戰鼓已經敲得愈來愈緊，薩達姆清空了他的監獄。這是獨裁者的慣用伎倆：先發制人的破壞。如果他不能繼續掌權，那就埋下混亂的種子以確保別人也不能統治。薩拉菲主義聖戰者現在開始行動。當札卡維來到伊拉克的時候，他本以為會找到一個由世俗的不信者組成的國家，或者至少是一個他需要花大把力氣傳播薩拉菲主義訊息才能招募活動人士的地方。相反地，他找到的是一個擁有廣大薩拉菲主義網絡的國家，這個網絡與伊拉克國家的高層人士相聯繫。薩達姆的「信仰運動」是薩拉菲主義和民族主義的大熔爐，是沙烏地阿拉伯和伊朗競爭下一個奇怪的發展和間接結果，在未來的歲月裡，這將導致伊拉克和敘利亞建立的伊斯蘭國（Islamic State）。

在二〇〇三年伊拉克政權倒臺後的混亂中，主導伊拉克的美國人解散了四十萬人的伊拉克軍隊，頑固的薩拉菲主義者在心存憤懣、被遣散的士兵和軍官那裡找到了共同點。他們之中隨後又加入搭著巴士來到伊拉克的阿拉伯戰士。遜尼派的反美軍叛亂正在進行。它消耗了華盛頓多年的政策制定，摧毀伊拉克短期內從獨裁統治中恢復的機會。有超過五十萬伊拉克人死亡。[37]超過四千名美軍死亡，將近四萬名美軍受傷。分裂的小團體和競爭紛紛出現，還有街頭槍戰和汽車炸彈。有人只是想要抵抗占領，還有些人看到建立一個伊斯蘭國家的機會——建立遜尼派伊斯蘭國家，能夠消弭眼前的什葉派，以及消弭伊朗在後海珊時期的伊拉克愈來愈強大所造成的深刻創傷的機會。什葉派力量崛起的消息占據新聞頭條。遜尼派叛亂者的隊伍擴大了。有數十名沙烏地青年人加入戰鬥，他們是阿布杜拉·阿扎姆和賓·拉登在白沙瓦開創的「烈士隊伍」中最新的一代成員。

入侵後的最初幾年，沙烏地人幾乎占了叛亂外國戰士的一半，沙烏地聖戰者執行的自殺炸彈攻擊比任何國家的人都多。[38]雖然與其他國家的人相比，沙烏地人的平均數量很少，但是華盛頓為此感到沮喪，他們向利雅德抱怨這是在削弱重建伊拉克的努力。美國指責沙烏地未能阻止來自其王國之戰士的流動性和對遜尼派激進組織的資助。沙烏地斷然否認該國公民前往伊拉克。

在非官方場合，沙烏地人並未感到不滿，而且一如既往，他們有合理的否認理由，國家並沒有組織任何行動。但是個別沙烏地人正在為此事業捐款，就像他們在阿富汗戰爭期間一樣，王國裡激情四射的傳教士沒有被政府消音，甚至連在他們支持兄弟前往伊拉克和異教徒作戰的時候也沒有。在王國各地，人民興奮地重新講述著他們從前線聽到的故事。網路上有各種對英勇烈士的紀念。有一段時間，王國選擇睜一隻眼閉一隻眼：讓那些激進的年輕人趁此時死在伊拉克豈不更方便。伊拉克爆發的起義和二〇〇三年與二〇〇四年爆發，針對沙烏地居住營區的第一波爆炸案件恰逢同時。伊拉克是個很好的洩氣閥。

沙烏地人曾經警告過美國不要侵略伊拉克，曾告訴過他們這麼做不符合所有人的利益，並且會導致原教旨主義的復甦，從而影響到美國和歐洲。[39]他們警告過伊拉克會被毀掉，但是他們真正擔心的是一個什葉派統治的伊拉克，伊朗人在那裡發號施令。遜尼派的起義則是一劑致命解藥。

二〇〇六年二月二十二日早晨六點五十五分，一聲巨大的爆炸震撼了薩瑪拉（Samarra）。這個城市有兩座歷史超過一千年的著名清真寺：一座擁有造型獨特的宣禮塔，螺旋外觀向上延伸高達一百七十英尺，另外一座清真寺擁有金穹頂。薩瑪拉距離巴格達只有一小時車程，位於底格里斯河東岸，有著超過千年的層層歷史，全人類的歷史，一直可以追溯至古代的美索不達米亞。在阿拔斯哈里發於西元八九二年把宮廷遷往巴格達之前，薩瑪拉曾短暫地作為一個奢華的都城。但是薩瑪拉的城市規劃和建築在時間流逝中倖存下來，這是一個伊斯蘭古代都市在現代仍然完好無損的罕見例子。還有層層疊疊的各教派共存，都可以追溯到數世紀前。

螺旋形的毛維雅宣禮塔（Malwiya minaret）屬於城市的清真大寺，是阿拔斯王朝哈里發建造的。作為遜尼派占主導地位的城市中的一座遜尼派清真寺，它的高塔在二〇〇六年二月二十二日的那個早晨屹立不搖。但是擁有金色穹頂的阿斯卡里清真寺（Al-Askari mosque）裡，塵土和瓦礫隨處可見，鋼架裸露在外，裡面的人可以透過洋蔥形結構被炸開的裂縫看到藍天。那裡存放著什葉派第十和第十一位伊瑪目的遺體，據說最後一位伊瑪目馬赫迪也是在這裡隱遁的。這座什葉派聖陵的神祕遺產已經延續了一千多年，成為什葉派最崇敬的場所之一。但是阿斯卡里是這個城市集體經驗的一部分。遜尼派神職人員已經照看它長達幾世紀，薩瑪拉的遜尼派信徒也像什葉派信徒一樣，以這座清真寺發誓。遜尼派的家族強調他們的血脈追溯到什葉派伊瑪目那裡——教派的歸屬可能會隨著時間的推移而變化，但是自豪的遺產仍然存在，因為認同是重疊在一起的。

中產階級的巴德里家族就是這樣。虔誠的父親教人背誦《古蘭經》。[40]他家的幾個叔叔是復興黨的官員。其中一個兒子，易卜拉欣·阿瓦德·易卜拉欣·巴德里（Ibrahim Awwad Ibrahim al-Badri）是領著街區裡的孩子誦讀《古蘭經》的人。一九九六年，巴德里進入薩達姆的伊斯蘭大學，並獲得碩士學位。他喜愛足球，但是愈來愈不寬容，沉浸在他的清教主義中，對外界保持著惡意。在入侵後，他被美國人關進監獄，但是他對聖戰主義的觀點保持沉默，很快就被釋放了。在監獄裡，他遇到更多聖戰主義者和胸懷憤懣的軍官。在監獄外面，他和伊拉克蓋達組織有聯繫，被派到敘利亞執行任務。他還在大馬士革完成了他關於伊斯蘭研究的博士論文。所有這一切都會在幾年內對他有好處，屆時他將會繼承札卡維的衣缽，接下在伊拉克建立伊斯蘭國家的使命，並採用「阿布・巴克爾・巴格達迪」（Abu Bakr al-Baghdadi）這個化名。

巴德里的家鄉薩瑪拉奇幻而又神祕的悲劇故事延續了一千年，並且傳到了區域以外，從《巴比倫塔木德》中的所羅門文書，到約翰・奧哈拉（John O'Hara）名列最佳現代英語小說之一的《相約薩瑪拉》（*Appointment oin Samarra*），再到威廉・薩默塞特・毛姆（W. Somerset Maugham）一九三三年的劇作《謝佩》（*Sheppey*）中〈商人的僕人的故事〉。故事是一樣的：人試著從死亡的手指間溜走，他們得去薩瑪拉，只是要尋找無可逃避的約定，而死神會尾隨他們來到這座城市。

二〇〇六年二月二十二日上午，一名年輕的伊拉克女子從巴格達出發前往薩瑪拉。阿特瓦爾・巴赫加特無所畏懼，但是並不魯莽。她總是溫柔而堅定地挑戰極限，直到她成為半島電視臺巴格達分社的新聞編輯室裡百餘名男子之外的三名女性之一，隨後她又成為阿拉比亞（al-Arabiya）頻道的記者。[41]這名三十歲的女人笑容甜美，喜愛時尚、色彩鮮豔的頭巾，她常常在頭巾上打一個大結，就像佛朗明哥舞者的花朵一樣。她內心是個詩人，畢業於巴格達大學阿拉伯文學研究專業。在薩達姆時期，她曾在伊拉克的報紙上開始寫作，後來到了國營電視臺工作。隨著美國入侵，有了媒體自由。國際報紙和電視臺無法在沒有政府看護人的情況下自由活動，於是各式各樣的伊拉克報紙和電視臺應運而生。婚禮攝影師變成戰地攝影師；英語文學專業的學生成為外國記者的翻譯；詩人成為半島電視臺上觀眾熟悉的面孔。阿特瓦爾先是被分配去做文化類報導，等待時機，建立人脈，待她發出大新聞後再懇求他的編輯。她在句子中使用伊拉克人——以及中東其他國家的人，例如黎巴嫩人或敘利亞人——表達親暱的用語，無論是男人和女人，老人和年輕人。「是啊，親愛的」，「你需要什麼，我的心」，「當然了，我的眼睛」。她出生於一九七六年，在學校中被餵養了夠多的復興黨政治宣傳，在一九九〇年代的禁運中掙扎，現在她渴望為她的國家盡一份力，向整個地區的阿拉伯電視觀眾講述伊拉克人的故事。她也是遜尼派和什葉派共存的鮮活象徵，這種共存在政治和戰爭之外是自然而然的。她的父親是來自薩瑪拉的遜尼派，母親是來自卡爾巴拉的什葉派。

當薩瑪拉發生炸彈爆炸的消息傳來時，她懇求她的編輯。她必須去。這是她的家鄉。這的確危險，但是她能處理好。她帶著她的兩人小組出發了。城市情勢已經太緊繃，他們進不去，於是他們從外圍發出報導。她打了幾通電話給新聞製作組。她的電視報導被錄下來傳給總臺，在當天傍晚六點播出。在報導結尾，她留下這句話：「無論你是遜尼派或是什葉派，阿拉伯人或庫德人，伊拉克人之間沒有分別，讓我們在恐懼中為了這個國家團結在一起。阿特瓦爾．巴赫加特，阿拉比亞電視臺，在薩瑪拉外圍報導。」

在半小時之內，槍手開著一輛皮卡來找她，朝著天空開槍，驅散聚集在那裡觀看電視上的明星正在工作的人群。「我們要那個記者。」他們喊著。[42]阿特瓦爾和她的團隊被強行擄走。第二天，他們被亂槍打死的屍體被人找到了。到底是什麼人殺了她？有各種不一的說法。是什葉派槍手還是遜尼派的？是蓋達組織嗎？因為她報導了什葉派聖地被炸的事件？還是因為她父親是遜尼派而被馬赫迪軍殺害？如果說在伊拉克各地逍遙法外的殺手有一件事可以達成共識的話，那就是像阿特瓦爾這樣的人不屬於伊拉克，她所代表的共存理想也不屬於伊拉克。

伊拉克受過教育的中產階級，它的知識分子、藝術家、革新派思想家、有權力的女性，無論是戴頭巾還是不戴頭巾的，都將成為系統性清洗的受害者。札卡維和他的同夥大多數時候不分青紅皂白地殺人，希望造成最大規模的死亡和破壞。穆格塔達會派出敢死隊，在大學裡、診所裡和人民家中緊追不捨。

二〇〇六年二月二十二日，阿特瓦爾的死訊在新聞中被阿斯卡里清真寺爆炸事件所引發的憤怒掩蓋了。從北方的吉爾庫克（Kirkuk）到南方的巴斯拉，從納傑夫到卡爾巴拉和巴格達，什葉派民兵和暴徒都在肆意妄為。到當天結束時，光是在首都就有二十七座遜尼派清真寺遭槍擊、縱火或被火箭彈、機槍毀壞——全國合計有六十座。[43]三名遜尼派神職人員被槍殺，還有一名遭到綁架。在遜尼派占主導地位的巴斯拉，警察將十名因遜尼派緊急事件而遭監禁的外國阿拉伯戰士從牢房中拉出來槍斃，顯然是為了報復。

自從美國侵略以來，伊拉克一直沉浸在憤怒和暴力中：有遜尼派叛亂，也有馬赫迪軍。兩者主要是在和美國人作戰。他們有時候也互相殘殺。暗殺阿亞圖拉哈金的目的是為了挑起教派紛爭，但是尚未將地獄中的苦難釋放出來。隨著神聖的阿斯卡里清真寺爆炸，一場全面的內戰就爆發出來了。當人民圍繞著教派重新定義自己的身分認同，長達數年的野蠻行為隨之而來，遜尼派和什葉派的仇恨開始在伊拉克邊境之外扎根。遜尼派和什葉派如何看待他們在阿拉伯和穆斯林世界的地位，會帶來更大的變化。伊朗正在為它與薩達姆的戰爭中所遭受的痛苦和屈辱進行報復。這反過來又會導致遜尼派的反報復。

第十四章

破裂

黎巴嫩、伊拉克，二〇〇五年至二〇〇六年

從阿丹（亞當）的時代直到今天，人類都是生來平等的，就如同梳子上的梳齒一樣，阿拉伯人不比波斯人高貴，紅皮膚也不比黑皮膚高貴，能比較的只有虔心。

——先知穆罕默德的聖訓

復仇時代始於二〇〇五年的一次暗殺。接著是一次空襲，最後是一場絞刑。每一次的暴力行動都殺死一個有影響力的人，造成深遠的後果。這三人都是阿拉伯人，都是遜尼派，而且都是白手起家的人。然而他們的世界和理想是如此的不同，在現實中，這三個人沒有任何共通點。一個是失敗者變成的恐怖分子，一心想要大規模的破壞；一個是革命者變成的狂妄獨裁者，掏空了國家的靈魂；一個是菜販的兒子，在沙烏地賺到數十億身家，然後重建國家，被人民稱為黎巴嫩先生。遜尼派的強人各有千秋，阿布·穆薩布·札卡維、薩達姆·海珊、拉菲克·哈里里三者的人生目的亦截然不同。他們的死亡在兩年之內陸續發生（死於截然不同的殺手手中），在遜尼世界的集體心理上產生不易察覺的裂痕——這是一

種長期、持久的時刻，現實翻轉，歷史認同改換，強者開始感到自己成為受害者，而壓迫者開始變成屈從者。

自二〇〇三年起，伊朗開始努力收割美國人侵略伊拉克所帶來的好處。伊朗的頭號敵人薩達姆·海珊不在了，同樣被除掉的還有位於伊朗東境的阿富汗塔利班。伊朗可以放鬆手腳了。這個國家正在行帝國主義之實。德黑蘭的盟友和代理人利用這種混亂的局面，鞏固他們在伊拉克和黎巴嫩等地的果實。在這段特殊時期，上述三人的死亡助長了遜尼派的不安全感，這種不安全感促成人民接受或默許最惡毒的暴力形式，以報復所失去的權力，這是種對於失敗羞辱（無論是想像或真實）的可怕安慰。

首先到來的是暗殺，是二〇〇五年情人節這天，發布於貝魯特著名的聖喬治飯店外的宣戰聲明。這裡曾經是美麗皇后和間諜的巢穴，擁有戶外游泳池，俯瞰波光粼粼的地中海，現在卻成了一個斑駁的空殼子，這裡是自從一九九〇年黎巴嫩內戰結束、「敘利亞治世」出現以來，尚未重建的寶石之一。

敘利亞軍隊當年在美國的默許下完全控制黎巴嫩，以換取敘利亞參與沙漠風暴行動，敘利亞的老阿塞德（哈菲茲·阿塞德）是以一九八九年的《塔伊夫協定》（Taef Agreement）為基礎，此協定是沙烏地阿拉伯作為中間人而促成，使黎巴嫩不同派別達成權力分享的安排。敘利亞會以四萬人的軍隊維持和平——也就是每一百個黎巴嫩人中就有一個敘利亞士兵。所有的民兵組織都必須解除武裝，但是讓那些反抗以色列的黎巴嫩南方人繼續保有武裝的民兵則是不成文的例外，他們被認為是對以色列占領的合法抵抗。真主黨當時仍然是年輕的組織，很快就抓住這個漏洞，將自己徹底重新塑造成一個抵抗運動的招牌。在那時候，它已經排除或是勝過所有其他的力量。它手中還有西方人質，而外部世界無法冒著這些人的生命危險向真主黨施壓，要求解除其武裝。胡塞因．胡塞尼是什葉派的政治人物，也是伊瑪目薩德爾的朋友，於一九八四年當選議會議長，曾經幫忙促成《塔伊夫協定》。他的目標是結束流血——已經有超過十五萬黎巴嫩人和非黎巴嫩人死亡。他仍然相信，隨著內戰結束，真主黨在黎巴嫩和什葉派社區內的反常現象將會消失。但是，他也在不知不覺中確保了他們的生存。

真主黨已經成為阿塞德一個有用的工具。狡猾的大馬士革之獅將自己打扮成一個好人，用他和伊朗的關係幫助西方人質得以獲釋。他同意和以色列進行和平談判，這讓華盛頓很高興，但是他之後又利用真主黨在黎以邊境地區削弱以色列人，讓他能夠在談判中獲得籌碼。他確保讓伊朗明白，雖然真主黨能夠在黎巴嫩活動，但他才是這個國家的老闆。阿塞德利用和伊朗的聯盟關係，讓沙烏地阿拉伯和波灣國家保持對他的掛念：渴望能化解阿塞德潛在的搗亂作為，他們提供巨額補貼給阿塞德。多年以來，阿塞德一直走在親近伊朗但是又不惹到沙烏地的微妙界線上，這種奇怪的權宜辦法填滿了他的口袋，並且幫助真主黨在黎巴嫩扎根，建立起自己的軍火庫和「抵抗社會」——這種過渡期的權宜方式在一九九〇年代沙烏地和伊朗關係緩和期間蓬勃發展，並且由阿塞德的兒子巴沙爾．阿塞德維持，直到二〇〇五年二月十四日下午十二點五十五分，六輛車組成的車隊經過聖喬治飯店時的爆炸為止。

黑色濃煙衝向貝魯特蔚藍的天空，幾英里以外的窗戶震碎了，聖喬治飯店外的柏油路面被炸出一個十公尺寬的彈坑，屍體被火球燒成灰燼。四千磅炸藥的攻擊目標是沙烏地－敘利亞－伊朗三角關係的象徵人物。拉菲克．哈里里，他的屍體被大火吞噬。黎巴嫩也永遠地改變了。很少有暗殺事件能夠讓整個地區的發展軌跡發生如此巨大的變化，但是在那一天，中東的軸心徹底轉換了。關係的緩和期結束。伊朗向沙烏地阿拉伯宣戰。這位死者就像法赫德國王和阿布杜拉親王的兒子一樣。經過國際調查會發現，殺死他的凶手是真主黨的特務。暗殺曾得到大馬士革的批准，可能也包含伊朗。

哈里里是個身材魁梧的男子，一頭花白頭髮，留著濃密的嘴上鬍，他在沙漠王國裡發了大財，幾乎在一夜之間把王室的幻想變成現實，他建造起豪華宮殿、會議中心和在麥加印製成千上萬本《古蘭經》的印刷廠。他的財富為他提供一本囊括世界各地有力人士的人脈名冊。他和各國的總統、總理有私交。在敘利亞的祝福下，哈里里於一九九二年首次成為黎巴嫩的總理，同一年，真主黨亦投身政治，在立法選舉中派出他們的候選人。也是這一年，七〇年代於納傑夫學習的年輕什葉派之一哈桑．納斯魯拉成為了真主黨的祕書長。伊朗人和沙烏地人的盟友，再加上敘利亞的造王者，所有人都在黎巴嫩議會的走廊中擦肩而過——在九〇年代，一切似乎都有可能。這位雄心勃勃的遜尼派建築業巨頭開始幫助黎巴嫩和貝魯特市中心的重建，這裡變得光彩奪目又氣派——但是他很少考慮到那些長期以來感到受排斥的人，和那些在戰爭期間擠進哈姆拉大街和貝魯特的俱樂部區的人。

什葉派仍然覺得被排除，一直在外面向裡張望，儘管他們的社區比任何時候都更加強大和富裕。他們的不安全感不斷受到真主黨的餵養，一次次被提醒，如果不是有真主黨的槍，黎巴嫩的什葉派將會再一次被壓迫。真主黨已經將手伸進社區，提供黎巴嫩的弱小政府欠缺的各種服務：醫院、學校、課後安親班活動、為抗擊以色列的戰士遺孀提供津貼。但那些試圖背棄他們的人則遭到騷擾、毆打和無情的清除。其他人，就如同何梅尼的前熱情分子賽義德・哈尼・法赫斯，被貼上叛徒的標籤。

維持這種權宜方式的哈菲茲・阿塞德死於二〇〇〇年夏天，這項變動因而導致身處在此慣性中的哈里里失去性命。哈菲茲的兒子，巴沙爾・阿塞德接下總統職位，但是他與他父親的氣質截然不同。巴沙爾身材又高又瘦長、縮下巴，正在尋找能夠穩固自己位子的方法，他很敬畏真主黨及其領導者納斯魯拉，此人能在連老阿塞德都失敗的地方獲得成功。真主黨在伊朗的慷慨幫助下取得自從一九四八年以色列建國以來，每個阿拉伯國家軍隊都夢寐以求的勝利：真主黨解放了阿拉伯土地。

二〇〇〇年五月，以色列被真主黨無情的游擊戰打得精疲力盡，從黎巴嫩南部撤退，結束了為期超過二十年的占領。他們帶著他們的檢查站、監獄、審訊室，以及數百名幫助以色列進行占領的當地代理武裝分子中的盟友離開了。黎巴嫩的基督徒和穆斯林都在慶祝真主黨取得的勝利；真主黨在整個地區得到盛情款待。就在以色列人和巴勒斯坦人之間的另一輪和平談判失敗之際，納斯魯拉說，他將「這一崇高的勝利致給在巴勒斯坦被占領土地上受壓迫的人民……前往巴勒斯坦的道路是透過抵抗和起義鑄成的，是嚴肅的抵抗和真正的起義……就如同在黎巴嫩一樣。對於阿拉伯人和伊斯蘭民族而言，〔我說，〕恥辱、失敗和屈辱已經成為了過去」。[1]

納斯魯拉向何梅尼、哈梅內意和敘利亞表示敬意和感謝。對於任何黎巴嫩領袖隻字未提。有個人納斯魯拉沒提到，但是他也認為以色列的撤離是這個人的勝利。此人就是卡西姆・蘇萊曼尼（Qassem

Suleimani）——聖城旅的領袖，是革命衛隊旗下負責輸出和維護革命的下屬分支。蘇萊曼尼被稱為「活著的烈士」，因為在與伊拉克的戰爭中，他從所有的前線戰鬥中倖存。他與真主黨特務和納斯魯拉的合作愈來愈密切。他們有宏大的計畫。有跨國邊境進入以色列的遠見，甚至連耶路撒冷看起來也並非遙不可及。納斯魯拉曾經是一名在納傑夫對何梅尼充滿敬仰的十八歲青年，現在已經為這位最高領袖和監護人送上一場勝利。納斯魯拉成為一個阿拉伯英雄，是中東地區的民意調查中最受歡迎的領袖，是向美國人叩頭的阿拉伯統治者的替代者。在二〇〇〇年，一位什葉派領袖仍然能夠獲得遜尼派大眾的擁戴，但這不會維持很久。

像胡塞因．胡塞尼或哈尼．法赫斯這樣的什葉派領袖，希望真主黨能遣散其戰鬥人員，並放鬆它對什葉派社群的控制——畢竟他們的工作已經完成了。但是真主黨並沒有放下他們的武器。以色列撤軍後不到五個月，十月時真主黨在一次暗殺行動中沿著邊境綁架三名以色列士兵，並拘押一名以色列商人。這些士兵在綁架過程中死亡，他們的屍體和那名商人換來了四百個巴勒斯坦俘虜和三十個黎巴嫩俘虜，他們已經在以色列的監獄裡被囚禁多年。阿拉伯世界一片歡騰，真主黨再一次成功，以色列被逼得跪下了。然而，在許多人腦海中，仍然有一個反覆出現的、令人困擾的問題。為什麼什葉派能獲得這樣的勝利？為什麼遜尼派沒有？哈里里在失去權力的幾年以後，甫再次成為總理。他對真主黨的行動感到沮喪——這不是他想在全球樹立的黎巴嫩形象——但是他的手腳都被綁住了。

真主黨的地位只增不減，以色列撤退後，真主黨控制黎巴嫩南部的更多領土：俯瞰以色列北部數英里長的峭壁山丘，穿黑衣服的人可以騎著摩托車在村莊和城鎮巡邏，有更多的牆壁可以張貼烈士的畫像，有更多的屋頂可以掛上悼念伊瑪目胡笙的黑色旗幟。[2]男人的鬍子，在以色列的占領下曾經是被懷疑的對象，現在可以留長了；穿查朵爾的女子從貝魯特來到這裡，探望她們在被解放的村子裡失散已久的親戚。真主黨是解放者，他們受到大多數什葉派信徒的擁護，但是生活在邊境地區的基督教徒和遜尼派則對他們持謹慎的態度。自早年至今，真主黨變得成熟，它以更加精細的方式努力贏得新臣民的心。沒有報復行為，沒有暗殺，也沒有砸破酒瓶——還沒有。

黎巴嫩的政府無法在有真主黨控制的地方強加自己的存在，被占領多年後，大多數急需幫助的地方，國家的角色都是缺席的。真主黨每個月有幾百萬的經費開支，這些錢由伊朗和離散海外的什葉派富豪支持者提供。伊瑪目何梅尼學校和馬赫迪童子軍組織開始遍地開花；更多的胡笙紀念場所修建起來。阿舒拉日的紀念活動變得規模更大、更高調、時間更長。為了保證追隨者能保持持久的動員力，真主黨效法伊朗愈來愈多的宗教紀念活動。阿舒拉日延續更多天。從阿舒拉日，直到胡笙殉難的第四十日紀念（阿巴音），就像是整段時間綿延不絕的哀悼和捶胸。不依附於真主黨的什葉派信徒甚至感覺更加受到疏遠，開始描述他們的社群正在經歷伊朗什葉化轉型。黎巴嫩南部所有地方感覺都像是真主黨的堡壘，何梅尼和哈梅內意的畫像掛在距離以色列邊境只有幾英里之遙的牆壁上。真主黨的重建部門，被稱為「建設的吉哈德」（Jihad for Construction），他們重建了醫院，為藥房補充物資，鋪設公路，修復電廠。小孩是尤其被關注的對象——無論家裡的政治傾向是什麼，真主黨的信念、口號和圖像會透過小孩進入到家庭中。真主黨舉辦夏令營，孩子從這裡把印有真主黨標誌的貼紙和帽子帶回家。孩子們覺得真主黨很酷。那些不實踐宗教、不喜歡政治的家長對此感到擔心，但是又對暑假期間如何對付小孩感到無計可施。慢慢地，緊張關係開始在家庭中出現，青年人想要加入戰鬥部門或是穿上查朵爾。酒類飲料的銷售遭禁止，有店家在恐懼中默許禁令，其他店家則堅持賣酒。雙陸棋和撲克牌遊戲會惹來異樣眼光。咖啡館關閉了。沒有任何文化活動——除了利用各種媒介進行真主黨宣傳之外。它創造出一種無所不包、無處遁逃的社會環境——甚至連巴迪婭．法赫斯都無法抵禦，可能是因為當她在一九八六年從伊朗回到黎巴嫩時，真主黨除了作為打擊以色列占領的武裝組織之外，還看不出會變成怎樣。

撇去她父親對於伊斯蘭革命的幻滅歷史，以及對於自己在八〇年代中期從伊朗回國後親眼看到傑布什村女人穿上查朵爾的驚嘆不提，她本人也穿上了這黑色的罩袍。她和一名真主黨戰士戀愛，作一名真主黨戰士的妻子是要承擔社會期待的，因此她謹守著那條線。他們的婚姻不會很長久。兩人離婚的原因很多；對巴迪婭來說，讓事情更加複雜的是，她父親曾經是活躍的真主黨批評者，而他丈夫則是真主黨成員。作為一名真主黨家屬，她是局內人，然而她從未完全依附於真主黨。她了解他們的方式，她的思想反對他們。作為一個離過婚的人，她成了雙重受害者：想要因為她爸爸的立場而懲罰她的社區，以及黎巴嫩裁決個人事務的宗教法庭和對女性的區別對待。巴迪婭仍然生活在納巴提耶鎮（town of Nabatiyyeh），這裡一度是阿瑪爾山區的文化堡壘，是擁有驕傲詩歌傳統的什葉派學問中心，現在是真主黨的堡壘。[3]她為自己十幾歲的兒子感到擔心。當一個鄰居警告巴迪婭說她兒子曾被人看到去一間被認為是真主黨招募中心的清真寺後，她打了電話給在貝魯特的父親。他趕緊跑到納巴提耶，要求把他的孫子交給他來照顧。不管這位教士的政治觀點如何，沒有人能夠拒絕一個戴著黑色纏頭巾的人。哈尼．法赫斯開車把這個十幾歲的男孩子帶去貝魯特並讓他留在這裡，遠離那個永恆戰爭和殉難的黨的爪牙。真主黨的勢力已經改變了什葉派社群，現在開始要掌控這個國家了。

到二〇〇四年的時候，拉菲克．哈里里已經開始憎惡這個讓他在一九九二年得以上臺的協定了。敘利亞占領和真主黨的冒險正在消融他對黎巴嫩的雄心。哈里里試圖削弱敘利亞對於黎巴嫩的宰制，他祕密協助起草一份呼籲敘利亞從黎巴嫩撤軍的聯合國解決方案。敘利亞人氣壞了。當哈里里試圖阻止擴大對黎巴嫩總統——大馬士革的堅定盟友——的託管保護計畫時，巴沙爾．阿塞德警告說他將會「在〔哈里里的〕腦袋上撕開黎巴嫩」。[4]在另一方面，真主黨沒有任何離開的打算；它的成員是黎巴嫩人，因此哈里里試著和納斯魯拉展開對話，希望能平息這個武裝組織的狂熱。兩個人見了幾次面，一邊喝茶一邊吃著新鮮的水果，他們的討論一直延續到深夜。這兩個人都出身於平民百姓家，兩人都幽默風趣，而且兩人都有遠大的雄心壯志，並讓影響遠遠超越黎巴嫩的袖珍國土，但是他們的生活和世界觀是如此不同，讓人難以理解哈里里希望找到什麼樣的中間點。哈里里願景中的黎巴嫩並不是納斯魯拉想要生活的黎巴嫩，反之亦然。儘管進行了誠摯的深夜談話，哈里里在談論真主黨的時候，口吻中帶有絕對的優越感和傲慢，尤其是在他被暗殺的前一個月裡。他正在做好準備加入下一次的大選，民調顯示他的競選機器將會完全把這個什葉派團體壓成碎片。他對這件事的看法、他想要建造的，是對方想要毀掉的；他想要和平和繁榮，他們想要永恆的戰爭。「誰想要過那種日子？」他在遇害的幾個星期前當著訪客的面直言不諱地說。5

納斯魯拉和哈里里最後的會面是在二〇〇五年二月十一日。他們吃了更多新鮮水果，一直聊到第二天凌晨。這就是他們最後的晚餐。

二月十四日，哈里里身亡。指責的矛頭立即指向敘利亞。數十萬不同信仰和教派的黎巴嫩人走上貝魯特街頭，抗議了好幾個星期，要求敘利亞軍隊離開該國。真主黨組織了反示威行動並讚揚敘利亞，承諾永遠支持敘利亞。阿塞德最終會讓他的士兵回家，結束對黎巴嫩三十年的占領。但是他知道，由於真主黨和其他盟友的存在，他們仍然與伊朗一起控制著這個國家。隨之而來的是一波暗殺：革新知識分子、長期捍衛巴勒斯坦人事業的人、共產黨分子、議會成員、基督徒、遜尼派和什葉派。這一次，暗殺的範圍超出什葉派的社區，這些社區已經在一九八〇年代的定點清除浪潮中被大量破壞。沒有人被逮捕，但是每個人都猜到誰是凶手。目標是那些有較高知名度、有正當性、能夠對真主黨話語構成挑戰的知識分子，或者是為國家提供一條革新之路的人。自由派陣營陷入混亂，遭到追殺，政治人物被迫蟄伏。國家急遽分裂成與伊朗和敘利亞（抵抗以色列和西方的軸心）結盟的人，或是向沙烏地阿拉伯尋求支持的人。

即使他們正試圖在伊拉克阻撓美國（允許聖戰者過境敘利亞，支持什葉派武裝），或者也許正是因為他們曾經這樣做過，因此大馬士革和德黑蘭都覺得自己容易受到攻擊，兩個國家都在想自己會不會是美國的下一個目標。在九一一事件後，伊朗曾向美國提供幫助，分享關於蓋達組織和塔利班的情報。哈塔米總統希望能夠緩和關係。但事與願違，小布希總統在二〇〇二年把伊朗歸類在和北韓與伊拉克一起的「邪惡軸心」裡。伊朗、敘利亞和真主黨無法承受失去立足點，而美國正在這個變幻無常的地區中徘徊。當伊朗努力壓過伊拉克的時候，阿塞德和真主黨需要確保黎巴嫩在他們這邊，但是哈里里擋了路。他必須被拿掉。伊朗之內，各類隊伍也正在靠攏，下一任的總統將會在二〇〇五年的八月選出，此人是個保守的真正信徒，他曾是革命衛隊的一員，並在八〇年代在黎巴嫩短暫赴任以幫助真主黨的建立，此人是個懷著救世主虔信，等待著馬赫迪回歸的人。他就是馬哈茂德．艾哈邁迪內賈德。

隨著哈里里遇害，伊朗非正式地對沙烏地阿拉伯宣戰，這正是沙烏地王國自身感到脆弱，正在對付蓋達組織爆炸浪潮的時候。二〇〇五年八月時，法赫德國王逝世，十年來的實質統治者阿布杜拉親王登基成為國王。儘管在伊拉克展開的代理人戰爭和他的保護人在黎巴嫩遇害，阿布杜拉國王仍試圖維持和伊朗關係的緩和。他甚至在沙烏地阿拉伯接待艾哈邁迪內賈德幾次。但是伊朗在伊拉克變得愈來愈大膽：伊斯蘭革命衛隊正在資助和供應武器給民兵，藉由吸納伊拉克石油以逃避美國制裁，並在伊拉克政府部門的關鍵位置上培養盟友。當阿布杜拉國王隨後看到伊朗被揭發出擁有祕密核子計畫時，他覺得受到深深的背叛，此計畫是在和沙烏地阿拉伯的關係緩和期間發展的。二〇〇八年，在黎巴嫩一場關於勢力愈來愈大的真主黨政治爭鬥之後，貝魯特市中心發生真主黨和遜尼派民兵的對峙。所有黎巴嫩人都有槍，但是沒有人像真主黨那樣擁有受訓過的戰鬥力。在幾個小時內，幾百名真主黨戰士就已經接管了城市的大部分地區，趕跑他們的對手。這個國家的政治天平已經向對伊朗和敘利亞有利的一方傾斜。阿布杜拉國王很快就會責罵伊朗，並呼籲美國人「切斷蛇的腦袋」。6

二〇〇六年六月七日下午六點十五分，兩架美國F－16戰鬥機對巴格達東北方五十五英里處一棟圍著棕櫚樹的房屋發射飛彈。戰機向這棟房子投下兩枚五百磅的雷射導引炸彈。有六人死亡，其中一人就是阿布．穆薩布．札卡維。伊拉克自五月起換上新的總理，他是薩達姆．海珊倒臺以後第一個完整任期政府的領袖。這是伊拉克史上首次經過選舉產生的什葉派國家最高領袖。努里．馬利基（Nuri al-Maliki）曾在一九七九年逃離伊拉克，那時候他二十九歲。他是個什葉派活動家，也是伊斯蘭主義召喚黨的成員。馬利基在伊朗和敘利亞流亡許多年，直到二〇〇三年回到伊拉克。和絕大多數的伊拉克什葉派一樣，他的幾個親人都曾遭政權殺害。馬利基獲得能夠和美國大使和駐伊拉克美軍指揮官一起在記者

會上宣布札卡維死訊的榮譽。

到此時為止，札卡維不僅斬首過西方人質、炸毀過巴格達的聯合國總部和約旦大使館，而且還曾在二〇〇五年十二月的某個晚上派出自殺炸彈客進入安曼的一間四星級飯店，殺死六十人，炸傷一百多人。札卡維如此嗜血，因而連蓋達組織都與他保持距離，批評可怕的斬首影片，並勸告他不要肆意殺害包括什葉派在內的穆斯林同胞。甚至連札卡維的精神導師馬克迪西，也從來不曾原諒過殺害什葉派信徒的行為。但札卡維希望伊拉克發生內戰；他想要殺什葉派，讓他們殺遜尼派，這樣遜尼派就會覺得必須要起來加入他的行列，奪回自己的國家。他希望在伊拉克建立一個伊斯蘭政府。現在他死了。美國人殺了他，但是什葉派總理承諾這只是一個開始。「今天札卡維已經被終結了，」馬利基說：「每當有一個札卡維出現，我們都會殺了他。我們將會繼續打擊任何走上他的道路的人。這是我們之間公開的戰爭。」

在約旦，他的家鄉札卡，有為「烈士阿布．穆薩布．札卡維」舉行的哀悼活動。有許多議員到場悼念。[7]札卡維的家人和部落在安曼飯店爆炸案發生後就跟他斷絕了關係。但是他死後，在這個充滿教派緊張關係和不安全感的時代，他又是他們的了。他們承諾會再有一千個札卡維和美國人戰鬥——或者是和任何威脅他們的人。[8]

二〇〇六年十二月三十日的黎明時分，一個黑暗、沉悶的房間裡，有一名穿著黑西裝和白襯衫的男人站在一個高架金屬平臺上。[9]他高個子，鬍鬚灰白，頭幾乎要碰到屋頂了，他俯視下面一小群仰視著他的人。在他的兩側，一邊站著一個穿綠色卡其褲和黑色夾克的人。兩個劊子手臉上戴著黑色的滑雪面具，放下一根帶有絞索的粗繩子，套在老人的脖子上。薩達姆．海珊正在度過他的最後時刻。在躲藏了幾個月試圖逃避美國人的逮捕後，他終於在二〇〇三年十二月被發現了，他蜷縮在一個洞裡，憔悴而頹廢。他接受審判，並被判處死刑。二〇〇六年十二月中旬，他上訴失敗。馬利基總理堅持認為不應延遲執行判決。經過幾個月的庭審，最後時刻是短暫的。薩達姆被帶到絞刑架上，位於巴格達的一個前政權情報基地，現在的美國軍事基地裡。他開始念誦穆斯林信仰的證詞（*shahara*）：「我作證，萬物非主，唯有真主，穆罕默德，主之使者。」

「穆格塔達、穆格塔達、穆格塔達！」下面的人在嘲弄他，呼喊帶領馬赫迪軍的狂熱教士之名。「穆罕默德．巴克爾．薩德爾萬歲！」其他人這樣喊著，這是在一九八〇年被薩達姆殺死的教士。「穆格塔達？這就是〔你們表現〕男子氣概的方式？」薩達姆回應。「下地獄去吧！」下面的一個人回答。

六點十分時，正當薩達姆．海珊念誦證詞的時候，他腳下的機關打開了：「萬物非主，唯有真主，穆罕默德，主之使者。」下面的人群（包括伊拉克內閣的什葉派成員）爆發歡呼：「暴君已經死了！」圍觀者中有個人用手機拍下了這位獨裁者的最後時刻。這段影像在伊拉克電視臺裡以無聲方式播出。但是畫質不清晰的影片也流到官方之外，大家都聽到背景音的嘲弄。每個人都有自己的解讀。許多遜尼派看到的是一位遜尼派老政治人物被什葉派暴徒嘲弄，在生命的最後時刻被剝奪尊嚴。許多什葉派人士則感到寬慰，在他們對正義的長久等待中得到了證明。

賈瓦德．霍伊深感矛盾。這位父親被政權殺害的年輕教士感到某種程度的寬慰。但是，為什麼要用如此不尊敬的方式？難道過去的怨恨是報復的理由嗎？又為什麼要在這個特殊的日子裡處決薩達姆呢？馬利基犯了一個致命錯誤——他在穆斯林重要節日宰牲節前夕下令處決薩達姆，而宰牲節在傳統上是統治者發布赦免令的日子。也許他是故意這麼做的，是一個懷恨在心的人要為所有曾經在薩達姆的黑暗中被殘暴殺害或失蹤的人的復仇。薩達姆曾在節日頒布赦免，但是也曾發出屍袋。每逢節日時，家屬都越發焦慮，他們絕對猜不出敲門聲會帶來什麼樣的消息：是與被愛的家人團圓，遍體鱗傷但是活著，或者是令人心碎的死亡證明書。「我們變成了薩達姆，」賈瓦德想：「我們已經變成他了。我們採用了他的方法。」[10]賈瓦德回想什葉派作為一個少數群體在過去幾十年的歷史，總是作為反對者，很少掌權，總是尋求從壓迫中得到公正。現在，在這個他們歷史上的關鍵時刻，他們在寬宏大量的測試中失敗了，這是伊瑪目胡笙會通過的測試。他們已經變成了壓迫者。

這三個死於二〇〇五年和二〇〇六年之間的遜尼派教徒，其回響超越了伊拉克和黎巴嫩，也超越阿拉伯世界本身。他們每個人都代表一種遜尼派在世界上非常不同的面貌。哈里里在遠至巴基斯坦的各國都有朋友和支持者。薩達姆的絞刑激起了斯里蘭卡、巴控克什米爾（Pakistan-controlled Kashmir）的抗議示威。札卡維是一個少數人圈子裡的英雄。喀拉蚩的遜尼派武裝分子很快就會抱怨他們才是被迫害的人，他們坐在太陽下小口喝茶，膝蓋上擺著一把槍，保鏢到處走動。他們會說伊朗追殺他們，而沙烏地阿拉伯是他們的救星。在一個遜尼派占多數的國家，什葉派的清真寺經常被炸，但不知何故，遜尼派的槍手卻覺得他們是被欺負的——這又是一個多數派群體在壓倒性優勢的位置上感覺受威脅的例子，他們不願意分享長期以來的權力。反作用力將會很可怕，復仇既血腥又像中世紀，與穆斯林世界在近代以來經歷的任何事情都不一樣。不易覺察的裂痕現在成了一個光天化日下的傷口，身分的宗派化正在形成。在巴基斯坦，齊亞時期開始的文化不寬容和政治清算的浪潮正在上漲，達到新的野蠻高度。

第十五章

自首

巴基斯坦，二〇一一年至二〇一八年

當他們帶著奇怪的哲學來到我的村子，
以神的名義殺人。
搶走所有東西……
他們蹂躪我的學校，
強姦我的娃娃，
讓我的孩子成為孤兒，
讓我的姊妹成為寡婦，
然後我們保持沉默——就像石頭或墳墓。

——法立德．古爾．莫曼德（Farid Gul Momand），〈投降〉
《芭黎絲．希爾頓對窮詩人》（*Paris Hilton Versus the Poor Poet*），二〇一四年

叛教者已死。二〇一一年一月四日上午，他在光天化日下的伊斯蘭瑪巴德被近距離槍殺。高個子男人身穿深色長衫的屍體倒在地上，身上布滿二十七顆子彈。他的血滲入人行道，在一輛灰色的本田喜美轎車附近。第二天，成千上萬的人上街。他們不是哀悼死者，而是慶賀殺死他的凶手。

在《古蘭經》的六千兩百三十六句經文中，沒有一句經文是讓穆斯林以強制力使褻瀆者閉嘴。一九八六年何梅尼要求信徒殺死薩爾曼．魯西迪時沒有，一九九二年埃及知識分子法拉格．福達在埃及被槍殺時沒有，二〇一一年的時候也沒有。《古蘭經》是永恆不變的，裡面告訴信徒的是，要以尊嚴回應褻瀆者。

但是因叛教而處死刑的理論，在過去二十年裡滋長並回到巴基斯坦。何梅尼用他的教法建議發動的文化戰爭，嚴重限制言論界線。更糟糕的是：自從一九九二年福達在開羅被暗殺以來，參考點已然發生變化。沒人再說這是恐怖主義了；沒有人像福達曾受到的對待，將受害者冠上國家烈士之名予以悼念。很少有人膽敢抗議那些以伊斯蘭的名義殺人的人，心中害怕他們會面對同樣的命運。所有的事情都向右傾；過去的極端變成新的中庸——或者感覺上是這樣。

幾年後，人群再次出現，數以萬計的巴基斯坦人湧入城市，關閉交通，哀悼被司法系統處死的凶手，司法系統認為除此以外別無選擇，儘管它也許寧可放過凶手，以免創造出一個烈士。被謀殺的叛教者是薩勒曼．塔希爾，法伊茲．阿赫麥德．法伊茲的侄子，也是一九八〇年代持續在拉合爾街頭抗議齊亞的人，甚至在嘗過被關進地牢的滋味後仍然如此。這位布托家族的密友已經成為巴基斯坦政治中的巨人，也自二〇〇八年起擔任旁遮普省長。他剛剛和朋友在伊斯蘭瑪巴德的一處高級社區裡喝過咖啡。凶手是警察突擊隊員穆塔茲．卡德里（Mumtaz Qadri），他是塔希爾那天早上的隨扈，是為了省長造訪首都在最後一刻加入的。塔希爾一案情節重大，因而不至於陷入巴基斯坦的官僚主義和故意不作為的困境中。但也是這一次，在暗殺問題無解的國度，凶手心甘情願又自豪地出來自首；此案當場解決；審判和被告俱在。

「我是先知的奴僕，對犯褻瀆罪的人，懲罰應該是死刑。」[1]殺人後，卡德里面帶笑容，對趕到現場的記者和攝影師說道。他的手腳都綁著尼龍繩。當他被送上一輛警車時，他又笑了，為自己的成名時刻感到高興。他看起來對於自己已經確保了天堂的位子而感到高興，他已經為巴基斯坦這個純潔的國度掃除一個犯有雙重罪惡的人：這個人居然捍衛一個犯有褻瀆罪的基督徒，而且那罪犯還是個女的。

阿姆娜．塔希爾（Aamna Taseer）現在成了寡婦。[2]她身材高䠷、苗條，很愛笑，但是在這個命運之日，她感到孤單又害怕，不僅僅是因為她丈夫已經走了，也因為巴基斯坦終於向黑暗勢力投降，這種黑暗是他一生都在與之鬥爭的。齊亞改造巴基斯坦之成功超過他本人的預期。其結果並不是模範伊斯蘭社會，而是個充滿激進者的國家。巴基斯坦的問題很多：貧窮、幫派、人口爆炸、犯罪和貪腐——但是激進原教旨主義者的暴力讓這些問題更加複雜。自從齊亞去世後，沙烏地王國慷慨的資助和不斷的照顧繼續培養著這些力量，讓原教旨主義的火種持續存在，也鼓動著暴民。

阿姆娜感到內疚。是她在幾個月之前先告訴她丈夫關於那個褻瀆的女人阿西亞．碧比（Asia Bibi）

的故事的。這位省長是個行動者，試圖打擊極端主義的力量，而且立即站出來幫助當時已經入獄超過一年的碧比。

碧比的故事始於二〇〇九年六月，為了能在星期日多賺兩百五十盧比（約兩美元），來補貼她磚匠丈夫的家用，當時她在距離旁遮普省拉合爾不遠的伊坦瓦利（Ittan Wali）村外，一塊有錢地主的田地裡採漿果（*falsa*），[3]她在旁遮普夏天的悶熱陽光下工作，去附近的井裡打水，拉起水桶，放了一個金屬杯到桶裡，盛幾口水來喝。按照碧比的說法，另一個女人攻擊她，宣稱這口井被基督徒弄髒，而且召集其他女人來支持她。碧比試圖捍衛自己。隨後發生爭論，據稱是有人拿基督教和伊斯蘭比較，碧比被要求當場皈依伊斯蘭。爭吵最終平息下來，人群也散去了。

五天後，碧比在另外一塊田裡工作，發現自己碰到同一個挑釁者，她帶來一群人。她們對她動手，喊著「基督徒去死吧」。這時警察來了。碧比堅稱她沒有侮辱先知，但別人不這麼認為。碧比的確說耶穌比先知穆罕默德為人類做了更多事，這句話被視為侮辱。她將會在法庭和她的自傳中繼續這麼說。既然說了這麼多，現在她得面對辱教指控。她拒絕了為她提出的唯一一個得救的途徑：改宗伊斯蘭教，這讓情況變得更糟。她被送進監獄，為了保護她，她被安置在單人牢房裡：監獄內部的暴民絕不會比外面的人寬宏大量。

庭審在一年之後才進行。證詞裡有很多不一致的地方，還有人報告說，碧比和她家人是村子裡唯一的基督徒，大家對他們有多年舊怨和騷擾。在原則上，這位羅馬天主教妻子和她的母親擁有站在她們一邊的法律：巴基斯坦刑法第一三五(A)(a)條文規定，凡是以宗教、種族或種姓為理由，在社區中煽動惡意、仇恨、不和諧的人都將面臨監禁。而碧比顯然是這種煽動行為的受害者。但獲勝的是齊亞的法律：一九八六年頒布的法律規定，任何玷汙先知的人都會被處以死刑。於是，二〇一〇年十一月八日，阿西亞．碧比被判絞刑。

辱教法最初是英國人在一個世紀以前編修的，當時的印度尚未分治。其目的是為了懲罰對任何宗教信仰的侮辱，以努力維護英國殖民地不同信仰之間的和諧：印度教徒、穆斯林、基督徒和其他宗教。齊亞當權的時候，他為法律安上了利齒，嚴肅地讓任何被認為是侮辱先知、聖門弟子、《古蘭經》和基本上任何與伊斯蘭有關的事物的行為刑法化。一九八六年，褻瀆和侮辱先知的行為將被判處死刑或終身監禁。終於，在一九九〇年十月，巴基斯坦聯邦伊斯蘭法庭要求政府修改對辱教案的懲處，將死刑定為唯一刑罰。政府默許了這個要求。新的死刑懲罰沒有保釋可能，打開了濫用和私刑的閘門。該法成為被拋棄的情人和貪婪商人最喜歡的報復工具，但是到目前為止，最大比例的受害者是少數族群，也包括穆斯林中的少數群體。[4]基督徒、阿赫邁底亞教徒、印度教徒、什葉派占了案件的一半。人數也大幅增加。一九二七年到一九八五年，法院只審理了十起辱教案。[5]一九八五年到二〇一一年，審理了大約四千起，其中包括褻瀆《古蘭經》和玷汙先知。根據不同的法律條款，有超過一千三百名巴基斯坦人被正式指控為褻瀆罪犯。[6]似乎沒有任何其他指控能夠像辱教案一樣讓警方迅速行動：綁架案不能、暴力威脅案不能，屬於非法的激進團體不能，甚至像卡德里那樣的警官的過度狂熱行為也不能。

當塔希爾省長的妻子告訴他阿西亞．碧比案件的判決時，他感到十分震驚。他們帶著他們的女兒謝赫巴諾（Shehrbano），一起去監獄探望這個女人，然後帶著她舉行一場記者會。塔希爾希望改革褻瀆法，並停止濫用它；他認為這是對巴基斯坦認同的生存威脅——或說是對所剩下的認同的威脅。[7]塔希爾並沒有向恐懼低頭，他從不低頭，即使是在拉合爾堡壘的地牢裡被銬在地上單獨監禁了幾個月後也沒有過。「我不是易燃的木頭做的，別擔心我，我會回來找你的。」他曾在一張紙上寫下這句話，在齊亞時期透過一個送信人偷偷傳給他的妻子。

在齊亞死後，世界繼續運轉，表面上看起來，那些年在這個國家造成的影響仍然無人留意。但是阿姆娜和薩勒曼．塔希爾身上的每一粒細胞都留下了創傷，就像所有的巴基斯坦人一樣——而且他們持續地做出反抗。因此，在二〇一〇年十一月二十三日，帶著一個已經無懼死亡的人的信心，塔希爾省長宣布，總統是「自由、思想現代的總統」，他將不會看著一位「像那樣的可憐女人被針對和處決」。[8]「這種事情是不會發生的」，塔希爾補充說。總統是二〇〇七年十二月被暗殺的班娜姬．布托的丈夫阿西夫．阿里．札爾達里（Asif Ali Zardari）。暴民對塔希爾的話迅速做出反應。宗教黨派煽動憤怒的群眾，在全國各地和省長官邸外，成千上萬人的抗議他的評論，甚至有人焚燒塔希爾的畫像。他的命運現在與辱教者綁在一起。[9]

塔希爾並沒有退縮。這不僅僅是為了一個女人。這關係到他的國家的靈魂，它依然隨著法伊茲的詩句和伊克巴爾．巴諾的音樂顫動。二〇一〇年十二月，隨著事態加劇，塔希爾在一次電視採訪中引用了法伊茲最鍾愛和著名的詩作，念出溫柔的愛國詩句，既傳達希望，也傳達自我犧牲的意識。[10]

噢，受重壓的心，再次和我們同行吧。
來，噢朋友，因為我們將被殺戮。

省長喜歡推特，並且利用這個平臺來責難他的對手，諷刺他的批評者，為世界的狀態惋惜。十二月三十一日，他在社交媒體上發布一則言簡意賅的文字：

我在右翼人士的壓力面前承受著要將我壓倒的巨大壓力。已拒絕。儘管我是最後一個站著的人。

他的確是最後一個。當他遇害的時候，沒有一些直言不諱的朋友和同事大聲宣布他們將會追隨塔希爾的腳步，繼續他所開創的事業。同黨的政治人物在他死後就拋棄了他——如同他們之前在辱教問題上所做的那樣。沒有人像埃及人在二十年前那樣，譴責謀殺他是恐怖主義。沒有人蠢到像一個支持革新的法官在福達於開羅被暗殺後所做的那樣，宣稱「堅持自由主義直到勝利或殉難」。已經死了太多人。埃及和巴基斯坦雖然社會和文化背景屬於不同的大陸，在歷史和政治上卻有很多共同點。福達和塔希爾，他們都身材高大，魅力十足，聲嘶力竭，無所畏懼，他們對狂熱分子而言是相似的目標。

為了撐場面，宣布降半旗和為期三天的哀悼。畢竟塔希爾是一省的首長。但他的家人並不覺得國家在哀悼。由五百位伊斯蘭學者組成的團體警告巴基斯坦人，不要在葬禮上為這位省長祈禱，否則他們會遭到同樣的命運。一個武裝宗教團體向「穆塔茲．卡德里的勇敢和氣概」致敬。[11]在媒體上，反應是正反交錯的。塔希爾所持有的左傾立場《每日時報》的頭條寫的是：「旁遮普省省長殉難」。另一份報紙也指出，恐怖主義不一定來自於穿塔利班的衣服和留大鬍子的人那裡，警告了黯淡的未來。但是大多數的報紙都將塔希爾描述為一個「自由主義極端分子」。他的每個缺點都被重新擺上檯面：他的世俗方式，離婚，他和一個印度女人生的兒子。而毛杜迪的伊斯蘭大會黨的領袖穆納瓦爾．哈桑（Munawar Hasan）則明確地說：「塔希爾應該為他的被害負責。」[12]

塔希爾的省長職位讓他能夠享受官方葬禮，但是只有寥寥無幾的官方代表來到拉合爾的騎兵場墓地。總統扎爾達里——塔希爾的朋友，幾週前還被塔希爾稱為自由主義者的人——並沒有到場。戴著紅黑扇形頭巾的旁遮普巡警敬軍禮致意。號角聲在一月的寒冷空氣中迴盪，〈最後的崗位〉的旋律播放出來，這是大英國協向士兵進行最後告別的軍隊傳統。彩色的花圈擺放在墳墓附近。[13]儀式結束時，省長的兒子，沙赫巴茲（Shahbaz）和謝赫利亞爾（Shehryar），他們臉色蒼白，眼睛紅腫，有人遞給他們一大碗玫瑰花瓣。他們抓了一把起來，親吻花瓣，然後撒在黑色棺木上。有太多巴基斯坦的東西埋葬在那個墳墓裡。

數英里之外，相隔幾個小時路程的案發城市中，也有人向首次出庭的凶手獻上玫瑰花。面帶微笑、身材魁梧的卡德里在歡呼和慶賀聲中出現在法官面前。他面臨著謀殺和恐怖主義行為的指控，但是大家拍著他的後背，他的脖子上戴著花環。審判將會持續十個月，他將會被判處死刑。與此同時，悲劇再次到來，而且是兩次。

三月時，巴基斯坦的少數族裔權利部長也遭暗殺，他是一名基督徒，曾經發言支持重新審查阿西亞·碧比的案件並改革辱教法律。沙赫巴茲·巴哈提（Shahbaz Bhatti）儘管長年受到威脅，但是只帶了一名司機出行，當他離開伊斯蘭瑪巴德母親的家裡時，槍手對著他的車亂槍掃射，他當場死亡。凶手在現場撒下小冊子，還留下簽名：旁遮普蓋達組織塔利班（Taliban al-Qaeda-Punjab）。[14]幾個月後，塔希爾的長子沙赫巴茲被綁架了。

二〇一一年八月二十六日，沙赫巴茲在上班的路上被一輛汽車擋住去路，五名蒙面槍手把他從他的賓士車裡拖了出來，用槍指著他的頭。[15]這名二十八歲的男子在接下來的四年半時間裡被囚禁，遭受難以形容的折磨，被槍擊，被單獨監禁。他被跨境帶到阿富汗，在阿富汗躲過美國人的無人機轟炸和情感上的折磨，在這一切過程中，他想到的是他父親曾經被關在齊亞的監獄裡，遠離家人的年月。「身體上的痛苦只是觸及表面，你絕不能讓它擊潰你的精神。」他父親曾經這樣告訴他。

沙赫巴茲最先是被一個陰暗、無情的組織扣押，他們叫做烏茲別克斯坦伊斯蘭運動（Islamic Movement of Uzbekistan），這個組織的關注點從烏茲別克轉移到巴基斯坦和阿富汗。到二〇一五年的十一月時，他是被阿富汗塔利班監禁。事情的準確細節仍未完全為人所知，但是在監禁五年之後，他在二〇一六年二月二十九日破曉時分突然獲釋，讓人感覺是奇蹟或是另有幕後的協調。就在這一天約莫同一時間，卡德里，也就是塔希爾省長的凶手被送到了伊斯蘭瑪巴德的絞刑架上。如果說沙赫巴茲被扣押是為了換取卡德里獲釋或翻案的籌碼的話，那麼他現在已經沒有用處了。沙赫巴茲在一個前不著村，後不著店的地方被釋放，他在接下來的九天裡從阿富汗靠走路和搭便車進入巴基斯坦的俾路支省。這最後的磨難意味著他未能親眼目睹卡德里在巴基斯坦的葬禮，為了紀念刺殺他父親的凶手的葬禮。

三月一日這天，數以萬計的巴基斯坦人上街抗議卡德里被處決，全國各大城市陷入癱瘓。[16]還有數千人前往首都去參加他的葬禮。他們步行、開車、騎摩托車，堵住整條公路。運送卡德里遺體的救護車上散落著玫瑰花瓣，穿過人海，向著伊斯蘭瑪巴德旁邊的雙子城市拉瓦爾品第（Rawalpindi）的利亞卡特花園（Liaqat Bagh Park）前進，巴基斯坦陸軍的總部就設在這裡。二〇〇七年，班娜姬・布托就是在這裡遭到暗殺的。現在，殺害她朋友塔希爾的凶手正在相同的地點受到人民頌揚。幾十萬哀悼者湧入花園和周圍地區，他們高舉著卡德里的相片，脖子上掛著寫了「我是卡德里」字樣的牌子。這個國家正在緊張的關係中，害怕更多暴力事件發生，媒體被禁止轉播他的葬禮。但是在手機和社交媒體的時代裡，國家已經無法藏住它自己餵養出來的怪物了。

阿姆娜因人群數量之龐大感到胃裡一陣翻攪，但是並非全然驚訝。她了解這個她生活的國家，而且也知道它是怎麼變化的，就像她丈夫之前所做的，她也堅信那些慶賀卡德里的人只是少部分——是一群大嗓門而且有時暴力的少數人，但是不管怎樣，在這個國家裡，少數人也有將近兩億人口。國家沒有發揮作用，它往往是暴力的同謀。宗教事務部長還宣布卡德里是烈士。[17]

到二〇一六年底的時候，在卡德里的老家，伊斯蘭瑪巴德郊區的阿塔爾（Athal）村，已經有一座以他為名的清真寺和卡德里陵墓。小小的清真寺有兩座宣禮塔和綠色的穹頂，這裡很快就成為數以千計巴基斯坦人的朝聖地點。據卡德里的家人說，建造這座清真寺花費將近一百萬美元，資金完全來自各地支持者的捐贈。[18]在鑲嵌著鏡面馬賽克的天花板下，遊客跪在卡德里的白色大理石墓碑旁祈禱，這裡裝飾著精緻的大理石雕花格子窗。這種探訪對於任何原教旨主義正統派來說都是大逆不道的行為，對於沙烏地的瓦哈比主義者及其巴基斯坦盟友迪奧班迪和聖訓之民組織而言則屬異端。但是卡德里實際上是一名巴雷維穆斯林（Barelvi Muslim，譯注：巴雷維穆斯林遵循遜尼派的哈奈菲教法學派，是印度和巴基斯坦穆斯林人口的主流），他們比較不那麼教條主義，是印度次大陸上更為寬容的伊斯蘭學派，和蘇非主義有著重疊，公開崇尚聖徒和先知穆罕默德。自從二十世紀初迪奧班迪運動創立以來，他們兩者就是對手，巴雷維穆斯林長久以來都推崇自己是溫和的制衡力量。[19]

所以到底發生了什麼事？為什麼他們中有人以宗教的名義殺人？巴基斯坦這三十年來颳起的極端主

義之風幾乎把所有人都往右翼吹。中心已經移位，每個人都圍繞著對規範的新理解而重組。爭著當優秀穆斯林的競爭慢慢吞噬愈來愈多的人，導致自以為是的過激行為，創造更多的激進團體和更多的暴力衍生品。由於什葉派和阿赫邁底亞派等少數派已經被認為是伊斯蘭的出軌者，下一步的純潔性競爭就成為遜尼派對遜尼派的競爭。巴雷維因其信仰遭受攻擊，為參訪陵墓而被當作偶像崇拜者。為了不被那些自稱是正義的伊斯蘭旗手的人打敗，巴雷維在一九九〇年代開始組織起來，占領迪奧班迪清真寺，激起爆炸、暗殺和反暗殺的死亡競賽。他們也求助於暴力來宣明他們對先知的盲目尊從。因此，穆塔茲·卡德里殺了薩勒曼·塔希爾省長，並聲稱透過此行為，他是先知的僕從。

自從阿富汗抵抗蘇聯侵略的戰爭結束後，沙烏地阿拉伯在巴基斯坦的影響已經變得不那麼明顯了，但也可能是更加隱蔽了。沙烏地情報官員不需要再像一九八〇年代時那樣，每月帶著一袋現金飛往白沙瓦兩次。他們的影響力網絡已經很完善了，有正式的，也有非正式的。即使在九一一事件和對激進組織的鎮壓之後，在巴基斯坦的美國外交官向華盛頓報告說沙烏地的組織每年仍然向迪奧班迪和聖訓之民的神職人員支付約一億美元，顯然是在當局知情或默許的情況下完成的。[20]自從一九八〇年代以來，聖訓之民運動得到大規模的發展，艾山·艾拉西·札希爾的繼承人正忙著將成千上萬的人吸引到他們身邊。[21]在沙烏地和波灣地區的慷慨贊助下，他們建立了一個出版帝國，並正在擴大他們的宗教學校網絡。迪奧班迪的宗教學校仍然占六五%的多數，但是兩個運動都是為沙烏地的世界觀服務。課堂以阿拉伯語授課，而且由於波灣地區的捐助，學費很低廉。在一個收入差距巨大、青年人口激增的開發中國家裡，低開銷的宗教學校和完整的食宿供應對於無力供養孩子的家庭來說是一大寬慰。現在這些學校也開設更多的英語、數學和電腦技能課，但這些課程都是以吉哈德伊斯蘭行動主義使命為主題。傳授給孩子的知識裡沒有多元或寬容。

就像伊朗人一樣，沙烏地人也希望透過慷慨和贊助來換得忠誠。在對抗伊朗的努力中，沙烏地人有時候會陷入瑣碎、執著的芝麻小事中。二〇一二年，伊斯蘭瑪巴德國際伊斯蘭大學（在一九八一年由沙烏地阿拉伯出資建立）的校長穆塔茲・艾哈邁德（Mumtaz Ahmed）犯了一個錯誤，他邀請伊朗大使來參加該大學的貴賓招待會。沙烏地大使要求學校取消邀請，校長拒絕了，他指出巴基斯坦和這所大學跟伊朗和沙烏地都保持著良好關係。[22]他立刻被一個沙烏地人替換。這些詭計中的一部分並不為更廣闊的大眾所知。但這種事情常常會激怒巴基斯坦人。

帕勒維茲・胡德霍伊（Pervez Hoodhoy）說這是「對富有阿拉伯人的卑躬屈膝」。[23]他是一位教授、作者和所謂巴基斯坦沙烏地化的長期批評者，這種沙烏地化的代價是喪失了和波斯文化及傳統的古老、豐富聯繫。對文化同質化和伊斯蘭阿拉伯化的抗議看起來已經縮減成老一輩人的牢騷，這些人堅持在道別的時候用傳統的波斯語表達「*Khoda hafez*」（願真主與你同在），而不是有些人用的阿拉伯化版本「*Allah hafez*」。在阿拉伯語裡，「Allah」是穆斯林和基督徒等人說的「God」（神、真主、上帝）的意思，但是在巴基斯坦，使用的烏爾都語含有大量的波斯語詞彙，人民向來使用「Khoda」，也就是波斯語裡「神」的意思。那些堅持的人一直是用「*namaz*」而不是阿拉伯語「*salat*」來指代「做禮拜」，「*Ramadan*」則仍舊是「*Ramzan*」。

梅赫塔布．拉施迪，那位叛逆的電視主播，就絕對是這樣的一個「*Khoda hafez*」人。她現在六十歲出頭，她說「namaz」並在「ramzan」月裡封齋，她的杜帕塔仍然垂在肩膀上。她擔心小小的日常反抗行為會被年輕的一代人遺忘，因為他們對這個國家更為多元的過往沒有記憶，甚至對波斯人在他們歷史上的影響也沒有記憶。她曾一度擔任信德省的教育署長，親眼目睹過與沙烏地阿拉伯有聯繫的伊斯蘭組織持續不斷、日益增長的影響力。面紗和阿巴雅（abaya）長袍在大學裡越發流行，讓這位曾抗拒獨裁者的頭巾命令的女人感到不解。沒有獨裁者推行頭巾了，但是保守思想的獨裁已經生根。

二〇〇〇年某天，她出於好奇心，同意參加一位在巴基斯坦風靡一時的女傳教士的《古蘭經》課程。梅赫塔布嫂子的一個親戚幾個月來一直在她面前高談闊論，堅持說她應該參加法哈德．哈什米（Farhat Hashmi）的講座。法哈德．哈什米是胡達宗教學校和機構的創始人。哈什米是齊亞時代的純正產物，當獨裁者上臺時，她才二十歲。她是伊斯蘭黨活動人士的女兒，本人也曾參與該黨活動。哈什米擁有格拉斯哥大學的伊斯蘭研究博士學位，但是她主要是受沙烏地人或是沙烏地所支持學者的影響，其中包括賓．巴茲。一九九四年時，她創立了胡達基金會，這是個福利組織，在伊斯蘭瑪巴德和喀拉蚩的大學校園裡開設短期課程和全日制課程。[24]哈什米的教學是根據聖訓之民思想學派的內容，而且公開批評巴雷維派和什葉派。胡達的總部位於高級社區的大別墅裡，根據巴基斯坦銀行家的消息，它是以來自沙烏地阿拉伯和波灣地區的捐款支付費用的。

梅赫塔布走進喀拉蚩麗晶大飯店，來到飯店會議室外面的休息廳，跟她熱情打招呼的女士全都戴著頭巾，送給她宗教內容的書、DVD和CD，全是胡達基金會的出版品。[25]在會議室裡，她坐在一排排的女人中間，大約有四、五百名手拿名牌設計手提皮包或穿著昂貴鞋子的富裕巴基斯坦人。這裡面有些人是政治或國防官員的妻子，或者是地方省級的官員。她們都是無所事事的沮喪家庭主婦，梅赫塔布想，就像是帶她來這裡的親戚一樣。她們的孩子已經長大，無所謂的丈夫和閒散的清晨，她們為自己尋求生活的意義。

哈什米進入大廳，儘管她的聽眾全是女性，她仍然繼續躲在她的尼卡布後面，只露出她的眼睛。她高大、圓滾滾的，戴著圓框眼鏡，這位電視布道家照著她的筆電螢幕讀出演講內容。在梅赫塔布聽來，她的語調沒有抑揚頓挫。這女人到底有什麼厲害的呢？但是大多數聽眾似乎都聽得入神，快速地記筆記。梅赫塔布在講座結束前就離開了。但是她馬上就明白，這是在諄諄地勸教和招募。每個女人都被期待能夠帶更多人一起來，就像是她被拉來聽講座一樣。雖然沒有明確統計有多少人堅持聽下來，但是這種做法能讓力量加倍：到二〇一七年時，哈什米的學員將在全國各地兩百個地方分校提供短期的講座，有數萬名女性參加，她們中的大部分人都是中上層階級。另外有一萬五千名女性正式畢業，獲得文憑或是證書。還有家庭手工業的書籍和卡帶、衣服，甚至是清真化妝品。梅赫塔布可以看到她身邊的影響。這種現象和一九九〇年代的埃及宗教沙龍非常相似，在那裡，中產階級和上流社會的女性擁抱一種更為嚴格的宗教解讀，常常在現場戴上頭巾，這是受到那些經歷她們的頓悟時刻的美麗前女演員的啟發。在她所處的社交圈裡，梅赫塔布開始注意到的不僅僅是更多的頭巾，還有更細微、隱伏的改變，例如有朋友對她慶祝聖紀節（先知生日）不以為然，或者是有人在她念誦先知的名字時表示尊重而站起來時拉她的袖子讓她坐下。在遵守瓦哈比的思想中，在哈什米的世界裡，即使是先知也不能被尊崇，只能尊崇神。

哈什米的講座和課程中的女子開始埋怨她們的丈夫、孩子和朋友不夠虔誠。照片被從家中的牆上拿下來，掛上《古蘭經》的經文框。這些女人們不再聽音樂、看電視、讀小說，也不再於婚禮上跳舞了。哈什米正在為巴基斯坦社會設定新的社會和道德標準，甚至比齊亞當初達成的走得更遠，更加朝著完全的沙烏地式瓦哈比伊斯蘭靠近，在一個音樂、詩歌、舞蹈和文學是該國DNA一部分的國家裡，在一個甚至連卡車都被用鮮豔的顏色裝飾得十分花俏的國家中，完全拒絕所有的增加內容，甚至在整體而言拒絕了傳統文化。在胡達全日制班學習數年的女性，有人後來退出，談到洗腦和被拉入到類似一個宗派的地方，一週七天每日二十四小時不斷的禮拜、誦念、宗教讀物閱讀和對哈什米的尊敬。這裡從未有過任何公開的暴力呼籲，但是女人愈來愈跟社會隔絕，在一套嚴格規定的包圍中，讓她們不能容忍其他的方式——一種不健康的狂熱，一種潛在的激進主義。

這不是梅赫塔布在一九八八年回到電視臺報導她的朋友班娜姬．布托的選舉時所預期的巴基斯坦的未來。梅赫塔布曾把那個時刻視為一場個人勝利，因為她向數百萬收看新聞的巴基斯坦人微笑，沒有遮住頭髮，她撐過了獨裁者。她認為這是向她的國家傳達一個訊息：噩夢已經結束，變革終於到來。但是齊亞的遺產已經太過根深蒂固了。

也許齊亞時代遺留下來最糟糕的問題是教派不寬容和暴力，自從一九八七年在庫拉姆地區發生第一次的殺戮事件以來，這兩個問題都急遽增加。此後，遜尼派義務維持治安的人在一九八八年殺了一百五十個什葉派，接著又對武裝什葉派領袖展開報復性的暗殺。一九九六年，遜尼派和什葉派在帕拉契納（Parachinar）發生五天的激戰，造成兩百人死亡。遜尼派和什葉派的清真寺都遭到爆炸攻擊。伊朗人也成為目標：一九九〇年時，伊朗駐拉合爾的文化專員被暗殺；一九九七年，拉合爾和穆爾坦（Multan）的伊朗文化中心遭縱火，五個伊朗軍事人員在拉瓦爾品第被暗殺。

二〇一二年時，每兩個巴基斯坦人中就有一個人不接受什葉派是穆斯林的說法。[26]所有的少數群體都是目標。基督教徒、阿赫邁底亞信徒和印度教徒都面臨著一系列歧視性法律，和令人震驚的被治安維持團體強迫改宗的行為，他們綁架年輕女孩，強迫她們結婚或是進入宗教學校。什葉派還是比較幸運的，在社會上的地位很高，他們是一個擁有三千六百萬人的少數群體，是伊朗以外最大的什葉派人口。[27]但是，在反什葉派團體巴基斯坦先知之友（Sipah-e Sahaba Pakistan）自一九八五年成立以來的幾十年裡，有七〇%的教派攻擊受害者都是他們造成的，這個團體是第一個公開的教派武裝團體。他們在二〇〇二年被查禁，但是產生了幾個副產品，例如聖行之民（Ahl-e Sunnah Wal Jamaat）。他們在二〇一二年也被查禁，但是他們的領袖依舊在喀拉蚩的街頭接受採訪，不害怕被逮捕，仍然組織公開的群聚行動，參加者高喊「什葉派是異教徒」。

什葉派曾試著反擊並建立起自己的教派武裝。但他們很少有來自外部的幫助；伊朗並沒有像對真主黨那樣投資這項事業。遜尼派壟斷武力，什葉派成為獵物。從針對什葉派清真寺的汽車炸彈到宗教遊行中的自殺炸彈，教派暴力以很快的速度成了一場系統性的消滅運動。二〇一一年，恐怖組織羌城軍（Lashkar-e Jhangvi）發出一封公開信給居住了六十萬哈札拉什葉派信徒的俾路支省奎達（Quetta）的什葉派社群：「所有的什葉派都活該去死。我們將會為巴基斯坦清理掉（這些）不潔的人，」信中這樣寫道：「『Pakistan』的意思是純潔的土地，什葉派無權在這裡……我們會讓巴基斯坦成為他們的墳地，他們的房子將被炸彈和自殺爆炸摧毀。」[28]最讓人痛心的是一波又一波對什葉派中產階級的暗殺：醫生、知識分子、律師、記者，甚至官員都在街頭被近距離槍殺，或者在車底放上小型炸彈。[29]在喀拉蚩這樣一個犯罪猖獗、幫派林立的城市裡，人民把這樣的事情忽略為又一次的隨機暴力事件，但是這些案件的模式是清晰的。上百名什葉派專業人員離開巴基斯坦。[30]二〇一二年八月，穿軍裝的人在巴基斯坦北部的吉爾吉特－俾路支斯坦地區攔下一輛行駛中的巴士。槍手檢查乘客的身分證件，將他們能從名字中辨認出是什葉派的人拉出來槍殺。這是當年什葉派第三次被拉下公共汽車槍殺。政府沒有採取任何行動。

梅赫塔布長大的巴基斯坦並非完美，但是那時候的確更寬容、更自由、更革新，也遠沒有那麼無情。陷入混亂的原因很多：地方的變動、腐敗、人口過剩、說一套做一套的軍隊體制。但是不管她在腦海中怎樣轉動這些事，她總是能追到齊亞和沙烏地人的錢那裡。他已經死了，但是班娜姬．布托、塔希爾省長和其他無數的人也死了。這個國家現在被暴力改變了。

當沙赫巴茲·塔希爾終於在二〇一六年三月回到家時，殺他父親的凶手已經死去並埋葬了。塔希爾家族受傷的心仍然為薩勒曼而悲痛，現在因沙赫巴茲幾乎是奇蹟般生還獲得部分慰藉。他們的家現在被警戒線和警察路障區隔著，是思想革新的巴基斯坦人其自由不斷縮小的隱喻。阿姆娜所有的孩子和孫子輩都住在她附近，但是她知道，在二〇一一年一月的第一個星期，當二十七發子彈打穿他丈夫的身體時，有些東西就不可挽回地打碎了，不僅是對她和她的家庭來說，而且對這個國家來說也是如此。這是巴基斯坦一條漫長黑暗之路的高潮，通往一條死巷。

就在塔希爾省長被槍殺的同一個星期，希望從三千英里遠的開羅和突尼西亞的街頭傳向東方，這是改變是可能的希望，人民希望有一條通道能夠走出阿拉伯獨裁者統治下的生命困境。但是，該地區仍然受制於一九七九年釋放出的力量，沙烏地阿拉伯和伊朗的競爭將再次發生變化。

第十六章

反革命

埃及，二〇一〇年至二〇一六年

我未揮舞匕首，
甚至也沒有老舊的武器，
我有的，只是那生來飢餓的怒火。

——阿瑪勒·敦庫勒，〈不要和解〉，一九七六年

艾布特哈爾·優尼斯就像巴基斯坦的阿姆娜·塔希爾一樣，是一名叛徒的遺孀。這位當沙達特總統遇害時沒有掉一滴眼淚的法國文學教授，發現她的生活已經被沙達特遇害之後到來的黑潮打翻了，她在流亡荷蘭多年後回到埃及。幾十年來，她第一次對埃及的未來有了希望。她是個寡婦，但至少她的丈夫納斯爾·阿布·齊德並非遭遇暴力身亡；他是在二〇一〇年去印尼旅行時因致命的感染而離世的。儘管他不在了，但他可能比以往任何時候都更具生命力。[1]埃及年輕人發現他的文字，他們讀他的作品，引用他的語句，在開羅如此，在埃及的鄉下亦然，在那些偏遠、無聊主宰一切的地方，書籍依然是最便宜

的娛樂方式。埃及的年輕人感到沮喪、不安、沸騰；他們渴望生命、答案和公義。

納斯爾去世的時候，已和國家達成某種和解。二〇〇二年，也就是流亡的第七年後，他回到庫哈法村看望家人。多年以來，他一直夢想著能回家，他希望有一個體面的歸宿。也許他甚至幻想能像他的偶像塔哈・胡賽因那樣，在一九三〇年代遭指控叛教之後，被他的學生扛在肩膀上抬回辦公室，享受一次隆重的回歸。

但是那個埃及早已不在了。開羅大學從未邀請他回去；他再也沒有回到那裡教書。納斯爾低調地回國數次。他的村子，庫哈法，曾經被田地包圍，沒有自來水，現在已經變成了坦塔市的郊區。胡斯尼・穆巴拉克仍然是總統，自一九八一年從被暗殺的總統接任以來，盡責地監管著國家的衰敗和腐爛。二〇〇二年時，埃及人口是七千三百萬，其中四千萬人口在二十五歲以下。保守估計的失業數字是七百萬。到了二〇一〇年時，埃及人口已經逼近八千五百萬，一切都變得更糟。來自波灣的黑潮似乎已經消退了，或者至少讓人覺得不再是一場咄咄逼人的運動，也許是因為像巴基斯坦一樣，一九八〇和九〇年代發起的變革已經達成目的，將埃及塑造成納斯爾第一次回國時發現的那個令人窒息的社會。

依然存在著小小的開口，它們是輸入氧氣的地方。特別是自從一九九〇年代起電視臺的數量激增以來，民營衛星電視改變了埃及和地區的話語。陳舊停滯、經過審查的國營電視臺已不再是資訊和娛樂的唯一來源。如今有三百個電視頻道供人選擇，有羅塔納電視臺（Rotana TV）衣著光鮮亮麗的歌手以各種不可思議的舞蹈動作扭動身軀，到 al-Nass 電視臺的薩拉菲傳教士宣讀教法建議和討論獲得救贖的辦法，電視節目選擇應有盡有。[2]在波灣權力和金錢的精神分裂世界裡，富有的沙烏地人擁有兩個屬性相異的電視頻道並不是奇怪的事。電視已經成為伊斯蘭主義者有力的講壇；這些頻道的宗教節目和常規的政治或文化節目幾乎平分秋色，儘管那些以宗教名義發言的人聲音更大，並且總是在傳教。[3]

但是多虧了電視，納斯爾又被重新介紹給埃及人和阿拉伯世界。在他流亡的幾年裡，他又重新被全世界認識並且受到擁戴，他獲得獎項，而且和像尼爾森．曼德拉這樣的傳奇人物同臺。在後九一一的發狂時代中，在所有人都談論文明衝突的地方，這裡有位博學多聞、遊歷各地的穆斯林男人，既是一個信徒，又是一個改革主義者，他對穆斯林實施恐怖行為的議題毫不閃躲迴避，同時合理地解釋為什麼暴力不是伊斯蘭所與生俱來的。更重要的是，納斯爾通盤思考了英裔美籍歷史學家柏納．路易斯（Bernard Lewis）在九一一事件後提出的問題：「到底出了什麼差錯？」路易斯把一切都歸結為文明衝突（他正是打造這個詞的人）。[4]他相信阿拉伯國家有病：「除非我們為他們輸入自由，否則他們會毀掉我們。」

如果納斯爾同意路易斯所言，伊斯蘭文明的衰落是因為智識上的停滯的話（這正是為什麼他要流亡國外），那麼他堅決反對他的穆斯林社會在本質上是倒退的觀點。他看到非常不一樣的道路：救贖並不一定得來自西方。伊斯蘭的現代性過渡將會來自於內部；更新是可能的。他知道這一點，因為他就是這個思想歷程的產物，並且正在沿著穆罕默德．阿布都等十九世紀的革新薩拉菲思想家的足跡前進，這些思想家從先知同伴的智慧中汲取靈感，在現代世界裡開闢一條前進的道路。

納斯爾的演講和寫作也在阿拉伯世界獲得關注，在這裡，對世貿中心雙子星的攻擊或許造成錯愕和暗自開心的詭異混合，但主要則是激起嚴重的認同危機。二〇〇五年，阿布．齊德在埃及的朋友和同事替他鋪平回國的道路，在一次到訪開羅期間，阿布．齊德應邀出現在埃及國營電視臺的一個熱門談話節目《我家就是你家》（*Bayt Baytak*）上，接受長達一小時的專訪。在數百萬埃及人的注視下，他談到他的流亡生活，對《古蘭經》、頭巾和自由的看法。納斯爾並未因流亡而憤懣不平，他已經變得柔軟，因為他相信他個人的痛苦在他的祖國所經歷的痛苦面前相形見絀。[5]收看節目的埃及人會把他視為他們中的一分子；他也遭受過貧困、官僚作風和用人唯親。他是他們所常見的快活、充滿人情味的自己人。無論叛教者應該是什麼樣子，他看起來都不像那樣的人。

二〇〇八年，納斯爾應邀在亞歷山卓圖書館和開羅美國大學舉辦系列講座。他選擇的是他最喜歡的主題，西元八世紀理性主義的穆泰齊賴運動。但是他也談及讓愛資哈爾——埃及最高宗教機構——得以再生的需要，也談到宗教禁忌對藝術的扼殺，以及埃及的政治事務，這裡沒有自由也沒有民主，而且國家仍然濫用宗教壓抑伊斯蘭主義者，以此來維持其對人民的箝制。他不知道自己會受到怎樣的接待，但是埃及人回應了他的呼籲，尤其是年輕人，他們很少聽到這樣的公共討論。現場座無虛席，人滿為患。聽眾們站在後排、坐在走道和講臺前方。他們都是年輕人，大部分二十多歲，渴望那些被禁止的事情，期盼著一扇理性世界的窗戶。這是一個談到需要重新理解伊斯蘭和伊斯蘭傳統的人；這是一個為自己的思想和思想自由戰鬥的人，是一個堅持自己立場的人。二〇一〇年納斯爾臥病時，他感覺在自己的國家是和平的，足夠和平到他提出要求飛往開羅，在那裡接受治療。在死亡臨近的時候，他告訴妻子將他埋葬在自己的村子裡。葬禮十分簡單。沒有大規模的遊行，沒有政府代表。但是他回家了。

阿赫麥德．納吉二〇〇八年時參加過納斯爾的演講，儘管或許正因為他在虔誠的家庭環境裡成長，他對宗教並不關心。[6]但是他坐在擁擠的禮堂裡，陶醉在親耳聆聽一個他最近出於對文學和阿拉伯語的熱愛才發現的作者。納斯爾是阿拉伯語大師；阿拉伯語是理解《古蘭經》的入門點。阿赫麥德喜歡納斯爾的微笑、平靜的舉止，這化解了演講廳裡對立的提問者的批評。他為納斯爾和艾布特哈爾之間持久的愛情著迷，這是某種發生在現代埃及的羅密歐與茱麗葉，他們在叛教的指控和流亡的悲劇中倖存。

阿赫麥德在科威特和利比亞之間度過童年，最近回到開羅。他主修新聞專業並成為開羅的文學評論雜誌《文化新聞》（*Akhbar al-Adab*）的員工。阿赫麥德留著捲曲的短髮和法蘭克．扎帕（Frank Zappa）式的鬍子，穿著帶圖案的尼赫魯襯衫、背心，手裡拿著他的小雪茄，看起來就像個英倫公子。但是他深深地具有顛覆性；他的著作是政治性的，卻從未公開談論政治。他口無遮攔而且幽默，說話很快。到二十二歲的時候，他已經是出版過作品的作家了。二〇一六年在他三十歲時，他將會因為寫的小說而入獄：不是因為新聞、報導，甚至是實際行動，而是因為小說。在埃及，寫作就是反抗。阿赫麥德在納斯爾身上看到一個曾經反抗的作家，並且也啟發別人這樣做。

但是在入獄前，革命開始了。不安已經瀰漫在空氣中好幾年，但是沒有人看到革命的跡象，或者沒人知道帶來的震盪將會多麼巨大。

當時是二〇一一年一月二十五日，埃及人走上街頭表達積鬱於胸也許已經好幾十年的怒火。他們受夠了貪腐、壓制、遲鈍和他們生活的荒廢沼澤。隔壁的鄰國，突尼西亞人已經推翻他們的總統班・阿里（Zin al-Abidine Ben Ali）。一月十四日，班・阿里逃到沙烏地阿拉伯。兩個星期的抗議讓二十二年的專制統治畫下句點。現在，埃及人將會對胡斯尼・穆巴拉克總統和他三十年的統治出擊。抗議和憤怒與日俱增。但人民也愈來愈歡欣鼓舞，梳著精心打理的髮型、拿著名牌包，或是密不透風地穿戴面紗和長衫的女子、留著鬍子的謝赫、穿著牛仔褲和球衣的十幾歲青年、穿著傳統服飾的農民、穿著西裝的商人都聚集在解放廣場上。他們居住在不同星球上，但是他們作為埃及人，在這個象徵愛國主義，歷史可以追溯到英國統治時期的廣場上首次遇見彼此。廣場周圍是講述埃及故事的宏偉建築，從埃及博物館到阿拉伯聯盟總部，再到穆巴拉克的國家民主黨總部，幾條大道匯集於這個幾乎沒有林蔭的廣場，這是開羅心臟位置稀有的開放空間，中間有一個草地圓環，成為埃及反對暴君的最佳節日舞臺。阿赫麥德從頭到尾關注和參與革命。他沒有睡覺，感覺自己真正活著，也許是有生以來的第一次。廣場的名字「*Tahrir*」在阿拉伯語中是「自由、解放」的意思。阿赫麥德想要這個廣場可以名副其實。

日復一日，數以百萬計的埃及人加入抗議。大家高呼「人民要求政權垮臺」。他們和警察發生暴力衝突。超過八百人身亡。穆巴拉克承諾進行一些改革，接著承諾他不會再次參選總統。但是這些已經不足以讓抗議者回家。他們在解放廣場上紮營，夜色中充滿著張力。為了增加勇氣和力量，他們在牆上塗寫詩句，唱起詩歌。[7]

勇敢的人是勇士……懦弱的人是懦夫……

來和勇士同行……一起來到廣場上……

讓我們戰勝失敗主義，療癒傷口……

這是阿赫瑪德．福瓦德．尼格姆的詩句，他是人民的詩人，曾在一九七九年讚揚伊朗人的革命，希望革命能夠給為這個地區帶來一場真正的社會民主。他因為招惹埃及所有的統治者，在監獄裡待了整整十八年。他嘲諷已故總統沙達特的舊詩作重新煥發生機。終於，現在已經八十二歲的尼格姆期盼一輩子的革命到來了。他是這樣想的。阿赫麥德也是。

伊朗和沙烏地阿拉伯都緊盯著事態。人民的力量讓伊朗感到緊張。革命已經在一九七九年推翻了國王，從那以來人數最多的群眾也於二〇〇九年現身抗議艾哈邁迪內賈德總統連任的舞弊。那次抗議被稱為綠色運動（Green Movement），幾乎推翻了伊斯蘭共和國。但是在埃及的抗議中沒有伊斯蘭標語口號：那裡有的是旗幟、音樂和舞蹈，以及家庭野餐。數千人在廣場上進行星期五的禮拜，但是他們的要求是麵包和公義。這是世俗民主化埃及的新黎明嗎？

在二月一日，歷經九天的完全沉默之後，伊朗的最高領袖阿里．哈梅內意看起來已下定決心——或者他希望如果他說出口並表達出意志，事情就會如他所想。他宣布埃及的起義就像一九七九年「伊朗民族對美國、對全球的傲慢和暴政發出的吶喊」。穆巴拉克將會遭到和伊朗國王同樣的命運，哈梅內意說。[8]這是中東伊斯蘭復興的開始。對伊朗而言，這是個機會，是自從一九八一年沙達特被刺殺、哈立德．伊斯蘭布里、阿布杜．佐摩爾和穆罕默德．阿布杜勒－薩勒姆．法拉格沒有完全利用的機遇。

二月十一日下午六點，副總統奧馬爾．蘇萊曼（Omar Suleiman）宣布胡斯尼．穆巴拉克辭職，結束了他三十年的執政生涯。宇宙有一種黑暗的諷刺感：二月十一日也是伊朗的革命紀念日，那一天正是一九七九年時，國王留在身後的政府倒臺的日子。伊朗人可能將此視為上天的信號。沙烏地人並不感到高興。他們不只擔心自己的人民會受到阿拉伯世界起義的鼓舞；當他們看到正在埃及發生的事件時，一九七九年的創傷回憶就再次浮現：幾百萬人湧上街頭，美國人幾乎在一夜之間就丟下長期的忠誠盟友，阿拉伯世界最強大的軍隊袖手旁觀，一個地區性大國陷入癱瘓——伊朗的回聲和國王的倒臺是壓倒性的。在一九七九年的時候，沙烏地人對於何梅尼的危險一無所知。自那時起，他們就一直生活在對阿拉伯世界革命重演的恐懼中，無論是對伊斯蘭革命還是其他什麼革命的恐懼。他們試圖警告美國人，但是歐巴馬總統相信歷史的拋物線會走向自由，他認為埃及正在這條線上。對沙烏地阿拉伯而言，這是一場噩夢。現在是時候要回擊了。

穆巴拉克下臺的一年多後，二〇一二年夏天，穆罕默德．穆希（Mohammad Morsi），一位擁有南加州大學博士學位的工程學教授當選為埃及總統。在美國眼中一場自由、公正的選舉，沙烏地阿拉伯則

看到致命的威脅，其中有兩個原因。穆希是穆斯林兄弟會的終身會員，這意味著伊斯蘭主義者登上頂峰，不是靠政變、暗殺、起義，而是靠投票箱做到的；一個政治伊斯蘭的成功例子將會助長沙烏地阿拉伯國內對選舉的呼聲。大體而言，自從一九九〇年代政治性伊斯蘭復興運動的背叛以來，沙烏地對穆斯林兄弟會也懷著深刻的猜忌。

穆希是個身材魁梧，留著短鬍鬚的男人，曾經在議會任職多年。他明白沙烏地阿拉伯作為埃及重要財政支持者之一的重要性。他的第一次外事出訪就是去利雅德。但是他的第二次出訪是在二〇一二年九月前往德黑蘭參加不結盟運動峰會——這是自從一九七六年沙達特訪問伊朗國王以來，首次有埃及總統到訪伊朗。在穆巴拉克執政期間，伊朗一直試圖插手埃及事務，據說曾策劃過暗殺和破壞行動。一九九二年時，唯一留在埃及的伊朗外交官被驅逐出境。哈塔米總統執政期間曾有過關係解凍，但隨後又出現緊張態勢：二〇〇九年，真主黨被指控在埃及策劃襲擊。兩國之間仍然沒有外交關係。現在來了一次在一年前會讓人覺得不可能的訪問，轉折的可能性來自伊朗和埃及穆斯林兄弟會之間持續升溫的關係。

雖然敘利亞穆斯林兄弟會在一九八〇年代初時覺得遭到伊朗的背叛，但是埃及兄弟會從來沒有譴責過伊朗伊斯蘭共和國。事實上，在何梅尼去世時，埃及穆斯林兄弟會公開悼念他，認為他是發動伊斯蘭革命反對各地壓迫者的人。[9] 埃及穆斯林兄弟會和革命伊朗之間的長期歷史已經被該地區大多數人所遺忘，但是在報紙文章和新出版的書籍裡，這些細節又浮出水面：何梅尼對賽義德．庫特布的欽佩；一九八四年紀念賽義德．庫特布而發行的郵票；伊朗伊斯蘭敢死隊的領袖納瓦布．薩法維造訪開羅。大多數時候，人民評論宗教法學家統治結構的相似性，伊朗有一個最高領袖，穆斯林兄弟會有一個最高導師。

接著，在二〇一三年二月，艾哈邁迪內賈德總統前往開羅出席伊斯蘭合作組織高峰會。穆希為伊朗領袖和所有與會國家的元首鋪設紅地毯。但艾哈邁迪內賈德訪問的其餘部分則陷入麻煩——在他走出清真寺的時候，甚至有個抗議者將一隻鞋扔到他臉上。艾哈邁迪內賈德訪問愛資哈爾，和大伊瑪目泰耶伯（Ahmad al-Tayeb）的會面張力十足。之後，另一位來自愛資哈爾的謝赫哈桑．莎菲（Hassan al-Shafie）在電視鏡頭前做出一些評論，艾哈邁迪內賈德就站在他的身邊。在稱呼伊朗領袖是埃及的朋友之後，他的話題最後轉入引起爭論的範圍裡。「有些人在埃及傳播什葉派的信仰，並經常造訪伊朗。」莎菲說。[10]艾哈邁迪內賈德開始搖頭。「那些人攻擊先知穆罕默德的聖門弟子，他們是遜尼派的象徵，」莎菲繼續說道：「我們拒絕這樣，這一直影響著埃及人民和伊朗人民之間的關係。」艾哈邁迪內賈德和陪著他的什葉派教士開始竊竊私語。伊朗總統用阿拉伯語插話：「這不是我們同意的。我們同意〔談論的〕是團結和兄弟情誼。」[11]這位愛資哈爾的謝赫點點頭但繼續說。他接著指責伊朗對敘利亞事務的參與。大約在埃及革命的同時，敘利亞人民也開始起義反對阿塞德，但是與穆巴拉克不同的是，敘利亞獨裁者不願意屈服於人民的意願，也沒有做出任何讓步。在幾週之內，他就向呼籲民主的抗議者撒下槍林彈雨。反對派拿起武器進行自衛。幾個月內，阿塞德已經調動火炮和戰鬥機。伊朗站在他這一邊；真主黨正在地面戰場上幫忙。這個國家在多條戰線和眾多幕後玩家之下，將很快就被戰爭吞噬。

緊張的艾哈邁迪內賈德在愛資哈爾面對這位滔滔不絕的謝赫，插了幾次話，接著示意如果演講繼續，他就會離席。謝赫莎菲用一種較為和解的口吻結束了演講，呼籲大家團結，艾哈邁迪內賈德微笑著用阿拉伯語說：「*ahsant*，*ahsant*——做得好，做得好。」

地緣政治顯然清除了埃及所有的歷史感。甚至無人提及愛資哈爾本身的什葉派過往。這個宗教機構的歷史可以追溯到法蒂瑪王朝，這是第四個伊斯蘭哈里發王朝，也是什葉派王朝，自十世紀到十二世紀統治著從紅海到大西洋的領土。他們是先知的女兒和阿里的妻子法蒂瑪的後代。這是自從西元六五六年阿里的短暫統治以來，唯一也是最後一次由先知的直系後裔擔任伊斯蘭的哈里發進行統治，因此也是唯一一次哈里發和宗教領袖的二合一。愛資哈爾是全世界最早的大學之一，起初是作為什葉派的學問中心而建立，並且以被稱為「al-*Zahraa*」（光芒耀眼的、傑出的）的法蒂瑪的名字命名。開羅本身在九七〇年就被法蒂瑪人建成他們的新首都。法蒂瑪王朝統治時期，藝術百花齊放，學術作品豐富。並未強迫皈依什葉派，反而寬容對待少數群體，留下持久的多元遺產。在一一七〇年薩拉丁擊敗法蒂瑪人之後，愛資哈爾關閉了一百多年，遜尼派伊斯蘭再次成為官方宗教。幾百年後，在這個法老王的國度裡，伊斯蘭依然站在遜尼派和什葉派的交會點上；在民眾的層面而言，幾百年來，一直到最近，兩者之間一直沒有任何隔閡。但是幾十年來，就像是在巴基斯坦一樣，這裡也為抵制聖紀節做出各種努力，這些節日是紀念聖人和先知生日，色彩繽紛的豐富慶典。有些努力是出於政府領導下規範混亂節日的結果，或甚至是蘇非領導的改革，但是很多埃及人將此歸因於沙烏地清教徒主義的影響。

艾布特哈爾和她已故的丈夫與大多數的人想法一致，他們說埃及人在信仰上是遜尼派，但在文化和氣質上是什葉派，她忿恨她口中的「沙烏地文化聖旨」。[12]也許這些情緒嚇壞了沙烏地人，在這個地區的微妙時刻，從埃及到敘利亞和巴林都發生混亂的起義，在混亂背後，沙烏地人看見伊朗的手和一九七九年的幽靈。伊朗人正積極地追求埃及，艾哈邁迪內賈德在愛資哈爾的慘敗並沒有讓他們退縮。

在艾哈邁迪內賈德訪問後不到兩天，穆希就收到十七名伊朗學者和官員的來信，呼籲他借用伊朗經驗，在埃及全面施行伊斯蘭法。[13]伊朗人是在提供他們的經驗和知識。媒體對這封信的報導反映出沙烏地深感不安，或是故意煽動的反伊朗情緒。沙烏地經營的泛阿拉伯報紙《中東報》率先刊登這封信，聲稱這封信是最高領袖簽署的。該報稱，信中呼籲穆希在埃及實施「法學家監護」，並與伊朗一起建設偉大的伊斯蘭新文明。埃及報紙立刻援引此說法，引起埃及人，包括穆斯林兄弟會內部的憤怒。[14]伊朗否認這封信是哈梅內意簽署，並且否認信中提及任何「法學家監護」，並威脅要狀告《中東報》。但是懷疑的種子已經埋下了。

沙烏地阿拉伯對伊朗的恐懼和它對改信什葉派的執念，在埃及革命和穆希當選之前就已經存在。沙烏地安靜但有條不紊地緊盯著伊朗的一舉一動，就像是他們在巴基斯坦所做的那樣，他們只會在這個基礎上更進一步：他們的反革命將是教派主義的，是沙烏地阿拉伯在一九八〇年代幫助傳播的反什葉派、反伊朗言論的升級版。花出去的錢金額龐大，結果則是致命的。在此事的努力上，沙烏地王國有一個方便盟友——阿拉伯聯合大公國——這個小國有成為一個強大軍事力量的雄心，而且是美國的堅定盟友。

二〇〇八年和二〇〇九年，沙烏地大使已經向利雅德發回電報，詳盡說明埃及對伊朗如何透過文化和宗教交流向埃及人示好的關切。在另一封電報中，大使提醒利雅德注意伊朗對愛資哈爾加以「滲透」的努力。[15]這個機構自二〇〇七年開始向來自黎巴嫩的什葉派學生敞開大門，並對伊朗提出在伊朗開設愛資哈爾機構，並歡迎學生到埃及愛資哈爾學習的建議做出積極回應。

到二〇一二年時，也就是穆巴拉克下臺的一年後，沙烏地外交官電文的語氣變得更加危言聳聽。沙烏地情報部門向高層匯報埃及的「什葉派運動」，他們聲稱該運動在革命後的埃及享受新的自由，要求有更多空間來實踐其信仰，在撰寫憲法時有更大的發言權，以及組建政黨的權利。[16]愛資哈爾顯然也發出警報：愛資哈爾與沙烏地外交官分享此種擔憂，並請求反擊所謂的伊朗改宗行為。該國什葉派信徒的人數引起激烈的爭論——大多數專家認為有幾十萬人；政府的數字則更高，有一、兩百萬。即使這個數字在一個擁有九千萬人口的國家裡微不足道，而且這些改宗的人數都不會構成國家安全上的威脅。

愛資哈爾的謝赫泰耶伯公開而有力地談論關於「在遜尼派的土地上，在愛資哈爾宣禮塔的周圍激增的什葉派人數」帶來的危險。[17]二〇一二年五月，愛資哈爾發起一場運動，以小冊子、會議和青年俱樂部講座的方式警告人民改信什葉派的危險。[18]

毫無疑問，在一九八〇年代，隨著兩伊戰爭和據稱伊朗企圖在埃及挑起動亂的陰謀，影響了埃及官方對待什葉派少數群體的方式，這和埃及民眾的方式正好相反，官方騷擾並監禁什葉派，穆巴拉克甚至在二〇〇五年時宣稱什葉派只會對伊朗效忠，他們是第五縱隊。這是最出類拔萃的沙烏地路線。愛資哈爾在二〇一二年的恐懼是有根據的嗎？這是沙烏地長年不懈地在愛資哈爾的謝赫耳邊吹風和多年來精心培育的結果嗎？不論是哪種情況，愛資哈爾反對什葉派的運動都有其影響——是一種無意中的暴力影響。

二〇一三年初夏，反什葉派的海報被貼在小城鎮阿布穆薩拉（Abu Musallam）的牆上，這裡距離開羅有二十英里遠。[19]海報的署名是一個薩拉菲主義者組織，標題是「反對什葉派激增之運動」。在他們的宣傳中，鎮上的教士譴責什葉派是不信者。一支遊行隊伍穿過小鎮，教士和年輕人滿腔怒火地大喊「不要什葉派」。幾個星期後的六月二十三日，什葉派的居民祕密聚集在一戶人家裡慶祝一個聖人的生日。他們中有位客人是一名著名教士，哈桑·舍哈塔（Hassan Shehata），埃及軍隊的前遜尼派伊瑪目。他是個罕見的例子，在一九九〇年代改宗什葉派並變成沙烏地式的薩拉菲主義和瓦哈比主義的有力批評者。

在下午，來了一群暴民聚集在這戶人家周圍，先是幾十人，然後是幾百人，他們向房子丟石頭，接著是自製的汽油彈，喊著舍哈塔的名字。他們攀上牆壁，爬上兩層樓房的屋頂，在脆弱的混凝土天花板上打了一個洞。舍哈塔為了能讓人群冷靜，救出屋子裡包括女人和小孩的人而現身，後面跟著三個人。暴民們一湧而上用鐵棍打他們，將他們推倒在地，踩在他們身上，綁住他們的手，將他們在街上拖著走。警察趕到的時候，這四個人已經喪命了。

這種盲目的仇恨到底是從何而來？

在 Wesal 電視臺上，他們歡快地慶祝舍哈塔橫死。Wesal 電視臺是眾多惡毒的教派衛星頻道之一，於伊拉克戰爭後十年間興起。該地區有大約一百二十個宗教電視臺，據估計有二十個是散布反什葉派或反遜尼派的惡毒言論。[20] Wesal 電視臺是遜尼派的，從沙烏地阿拉伯播出，試圖建立一個擁有多語言新聞頻道的薩拉菲主義者媒體帝國，其中一些頻道是從倫敦播出。Wesal 電視臺的明確目標是「揭露薩法維的視野」，這是指稱伊朗的委婉說法。[21]

阿布杜拉赫曼．迪馬士革耶（Abdulrahman Dimashqieh）是黎巴嫩的薩拉菲傳教士，他只有一小群追隨者，是這個頻道關於舍哈塔死亡一事的談話節目來賓。「我很高興他死了，他活該……當然了，我們不贊成他被殺死的方式，我們沒有呼籲殺他……但是我很高興。不只是滿足於神的公義得到執行，我很高興。」迪馬士革耶告訴節目主持人。然後他直直對著鏡頭，微笑著說：「我真歡喜。」[22]「感讚真主。」主持人說。這是一個典型的回答，否認任何創造許可殺人的氣氛之責任，並且發出明顯信號表示這件事是可行的，是受到宗教許可的。在電視螢幕的左下角，「伊朗正在殺害我們的兄弟」字樣閃現在伊朗國旗下，然後國旗被撕成兩半。

二〇一七年，有九名男子因為舍哈塔的謀殺案被判刑十四年。但是埃及已經跨進了黑暗領域。艾布特哈爾和大多數的埃及人對此感到不可思議。她認為教派仇恨的興起是沙烏地影響和政治的直接結果。「這不是我們的戰鬥。」她一直說。[23]沙烏地讓所有人都不能無動於衷。它的支票外交，它的影響力和力量，無論是真實的還是想像的，不是受到讚揚就是被深惡痛絕。有關於整個愛資哈爾如何成為瓦哈比機構的豪言壯語，聲稱埃及每座清真寺都從沙烏地阿拉伯收到資金，以及每一個《古蘭經》誦讀人都採用沙烏地式的刻意單調、不帶情緒的誦讀法。這些言論是籠統的，而且常常毫無根據，但是它們反映出很多埃及人對沙烏地阿拉伯意圖的看法：負面而窮凶極惡。

沙烏地和阿聯正忙著在幕後和埃及軍方合作把穆希趕下臺。隨著累積錯誤和推動總統權力、豁免權和擁有強烈伊斯蘭主義信念的憲法，穆希只是在幫助自己倒臺。人民開始對他反感。解放廣場上的革命者參與運動並非為了讓一個伊斯蘭主義者握緊權力。六月三十日，上百萬埃及人走上街頭，要求穆希下臺。阿赫麥德就是他們其中之一。他的父親是穆斯林兄弟會成員，但是阿赫麥德早就拒絕了宗教，他希望穆希下臺。軍隊已經準備好，他們慫恿抗議者，讓戰鬥機升空支持抗議。軍事政變現在可以描繪成對民意的回應了。

二〇一三年七月三日，穆希被推翻，沙烏地和阿聯額手稱慶。他們很快就許諾拿出八十億美元的現金和貸款來幫助過渡政府。次月對穆希支持者抗議這場政變的鎮壓，比先前對穆斯林兄弟會的鎮壓更血腥，比有史以來的鎮壓都更血腥：至少有八百一十七名抗議者死亡，這是在近期歷史上單日殺死抗議示威者的最高數字，超過世界任何地方，超過一九八九年天安門廣場屠殺的估計死亡人數。[24]阿赫麥德的爸爸，一名醫生，也在那裡——全家人心急如焚地找他，但是他毫髮無傷地躲過了血洗。他現在驚訝於在他自己的村子裡，朋友和鄰居對他避之唯恐不及，那些人曾經送孩子來找他看診。社會正在自行轉變。

穆希和大多數的穆斯林兄弟會領導層都成了囚犯，上百名成員在接下來的一年中被判處死刑。經過六年的單獨監禁和醫療服務的缺乏，二〇一九年穆希在庭審過程中失去意識並死於突發心臟病。穆斯林兄弟會遭到查禁。沙烏地阿拉伯的朋友，曾經是埃及駐沙烏地阿拉伯大使館軍事隨員的阿布杜勒．法塔赫．塞西上校（Field Marshal Abdel Fattah Sissi），負責監管對穆斯林兄弟會的鎮壓。他在二〇一四年五月當上總統。

人民的力量埋在廢墟之下——雖然沒有死亡，但只是苟延殘喘而已。開羅仍然如同地獄，這座城市在阿赫麥德未來主義的奇幻小說中，「生命是漫長的等待，垃圾和各種動物糞便的氣味無時無刻不在瀰漫……開羅不是個能因為其規模而有所期待的城市。儘管擁有數百萬人口，但這是一座被絕望壓抑著的城市。是一個社會、政治和宗教禁忌同時作用，阻止任何在城市底層發酵的事物浮出表面的地方。」[25]阿赫麥德曾在革命之前、在憤怒浮出表面之前就寫下《用生命》（*Using Life*），但是這本書是在二〇一四年夏天出版的，那時的憤怒在此時已經化為烏有。故事情節設定在現代開羅，但是這個開羅已經被沙塵暴掏空，上百萬人因此死亡，甚至淹沒了金字塔。阿赫麥德從未提及穆巴拉克、穆希或者塞西，但是他的小說講述的是惰性和憤怒的對立本能，這種本能推動埃及年輕人走上街頭，然後迫使他們撤退。

小說中坦率描述主角與他年長女友莫娜之間的性接觸，有淡淡的情色細節，經常出現抽菸情境，以及穿插粗俗詞彙的對話，如同很多阿拉伯人在日常生活中的用語（除了最虔誠的人之外）。「你只不過是一群吃老二的人之中的一個。別裝了，小東西，不要再自責了。總之，在開羅當一個吃老二的不是件太壞的事。放鬆點，都含進去。」放縱的小說裡是惰性，不意外地，阿赫麥德進了監獄。

這本書在出版之前已經通過審查——也許他對於當代埃及的隱喻超過他們的掌握。多數人都熟悉字裡行間的那些粗話。但是阿赫麥德工作的文學評論雜誌《文化新聞》上的一篇摘錄，讓本書進入一個規矩人家裡，此人聲稱在讀到這些露骨的性語言時，他的心跳衰弱，差點暈倒。就像納斯爾・阿布・齊德在一九九〇年代的叛教案一樣，這也是一個私人公民成為審查者，這次是作為社會道德的捍衛者。阿赫麥德沒想到會被判刑，他最初被無罪釋放了，但是在二〇一六年二月，這個案子又神祕地回到檯面上，上訴法院判他入獄兩年。多虧律師團隊的威力，他在遭受十個月的冰冷和酷熱、蟑螂和羞辱後被提前釋放——但是依然被捲入在一個卡夫卡式的官僚主義困境中，因為未知、不可知的原因被禁止出境。[26]

令阿赫麥德感到欣慰的是，他得到作家和藝術家朋友的支持，其中有六百五十人簽署要求釋放他的請願書。聯邦法官為他說話，甚至帶他上法庭的警察也告訴他，他不應該被判刑。[27]阿赫麥德心想，如果納斯爾是今天受審，他也會得到大量的支持。或許審判會有不同的結局，或許他甚至不會流亡。[28]在阿赫麥德的小說裡，開羅也許是一個地獄，但是今天的埃及，他真的能夠將小說出版並因此獲得支持。沒有死亡威脅——儘管，誠然，他寫的並非宗教。

艾布特哈爾看待這些事的角度非常不同。存在著代溝；關於生活品質和自由表達空間的期望值幾乎降到最低。她年輕時，社會上關於宗教在社會中扮演角色的激烈辯論，在她和納斯爾坐上飛機前往歐洲的那一天就關閉了。宗教的興盛擴散在文化和社會生活的各種面向。就像梅赫塔布在巴基斯坦看到的那些小細節一樣，艾布特哈爾也在埃及感覺到了：將喚禮聲設定為手機鈴聲；在電梯裡的旅人的祈禱錄音；在街頭對女性咄咄逼人的騷擾。在一九六〇年代時，作為一名年輕女性，她的母親在開羅大街上穿裙子或短袖也沒有人眨一下眼睛。

阿赫麥德這一代人對於那些日子、對過去的社會和政治多元化、對於過多的選擇沒有任何記憶；他們是在宗教不斷喧囂地主導辯論的一九九〇年代長大的。對他們而言，感覺上彷彿終於打開了更多辯論的空間，未來仍然是一個更為變革的地方。阿赫麥德的書已經獲得審查員許可。他也被提早釋放了。這位年輕的作家看到穆斯林兄弟會的崛起和失敗，它的官宦終於被執政的現實打破。他看見女人拿下頭巾，對宗教幻滅；他看到女人在夜晚的咖啡館裡等著他。如果艾布特哈爾感覺過去是另一個國家的話，那麼阿赫麥德則看到了一個正在形成中的不同的、更好的未來。

因此他常常捫心自問：他身陷囹圄是真的因為他寫那些男人和女人的性器官——還是因為他寫的專欄？他對於沙烏地阿拉伯有著強硬立場，而且他並不對此掩飾。沙烏地王國的外交官並不只是追蹤什葉派、愛資哈爾和聲稱的皈依者，而且也關注記者和他們的寫作。有些記者的確敲開了沙烏地使團的大門，希望得到有利的報導回報。[29]使館在二〇一二年聘請其中一名記者成立媒體關係部門，付給他二十萬美元，而他當時還在擔任一檔談話節目的主持人，並在一家埃及大報的董事會裡任職。[30]除了金額末位的幾個零之外，自從一九九〇年代以來，情況並未有太大變化，當時為沙烏地旗下報紙工作的埃及人從事自我審查以奉承沙烏地阿拉伯。二〇一〇年，阿赫麥德曾接過沙烏地大使館的一通奇怪電話，告訴他被禁止訪問那裡，儘管他連簽證都沒有申請過，也不想要訪問沙烏地王國。但是他經常寫關於沙烏地王國的文章，有時語帶不屑，卻總是具備敏銳的洞察力。

二〇一四年七月初，在他為一篇文章做研究的時候，挖掘出了一本老埃及雜誌《妙語畫報》（*Al Lata'if al-Musawwara*），裡面刊登了印度代表團一九二六年從阿拉伯半島回國後的報告，這個代表團正是在阿布杜阿齊茲的戰士征服漢志省後，要求紹德家族交出兩大聖城監護權的那個代表團。報導上有麥加和麥地那的黑白照片，有聖陵的殘垣斷壁和布滿彈孔的牆，有巴奇墓園古代遺跡的瓦礫堆——這一切破壞都是伊本．阿布杜瓦哈布傳人的在場證明，和沙烏地王國奠基的基礎。那時候，鄂圖曼帝國正在崩解，邊界正在消失，英國人正在尋找一個強者來控制這些沙漠地帶。按照納吉的說法，那時就像二〇一四年當下，不只在伊拉克，還有敘利亞，民眾的革命已經分裂得不成樣子，任何對民主、多元未來的共同願景都已經被轟炸得深深退縮了。一個老魔鬼的新變種正登上媒體頭條，這成群揮舞黑旗的黑衣人抹去了現代邊境線，不是像一九二六年那樣騎著馬和駱駝，而是乘著皮卡車和裝甲車征服土地。他們夷平聖陵，砸毀雕像，炸毀什葉派的清真寺。

他們不是在建立王國，而是復古成先知的時代，並聲稱他們建立的是一個哈里發國。ＩＳＩＳ（Islamic State in Iraq and Syria）誕生，敘利亞的拉卡（Raqqa）成為它的首都。這個組織常被用阿拉伯語縮寫稱為「Daesh」（達伊什），阿赫麥德關於沙烏地阿拉伯建國的文章標題就是〈一九二六年的達伊什〉。他是最早將瓦哈比主義和達伊什（西方人更熟悉的ＩＳＩＳ）相提並論的人之一。阿赫麥德的旅行禁令將會比達伊什對領土的控制持續得更久，而且儘管兩者之間有許多不同，但是很多人都會指出相似的地方，而且會一直這麼說，讓沙烏地阿拉伯感到十分沮喪。

第十七章

在ISIS和IRGC之間

伊拉克和敘利亞，二〇一一年至二〇一八年

在焚書的地方，他們最終也會焚人。

——海因里希·海涅（Heinrich Heine，一七九七－一八五六）

雅辛·哈吉·薩利赫從來沒有放棄擁有一個沒有暴政的國家的希望。在內心深處，他仍舊是那個在一九八〇年深夜被抓進監獄的理想主義年輕左派學生。十六年的牢獄生活，其中一部分是在敘利亞惡名昭彰的塔德莫（Tadmur）監獄，並沒有讓他屈服。相反地，一九九六年獲釋後，他搬到大馬士革，拿起筆來記錄獄中生活、他自己的思想演變以及獨裁統治下敘利亞的轉型。他寫了一篇又一篇的文章，許多文章發表在黎巴嫩的自由派報紙《晨報》（*an-Nahar*）上。他是一小批在阿塞德的敘利亞繼續反抗和發聲的知識分子之一。那稱號就是他的國家被獨裁者標榜的：「*Souriyya al-Assad*」（阿塞德的敘利亞），彷彿它是私人財產一樣。在學校裡，這句話被灌輸到孩子的腦海中、寫在牆上、寫在掛在橋邊的橫幅上。這句話清楚地表明，人民無法忽視阿塞德父子的存在。接著是二〇一一年和阿拉伯起義的到

來。對自由的膽怯渴望變成敘利亞街頭的洪流，人民要求獨裁者下臺。數百萬人走上街頭。雅辛瞥見了一個更有希望的未來的輪廓。

但是當他在二〇一三年夏天回到他的家鄉拉卡時，事情怎麼會變成這樣？他發現自己正處在衝突爆發的中心，這些衝突不僅是他自己的，也籠罩在他生活的廢墟上，掠走他的靈魂、他的愛、他的家庭。雅辛和數百萬敘利亞人反抗暴君，但是他們的國家發覺自己困在伊本．阿布杜瓦哈布和何梅尼遺產之精神傳人的手中；位於ISIS和伊斯蘭革命衛隊的中間。

在二〇一一年的頭幾個月，當時人民還抱有希望，當敘利亞的人民衝出幾十年獨裁統治的牢籠時，他們發現彼此，發現自己身上的力量。他們甚至發現無憂無慮的歡樂和笑聲，這些都是在當前條件下難得的東西。雅辛正在跟他的戀人薩米拉．哈利勒分享這段經歷，她也曾是一名囚犯。他們在二〇〇〇年相識，這個有著波浪形棕色頭髮和深邃墨綠色眼睛的活潑女人是他的心靈伴侶，是他的共鳴者和傾聽者，是他的一切。雅辛和薩米拉夢想著能擁有超脫阿塞德政權的鋼鐵和心理藩籬的生活。在街頭，敘利亞人遊行時緊扣著雙臂、揮舞著旗幟，高呼著「沒有永遠的總統，敘利亞萬歲，打倒阿塞德」。即使阿塞德的部隊開始開槍並往大街小巷中派駐坦克，他們相信自己正獲得成功。敘利亞受人歡迎的國家足球隊守門員阿布杜勒．巴塞特．薩洛特（Abdul-Baset al-Sarout）找到新的呼喚聲：為革命歌唱。

樂園，樂園，噢我們的家鄉，

噢我們的家鄉，我們高貴的土地，
即使是你的火焰，也是樂園。

革命者在敘利亞遭到追捕，有數千人被囚禁，他們努力建構出關鍵的大多數，以成為推翻阿塞德政權的必要條件。有反對派流亡在外，他們無能而且彼此分歧，負責與世界對話，呼籲外部支持以幫助抗議者得到領土，以便建立一個反對派政府挑戰阿塞德。在二〇一一年三月，歐巴馬總統同意讓美軍連同北約和波灣國家盟友參與保護利比亞抗議者的任務，以助其推翻他們的統治者。為什麼敘利亞不可以呢？

雅辛不是一個組織者，他是知識分子、活動分子，最重要的，他是一個作家，他用他的文章無情地記錄下這場革命。他現在定期為泛阿拉伯報紙《生活報》供稿。他每週提供一篇文章，有時是一週兩篇，他高舉著希望的火炬，並見證國家的瓦解。他根本不會預見他的文章將在有一天變成一本標題為《不可能的革命：明悉敘利亞人的悲劇》（*The Impossible Revolution: Making Sense of the Syrian Tragedy*）的書。儘管他知道阿塞德家族中有進行種族滅絕的傾向，但是他從未想過悲劇是不可避免的。在整個二〇一一和二〇一二年，阿塞德逐漸失去對該國大部分地區的控制。在華盛頓和歐洲各國的首都，許多總統和總理都認為阿塞德政權的時日已經無多。但是他們低估了這位沒有良知的獨裁者。他是他父親的真正繼承人，不會做出任何讓步；他的做法就是「阿塞德掌權，否則就把這個國家燒為灰燼」。而且他絕對會這麼做。

對於敘利亞人的起義和隨後的殘酷戰爭，有許多不同角度的描述。大多數人認為是地緣政治上的大事件拯救了阿塞德，例如歐巴馬總統不願意像在利比亞那樣進行干預，或者他放棄了要懲罰阿塞德對自己的人民使用化學武器的承諾。但是外界允許阿塞德殺人、動用酷刑、監禁而不遭到懲罰的時間愈長，革命陣營就愈是分裂。敘利亞的自由之戰，變成一場與拖泥帶水的革命之間進行的賽跑，任何這樣的革命都不可逆轉地演變為激進化和軍事化。隨著憤怒和絕望日積月累，革命者拿起武器，形成反叛派系並且彼此分裂。革命也在與那些在混亂中看到機會的人賽跑——兩群完全不同的黑衣人組織，他們舉著不同的旗幟，其實他們是敵人，這些人已經在勘測地形了。他們甚至不是敘利亞人。

二〇一一年八月，來自薩瑪拉的伊拉克人阿布．巴克爾．巴格達迪從伊拉克派出一個七、八個人組成的偵查團進入敘利亞，以評估這個國家對於實現其野心的成熟度。[1]巴格達迪正在把札卡維建立一個伊斯蘭國家的夢想推到新的層面。他的手下發現這個國家很像被美國侵略之後的伊拉克：在大城市以外，拿著槍的人大搖大擺地遊蕩，國家機構羸弱，而且最方便的事情是阿塞德從監獄裡釋放出了數十個伊斯蘭主義者，這就和二〇〇三年美國入侵前薩達姆．海珊的所作所為如出一轍。這是個典型的舉動：獨裁者在動盪之時表現自己寬宏大量，宣布大赦，但是在釋放知識分子和活動人士的同時，也野放製造社會混亂的人，這樣獨裁者自身就可以被視為帶來和平的最佳選擇。在敘利亞，有些被放出來的人曾經在伊拉克作戰，是阿塞德親自培養出來的，目的就是讓美國人在伊拉克的日子苦不堪言。一旦他們回到敘利亞，阿塞德就會再把他們抓到監獄裡去，讓他們在監獄裡發霉，直到下次再有需要的時候。當他在二〇一一年將他們放出來時，曾迂迴地警告國際社會這些抗議者是宗教極端分子，讓自己成為滿足自己預言的建築師。巴格達迪的人從伊拉克西部進入敘利亞，利用沙漠公路和河道，這是他們駕輕就熟的道路，只不過和他們之前加入伊拉克起義時走的方向相反。[2]在敘利亞，靠著阿塞德的幫忙，他們找到一個現成的薩拉菲主義聖戰者網絡，這個網絡可以拿來為巴格達迪腦中的無邊界伊斯蘭國的弘大設計服務。但是如果沒有這場為爭取自由而發起的革命，不會有這樣的機會。

幾乎是在同一時間，在黎巴嫩，有數百名黎巴嫩和敘利亞男子在貝卡谷的一個偏遠地區接受真主黨領導的嚴格訓練。[3]自從二〇〇五年「黎巴嫩先生」拉菲克．哈里里被暗殺以來，該組織的力量才有所增強。儘管該組織的幾名特務因為參與暗殺而在海牙國際法庭接受缺席審判，但是它在聯合國對暗殺事件的調查中倖存。[4]他們之中包括穆斯塔法．巴德爾丁，伊瑪德．穆格尼耶的連襟，穆格尼耶曾在八〇年代發起過一波自殺爆炸。該組織還在二〇〇六年和以色列的破壞性戰爭中金身不破。隨後的幾年裡，它操弄更多的政治危機，讓政府倒臺並推動更符合他們意志的內閣。他們的野心和軍火儲備與伊朗鞏固真主黨對伊拉克扼制的努力同步增長。二〇一一年夏天，真主黨正在訓練其人員做好一切準備：自衛、市政治理、宗教和如何管理國家的基礎設施。甚至在敘利亞革命還沒有演變成一場全面戰爭之前，伊朗和真主黨就已經看到機會，將他們的爪牙伸入敘利亞，在更多領土上擴展力量。敘利亞是個方便的地方，這裡有冷酷無情卻又矛盾的羸弱總統，一個很快就需要幫助來維持其權力的「抵抗軸心」成員。伊朗和真主黨已經做好準備介入其中了。

在起義後的一年內，沙烏地阿拉伯已經開始探索如何武裝反對派：沙烏地人想要讓阿塞德家族垮臺，從而讓他們能控制住伊朗在敘利亞的野心。在私底下，沙烏地官員開始把阿塞德描述為一個占領者，是個缺乏正當性、利用外部勢力的幫助來鎮壓多數族群的人。

看著敘利亞革命如何興起和發展的人之中，很少會有人想到一九七九年，但是事後回想起來，這樣的回音是顯而易見的——只不過一切都更糟糕，彷彿所有的競爭者都在他們先前的地方重新開始一樣，無論是阿富汗的聖戰、兩伊戰爭，或二〇〇三年的伊拉克戰爭。薩伊德·哈瓦的兒子，敘利亞穆斯林兄弟會的思想家也參與其中；蘇魯爾，那本《祭司已歸來》的作者，在集結伊斯蘭主義者一事上扮演關鍵角色；甚至還有阿里夫·胡賽尼，這位被暗殺的巴基斯坦學者將現身於大馬士革，會見什葉派戰士。隨著事態變得尖銳，每個人都帶著更新的復仇之心重返戰場。會血流成河，會有上百萬人流離失所、數百萬的難民。這場敘利亞的戰爭將會打破中東、打破世界。

但是首先，這場戰爭將摧毀像雅辛這樣的人的生活。在革命的混亂中，他不可能知道關於在背後潛伏各股勢力的所有細節。他專注在各種可能性上，專注在革命的敘利亞本質和敘利亞人心中的善良；專注在他們志業的正義本質和他們對基本自由的呼籲上。他一直相信，這個國家中的伊斯蘭主義者必須被納入到未來的民主國家中。在阿塞德的統治下，幾十年來對伊斯蘭主義者的排斥並未解決任何問題——

實際上，對伊斯蘭主義者的排斥是對所有不同力量的全面排斥，無論是左派還是右派。他知道要與伊斯蘭主義者政黨一起打造出一個共同願景不是一件容易的事，但是他相信這是可以做到的。兩年來，他一直藏身在大馬士革，從一個街區搬到另一個街區，以逃避逮捕。上百名活動分子被一網打盡並丟到監獄裡直至消失。酷刑和大規模屠殺的證據將會浮出水面。至少薩米拉不在任何通緝名單上，所以她仍然能夠自由行動。

二〇一三年春天，雅辛被偷偷送到政權控制以外的地方，這裡是距離大馬士革東北方向十五英里遠的杜馬（Douma）和東古塔（Eastern Ghouta）。當政權發現他逃跑，他們很快就開始搜尋薩米拉。她已經逃離首都並和雅辛會合。他們仍然沒有被嚇倒。他們有工作要做，幫忙當地的公民組織建立起自治雛形，他們希望這個模板能夠證明在當地替代阿塞德是可能的。他們和朋友一起記錄該政權的暴行，希望能得到正義。二〇一三年三月，當拉卡落入敘利亞自由軍（Free Syrian Army，ＦＳＡ）和其他反叛組織手中，成為反對派奪取的第一個省城時，人民都歡欣鼓舞。獨裁者的雕像被拉倒。雅辛開始計畫一次旅行，看看家鄉的自由是什麼滋味。他很謹慎，但是充滿希望。

其中一個反叛組織是一個伊斯蘭組織，即支持者陣線（Jabhat al-Nusra）。在戰爭中，他們是最驍勇善戰的戰士之一。美國已將支持者陣線指定為與基地組織有聯繫的恐怖組織。其領導人是敘利亞人，二〇〇三年後曾在伊拉克與美國人作戰。但為了打倒阿塞德，實力弱得多的敘利亞自由軍願意接受任何人的幫助。在拉卡，支持者陣線的戰士被當作解放者得到人民歡迎；大家忽略了他們明顯的極端主義。

在戰爭越發氾濫的混亂中，很少有敘利亞人相信這些組織會在和平時期生存下來，並在敘利亞的未來發揮作用。但是支持者陣線是匹特洛伊木馬，該組織的領袖是札卡維和巴格達迪的朋友，這個組織是巴格達迪宏大計畫的幌子，是敘利亞的立足點。據報導，在那年春天，巴格達迪本人從伊拉克搬到敘利亞。他想要加快他的伊斯蘭國的計畫，一個沒有邊界的哈里發國家，他在那裡是所有穆斯林的領袖。

大約在同一時間，也就是二〇一三年五月，真主黨派出數百名精銳戰鬥人員進入敘利亞，以幫助阿塞德的部隊奪回邊境小城庫塞爾（Qusayr）。[5]真主黨已經開始在敘利亞協助阿塞德政權了，但是他們還沒有公開承認自己扮演的角色。戰鬥持續了十七天，真主黨至少損失一百名戰士，還有幾十人受傷。但是他們奪回這個城鎮，並隨之控制一條戰略通道，叛軍一直利用這條通道將武器送往敘利亞。庫塞爾之戰是一個分水嶺：真主黨將天平扳回了對敘利亞政權有利的位置。將會有愈來愈多的人被送進戰爭裡，成為衝突中的一方。伊朗革命衛隊的聖城旅領袖卡西姆・蘇萊曼尼參加了幾場戰士的葬禮，早在二〇一三年二月時，他就有一位在反抗薩達姆戰爭中的戰友成為在敘利亞最早遇害的伊朗人之一。「敘利亞是抵抗的前線。我們將支持敘利亞直到最後。」蘇萊曼尼如此宣稱。[6]對他而言，阿塞德政權和敘利亞是他宏大野心的一部分，他要像巴格達迪那樣建立自己的無疆界帝國，只不過這個帝國是向「法學家監護」效忠。伊朗再一次追求「戰鬥、戰鬥，直至勝利」——儘管勝利看起來像是在破壞別人的土地。

從埃及到沙烏地阿拉伯的教士都被伊朗的膽大妄為激怒了。他們被惹怒的程度甚至導致有史以來頭一遭，麥加聖寺的教士呼籲遜尼派穆斯林為敘利亞的兄弟伸出援手，利用各種手段，包括提供武器。[7]

當聖城旅的精銳成員和真主黨的戰士在敘利亞各地展開行動時，支持者陣線在拉卡建立了一個沙里亞法庭。他們襲擊其他叛軍團體。暗殺敘利亞自由軍的指揮官。他們痛罵不戴頭巾的女性。[8]在拉卡郊區，舉著黑旗的人聚集在一起，接著乘坐白色的皮卡車隊湧入城市。整個夏天，有愈來愈多的人來到這裡，其中大部分是伊拉克人。他們消滅了敘利亞自由軍和其他反叛組織中的對手。巴格達迪的手下緩慢而毫不留情地控制了拉卡，甚至控制了大部分的支持者陣線。二〇一三年四月，巴格達迪宣布組成一個新組織：ＩＳＩＳ。

當雅辛在那年夏天抵達拉卡的時候——為了躲避當局的追捕，他在杳無人煙的沙漠地帶和烈日之下艱苦跋涉長達十九天，他發現城門口插著一面黑色的旗子，標記著征服的領土。那些穿黑衣服、持槍、留著長鬍子的人之中大多數都是外國人：伊拉克人，但是也有突尼西亞人、沙烏地人、埃及人，甚至是歐洲人。他們如同城市的主人那樣走來走去。雅辛想要去散散步，去聞一聞花園的氣息，聽聽附近的河水聲。相反地，他不得不躲在室內，只有在晚上才出來片刻。他在自己的老家成了一個陌生人，在他十幾歲時自由漫步的街道上成為潛在目標。更糟的是，他得到一個令人崩潰的消息：他的兩個兄弟都被ＩＳＩＳ綁架了。他們其中一人是當地的議員，隨著ＩＳＩＳ控制住這裡，它拘留了那些抵制他們進程的人，也就是像雅辛的兄弟這樣的人。二〇一三年夏天，ＩＳＩＳ在拉卡占據一棟大樓作為總部。雅辛和留在杜馬的薩米拉保持著聯繫。他們最初計畫讓她在雅辛安排好安全路線後就來拉卡團聚，但是他發現拉卡的情況並不允許他們這麼做。他們經常透過 Skype 視訊，她向他說明現在沒有政府軍但是遭到圍困的地區裡，生活是如何變得更加艱難的最新情況——阿塞德正餓著他們，等他們投降。

二〇一三年八月二十一日，雅辛幾乎要永遠失去薩米拉了。敘利亞政府軍對大馬士革外包括杜馬在內的東古塔反對派控制區發動化學武器攻擊。有多達一千四百人死亡。兒童氣喘、口吐白沫、全家在睡夢中遇害的景象再次激起世界輿論的關注——叛亂已經過去兩年了。但這不過是短暫的關注。歐巴馬總統此前曾經警告阿塞德，動用化學武器是一道紅線。對大馬士革的飛彈襲擊似乎已經迫在眉睫，直到華盛頓和莫斯科達成一項協議，規定阿塞德要放棄他的化學武器。美國不想參戰，阿塞德倖存下來了。傳達出來的訊息好像是只要不用化學武器，他能夠用任何方式殺自己的人民。薩米拉和她的朋友目睹一切，他們也活了下來。這件事成為敘利亞和世界的轉折點。阿塞德違反國際法，但不用面對後果；敘利亞人被世界拋棄獨自面對死亡，嗅到了阿塞德的膽子更大了，又有成千上萬的敘利亞人用雙腳或是渡海逃離國家。他們試圖走得愈遠愈好，走向歐洲。阿塞德的盟友俄羅斯和伊朗，現在能夠將更多力量投入支撐阿塞德政權，而且到二〇一五年的時候，俄羅斯已經軍事介入敘利亞，發動空襲和派出特種部隊在地面上為阿塞德提供更多幫助。聖戰團體對此怒火燒得更旺，隊伍更加龐大：有更多外國人抵達，更多的敘利亞人加入，甚至連從來不篤信宗教、喜歡喝酒勝過禮拜的人也加入。他們在絕望中，除了槍和宗教，已經沒有什麼別的可以堅持了。在革命初期，敘利亞守門員薩洛特就加入敘利亞自由軍的隊伍。但是自由軍正在分崩離析。已經沒有給好人的好選擇了。因此薩洛特加入一支伊斯蘭主義者叛軍團體。他留起了鬍子，不再唱歌。

雅辛在拉卡思索著他的城市的奇怪命運，這座城市本可以是自由敘利亞的首都，也可以是伊朗革命衛隊的總部。雅辛在一九九六年出獄後，他就回到拉卡擁抱他的父母、兄弟和姊妹。這裡是敘利亞中部腹地，被政府忽略和榨取多年，這座他度過青年時期的城市儘管保守，但並非伊斯蘭主義。社會是有等級的、傳統的，但是男女自由自在地混在一起；更多的女生進入大學。她們穿T恤和裙子，如果比較保守的話，就是穿長長的阿巴雅，鬆鬆地戴上頭巾。但是雅辛也注意到他在年輕時從來沒見過的東西：女人從頭到腳都穿黑袍，面孔在尼卡布後面。他有個親戚是成千上萬在波灣國家工作的敘利亞人之一。這名在學校成績不好的男性，累積了一些財富和沙烏地習俗：他的妻子也相應地採納了沙烏地服飾。雅辛當時對此並沒有太在意。這一切都像是風潮過後就會丟掉的一時流行。

讓人感覺宛如永恆的是伊朗出資的建築工地。一座巨大的新建築正在城市的東南邊緣拔地而起，那裡曾是墓地。[9] 一九八八年時，當地居民有三個月時間將他們心愛家人的墳墓移到新的地點。留下的是兩座簡單的水泥墓，長久以來大家相信這是兩位先知身邊聖門弟子的埋葬地，他們都亡故於六五七年的戰爭之中。數世紀以來，這些墳墓成為拉卡人和地方部落民尊敬的地點。蘇非也會來此，女人會來這裡祈求好姻緣和兒女。在數百年的歲月中，什葉派和遜尼派輪流主張這些聖門弟子屬於自己這邊。這處新工地就是伊朗出資的，建築物是典型的伊朗風格：兩個有圓頂的方形結構，兩邊各有一座宣禮塔，每一邊都有五十公尺長、有柱廊的休憩場域。當這座清真寺在二〇〇四年竣工時，它不僅是敘利亞最大的什葉派聖地，裝飾著美麗的波斯藍色瓷磚，也是遜尼派腹地的伊朗前哨，上面有何梅尼和哈梅內意的肖像。拉卡人曾經試著阻止在他們的聖賢、朝聖地點的工程。這個建築群剝奪了他們的傳統和集體記憶。附近沒有什葉派，但是伊朗的朝聖者開始湧入這裡，真主黨的教士在清真寺裡演講，阿勒坡的伊朗文化中心在這裡組織集會。也有人試圖讓當地人皈依什葉派。伊朗對敘利亞什葉派宗教場所進行投資和主張權利的努力，甚至不惜重塑這些宗教場域，都是將其權威擴展到國界之外戰略的一部分。其中一些工作早在一九七五年五月就開始了，當時伊朗革命剛剛結束幾個月，大馬士革的賽義達・宰奈布陵墓（Sayyeda Zaynab shrine）附近的一大片土地就被徵用，並轉交給一家伊朗－敘利亞聯合建築公司，該公司將在這座聖陵附近建造旅館以容納愈來愈多的什葉派朝聖者。幾個世紀以來，遜尼派信徒也持續來這裡參觀，但是這座陵墓卻成為什葉派的專屬體驗，一個伊朗工程計畫。

二〇一四年一月，ＩＳＩＳ宣布這個新哈里發國的首都是拉卡市。三月時，ＩＳＩＳ炸毀了伊朗在拉卡的前哨。它早就遭到破壞，牆上被塗了宣稱這是遜尼派清真寺的塗鴉；何梅尼和哈梅內意的畫像被移除銷毀。爆炸後，真主黨和伊朗可以透過主張他們必須要保護什葉派的聖域，來為他們參與敘利亞戰爭辯護。ＩＳＩＳ和其他伊斯蘭主義者團體則可以將這些地方作為伊朗試圖占領遜尼派土地的證據。

渴望權力、土地和槍炮的人發明出一場宗教戰爭。在整個阿拉伯世界的遜尼派，尤其是波灣地區的遜尼派，開始籌款支持對抗阿塞德和伊朗計畫的遜尼派同胞。這些錢大部分都流入聖戰組織。伊朗開始從更遠的地方招募更多戰士：數百名來自巴基斯坦和阿富汗的什葉派信徒來到伊拉克和敘利亞。

與此同時，拉卡的二十萬居民突然被賦予一個他們從來沒要求過的可怕主角。雅辛的家鄉成為全球的頭條新聞，和非人道痛苦的代名詞。恐怖統治始於一次釘十字架事件：兩個人被槍斃後釘在公共廣場的十字架上，一連幾天都被留在那裡，讓所有人看到。另一次十字架刑接著而來。然後是被敵對團體打敗的叛軍遭到集體處決。劊子手砍了他們的頭，將首級釘在柵欄上。拉卡從來沒有見過這種公開暴力；敘利亞沒有任何一個人見過。甚至阿塞德也是在高牆之後施行酷刑和處決。ＩＳＩＳ意圖藉由灌注極端的恐懼以得到服從。女性被要求戴上頭巾並且把臉也遮住。沒多久她們就幾乎不敢出門了。包括外國人在內的全女子道德警察，坎莎旅（Khansaa brigade），開始無情地巡邏。學校被關閉數月，直到ＩＳＩＳ重新設計反映其意識形態的課程後才再次開放。ＩＳＩＳ將他們的暴力作為一種奇觀來宣傳，其媒體操作是推出製作精良的影片搶占西方媒體的頭條，與此同時阿塞德的酷刑和處決的祕密產業繼續吞噬著成千上萬的敘利亞人。

那年春天和整個夏天，巴格達迪和他的部下發動令人大開眼界的攻勢，讓全世界出乎意料——尤其是歐巴馬總統和他的政府，他們曾把ＩＳＩＳ視為眼下的小角色，從而為美國的缺乏干預提供正當理由。巴格達迪的部下在敘利亞各地展開數月的準備工作，建立當地的治理基礎設施，獵殺敘利亞自由軍並招募更多人員。ＩＳＩＳ在伊拉克釋放了大約五百名囚犯，其中很多都是札卡維時代的人，這些人將使迅速壯大的部隊隊伍變得更龐大。巴格達迪用一波令人震驚的炸彈攻擊火上澆油，驅使遜尼派在政府持續讓他們失望的時候投入他的組織以求得保護。大攻勢是六月五日從巴格達迪的薩瑪拉老家開始的。幾天之內，一隊隊的人擠在皮卡的後車廂上，或者駕駛著從伊拉克軍隊那裡偷來的軍車，從伊拉克北部的摩蘇爾（Mosul）出發，越過邊界進入敘利亞。當巴格達迪的手下占領一個又一個城鎮，奪去從巴格達外一直延伸到土耳其邊境的領土控制時，伊拉克的軍隊崩潰了。這是驚人的失敗：幾千名輕武裝人員就能面對一支有它二十倍大，而且大部分是美式裝備的國家軍隊。戰利品價值數百萬美元。對油田的控制甚至帶來了更多收入。但是以哈里發的名義獲得的勝利對狂熱者來說才是無價的；這是一場對抗歷史的勝利。

他們控制下的領土擁有豐富的文化歷史。巴格達迪非但沒有重新創造文化，反而用大錘將它們砸碎，試圖消滅數百萬人的集體認同。伊拉克和敘利亞，古代文明的搖籃，現在不僅失去了未來，還失去了它們的過往。在摩蘇爾，ＩＳＩＳ燒毀或劫掠數百年歷史的圖書館，破壞無價的手抄本和地圖。在亞述古城尼尼微，有人用氣動鑽孔機挖掉一尊曾經是亞述國王權力象徵，九噸重的翼牛之眼。在敘利亞，ＩＳＩＳ毀掉一個古希臘定居地，其中包括有世界已知最早的教堂和猶太會堂。這個遺址幾百年來都一直保存完好，被稱為是敘利亞沙漠中的龐貝。ＩＳＩＳ摧毀這裡的兩座神廟，後來還將看護這個遺址四十年的考古學家斬首。戰爭中總會有掠奪和破壞，但是這一次是有目的的、無情的、下手狠毒的破壞文化行為。ＩＳＩＳ為這些殘暴行為辯護，聲稱是在打擊多神教和偶像崇拜。巴格達迪還背棄了哈里發鼓勵藝術、歷史和文學的悠久傳統。

自沙烏地阿拉伯建國以來，中東地區從來沒有出現過這樣的文化狂潮，從未有過對破壞雕塑和陵墓行為如此怪異、受到誤導的痴迷。而自穆罕默德．伊本．阿布杜瓦哈布和第一個沙烏地國家的時候起，也未曾出現過這種狂熱於消滅那些不屬於極端清教世界觀之狹隘範圍的人。由埃及小說家阿赫麥德最早提出，將瓦哈比主義和沙烏地阿拉伯相提並論的比較開始大量出現。在沙烏地阿拉伯，許多人懷著深深的痛苦眼看著敘利亞和伊拉克的遺產遭到破壞，這種暴力姿態在這個王國太常見了。沙烏地記者賈邁勒．哈紹吉從他報導阿富汗聖戰的經歷中認出很多發生在敘利亞的事情：年輕人熱切地投入一項志業中，渴望保護遜尼派的同胞來對抗敵人，政府草率地提供幫助，槍械自由流通，極端思想扎根。

在ＩＳＩＳ身上，哈紹吉看到的是最原始、最純粹的瓦哈比主義。[10]

事實上，ＩＳＩＳ的成員和支持者撰寫小冊子，將巴格達迪描述成一個追隨伊本．阿布杜瓦哈布的腳步，繼續履行其維護極端唯一論的使命，同時打擊偶像崇拜，並在奪得的領土上實施伊斯蘭法的人。[11]

沙烏地阿拉伯強烈抗拒與ＩＳＩＳ相提並論，並指出這個組織實際上已經對沙烏地王國宣戰。的確，沙烏地阿拉伯既沒有贊助，也沒有武裝ＩＳＩＳ——但ＩＳＩＳ把沙烏地王國放在目光之中也是事實，因為狂熱分子認為紹德家族偏離了伊本．阿布杜瓦哈布的真正使命。ＩＳＩＳ是沙烏地人的後裔，是沙烏地在好幾十年裡驅動的勸教，和藉由打壓其他所有學派以資助特定思想學派的附加品，但

ＩＳＩＳ也是沙烏地阿拉伯的一個逆子，是對沙烏地阿拉伯宣稱自己是伊斯蘭國家的具體展現，同時又是西方盟友這種偽善的反作用力。

雅辛並沒有花太多時間研究ＩＳＩＳ與其他薩拉菲主義激進組織在神學上具有的細微差異。主要因為在敘利亞死亡的五十萬人中，有九〇%以上的人是被阿塞德殺死的，但西方國家卻對ＩＳＩＳ現象情有獨鍾。但是雅辛也認為大多數暴力的伊斯蘭主義者只是意圖搞破壞的虛無主義者（nihilist）。因此，雖然他理解為什麼敘利亞人或者伊拉克人可能會在被世界拋棄後出於絕望、出於需要，或也許是出於堅信這是一條正義的道路而加入，但是他沒有時間弄清楚那些湧入像拉卡這種地方的歐洲或阿拉伯國家的外國穆斯林，他們的行徑就像新的殖民者或定居者一樣。而且他對沙烏地阿拉伯和ＩＳＩＳ保持距離的努力不以為意。沙烏地王國或許沒有指揮這個狂熱分子邪教的崛起，但是它在餵養各種劫持革命、破壞敘利亞的伊斯蘭虛無主義者上做得已經夠多了。沙烏地阿拉伯在敘利亞戰爭中支持的其中一人已經撕碎了雅辛的心。

二〇一三年十二月九日晚上十點四十分，一群蒙面的武裝人員闖入薩米拉和三個朋友在杜馬工作的辦公室，他們是拉贊．宰圖尼（Razan Zeitouneh）、瓦伊勒．哈瑪達（Wael Hamada）和納吉姆．哈瑪迪（Nazem Hammadi）。拉贊是追蹤侵犯人權行為的侵害紀錄中心（Violations Documentation Center）的創始人之一。薩米拉之前曾收到過自稱伊斯蘭軍團體的威脅，但是沒有人把它當一回事。在薩米拉和她的同事被綁架後的一段時間裡，雅辛一直否認，希望他們能夠被快速釋放。但是幾天、幾個星期、幾個月過去了，什麼都沒有。雅辛已經開始流亡；十月時，他逃到土耳其。薩米拉一直擔心他在拉卡的安全，催他離開。他們也一直在尋找能讓她離開敘利亞的辦法。現在他失去了他的家園、他的兄弟、他的靈魂伴侶。他可能感到崩潰，但是他沒有屈服。他繼續寫作，呼喚怪物。「薩米拉的綁架者代表了革命剛爆發時的殘酷行為再現，」雅辛幾個月後在一篇新聞文章中寫道：「薩米拉和她同事的案件代表了敘利亞的情況，他們被困在殘暴的化身——政權，和不人道的化身——伊斯蘭主義者之間。對於這兩夥人而言，監獄都是他們在他們控制地區裡最先關心的事情。」[12]

伊斯蘭軍的領袖叫札赫蘭．阿盧什，是一個來自杜馬的薩拉菲主義者傳教士的兒子，曾經在沙烏地阿拉伯受訓，他在那裡一直待到此時。阿盧什本人曾在麥地那伊斯蘭大學就讀。回到敘利亞以後，他的薩拉菲行動主義讓他在二〇〇九年進了監獄，但是他是阿塞德在二〇一一年釋放的許多伊斯蘭主義者中的一員。阿盧什成立自己的派別，慢慢發展成一個旅，然後是一個小規模的部隊，這得歸功於他在沙烏地阿拉伯的家族人脈提供的慷慨資金。他也想要建立一個伊斯蘭法律統治的神權國家，一個伊斯蘭國家，只是比ＩＳＩＳ的殘暴程度低一些。他呼籲建立一個清除什葉派的敘利亞。但是他對敘利亞以外沒有野心，也沒有殺西方人，所以他的頭條新聞比較少。在二〇一三年底，當美國顯然不會代表敘利亞叛軍出手干預時，沙烏地阿拉伯決定為阿盧什投下重金和支票，花費數百萬美元來訓練和武裝他的組織。阿盧什甚至到沙烏地阿拉伯會見官員。但是，雖然沙烏地人知道如何往問題上砸錢，但是他們沒有真正的能力來貫徹戰略。錢正在從卡達和科威特等其他波灣國家流入敘利亞。波灣國家在爭奪敘利亞影響力的過程中並非朝著共同的目標，反而出現競爭。美國對協助扳倒阿塞德不感興趣的態度繼續發揮號召作用：數以百計的聖戰者和想要成為聖戰者的人，也包括各種失意者，紛紛湧向敘利亞。有些人加入支持者陣線，有些人加入ＩＳＩＳ。他們來自歐洲、俄羅斯、埃及、約旦。來自沙烏地阿拉伯的阿拉伯戰士人數僅次於突尼西亞，儘管以沙烏地阿拉伯的人口數換算，平均人數較少。

雅辛在流亡中，眼睜睜看著這些外國人對他的國家提出要求，並竊取敘利亞人的革命，不僅有遜尼派的，還有什葉派的，最大的外國戰士團體實際上是站在伊朗那一邊。伊朗已經不遺餘力地在巴基斯坦和阿富汗招募人手。據估計，敘利亞的什葉派戰士人數在兩萬至八萬間。他們是伊朗自己的跨國軍隊。伊朗也在逐步建立一個從伊朗通過伊拉克到敘利亞一直到黎巴嫩，連綿不絕的勢力範圍。它正迫使敘利亞的人口結構發生變化，在什葉派聖域周圍注入各民族的什葉派戰士家屬，或來自伊拉克的流離失所家庭；以及人口交換，敘利亞少數來自遜尼派地區深處村莊的什葉派信徒，被轉移到阿塞德和伊朗控制區的村子裡。真主黨正利用在黎巴嫩非常有效的模板，於敘利亞建立一個「抵抗社會」，建立伊斯蘭馬赫迪童軍，提供公共服務，並照顧烈士家屬。

再過幾年，雅辛的家鄉和伊拉克的廣大地區，包括摩蘇爾的大部分，都將幾乎變成一堆瓦礫，被美國領導擊敗ＩＳＩＳ的轟炸行動摧毀。破壞的程度令人難以置信，整個城市街道被夷為平地。平民傷亡令人震驚：他們在自己的城市裡被ＩＳＩＳ挾持了四年後，死於旨在解放他們的空襲之下。整個家庭在眨眼間被消滅；在為期幾個月的炮擊中，有一千六百名平民死亡。但是到二〇一七年十月時，美國可以宣稱戰勝了ＩＳＩＳ。伊朗人將會迅速回到拉卡，重建那些被ＩＳＩＳ炸毀的聖賢陵墓。

到最後，ＩＳＩＳ與伊朗革命衛隊之間最具代表性的對抗不是發生在拉卡，而是發生在七小時路程之外，敘利亞－伊拉克邊境最南端的坦夫（al-Tanf）口岸，時間是二〇一七年的夏天。ＩＳＩＳ對敘利亞政府的一個邊境哨所發動突襲，而革命衛隊的顧問就在那裡。戰鬥持續了兩個多小時，只留下一名伊朗人穆欣．霍加吉（Mohsen Hojaji）生還，他是二十六歲的軍官，在被俘虜後對著鏡頭遊街。他堅忍地看著俘虜他的人手中的鏡頭，已經認命。一名臉頰上帶血的ＩＳＩＳ戰士用手壓著他，一把刀抵在他的皮膚上。兩天後，這名年輕的伊朗人被斬首，ＩＳＩＳ公開了一段恐怖的影片。

在伊朗，人民對該國捲入代價高昂之境外戰爭的憤恨正在增長。數百名伊朗人在伊拉克和敘利亞的戰鬥中喪生。霍加吉的死，他令人難忘的面孔和堅毅的神情，短暫地團結了伊朗人。他的遺體受到英雄般的歡迎。然後，霍加吉的遺孀，披著查朵爾，說了一件最奇怪的事情：霍加吉是為了捍衛女人戴頭巾的權利而死的。他失去了他的頭顱，她說道，因此伊朗女性可以繼續戴頭巾。彷彿自從一九七九年以來，伊朗革命只是關於一件事：女性的謙遜。對伊朗的某些人來說，的確開始有這種感覺了。

第十八章

阿基里斯之踵

伊朗，二〇一四年至二〇一九年

我思慎，然而我知道
我永遠無法脫離這個牢籠。
即使看守人讓我離開，
我已失去遠走高飛的力氣。
——芙茹弗．法魯赫札德（Forough Farrokhzad），〈俘虜〉（Captive），一九五八年

瑪希赫．阿琳娜嘉德早就摘下頭巾，擁抱她那一頭和本人一樣難以駕馭的捲髮。[1]她在一九七六年出生於裡海附近一個貧窮村子，父親在革命期間曾參加過巴斯基道德警察組織。在這段漫長的人生旅程裡，她從那個小村女孩，變成一個提出太多問題的反叛少女，再變成一個四十歲的自信女人，反抗體制，先是在伊朗，然後從二〇〇九年起開始流亡。在成長過程中，她曾被教導如果她聽音樂的話，在審判日會有融化的金屬灌入她的耳朵——同樣的威脅也深深地烙印在吉達的年輕女子索法娜．達赫蘭的腦

海中。她們生活在分裂的不同世界裡，被沙烏地—伊朗對立的深淵隔開，在截然不同的環境裡長大。她們不認識彼此，也可能永遠不會相見，但是她們是同齡人，面臨著關於她們的選擇、思想和身體的相似限制。她們都是一九七九年的產物，她們的生活由那一年所釋放出的難解驅力塑造。在伊朗，瑪希赫也了解她和她家人的榮譽都和頭上的頭巾息息相關。即使是在學校裡，她的老師也明確無疑地說，如果不戴頭巾會下地獄。因此她盡責地戴頭巾，把頭巾緊緊地包在頭上，感覺就像是她的第二層皮膚。她連睡覺都戴著。所有的女性家人即使是在家裡也都戴著。她們的家是一間有兩個房間的泥屋，沒有廁所，廚房是位於戶外的明火窯。

在整個伊朗，自從一九七九年以來，許多家庭都過著雙重的生活——大家在公共生活中遵守規矩，在私生活中打破所有的規矩。公開場合禁止喝酒，也禁止音樂。但是仍然有私人派對，男女共舞，大家喝酒聽音樂。正式的音樂會被禁止，但是有私人表演和車庫樂團。衛星電視天線被禁止，但是每家都有一臺，希望鄰居不會說出去。道德警察在街上巡邏，但是男孩和女孩有週末一起出遊的方法。這種祕密生態的氣氛讓人精神分裂。因此，孩子無法辨識這種無形障礙，有時候在不知不覺間會暴露出父母的身分。

瑪希赫的家庭不過雙重生活。他們一直是真心相信。曾經只留著嘴上鬍鬚的父親，在一九七九年後留起了長鬍子，並教導年輕人要去清真寺禮拜。一九八九年，十二歲的瑪希赫認為她的世界會在何梅尼去世後結束。然而，她的頭巾下面不僅有叛逆的頭髮，還有叛逆的心。她是家中六個孩子中最小的，性格就像個頑皮男孩，常常問媽媽為什麼不能像哥哥那樣騎腳踏車。在高中時，她問過老師，為什麼男生不戴頭巾。後來，她開始有一些小的叛逆行為，比如在步行上學的路上拿掉身上的全黑色查朵爾。雖然還是戴著頭巾，但是她父親卻告訴她，她給家庭帶來了不光彩，並且兩個月拒絕跟她講話。她很快就開始追求更高的目標，要求更多的自由，這就是她一生追求的開始，她要挑戰冒充真主律法監護人的政權當局。她跟一群朋友開始撰寫和分發一本地下小冊子；他們在附近小鎮的牆上用噴漆寫上「人人都有言論自由」的句子。

他們只不過是來自小村子的青少年，做出反叛之舉並假裝是知識分子。但是在九〇年代的伊朗，這樣的舉動形同為煽動叛亂，她被關了一個月。更讓家人羞愧的是，她在監獄裡發現自己懷孕了，她還沒和自己的未婚夫正式結婚。她後來結了婚，又在還不滿二十五歲的時候離婚。不斷推動瑪希赫越發叛逆的力量，終於帶她來到了德黑蘭，二〇〇〇年時她在這裡當實習生，後來成為全國報紙《關聯報》（*Hambastegi*）的議會記者，這家報社是哈塔米總統領導的伊朗新興改革派媒體之一。瑪希赫穿的紅色鞋子惹惱了她的主管。但是她的工作表現很出色：她知道在什麼地方和如何挖掘出議會裡的黑幕並將其作為頭版新聞公之於眾。

雖然有伊斯蘭共和國帶來的壓迫，但是伊朗從來沒有成為一個完全的極權國家。伊朗人實在是太喜愛爭辯，太有文化而且文化氣息十足：在受限的範圍之內，選舉中依然有驚喜，議會辯論相當活躍，改革派媒體推動著選舉議程，各個階級的知識分子不斷地寫作、會面、勾畫著不同的未來。甚至有一本大膽、有爭議的雜誌《啟言》（*Kiyan*），刊登關於宗教多元主義和神職人員在政治中作用的文章。這本刊物是由伊斯蘭革命中的一名知識分子阿布杜卡里姆．索魯什（Abdolkarim Soroush）創立的，他曾在伊斯蘭化大學課程的文化革命中發揮關鍵作用。但是自從九〇年代初開始，索魯什一直在內部挑戰體制，提出和埃及知識分子納斯爾．阿布．齊德一樣的問題。索魯什和納斯爾一樣，也寫了有關於解釋學（釋經）的文章，並試圖理解《古蘭經》的降世成為存在的背景，而不是將其當成一種非創造物的真主之言予以接受。和納斯爾一樣，索魯什也面臨著那些自以為是真正信徒之人的憤怒——他會受到真主黨援助者（Ansar-e Hezbollah）之類團體的騷擾和毆打，這些武裝暴徒的行動是得到政府默許的。

《啟言》最終將會被查封，索魯什不得不在二〇〇〇年離開伊朗。曾有人希望哈塔米，一個溫和而和藹可親的教士，可以引導國家擺脫僵化，並在不推翻體制的情況下改變它。但是他並未做到這一點。一九九九年時，學生要求更迅速地進行改革的抗議行動導致五天的騷亂，德黑蘭成了戰場，成千上萬的學生高呼「哈梅內意，你真可恥，領導權不屬於你」。巴斯基和其他準軍事團體被放任到人群中毆打抗議者。動亂蔓延到全國各地，這是對二十歲的伊斯蘭共和國迄今為止最為嚴峻的挑戰。但這個體制卻倖存了下來。儘管哈塔米沒有實現變革，他還是獲得了另一次機會，並在二〇〇一年連任，因為儘管他是伊斯蘭共和國的創立者之一，但是他比一九七九年以來的歷任執政者都更為溫和。

在德黑蘭，瑪希赫以記者身分進入議會，與公共場合的所有伊朗女性一樣戴著頭巾，並曝光了一個為議員而開設的有油水的基金。她用一塊黑布裹住頭髮，穿著用藍色牛仔布製成的外套，向公眾曝光議員沒有按照承諾減薪，造成一場軒然大波。她不停地督促並挖出了大新聞。在拒絕了查朵爾之後，瑪希赫開始質疑頭巾，但是她仍然認為頭巾議題相比國家裡的其他更緊要的事情仍屬次要議題。當她十幾歲時在伊朗呼籲言論自由時，她還在用自己的夢想傾注於伊斯蘭共和國身上。她相信可以修正制度，然後頭巾的事情就會迎刃而解。但是她愈來愈覺得那些試圖轉移她問題的官員會對她的衣著提出質疑：她的一縷頭髮露在外面，她的鞋是紅色的，她的妝容太豔麗。他們告訴她，當她能戴上「好好的頭巾」之後，他們就會回答她的問題。頭巾被用來掩蓋這個國家的同質統一假象，讓女性保持謙恭，讓那些敢質疑的人安靜。

瑪希赫開始向政治人物詢問頭巾的事情。從前總統拉夫桑賈尼到哈塔米本人，她詢問每個男人，假如他們進入學校裡有頭巾禁令的法國，他們的太太被要求露出頭髮時會怎麼辦。他們回應說這麼做不僅是對伊斯蘭價值的攻擊，也是對於他們的太太想戴頭巾的權利之侵害。她就是在這裡對他們設陷阱的：那如果是外國領袖攜太太訪問伊朗呢？難道她們有選擇權嗎？他們對此感到侷促。拉夫桑賈尼不情願地承認她正觸及一個敏感議題。瑪希赫這時候明白了，頭巾，*hijab*，並不是一個次要議題，它是何梅尼所設想的革命意識形態的支柱之一，是支撐結構之鷹架的一環——但它也是伊斯蘭共和國的阿基里斯之踵，因為女人受到扼制。一九七九年時上街遊行的那些女人，高喊著「在自由的黎明，沒有自由」，她們仍然在那裡，而且和她們在一起的是新世代的女兒，以及所有那些曾經支持革命，然後對革命幻滅的人。

伊朗年輕人曾有很大的夢，但是這些夢想被卡在一九七九年——這是最高領袖試圖維護和更新的遺產。伊朗的年輕人每天都在挑戰制度，甚至連頭髮都從頭頂上的頭巾中露出來，她們的頭巾愈拉愈長。男孩和女孩在街上手拉手，向宗教警察挑戰。瑪希赫更是步步緊逼，她的問題和她的獨家新聞太過火了。她遭到騷擾、偵訊，最終她的報社解雇她。她離開伊朗，前往倫敦學習英語。當她試圖在二〇〇九年回國報導總統大選時，有人告訴她如果回德黑蘭，她最終會鋃鐺入獄。

在這些選舉中，艾哈邁迪內賈德，哈塔米的繼任者、二〇〇五年上任至今的總統面臨選戰失敗，一位溫和派候選人米爾－侯賽因・穆薩維（Mir-Hossein Mousavi）獲勝呼聲很高。但是在二〇〇三年美國侵略伊拉克之後，伊朗正在鞏固它在該地區的成果，艾哈邁迪內賈德正在為這項事業服務。在最高領袖和像蘇萊曼尼之類的人眼中，這不是改弦易轍的時候。投票結束後不久，正式結果就公布了：艾哈邁迪內賈德獲勝。

在選舉的三天後，有兩百萬人走上街頭支持穆薩維，人民問道：「我們的選票去哪了？」伊朗民族豐沛的靈魂生生不息——但是它再一次未能抵得過一個為了保住權力不惜動用一切武器的無情體制。綠色運動的抗議持續了三個月；至少有六十九人死亡，數百人坐牢。穆薩維和他妻子被軟禁，並持續多年。這段時間，瑪希赫一直無法返回伊朗。她在國外掀起了波瀾，寫下自己國家內部的鎮壓並非常公開地尋求採訪歐巴馬。在公共場合下，她仍然遮住頭髮，不是用頭巾，而是用圓帽或者棒球帽。她仍然無法在公開場合完全放下她的第二層皮膚。而且她也不想要讓她的父母失望，她知道他們可能會在電視機前。

二〇一二年，也就是美國侵略伊拉克的將近十年後，阿拉伯起義的第二年，艾哈邁迪內賈德的第二任總統任期要結束了，伊朗對它的區域獲利已經感到安穩。但是哈梅內意和革命衛隊愈來愈擔心正在扼殺伊朗經濟的制裁——不僅是因為他們害怕人民抗議，更因為他們的抽成也變少了。哈梅內意決心試探一下歐巴馬上任第一天做出的，如果伊朗伸出手，他會「放鬆拳頭」的承諾。伊朗和美國官員自二〇一二年開始在阿曼進行祕密的直接談判，探討解除對德黑蘭的制裁以換取伊朗凍結其核子計畫。為了幫助達成這筆急需的交易，最高領袖準備向世界展示伊朗更為溫和的一面。他眼看著哈桑・羅哈尼（Hassan Rouhani）在二〇一三年六月當選總統——這是另一位來自體制深處的教士，一個不知疲倦地和西方進行談判的中間派，讓談判一直延長下去，保留溫和及樂意互動的印象，但不退讓。羅哈尼許諾了希望和外交政策，伊朗的年輕人欣喜若狂。他們在全國各地開著車在城裡繞行，按著車喇叭。暗地裡進行的談判速度加快，對話很快就公開了。

二〇一三年九月，歐巴馬放棄對阿塞德發動打擊以懲罰他使用化學武器的一個月後，他和羅哈尼總統在聯合國大會上通了電話。伊朗外長賈瓦德・札里夫（Javad Zarif）和美國國務卿約翰・凱瑞（John Kerry）坐下來進行會談。這是自從一九七九年以來兩國之間最高層級的接觸。

沙烏地人感到震驚，而且深深覺得受到背叛。他們早已擺脫一九九〇年代的關係緩和時期，對於伊朗和美國之間的後門管道感到尤其反感。他們在以前就對這種會談感到受背叛，而且這讓他們對自己在中東的地位，和作為美國在阿拉伯世界首要盟友的角色感到不安全。沙烏地和美國聯盟的基礎是用石油換安全，有其局限性，而且這種關係已經受到九一一襲擊等事件的嚴峻考驗。同時，華盛頓的部分決策者認為，伊朗比一個絕對君權的沙漠王國更有希望變成民主國家。沙烏地人在聽到這樣的思索之後感到驚駭。歐巴馬政府也相信如果能夠在改革派掌權時達成協議，經濟的改善將進一步加強改革者的實力，並表現出強硬派在多大程度上辜負了人民的期望。

歐巴馬希望為美國在中東的姿態帶來更多平衡。如果伊朗的威脅較小，美國就可以減少其在該地區的軍事存在。美軍已經自二〇〇九年開始從伊拉克撤軍，到二〇一一年年底已經所剩無幾。歐巴馬希望能放鬆美國和波灣國家的緊密聯繫，美國已經被鎖在這裡了。他想要後退一步，和伊朗與這個沙漠君主國站在相等距離上。儘管最終的目標是凍結伊朗核子計畫的威脅，不過採取更為寬廣的方法也有一些好處。但這最終會失敗。一部分原因是，在執著於達成協議的過程中，歐巴馬行政團隊並沒有意識到從二〇一二年會談開始，到二〇一五年七月會談結束期間，地區的背景環境發生多大變化，以及這對協議和美國在該地區盟友中的地位如何產生不利的影響。

在核協議的進行中，瑪希赫仍然在倫敦撰寫關於在伊朗的壓迫，尋找辦法和德黑蘭惡名昭彰之艾文監獄中的犯人取得聯繫，以便寫出他們的故事。虐待行為仍在羅哈尼的任期內延續，這表明改革者的權力是有限的。在西方生活幾年後，瑪希赫終於能夠完全接受自己的捲髮，她甚至在自己的臉書主頁上發了一張她在倫敦街道上伴著櫻花盛開奔跑的照片。風吹著她的頭髮，她張開雙臂。在圖說中，她描述她的頭髮是怎樣被伊斯蘭共和國的當權者挾持三十年的。她在不知不覺中發起了一場運動。很快地，她就收到伊朗國內女性的回應，她們抱怨自己沒有她享有的自由。但是瑪希赫還記得她和她的朋友還在那裡生活時，會偷偷享受祕密自由的時刻。她貼出年輕時的照片，剪了像男孩子一樣的短髮，不戴頭巾徒步旅行。她自己從村子裡開車回德黑蘭的照片，並沒有戴頭巾。伊朗人不斷地尋找伊斯蘭共和國建造的防禦工事上的漏洞。於是瑪希赫呼籲伊朗國內的女性把她們享受鬼祟自由（stealthy freedom, *azadi yavashaki*）的照片發給她。

這些女性很有創意：她們從背後拍照，戴上眼鏡，側過臉，在陰影中，或是對著鏡頭把頭向後轉，只露出下巴和散亂的頭髮。雖然不露臉，她們仍是在冒險。但是她們已經嘗到自由的滋味了，這很難讓人放手。照片不斷地傳來。到二〇一四年五月底的時候，瑪希赫建立的臉書頁面「我的鬼祟自由」已經擁有五十多萬粉絲。她開啟了一場運動。很明顯，頭巾並不是一件小事——沒有頭巾的話，女人不能出門，不能上學或是找工作。當她向西方媒體和波斯語媒體講述她的運動時，她不斷地強調，她反對的不是頭巾這塊布，而是這種強制性和缺乏選擇。她抗議的是那些將自己的意識形態投射到女性身體和頭髮上的當權者。她駁斥那些告訴她女權已經比國王時代更進步的人，他們說伊朗的女權進步要歸功於伊斯蘭共和國——在女性識字率和大學入學率方面，伊朗與該地區大多數國家的發展速度相同。但是自從一九七九年以來，伊朗又施加了新限制：女法官在革命後的幾星期裡都被解雇，其中包括伊朗歷史上第一位女法官希琳．伊巴迪（Shirin Ebadi），她因不懈地倡導人權而獲得諾貝爾和平獎。在六〇年代，伊朗因為出現該地區第一位女性內閣部長而驕傲；但是在革命後要直到一九九七年哈塔米上臺才再度出現。雖然在何梅尼時期就有女性獲選進入第一屆議會中，但性別區隔限制了女性的工作機會。而且，當然地，對音樂的禁令嚴重地削弱了藝術世界，讓古谷詩這樣的一流女歌手賦閒在家，無盡盼望著能夠重回舞臺的許可。她最終在二〇〇〇年選擇出國流亡。

瑪希赫無意中發起的運動，在伊朗國內有了自己的生命力，隨著女性愈來愈大膽地發送露臉的照片，勢頭愈來愈猛烈。接著她們開始發影片，拍攝自己不戴圍巾走在街上的情境。往往是丈夫、兄弟或父親自豪地拍下她們的樣子，宣示和女性團結一致。有穿著查朵爾的女性宣布支持那些想要自由地不戴頭巾的人。有影片顯示，她們與宗教警察、教士和其他相信所有人都該戴頭巾的女性發生爭吵。瑪希赫篩選了這些影片和照片，將她們發布在她的社交媒體頻道上。很快地，她在 Instagram 的帳號就擁有兩百多萬粉絲。在一段地鐵女性專用車廂拍攝的影片中，有一個穿查朵爾的女子向面前不戴頭巾的女生挑戰：「妳在挑釁政權。我們的男人上戰場犧牲可不是為了妳們這種出門裸露的人。」[2]瑪希赫知道這種論述，在八〇年代她自己的兄弟走上沙場時她就聽過這樣的話。伊朗政府曾用在一場毫無意義的戰爭中犧牲的成千上萬人讓異議者消音，要求他們屈服以展現對為國捐軀烈士的尊重。伊朗為了幫助阿塞德而介入敘利亞，這意味著伊朗的男人又在自己的國境線外戰鬥和死亡，民族主義又一次和女性的端莊夾纏在一起。當她聽到二〇一七年八月在敘利亞被ＩＳＩＳ斬首的革命衛隊軍官霍加吉其遺孀宣布她的丈夫失去了頭顱，所以伊朗的女性可以繼續戴頭巾時，瑪希赫感到很憤怒。多麼諷刺啊，瑪希赫想，因為他是在為一個不強迫女性戴頭巾之國家的戰鬥中死去的。到這時候，瑪希赫已經住在紐約布魯克林，她反頭巾的運動開始讓當局感到不耐煩。霍加吉的遺孀也努力勸導：「我要求大家，看在烈士妻子的份上，看在烈士的媽媽的份上，看在烈士的姊妹的份上，戴好頭巾吧。」

伊朗最初讓自己在介入敘利亞的戰爭中保持低調。有人陣亡，但是並沒有官方死亡人數。到二〇一七年時，死亡人數已經上百，不滿情緒正在發酵。霍加吉的慘死對伊朗政權來說是一個偶然的機遇：震撼並短暫地團結伊朗，把所有人都團結在國旗的周圍。他在沙漠中被斬首，背景中煙霧繚繞，為裝飾著什葉派標誌的海報提供奪目的意象。革命衛隊聖城旅的卡西姆．蘇萊曼尼毫不掩飾地談論霍加吉遇害的事件服務了革命衛隊的事業。「為了榮耀一件事情的重要性，有時候神會創造一個事件，」他在葬禮後說道：「霍加吉烈士之死是為了讓捍衛〔什葉派〕陵墓的奮鬥提供更多的意義和榮耀。」

六千英里之外的維吉尼亞州，穆欣．薩澤加拉為霍加吉而哭泣——這又是一樁沒有意義的死亡。他也為自己的國家哭泣，但主要是為敘利亞的事情感到痛苦。穆欣曾經是個年輕的活動人士，陪著何梅尼從巴黎飛到伊朗，並幫忙建立革命衛隊，現在他正在流亡，就像瑪希赫和許多其他人一樣。他離開伊斯蘭共和國的旅程漫長又痛苦，包含在監獄中度過的痛苦彎路。他有很多遺憾，這些遺憾讓他夜不能寐。革命是個巨大錯誤，而他這一代人需要彌補的東西太多了——年輕一代能原諒一九七九年發生的事情嗎？敘利亞人能原諒伊朗對他們國家的所作所為嗎？伊朗的手上沾滿敘利亞人的鮮血。伊朗拯救了阿塞德，並與這位敘利亞獨裁者一樣，對發生的所有恐怖事件負有責任：五十多萬人死亡、五百多萬難民、六百多萬人在敘利亞境內流離失所、數十萬人在監獄中失蹤。穆欣不明白，在與伊拉克的戰爭中飽受苦難的伊朗，現在怎麼會讓另一個國家承受如此的苦難呢？而且是為了什麼呢？那些陵墓嗎？

離開革命衛隊之後，穆欣在八〇年代為各政府部門工作。他知道在革命結束後就立即展開對左派分子進行的無情殺戮和絞刑，他認為這些事情是革命時刻中發生的過激行為。他聽說過監獄裡發生的酷刑，但他也將之視為少數人濫用權力的行為。但是在一九八四年時，他被錯誤地指控參與暗殺總理而遭捕。他在艾文監獄裡關了二十四小時，親耳聽到附近牢房裡傳來的酷刑聲。他出獄後去見了何梅尼並向他告知他認為最高領袖不知道的事情：他的手下和追隨者背叛了革命價值。艾文監獄的典獄長被撤職，穆欣覺得自己得到了平反。他是對的，那些只是壞人的個別事件。一九八六年時，他在沒有明確理由的情況下再次入獄，在監獄裡待了兩個月，其中有四十九天是單獨監禁。

在接下來的幾年裡，他愈是觀察周圍，就愈是看到革命已經腐壞的證據。他辭去政府的工作並向改革派的圈子靠攏，和索魯什一起加入了《啟言》集團。他開始自辦報紙。他重新閱讀了何梅尼的所有聲明，但是這一次他讀到了背後的意思；他想到何梅尼在回德黑蘭的飛機上說的那個詞，*hichi*，什麼都沒有。他研究其他地方的革命，明白自己作為一個熱血沸騰的年輕革命者時沒看清楚的東西：獨裁的種子從一開始就在那裡，要將何梅尼提升為唯一領袖。

二〇〇三年，當哈塔米擔任總統，索魯什已經流亡海外的時候，穆欣因呼籲改變制度而再次入獄。他在監獄裡待了將近四個月，並絕食長達七十九天。他的兒子也被逮捕。監獄中的艱難環境和絕食對他的眼睛造成損害，他獲准到國外做手術。出國期間，他被缺席審判更久的刑期。他的家人已經出國，所以穆欣決定不回國了。他在美國定居，並從遠處試圖推翻他協助建立的制度。他經常上電視接受採訪，並且在自己的 YouTube 頻道上呼籲伊朗國人用非暴力手段反對政府，削弱對政權支持的基礎。但是從一九九九年和二〇〇九年對抗議的暴力鎮壓，再到敘利亞戰爭，該政權從未避諱用武力壓制不同意見，擴大自己的權力。當穆欣協助建立革命衛隊的時候，他從來沒有想過這個準軍事團體會在伊朗境外發揮作用。

二〇〇七年霍加吉在敘利亞死亡，短暫地幫助伊朗提出它在打擊ＩＳＩＳ的戰爭中和美國站在一邊的理由。伊朗會指著沙烏地阿拉伯說它是極端主義的源頭，並不斷提醒全世界，九一一的十九名劫機者裡有十五個是沙烏地人。沙烏地阿拉伯會大發雷霆，並反過來指責伊朗對真主黨和伊拉克什葉派民兵等團體的支持，這些團體自二〇〇三年以來殺死了六百名以上的美國士兵。[3]

當巴格達迪的手下在二〇一四年夏天橫掃伊拉克和敘利亞時，伊朗的確出手營救。歐巴馬政府還在權衡是否要用戰機打擊ＩＳＩＳ目標，而伊拉克還在乞求加快交付它向美國訂購的阿帕契直升機和Ｆ－16戰機。但是在摩蘇爾淪陷的幾小時內，蘇萊曼尼就抵達巴格達，領導反擊行動。[4]他協調了防務，並呼籲全國各地的什葉派加入民兵組織打擊ＩＳＩＳ，有數千人自願加入。馬赫迪軍裡充斥著挑動爭端的教士穆格塔達．薩德爾的效忠者。其他人則加入由伊朗昔日的朋友哈迪．阿米里領導的巴德爾旅。各種分化派別吸引到其他戰鬥人員，也有更多的派別出現。伊拉克總理努里．馬利基已經在利用這些無情的準軍事團體來維持他對權力的掌控，他通過一項法令讓這些組織合法化，並將其稱為人民動員（Popular Mobilization Force，PMF）。人民動員的作用應該是支持伊拉克疲軟的軍隊。這正是阿拉圖拉阿里．希斯塔尼發布教法建議呼籲無論什葉派還是遜尼派，所有伊拉克人都該起身加入反抗ISIS的戰鬥中時的想法。但與此相反，一支平行的什葉派軍隊出現，人數在六萬至十四萬之間，大多聽命於蘇萊曼尼。

這位「活著的烈士」，也被稱為影子指揮官的人現在出現在鎂光燈下，成為反擊ISIS的英雄。蘇萊曼尼在打擊ISIS戰爭的前線指揮戰鬥的照片和影片開始在社交媒體上流傳。起初，這些都是他在民兵組織中的粉絲拍攝的業餘快照。[5]後來，專業攝影師開始拍攝他在戰場上的照片，與戰士合影，顯示伊朗多麼熱中於宣傳自己是打擊ISIS的銅牆鐵壁。當美國終於在二〇一四年秋天開始對ISIS空襲時，美國和伊朗一起進入戰壕——或者說，伊朗及其代理人在戰壕裡，而美國人則提供空中支持。在這種詭異的利益結盟中，沙烏地和阿拉伯聯合大公國的戰機也曾短暫在天空現身，因為沙烏地王國也鼓吹自己在打擊ISIS中發揮作用，試圖努力擺脫任何將他們與那些從沙烏地書籍裡學了許多東西的狂熱分子相提並論。其中一名飛行員是哈立德．賓．薩爾曼王子（Prince Khaled bin Salman），他的父親薩爾曼當時仍是王儲，但即將在二〇一五年一月之後繼任王位。[6]

這個悖論維持不了多久。伊朗和沙烏地阿拉伯都害怕ＩＳＩＳ，但是他們都更加仇恨彼此。許多阿拉伯人暗中為ＩＳＩＳ叫好，希望他們能把伊朗打翻在地，然後讓伊朗成為地區霸權的夢想破滅。伊朗則是在戰場上帶領著打擊ＩＳＩＳ的戰鬥，這看起來就像是什葉派出擊殺死某個遜尼派，是沙烏地－伊朗對立最新的殘酷教派突變。占優勢的是誰呢？是伊朗跋扈的教派主義，還是遜尼派意識的排他主義？到現在為止，這種動態很難分析，但是它將會隨著薩爾曼國王和他最喜歡的兒子，穆罕默德．賓．薩爾曼親王勢力的上升而變得激烈。當歐巴馬將伊朗「破壞穩定的行動」貶斥為「低技術、低成本行動」時，沙烏地阿拉伯卻驚恐地看著伊朗向敘利亞傾注數千人和估計達三百五十億美元的資金來支持阿塞德。[7]蘇萊曼尼正在變成伊拉克的國王。隨著美伊核子談判在二〇一五年春天愈來愈接近達成協議，沙烏地對制裁解除後會有現金流入伊朗國庫的前景感到愈來愈不安。當美國國務卿約翰．凱瑞和伊朗外交部長賈瓦德．札里夫在談判過程中對著鏡頭寒暄和微笑時，他們就開始發飆了。

在鄰國葉門，胡塞（Houthi）叛亂團體曾在二〇一四年九月奪下首都沙那（Sana'a），並推翻國際承認的政府。沙烏地指責伊朗人和真主黨支持並武裝胡塞叛亂組織，該組織的戰士屬於被稱為宰德派（Zaidi）的什葉派支派。沙那淪陷時，薩爾曼王子是國防部長，他的兒子穆罕默德是他的助手。這位年輕王子對他察覺到阿布杜拉國王對付胡塞武裝和伊朗的軟弱感到憤怒。有些伊朗政治人物自鳴得意地宣稱伊朗現在控制著四個阿拉伯人的首都：沙那、巴格達、大馬士革和貝魯特。更糟糕的是，伊朗的影響力範圍已經延伸到沙烏地阿拉伯的南部邊沿。很快地，胡塞叛軍就會開始向王國之內發射火箭彈。

二〇一五年一月二十三日，阿布杜拉國王去世，薩爾曼成為國王。他任命自己的兒子擔任國防部長。二人和身邊的小圈子想要反擊伊朗，步入美國製造的真空地帶。沙烏地人想捶打自己的胸脯，重建遜尼派的光榮，並加強他們對穆斯林世界的領導力。因此，二〇一五年三月二十五日，沙烏地王國在近期歷史中首次開戰。沙烏地人的軍事行動在沒有向歐巴馬政府提出警告的情況下發動，行動代號是「果斷風暴」（Decisive Storm）。幾小時之內，沙烏地的分析人士就開始在電視上宣稱行動將會大獲成功，注定被載入史冊。沙烏地人的盟友也派戰機加入，至少一開始的時候是如此。遜尼派世界看著沙烏地空襲胡塞叛軍，並感覺他們的光榮得到修復。穆罕默德・賓・薩爾曼親王，在擔任國防部長兩個月後，確認這將讓他成為中東棋盤上的王者，一個可以跟蘇萊曼尼媲美的謀略者。阿布杜拉國王主張共識政治的日子結束了，他的妥協傾向並不在賓・薩爾曼的清單上。

軍事行動一點也不果斷。沙烏地人從來沒有以這樣的方式打過仗；他們從來沒有派出過部隊。他們無法用他們的豪華戰機執行精確攻擊。他們現在面對的是一支能在崎嶇山丘地帶行動的游擊隊。衝突將會持續數年；到二〇一九年時，將有數萬平民喪生於沙烏地領導的聯軍進行的空襲和地面戰鬥中，但最主要的影響是飢餓和疾病。由於沙烏地和聯合國的封鎖，有一千萬人處於饑荒邊緣，該國正在與危險的霍亂爆發搏鬥。有近九萬名兒童死亡。這是世界上最大的人道主義危機，幾乎和敘利亞相當。

因此，沙烏地統治者現在也面臨著要對一個國家的死亡負責的良心拷問。但無論是他們還是伊朗人似乎都無法從他們的殊死搏鬥中後退一步——他們無法反思他們對霸權的追求如何在數十年間一直解構這個地區，最終導致敘利亞和葉門的毀滅。而沙烏地人還沒有罷手。二〇一六年一月，他們處決了許多遜尼派蓋達組織的武裝人員和一名什葉派教士，謝赫尼姆爾・尼姆爾（Sheikh Nimr al-Nimr）。他曾經因為二〇一一年參與東部省份的反政府抗議行動而被判死刑，當時阿拉伯起義的風已經吹到了王國。尼姆爾被指控得到伊朗的支持。伊朗自詡為所有什葉派教徒的保護者，他們警告沙烏地王國不要執行這項判決。[8]薩爾曼國王本來可以赦免尼姆爾或無限期延遲死刑，但這是一個新的、自信的沙烏地阿拉伯，急於表明它既不容忍內部異議，也不容忍外界批評。尼姆爾被斬首後，立即在德黑蘭引發抗議，一群暴徒洗劫了沙烏地大使館並且放火，而革命衛隊則警告「嚴厲的報復」將會推翻這個「親恐怖分子的反伊斯蘭政權」。大使被召回，外交關係自一九八七年以來第一次惡化。

除了暴徒之外，許多伊朗人都厭倦了對這些事情的關注，因為這不是他們自己的志業。核子協議沒有給人民帶來實在的好處，他們的生活未能得到改善，口袋裡仍然是空的。但是政權仍然在伊拉克和敘利亞出錢出人。二〇一七年十二月，抗議行動爆發並迅速蔓延至全國各地。數千名伊朗人高呼「不是加薩，不是黎巴嫩，我的生命是獻給伊朗的」。他們呼籲罷免最高領袖。對這次抗議的回應同樣無情。抗議在一個月之內就平息了。

與此同時，反對強制性戴頭巾的運動也在加速。女性變得更加大膽。其中一名女子站在一個工具箱上，她把頭巾掛在一根棍子上。她遭到逮捕並被判一年刑期。又有幾十人被捕，但是這些婦女並沒有被嚇倒。有愈來愈多的人在全國各地的城市和鄉村進行抗議，這些個人的抵抗行為比群體抗議更難控制。

瑪希赫每天都收到幾十段來自伊朗國內的影片，裡面的女性不戴頭巾行走，在鏡頭前露臉，與宗教警察甚至神職人員對峙。她們的丈夫、父親和兒子也加入其中，協助拍攝或錄製自己的訊息。這不是一個少數人的運動。總統羅哈尼的辦公室曾經做過民意調查，發現有一半伊朗人反對強制性戴頭巾。二〇一八年三月八日國際婦女節這一天，在德黑蘭地鐵的女性專用車廂，有三名年輕女子摘下了頭巾。她們留著短髮——其中一個染著金黃髮色，另一個戴著大大的銀耳環。她們挽著手唱歌，就像在遊行一樣。

從瘀青的軀體中，我綻放而開，
我受了傷，但是我的綻放來自最根本的自我。
因為我是一個女人，一個女人，一個女人。
如果我們一同沿路歌唱，肩並肩，一起走，
手拉手，真雄壯，我們將會從這錯誤中得到解放。

這首歌是二〇〇七年在全國各地展開的廢除歧視性法律，包括強制頭巾的運動中創作並首次演唱。那場運動失敗了，很多成員，有男有女，都被捕了。現在婦女又開始唱起抗議歌曲。瑪希赫希望她可以在伊朗，在街頭上，摘下頭巾，譏諷道德警察，協助組織更多的抗議行動。不過，她還是可以從美國做更多事情以宣傳抗議行動，這樣歸功於社交媒體和不擔心被捕的言論自由。但是流亡並不是她想要度過餘生的方式。穆欣也不認為流亡是自己的結局，但是流亡似乎是任何一個不再相信體制的伊朗人的命運，任何一個想要呼吸、摘掉頭巾或是尋求更好機會的伊朗人的命運。大多數情況下，出國流亡是那些能夠負擔得起離開，而且有辦法找到離開方式的人的選擇。自從成千上萬伊朗人在何梅尼掌權之際爭先恐後地搭上飛機逃亡的時候起，從洛杉磯到巴黎到伊斯坦堡，上百萬伊朗人已經在世界各地建立或是重建了他們的生活。儘管伊朗和沙烏地阿拉伯在過去四十年中各種彼此借鏡和競爭，出國流亡一直是屬於伊朗的經驗（只有少數例外）。雖然沙烏地王國有許多缺點，但是統治者對他們的臣民展現了寬宏大量。專制君主強壓人民，尤其是女性，但從某種意義上說仍然是慈愛的。只是這一點也在發生變化。流亡正成為沙烏地人逃避的選項。

第十九章

博斯普魯斯海峽旁的謀殺

土耳其、沙烏地阿拉伯，二〇一五年至二〇一九年

當你膽敢詢問惡化的情形，他們會用陰謀詭計的標語讓你消音。每當你要求國家有所改變，他們就像對待一隻羊一般為你貼上叛徒的標籤。他們讓你絕望，所以你出售你的自由來解救國家。

——瑪什洛・萊拉（Mashrou' Leila），摘自〈為了祖國〉（Lil Watan）的歌詞，二〇一三年

沙烏地記者賈邁勒・哈紹吉從來沒有認真考慮過出國流亡的問題。他從來沒有考慮過某一個地點，一個真實的地方。對他而言，這就是一個詞，一個無形的念頭而已。即使是在二〇一七年夏天，他帶著兩個行李箱離開吉達的家，踏上美國的國土後，他仍然以懷疑的微笑念出「流亡國外」這個詞。賈邁勒離開國家的決定是艱難的，不僅因為這破壞了他的家庭生活，也因為他一直認為自己是忠誠的國民，是國王的臣子。自從一九七九年在印第安納州留學時起，賈邁勒身上發生了改變。他曾經擁抱將伊斯蘭作

為政治制度的觀點，儘管他從來沒有完全相信穆斯林兄弟會這樣的政治團體。[1]他現在熱中於民主和多元主義，也就是政教分離。他欽佩土耳其是伊斯蘭和民主共存的典範，雖然他的朋友雷傑普．塔伊普．艾爾段（Recep Tayyip Erdoğan）總統變得愈來愈獨裁。

賈邁勒在回想到自己當初是如何協助傳播蘇魯爾那本仇視什葉派的書時，就會有一股羞恥感從心底湧出，他也想不通自己當初為什麼要把音樂唱片全都送人。他知道這些行為都可以部分解釋為年輕人的衝動，是出自於一種熱情擁抱最終會導致失敗之理念的天真。他也明白，他是一個特殊時代的產物，是一個他擁抱他身邊文化的國家產物。但他得在其他人就此打住的地方繼續向前了。

他遊走各地，在不同的國家和大洲之間走跳，現在，當賈邁勒即將步入耳順之年時，他十分喜歡回憶自己在八〇年代報導阿富汗戰爭時的情景。他仍然相信王國對抵抗蘇聯人的聖戰者給予的支持，在政治上和道德上是正確的。後來沙烏地和美國雙雙失敗了，它們各自以自己的方式失敗，沒能控制住後果。儘管他不願抹去那段振奮人心日子的光芒，但是他認知到，戰爭的努力從一開始就被薩拉菲主義聖戰者的傲慢破壞了，他們將自己的清教主義強加於人，更不用提沙烏地阿拉伯只向特定組織提供資金。在海外當記者的日子裡，賈邁勒在一家報社擔任編輯，後來又成為專欄作家，他仍然是真相的講述者。他不斷挑戰王國允許的界線，批評極端保守的沙烏地教士，並在九一一事件後發出道歉，或呼籲在一個令人窒息的國家進行社會改革和開放。

當賈邁勒激怒了教士和他們的極端保守盟友、內政部長納伊夫王子時，他在二〇〇三年被剝奪了

《國家報》編輯的職位。這家報社是聽命於一個更為革新派的家族，已故的費薩爾國王的兒子的家族，所以賈邁勒後來先是去了倫敦，然後是華盛頓，擔任沙烏地大使圖爾奇．費薩爾的媒體助理，後者是前情報局長，曾經監管過沙烏地阿拉伯在阿富汗戰爭中做出的各項努力。有傳言說賈邁勒曾經和情報機構有關係。他總是否認這件事，但是他也明確表示，如果有人請他為國效力，他將會毫不猶豫，畢竟他是為君主效勞的，即使是作為一名記者也是如此。

賈邁勒的人脈關係愈來愈廣，他是一個數著朋友圈裡有多少有權有勢的親王的非皇親國戚，但是他仍在挑戰界線。在沙烏地大使館的工作結束後，他回到沙烏地王國和《國家報》。他再次遭到解雇。但是他在整個阿拉伯世界成為媒體業舉足輕重的人物。他在沙烏地持有的泛阿拉伯日報《生活報》上的專欄擁有忠實支持者，二〇〇九年開始用推特後，他累積了一百七十萬粉絲。也許最關鍵的是，他是受西方媒體歡迎、能對沙烏地王國各種事情發表高見的評論者。這個王國仍然是難以做新聞報導的地方，有著一層又一層讓人困惑的迷霧。賈邁勒是那種罕見的沙烏地人，消息靈通卻又坦白，他忠於他的國家，但是從不試圖為國家的缺點開脫。他還相信，正義和善良終會勝利。在二〇〇三年美國入侵伊拉克後，他曾短暫相信推翻薩達姆將會動搖僵化的阿拉伯政治體制。二〇一一年，他愈來愈對阿拉伯人的起義感到興奮，看著已經累積多年的阿拉伯文化復興終於要開花結果了。沙烏地人也試圖抗議，要求更多的自由和更好的工作機會，有些人甚至呼籲實行君主立憲制。阿布杜拉國王分發了價值三百億美元的補貼讓反對者消音。「如果沒有真正的民主，我們在阿拉伯世界永遠不會有自由。」在二〇一四年，從敘利亞到利比亞，衝突不斷，獨裁統治又回到了埃及，鬱鬱寡歡的賈邁勒在寫給朋友的簡訊中寫道。他無法預料到，隨著二〇一五年一月薩爾曼國王登基，情況會變得更糟糕，而這一刻也象徵著自己慢慢走向流亡的開始。新國王在擔任利雅德長官期間是以無情的執法和高效文官著稱的。他還曾允許最原教旨主義的聖戰者在一九八〇年代接管抗蘇戰爭，並繼續幫助金援其他戰爭中的戰士，例如在車臣和波士尼亞。幾個月的時間內，恐懼的氣氛就籠罩了這個王國。

薩爾曼國王任命他的兒子穆罕默德．賓．薩爾曼（人稱MbS）擔任國防部長和王室總管——將巨大的權力集中到一個才三十歲的人手裡。沙烏地人對這個「男孩」竊竊私語，散播他被控吸毒的傳言，談論他近期莫名其妙發胖，以及他傳聞中的第二個妻子的故事。他身材高大，精力充沛，是他父親最喜歡的兒子。在沙烏地國王大學獲得法律學位不久後，他就成為父親的私人顧問，經常陪著父親到王國各地訪問，把所有見聞寫下來。他在追求自己想要的東西時以無情著稱。在一次臭名昭著的事件中，MbS曾把一顆子彈放在信封裡寄給一個拒絕幫助他侵吞土地的官員。[2]這件事讓他在街頭巷尾得到了一個諢名「阿布．拉薩薩」（Abu Rassasa），意思是「子彈之父」。他常常和阿布杜拉國王起衝突，國王曾經指示薩爾曼要把他的兒子「拴緊一點」。[3]

據說MbS覺得自己是二等皇親，比阿布杜拉國王的兒子窮，而且少有特權。他也是在伊拉克戰爭的陰影、拉菲克．哈里里被刺殺、薩達姆．海珊被絞死的年歲，以及伊朗的勢力崛起中長大成人的。MbS似乎急於證明他和他的國家的價值。但是在二〇一二年之前，他的手段僅限於寄一封裝著子彈的信。在二〇一二年薩爾曼王子突然晉升為王儲時，他開始看到一條上升的道路，雖然擺在他前面的還有叔叔和堂兄弟。[4]當薩爾曼成為國王的時候，ＭｂＳ就覺得王位已經在可以摸得到的地方了。

除了鉅額的財富，ＭｂＳ在許多方面比其他王室成員更真實地反映著這個王國的形象。雖然一代又一代富有的沙烏地人在海外讀書和生活，在阿布杜拉國王時期這樣的人甚至更多了，他曾為沙烏地年輕人提供數萬元的獎學金，但這個國家仍然是孤立的，卡在一個時間隧道裡。和包括自己兄弟在內的許多皇親國戚不同，ＭｂＳ從來沒有在國外的生活經歷，他的英語說得十分吃力。沙烏地阿拉伯有七〇％的人口在三十歲以下，幾乎有一半的人都有推特，ＭｂＳ的年紀和他對新技術的能力，讓很多年輕人覺得他是他們的一分子。三十歲以下的人有一半沒有工作，在這個音樂、戲劇、舞蹈、博物館和電影院都被官方禁止的國家裡，他們很多人因無聊而感到沮喪。ＭｂＳ看起來像是一個可能理解他們對工作和樂趣的需求的人。但首先這位三十歲的王子想要證明自己，他選擇從葉門戰爭下手。

賈邁勒起初很熱情。這個沉睡的王國正在被撼動。在這個時候，沙烏地阿拉伯不僅可以透過抗衡伊朗，還能夠藉由幫助推翻像阿塞德這樣的暴君來恢復阿拉伯世界的光榮。在開戰的第一個月時，賈邁勒發推文說：「伊朗的瘋狂和無禮與日俱增，不僅是在敘利亞，他們在拿走我們的大馬士革之後，已經來到我們的葉門。」但是沒有戰略，也沒有離開的計畫。ＭｂＳ雖然是國防部長，但是沒有軍事經驗。老一輩沙烏地人嘲笑他沒讀過歷史。在一九六〇年代，埃及和沙烏地在葉門內戰中互為對手，這場內戰變成納賽爾的越南。埃及在戰爭中損失一萬人。與此同時，沙烏地還支持什葉派的宰德派部落，這又是表明教派歸屬在當時並不重要的再一個證據。沙烏地甚至考慮伊朗國王的援助建議。現在沙烏地在葉門跟胡塞武裝和伊朗作戰。雖然金戈鐵馬的愛國主義在王國內部高漲，賈邁勒卻慢慢看到了這種舉動的狂妄和愚蠢。華盛頓主要是一個沉默的犯罪同夥：為了彌補和伊朗簽署核子協議的背叛，歐巴馬政府協助沙烏地阿拉伯執行加油任務、分享情報，並加大軍售。

計畫不周的戰爭已經激怒了許多MbS的堂兄，他們很多都是王國安全部門的領袖，例如國民衛隊和內政部。[5]但是MbS走向戰爭也是為了反對他們，在集中掌握更多權力的過程中踐踏所有的王室傳統。二〇一五年四月時，他父親任命他為副王儲——距離頂峰又近了一步。隨後，MbS開始向舊有的行事方法開戰：削減補貼、凍結政府合約、削減公務員薪水。隨著石油價格跌到每桶四十美元的新低，舊有的食租國家（rentier state）模式已經無以為繼，但是MbS做得太多太快。二〇一六年四月，他宣布「願景二〇三〇計畫」——一個讓國家脫離石油、讓經濟和人民快速進入二十一世紀的宏偉計畫。過去的國王曾承諾進行全面改革，但是從來沒有成功地進行大跨步、大規模的變化。

MbS想要為王國採取休克療法（shock therapy），但是他的「願景二〇三〇計畫」有些虛妄的東西，包括在沙漠裡建一座未來城市，在一個仍嚴格推行男女隔離，所有商店都會在喚禮聲響起時關門的國家裡建一座六旗樂園（Six Flags）。關於這個年輕願景家的聳動頭條新聞刊登了出來，就像是在一九五〇年代報導紹德國王（「沙國正準備大刀闊斧的改革」），以及一九六〇年代報導費薩爾國王（「王子的改革據稱會為政權帶來新生」），以及小心謹慎的阿布杜拉國王的時候（「國王試圖在沙漠中培育現代觀念」）一樣。[6] MbS被描述為「即將重塑世界的王子」，也是一個「急匆匆的年輕王子」。而壓過其他一切描述的，是凸顯這位王子要進行一場自上而下的阿拉伯之春的努力，這是對整個地區數百萬阿拉伯人起身反抗獨裁統治所做出犧牲的廉價否定。西方人總是熱中於相信自己的東方主義套路：阿拉伯國家真正需要的是開明的專制統治來振奮文盲群眾，專制者欣然接受此論述以為他們的統治提供正當理由，聲稱他們的公民尚未準備好接受民主。MbS完美地扮演了這個角色。他對美國的訪問遠遠超出通常在橢圓辦公室握手和訪問大衛營的範圍。王子去了矽谷和哈佛大學。他穿著牛仔褲和西裝外套，用美國人能理解的語言談論未來。他是個千禧世代，就像臉書的創始人馬克．祖克柏一樣，但是擁有更多的權力和更多的錢。他用數十億美元的投資承諾讓人眼花撩亂。

在沙烏地阿拉伯，MbS制定計畫的同時，還會見知識分子和記者，據說也邀請賈邁勒加入他的團隊。但是賈邁勒卻在沙烏地所擁有的泛阿拉伯日報《生活報》上撰寫一系列深思熟慮的專欄，概述了沙烏地公民更為基本的希望：更多的工作機會，是的，但是也要綠色空間、更好的人行道、更好的醫療健保。當利雅德和吉達的郊區正變得年久失修，誰需要一個沙漠裡的新機器人城市呢？賈邁勒希望懷揣著年輕熱情的MbS能有些更好的建議。這位年輕王子正在說出和做出一大堆對的事情：讓人害怕的宗教警察的權力已經受控；女性得到承諾將很快就能允許開車；還有王國將很快就會重開電影院的說法。但是許多活動分子正在推動更為實質的變革。

二〇一六年九月，有一萬四千名女性簽署了請願書，要求國王取消男性監護制度。透過推特和標籤，用藝術品、手鐲和影片，女性領導了一場廣泛而聲勢浩大的運動。推特是唯一的公共論壇，沙烏地人可以在推特上交談和會面，儘管是虛擬的。國王從未給出回應。有些連署的人是婦女權利運動的老手，例如阿吉札・尤塞夫（Aziza al-Youssef），她是一名學者也是五個孩子的母親，她在自己家客廳裡舉行沙龍並回憶起監護人制度的安排還十分鬆散的時光。一九八〇年，當她第一次進入大學的時候，女性不需要男性監護人的許可就能註冊。隨著祝海曼事件的影響在王國中扎根，這種情況在不到一年內就發生了變化。她的父親一直為她注入力量，他在她二十歲出頭的時候就把她送到美國完成學業。阿吉札認為，重要的是要跨越女性駕駛權和監護制度的議題——所有沙烏地人，無論男女，都需要得到完整的公民權利。這只有在君主立憲制度下才能實現。另一位連署人魯嘉音・哈斯洛爾（Loujain al-Hathloul）才二十七歲，已經進過監獄了。二〇一四年，她帶著在國外取得的駕照從阿拉伯聯合大公國開車進入沙烏地阿拉伯並立即被捕。她在監獄裡待了七十三天。魯嘉音得到她父親的支持，她父親曾在她在利雅德開車時坐在副駕駛座上。他們觸法，但是沒有被抓，她擁有她先生的支持，他們才成婚一個星期她就入獄了。她丈夫名叫法哈德・布塔伊里（Fahad al-Butairi），是德州大學的畢業生。法哈德是一名脫口秀演員，被譽為是阿拉伯的「史菲德」（Seinfeld，譯注：美國知名喜劇演員），還曾製作過一部叫《沒女人，不開車》的影片和朋友嘲諷女性禁駕令，並配上巴布・馬利（Bob Marley）的經典音樂。

魯嘉音、法哈德、阿吉札、賈邁勒，和數不清的其他人，不同世代的男男女女都冒著惹惱建制教士和王室家族的風險，無畏不屈地追求更多自由。他們之中沒人曾停下片刻，思考為什麼二〇一六年十一月八日唐納・川普當選會是個轉折點，不僅對美國如此，對他們的國家而言亦然。

沙烏地人一直盼著能眼見歐巴馬任期結束，同時預期希拉蕊・柯林頓勝選，但是他們也迅速而熱情地擁抱了白宮的新主人。在競選期間，阿聯曾竭力向川普的女婿傑瑞德・庫許納（Jared Kushner）獻殷勤。幾天之內，賈邁勒就在專欄裡警告，川普在中東問題上的立場充滿矛盾，可能對王國不利。美國大選的一週後，他在一次訪問華盛頓特區的公開活動中再次重申這一點。幾天之內，他就接到王室打來的電話要他閉嘴：他不再獲准寫專欄，不被允許和其他記者說話，甚至不准發推文。他回到沙烏地，等待禁令解除。川普的第一次外訪是在二〇一七年五月前往沙烏地阿拉伯，在那裡受到如皇室成員般的接待。賈邁勒在吉達仍然被禁止發言，他在沉默中觀察——這種沉默對於認識他的人來說就像耳聾一樣，對賈邁勒來說也愈來愈難以忍受了。

二〇一七年六月二十一日，當沙烏地王國從睡夢中醒來，人民發現自己的國家有了新王儲。八十一歲的國王改寫了所有的繼承法，並指定他的兒子繼承王位。穆罕默德・賓・納伊夫王子（Mohammad bin Nayef），前內政部長的兒子，也是現任內政部長，一個在反恐方面十分受美國信任的人，被毫不客氣地推到一邊去。更糟糕的是，他顯然是被強行扣在一座宮殿裡，直到他在黎明時屈服，同意為他的年輕表親讓位為止。[7]賈邁勒開始感覺，在戰爭的狂妄和願景二〇三〇的宏偉計畫之外，甚至在馬基維利式的王室陰謀之外，還隱藏著更多、更險惡的事物。

幾週之內，賈邁勒離開吉達搬去華盛頓特區，開始自我流放、孤身一人的生活。[8]妻子已經和他離婚，他的孩子對他很不滿——為什麼他就不能老老實實聽話呢？然而，賈邁勒以自己的方式保持忠誠。儘管有大西洋將他和他的王國分開，他仍遵守禁令不公開說話，仍然忠於統治者，仍然在等待得以允許寫作。他與新聞部長和MbS的親密顧問紹德·卡赫塔尼（Saud al-Qahtani）來回通信。二〇一七年八月十七日，賈邁勒再次獲得寫作的許可，他在推特上向年輕的王子致謝：「願在王儲的時代，沒有一根自由的筆被折斷，沒有一個推特使用者被消音。」

一個月之內，賈邁勒再次被消音，他在《生活報》上的專欄取消了，因為報社的發行人哈立德·賓·蘇丹王子（Khaled bin Sultan）非常公開地宣布該報與他斷絕關係。賈邁勒的最後一篇專欄在九月初發表，題目是「我是沙烏地人，但是我不一樣」。他在文章中寫道，阿布杜拉國王曾經呼籲他的公民彼此接受他們思想和政治傾向上的多元性。在他的專欄裡，他從來沒提到過這位年輕王子，只是將他與一位受人愛戴的老君主相比較，王子儼然成了一個專制者，而老君主在他自己的世界觀範圍內曾試圖改革和軟化這個國家。在沙烏地阿拉伯，始終只有一種論述是被接受的：就是王室家族在教士體制的默許下提出的論述。在男人穿白色，女人穿黑色的絕對君主制下，色彩的萌芽隨著歷代沙烏地人持續嘗試開闢表達自我的空間，總是不斷地湧現出來。但是MbS卻壓制如賈邁勒這類從來不認為自己是異見者的人。王子囚禁了像是賈邁勒的朋友艾薩姆·札姆勒（Essam al-Zaml）這樣的人，他是一名經濟學家，曾經隨沙烏地官方代表團出訪美國，但隨後他犯下大錯，指出「願景二〇三〇」的瑕疵。批評瓦哈比主義的自由派教士也會被關進監牢。只有一種論述是允許的：一個有魅力但是又極度缺乏安全感的王子所提出的說法，他宣稱自己對王國未來的設想是完美的、不可動搖的。「這個孩子很危險，」賈邁勒傳簡訊給一個朋友說：「我正在壓力下……要『聰明』點，別說話。我認為我得聰明地講話。」[9]但是賈邁勒已經無法再保持沉默了。他又做出一個遠離他國家的決定，並在《華盛頓郵報》上發表專欄寫沙烏地阿拉伯是如何正在成為一個警察國家。「我離開了我的國家、我的家人和我的工作，我正在提高我的聲量。如果不這樣的話，就會背叛那些在監獄裡受折磨的人。當許多人不能說話時，我可以說話。」他在二〇一七年九月十八日寫道：「我想讓你們知道，沙烏地阿拉伯並不是一直像現在這樣。我們沙烏地人值得更好的。」

二〇一七年十一月四日，利雅德的五星級麗思卡爾頓飯店（Ritz Carlton hotel）變成世界上最豪華的監獄。一星期前，這裡還曾舉辦過一次國際投資會議；五月時，它曾迎來唐納．川普；在他之前，歐巴馬曾在二〇一四年入住。現在，這家豪華飯店被政府徵用以接待那些不情願的客人：數百名的王子、商人、現任和前任部長——他們在一夜之間遭到圍捕。王國宣布要打擊腐敗。其中一名被扣押的億萬富翁王子是瓦利德．賓．塔拉勒（Al-Waleed bin Talal），他是賈邁勒的前雇主之一，現在是花旗集團和推特的主要單一股東。被扣在這裡的還有國民衛隊的領袖、經濟暨規劃部長、泛阿拉伯衛星廣播公司的主席，還有一位曾是美國公民和在吉達開設醫院的醫生。這些人有一個共同特點：如果他們不是富豪的話，他們就是和已故國王阿布杜拉有關聯，或者是對ＭｂＳ構成智識上的挑戰。數十億美元從銀行帳戶中榨出來，其他的資產被沒收。沙烏地人高興地看著懲罰國賊的運動，這些人以人民和國家進步為代價自肥自利。

這個石油豐富的國家存在大量的貧困現象：雖然人均GDP是兩萬美元，但全國有一半以上的人買不起房子，據說有四分之一的人生活在貧困線下。[10]沙烏地阿拉伯現在有了自己的羅賓漢——但別介意他剛給自己買了一艘五億美元的遊艇。十一月六日，已故的拉菲克．哈里里的兒子，黎巴嫩總理薩阿德．哈里里（Saad Hariri）（兩人都有沙烏地公民身分）被叫去沙烏地阿拉伯，強制扣押在那，然後在電視上演了一齣詭異的辭職戲碼。在沙烏地阿拉伯的眼中，多年來提供給哈里里家族和其他在黎巴嫩盟友的贊助沒有得到回報，真主黨仍然在黎巴嫩擁有強大的勢力——是時候讓阿塞德坐冷板凳了。

但華盛頓已經開始擔心MbS的反覆無常並表示支持哈里里，而法國總統則前往利雅德解救這位黎巴嫩領袖。賈邁勒現在正在為《華盛頓郵報》撰寫定期專欄，他在下一篇文章裡把MbS比作俄羅斯總統普丁。賈邁勒一直在破壞王儲是一個改革者的敘事，而且是在一個對紹德家族最重要的地方——美國——批評他。

在吉達，索法娜．達赫蘭想要相信穆罕默德．賓．薩爾曼就是她那一代人長久盼望的英雄。[11]她是穆夫提．達赫蘭的後代，也是曾經在美術課在自己畫的人物脖子上塗黑線的女學生，而現在已經長大成人，成為一個開拓者。她不懈地追逐著一個不可能的夢想，在一個沒有女子法學院、沒有女性律師的國家成為律師。她曾在開羅學習法律，在愛資哈爾進行伊斯蘭研究，以期望她的學歷能夠得到王國的承認。她在二〇〇三年畢業，但是直到十年後的二〇一三年，國王才終於宣布女性可以從事法律工作。她要申請一張執照。在利雅德的司法部，他們拒絕了她：「妳得不到執照，一千年內都得不到。」一連幾個禮拜，索法娜每週都去一次利雅德，坐在椅子上盯著那個有權發給她執照的官員好幾個小時。最後，她終於把他打敗了——他甚至為她買了一塊蛋糕來慶祝她的成就。

索法娜想要相信王國正在開啟一個新的紀元，但是她又一次覺得自己被排除在外。在她的成長時期裡，在八〇和九〇年代，她就曾感到被排除在王室家族推進的宗教復興的邊緣。她在學校裡學到的這種濃烈、排他的伊斯蘭，和她從父母那裡學到對伊斯蘭的理解並不符合。作為穆夫提的後代，她的家庭仍然追隨伊斯蘭中的沙菲儀教法學派，漢志地區和相鄰的葉門有很多人都是這樣。索法娜用愛投入她的信仰，用虔誠擁抱她的宗教；她在做禮拜時能夠找到平靜。

她仍然沒辦法聽音樂，儘管她知道，如果她聽的話，在理智層面上什麼也不會發生。融化的鉛在審判日時被灌進耳朵的圖像很難遺忘。當她是年輕女孩時，曾因為頂撞老師而被停課三天，因為老師說她父母在家裡牆上掛的肖像畫是偶像崇拜。「好啊，那把國王的照片從牆上拿下來吧。」十歲的她這樣答道。九〇年代初時，她是十來歲的青少女，和朋友去購物中心的一家 Hallmark 專賣店找一張賀卡。宗教警察這時候走進店裡對著店家大吼，撕碎所有卡片。雖然嚇壞了，但索法娜和她的朋友沒辦法逃出商店——宗教警察走進來的時候正好是要開始禮拜的時間，店面被鎖住了。她無法忘記那些帶著皮鞭的陌生人的畫面，他們以虔誠的名義毀壞私人財產——以及這是一家合法營運的商店的矛盾，雖然合法，但是要面對作為政府左右手的宗教警察的怒火。她在內心感覺像是受害者，但是從來沒有表現得像是受害者。她依靠有系統的批判性思考、不懈的學習、有膽量的方式克服種種挑戰。她喜愛挑戰。

但是多年來壓在她身上的限制和禁令，並不是輕易就能夠原諒。這是她這一代的沙烏地人現在被要求做的事——忘記和原諒伊斯蘭復興，這正是在八〇年代時王室成員受到鼓勵的行為，並在九〇年代譴責復興中的政治行動主義。MbS想要抹掉過去，然後為沙烏地人的生活注入娛樂。娛樂十分重要，但是願景二〇三〇的娛樂計畫是由在麥肯錫（McKinsey）這種大公司工作的美國顧問為西化的千禧年世代量身打造的，這些顧問為保守的王國添加了西化的生活層次。這些娛樂活動的門票全部售罄，並引來西方媒體的報導。但同時他們也拋下大部分參與不了這些娛樂活動的人。未來的感受和過去一樣有排斥性。對於從來沒有辦法旅行或是在國外生活的沙烏地人而言，王國的保守背景就是他們所知道的一切。約翰·屈伏塔、太陽劇團和美國摔角手突然到來，並非他們所希望得到的更多自由。最保守的沙烏地人和極端正統的神職人員被社會展示出來的放蕩激怒了：穿著貓裝跳舞的女人，吉達的濱海大道上男男女女混在一起觀賞著煙火秀，饒舌歌手在性別混雜的觀眾面前手舞足蹈。有一段苗頭不對的影片在社交媒體上流傳開來，它的內容是警告那些擁抱西方人做法的人是在放棄他們的宗教。這項警告似乎同時針對使這一切成為可能的上層人士和他的臣民。

索法娜煩惱的並非是現在能參加爵士音樂會和歌劇，她歡迎這些活動。但是當她看到來參加這些活動的人群時，她心中充滿疑問。那些戴著遮擋全臉面紗的女人在哪呢？她們是制度的產物，在這個新的沙烏地阿拉伯，她們得到的是什麼呢？為什麼有人說要在被聯合國教科文組織列為世界文化遺產的吉達古城牆上塗鴉，而不是修復建築及其繁複的木工工藝呢？為什麼王國在沒有芭蕾舞學校的情況下要建造一座國家芭蕾舞劇院呢？國家正在從一個極端走向另一個極端。在上個世紀之交時，沙烏地王國把阿拉伯半島的包容價值和多元性抽空，強灌進瓦哈比主義；現在它又在新的世紀之交把宗教抽空，強加給人民娛樂。昨天不被允許的行為在今天獲得允許，索法娜這一代人很困惑。他們是一九七九年時代的產物，在不承認他們所經受之苦難的情況下，他們的過去正在被重新書寫。

ＭｂＳ在追求改變王國生活的各種方面時，也是首位承認一九七九年是一個分水嶺的皇室成員，但是他只將其描述為對於伊朗所發生事件的回應，從而忽視王國自己的歷史。「過去三十年發生的事情不代表沙烏地阿拉伯……在一九七九年的伊朗革命後，人民想要在不同的國家複製這個模式，沙烏地阿拉伯就是其中一個。我們當初不知道如何處理這件事。這個問題擴散到了全世界。現在是時候要擺脫它了。」他在接受《衛報》的採訪時聲稱：「我們只不過是把我們追隨的路扭轉回去——一個向世界和各種宗教開放的寬容伊斯蘭……七〇%的沙烏地人不滿三十歲，老實說，我們不會浪費我們人生的三十年時光來打擊極端思想，我們現在、立即將之摧毀。」[12]

但是當他許諾要讓王國回到溫和的伊斯蘭時，漢志省的人民對此嗤之以鼻。那是什麼樣的伊斯蘭？還是紹德家族在他們建國的時候把不容忍的清教主義施加給每個人，然後又出口到全世界的那種嗎？還是漢志地方數個世紀以來的那種和世界包容互動的？是在聖寺裡選擇學習圈、擁抱蘇非神祕主義的嗎？這些多元性沒有一點被帶回到伊斯蘭最神聖的地方，沒有被帶回到這個宗教跳動著的心臟。更糟糕的是，當MbS被問及瓦哈比主義的事情時，他開始裝傻。「首先，瓦哈比主義是什麼——請為我們下個定義。我們對此不了解。」他這樣對一個美國記者說。[13]

嚴格的信徒的確討厭這個詞彙。他們仍然認為這是對王國奉為圭臬之信條的一種貶損，是對某個人的不尊重，這個人唯一的錯誤就是試圖把伊斯蘭恢復到最純粹的形式。而他仍在王國中受到頌揚：在沙漠裡的德拉伊耶定居地裡，伊本．阿布杜瓦哈布和第一個沙烏地人國家的創始人之間建立同盟的地點，正變成一個有著光亮的玻璃、金屬和石造結構的旅遊景點，這裡有個專門紀念這位謝赫和其生活和使命的基金會。當MbS譴責復興運動時，他只是將之簡化成為九〇年代的政治運動，並將沙烏地阿拉伯的任何極端主義完全歸咎於穆斯林兄弟會。沒有提及盲人謝赫賓．巴茲本人在一九七九年之前為宗教復興所做的努力，沒有提及祝海曼，也沒有提到哈立德國王本人在一九八一年於麥加公開讚揚復興運動的事。

索法娜在怨恨、懷疑和喜悅之間搖擺不定。當女性有史以來第一次被允許進入足球場時，她很興奮——她們被安排在一個獨立的家庭和混合區，但仍然是在場內。伊朗女性自從一九七九年以來一直被禁止進入公共體育場館，她們有些羨慕地看著沙烏地女性所獲得的勝利。伊朗不久前才禁止了女球迷入場參加在德黑蘭進行的伊朗隊對敘利亞隊的世界盃資格賽，不過，奇怪的是，敘利亞的女球迷則可以進入體育場。儘管及踝的長衫阿巴雅在沙烏地阿拉伯是必須的，女性仍然可以不戴頭巾到處走，這和伊朗不同。當伊朗的宗教警察突然宣布那些不好好戴頭巾的女性只會被簡單警告時，伊朗和沙烏地阿拉伯突然看來像是在進行改善女性權利的競賽。

二〇一八年六月二十四日，午夜的鐘聲標誌著沙烏地女性的又一次勝利。成千上萬的女人坐在方向盤後面，在全國各城市開著車到處走。這不是抗議，而是慶祝活動。二〇一七年，國王承諾將允許女性開車，現在他兌現了承諾——女性可以合法開車上路了，沙烏地在幾天前就已經開始發駕照了。索法娜欣喜若狂。這是值得她慶祝的事情，不是因為得到什麼奢侈品，而是得到必需品。她在臉書上發了一張自己拿著嶄新的沙烏地阿拉伯駕照的照片，這張駕照是她的家鄉麥地那頒發的。在推特上，她也發了一張。然後又在臉書上發了一張不同角度的。然後又發了一張自己在吉達辦公室外開車的照片。全世界的媒體都來到了王國，報導這個全世界唯一不允許女性開車的國家終於解除了禁令的時刻。汽車製造商推出令人驚嘆的電視廣告慶賀，準備向滿心歡喜的新駕駛推銷自己的最新款車型。*Vogue* 雜誌製作了一期醒目的封面，已故國王的女兒海法．賓特．阿布杜拉（Hayfa bint Abdallah）公主從沙漠中一輛紅色敞篷轎車的駕駛座上走下來，身著一身白衣，腳上穿著細高跟皮靴。

女性已經為這個時刻奔走努力多年，例如魯嘉音．哈斯洛爾、阿吉札．尤塞夫，以及其他那些像學者艾伊莎．馬尼阿（Aisha al-Mane'a）一樣，早在一九九一年就開車抗議的人。她現在已經是個七十歲的奶奶了，本應慶祝自己多年為推翻不合時宜的禁令所做的不懈努力的成果。但是她現在卻被捕了。有十一名活動分子在兩週前就被帶走，這是為了確保他們不能在這個時刻邀功（被拘留的人中有四名男性，他們都因為對女性運動的支持而為人所知）。[14]這個時刻不能是他們的勝利時刻，也不能是行動主義的成果——在一個專制君主國家裡，一切的美好事物都是國王恩賜的結果。為了抹去他們幾十年來的行動主義和在社會中的地位，他們在網路上和報紙上遭到惡意中傷，貼上叛徒的標籤。

當MbS宣布一九七九年的時代結束時，他在某種意義上而言是正確的：宗教已經不再足以激勵社會和動員民眾。在整個中東地區裡，大多數年輕人都認為宗教在日常生活中的作用太大。[15]即使是在像沙烏地阿拉伯這樣的保守社會裡，國民凝聚力也不能再依靠宗教意識形態了。二〇一五年MbS在葉門開戰的時候就已經明白這一點——民族主義可以成為凝聚沙烏地年輕人的新意識形態，「叛徒」可以取代「不信教者」而成為一種號召的力量。

大約同時，身在美國的賈邁勒試圖在沙烏地當地的《歐卡茲報》（*Okaz*）網站上找一篇自己的舊文。但出現的卻是「錯誤：404網頁未找到」的字樣。他搜索他為該報撰寫的其他文章，也依然沒有任何內容。他查閱他為其他媒體寫過的文章，包括阿拉伯電視臺的網站。什麼都沒有。雖然他被《生活報》禁言，但是他的專欄仍然在網站上，也許是因為這個報社的總部是在倫敦。但是在王國境內，他的名字被從網路中抹去了。

二〇一八年十月二日下午，在流亡生活剛滿一年的時候，賈邁勒正在伊斯坦堡的計程車上和自己的未婚妻聊天，前往沙烏地的領事館。他在博斯普魯斯的岸邊再次找到愛情，想要重新相信未來。他在五月的一場會議上遇到三十六歲的土耳其博士生海迪哲．成吉茲（Hatice Cengiz），她知道他的作品，並在他的發言後提問。之後他們聊了更多。她會說阿拉伯語；他的家族有著古老的突厥根源。他們保持聯繫，並在他再次造訪伊斯坦堡時見面。感情上的聯繫發展得很快。在周圍的人看來，賈邁勒是一個無所畏懼的人，但他就像是一隻泰迪熊，在維吉尼亞州的大宅中十分孤單。賈邁勒只要一說起流亡的事，眼裡就不禁泛淚。他曾試圖跟他的妻子和解，但失敗了。在他的床頭櫃上有一張兒孫的照片，他們是他每天晚上睡覺前最後看到的事物，也是他早上睜開眼睛時迎接他的第一樣事物。但是他們關係緊張。賈邁勒的一個兒子被禁止離開王國，拒絕和他講話。賈邁勒想念他的家人和家鄉的味道，想念他家鄉麥地那的喧囂；他夢想著再次走在它的街道上——伊斯坦堡是最接近那種感覺的地方。華盛頓已經變得對距離他所知道的世界太遙遠，而且他正在忙著發起一個在阿拉伯世界推進民主的組織：DAWN（Democracy for the Arab World Now〔現在就為阿拉伯世界爭民主〕。譯注：組織的縮寫英文名同時也是「黎明」的意思）。他的任務是向年輕的一代人傳授多元化和民主的知識——他不斷地告訴他的朋友，民主就是解決之道。[16]

海迪哲看著他走進沙烏地領事館的金屬柵欄後面，朝著一棟兩層樓的建築物愈走愈遠。她對即將舉行的婚禮滿心期待。現在萬事俱備，只差那一張紙，賈邁勒正要去領事館裡拿。她手上拿著她未婚夫的兩部手機。因為領事館的安全措施，他不能帶手機進去。他告訴她，如果出了什麼問題，就打電話給他在土耳其政府的一個朋友。他一直對走進領事館有些猶豫。駐華盛頓的沙烏地大使館指示他到伊斯坦堡領事館去取他需要的法律文書。[17]原因並不明確：這只是一份讓他能夠正式與未婚妻結婚的單身證明文件，應該能在任何一間沙烏地大使館取得。他在五天前的九月二十八日第一次去了伊斯坦堡的領事館，並未提前通知。他告訴海迪哲，領事館的工作人員很友好和熱情，但是這份文書需要幾天時間準備，他們替他預約了返回取件的時間。他已經權衡了風險。沒有針對他的逮捕令，他也不是受通緝的人。雖然流亡海外，但是他仍然不認為自己是個異見者；他從未呼籲推翻沙烏地君主制。如果他們要審訊他，他也沒有什麼可隱瞞的。他曾去過沙烏地駐華盛頓的大使館很多次，甚至還和大使哈立德．賓．薩爾曼，也就是MbS的弟弟坐下來聊過幾次。他取笑那些擔心他的朋友，他們要他在走進波多馬克河畔那座樸素、紀念碑式的大理石建築之前，先告訴他們一聲。[18]「你很誇張。」他這樣告訴他的一個美國朋友。但他其實也做了預防措施。他已經不再去華盛頓一座沙烏地附屬的清真寺裡做禮拜。他拒絕了返回王國找一份政府工作的建議。但是他已經斷定，沙烏地當局在國外和自身的外交困局裡，是不敢對他做什麼的。海迪哲仍擔心這是一個陷阱。她翹課陪他回到領事館。

她告訴賈邁勒她會在那裡等他，就在那裡，在他離開的地方。「好的，親愛的。」他微笑著說。[19]他走過一輛黑色的賓士貨車，對站在門口穿著淺藍色西裝的沙烏地領事館雇員微笑。入口打開了，這是一扇金色的沉重金屬大門，壓印著沙烏地兩柄交叉彎刀和棗椰樹的國徽。十三時十四分三十七秒時，賈邁勒．哈紹吉走過門檻，進入沙烏地領事館。這是沙烏地領土。金屬門在他的身後關上。

海迪哲在領事館外焦急地等待。他們已經為將要搬進去的公寓買好家具。「這房子真漂亮，就跟它的屋主一樣。」賈邁勒在幾天前傳給她的訊息中這樣說道。下午三點鐘，海迪哲仍在等待。難道領一份文件真的要花這麼長時間嗎？也許賈邁勒正在裡面和沙烏地官員聊天。畢竟他人緣很好，自己也在使館裡工作過。她向外面的警衛打聽未婚夫的情況。他們告訴她領事館現在已經關門了。裡面沒有人。海迪哲嚇壞了，她撥通賈邁勒給她以備不時之需的電話號碼。土耳其總統艾爾段的高級顧問雅辛．阿克泰（Yasin Aktay）接了電話，然後打了幾通電話。海迪哲在領事館外面一直待到凌晨一點。她又在當天晚些時候回來，仍然沒有賈邁勒的蹤跡。消息開始傳開，賈邁勒消失了，也許是被本國政府綁架。警報從伊斯坦堡傳到安卡拉，一直響到《華盛頓郵報》的新聞辦公室和白宮的橢圓辦公室。第二天，他的編輯凱倫．阿提亞（Karen Attiah）寫道：「賈邁勒，如果你有機會讀到這個的話，請知道，我們在報社的人都在積極行動，確保你的安全和自由。在你平安現身之前，我是不會放心休息的。」十月五日，《華盛頓郵報》在本該是他的專欄的地方刊登了一大片空白——這一令人傷感的舉動在全世界引起震動。在同一天的利雅德，MbS正坐在那裡接受彭博新聞團隊的採訪，被問到賈邁勒的情形。

「我的理解是，他進去了，然後過了幾分鐘或一小時就離開。我不確定。我們正在透過外交部調查這件事，看看當時到底發生了什麼。」王儲這樣說道。[20]記者追問：「所以他不在領事館裡？」「對，他不在裡面。」MbS答道。在伊斯坦堡，沙烏地領事館精心策劃了讓幾個記者來巡視的行程，還開玩笑地打開櫃子證明賈邁勒沒有藏在裡面。

賈邁勒早就死了。在進入領事館的幾分鐘後就遇害。海迪哲在成為妻子之前就成了寡婦。幾天以來，沙烏地方面持續否認知道賈邁勒的下落。兩個星期後，他們承認賈邁勒已經死了，聲稱是死於一場錯誤的打鬥。但是土耳其將這一切都錄了下來，沙烏地領事館是受到監聽的，就像是大多數的外交使團一樣——儘管這違反外交慣例，但是大多數國家都會進行這類間諜活動。土耳其官員不能公開透露聲音來源，所以他們把賈邁勒的死亡細節一點一點地慢慢洩漏給媒體。賈邁勒的致命錯誤是在第一次造訪後同意再回到領事館。在領事館內部的某些人向利雅德的當權者發出警報——很有可能是紹德・卡赫塔尼幹的。一支十五人組成的小隊乘坐私人飛機前往伊斯坦堡，在那裡等他。[21]小隊隊長是沙烏地軍隊的一名上校，他和賈邁勒在倫敦大使館任職的時候就彼此認識。這些人先告訴賈邁勒，他們要把他帶回沙烏地去。賈邁勒拒絕了，他說外面還有人等他。幾名男子開始對賈邁勒下手，顯然是先用一個塑膠袋悶死他。七分鐘之內，他就被注射了鎮定劑，然後用鋸子將他肢解。聯合國對這件殺人案進行長達五個月的調查，後來發現該小隊在賈邁勒進入大樓的十三分鐘前就討論過肢解他的問題。他們把賈邁勒稱為「宰牲的羊」。殺手小隊中有一名法醫，他在把賈邁勒弄成碎片時戴著耳機。「當我幹這種活的時候，我會聽音樂。你們也應該這麼做。」他告訴其他人。[22]沙烏地人試圖掩蓋他們的罪行。有一個人從大使館後門走出來的鏡頭，目的是誤導大家以為賈邁勒已經離開，這是個替身，他穿著賈邁勒的衣服，遮遮掩掩地，在城裡到處轉，然後進了一間建築物，把衣服扔到垃圾桶裡，然後穿著不同的衣服出來掩人耳目。聯合國的調查還發現犯罪現場已經被沙烏地人徹底洗刷過了。

在超過一年時間的流亡後，賈邁勒低估了沙烏地阿拉伯變得多強硬、那些高層變得多麼無恥和邪惡。他也低估了自己的重要性。沙烏地人也同樣低估了他，用極端的方式期待能夠不為人知地悄悄消滅他。但是賈邁勒並不是一般的專欄作家，儘管某些王室成員心裡也許這麼認為——是他們的臣民、他們的財產，可以隨意處置。他的屍體從未被發現。但是他失蹤和遇害的消息在全世界的電視新聞裡鋪天蓋地地報導，以一種國際新聞很少能夠達到的方式吸引著美國觀眾的注意力。他是維吉尼亞州的居民，是美國一家頂級媒體的專欄作家，他的死比任何遙遠的戰爭都更直接，其恐怖的細節更令人毛骨悚然，更加邪惡。

沙烏地人起初混淆視聽和謀殺的細節引起全世界的憤怒。歐洲的部長、銀行家、商人取消對沙烏地的訪問。投資人暫停他們的合資企業計畫。美國和沙烏地的關係陷入僵局，培訓計畫暫停，政府官員的訪問也延期。出現制裁沙烏地王國的討論。眼下的假設是，這樣錯綜複雜的陰謀，在別國領土上的領事館裡如此殺死一個沙烏地公民，不可能在沒有王儲知悉或默許的情況下策劃。共和黨的參議員林賽．格蘭姆（Lindsey Graham）說ＭｂＳ是顆拆房子的鐵球（wrecking ball），而且說他必須下臺。國會準備投票結束美國對沙烏地在葉門戰爭的支持。沙烏地阿拉伯的死敵伊朗對這個自殘造成的傷口摩拳擦掌，看著這個偏執的三十三歲王子最新的愚蠢行為。對未來充滿希望的年輕人突然醒悟了，他們的國家可能會成為國際社會的棄兒。

已經發生的事情是無可挽回的。有幾個星期時間，ＭｂＳ看起來好像無法從賈邁勒的謀殺案中倖存。有傳言說國王要另找一個皇室成員來替代這個年輕的王儲。承諾將會追究責任並進行審判。但統治家族只不過是隔靴搔癢罷了。當沙烏地的記者和評論人開始譴責這是一場要削弱王國的陰謀時，民族主義達到了高峰。有一些人隱晦地威脅破壞沙烏地的穩定會讓它變成另一個敘利亞。宗教和民族主義力量被同時動用以穩固王儲的地位。殺人事件發生不到兩個星期，麥加清真寺官方指定的傳教士站在講壇上為全世界數百萬每星期五都會收看轉播的穆斯林發布演說。他宣稱在賈邁勒遇害後對王國的批評是一場陰謀，是「針對這受到祝福的土地的攻擊」，是對十億穆斯林的挑釁。但是這位「年輕、雄心萬丈、受到神的啟發的改革王儲」對改革的追求將會「在他的創新眼光和深刻的現代主義指導下，繼續開拓前進」。[23]這些演說內容的腳本總是事先得到沙烏地安全部門的審核，這些演說向來以對王室的祝福為結尾。但是為了王室的政治權宜而如此扭曲宗教的時刻也很少見。更糟糕的是，傳教士宣稱王儲是得到神的啟發，從而給他披上一層不可侵犯的保護，彷彿他也成了最高領袖。

ＭｂＳ倖存下來了。他的顧問卡赫塔尼和另一位高級官員被暫時推到一邊去。「我可能讓我們的一些人太熱愛我們的王國了。」王儲後來表示，試圖為自己開脫所有責任，為一些他身邊的人想要殺害賈邁勒的原因提供理由。[24]他的話遭到質疑。進行調查的聯合國特別報告員卡拉瑪爾德（Agnes Callamard）後來宣布，這起謀殺是有預謀的，有可信的證據表明這起謀殺與包含王儲本人在內的國家高層官員相關。謀殺案發生一年之後，在試圖重建自己的信譽時，ＭｂＳ告訴ＣＢＳ新聞臺「身為沙烏地阿拉伯的領袖，我全權負責，尤其是因為這件事是為沙烏地政府工作的個人所做的」，但他否認是他下的謀殺命令。這份聲明是他讓自己免於被直接問責的保護層，同時繼續推行他的願景二〇三〇計畫。投資人和世界各國領袖再次湧向這個王國。但是新的專制主義獲得勝利，而且遠遠超過讓賈邁勒閉嘴的渴望。對於其他異見者的匯報將會浮出水面，其範圍甚至遠至加拿大，他們也是可能被綁架的目標。卡赫塔尼在二〇一五年就建立起他的打擊小組來監視和消音異見者，無論是在網路上，還是在現實生活中。他曾監督二〇一七年十一月在麗思卡爾頓飯店對被拘留者的審訊。根據受害家屬的說法，他也監管在二〇一八年五月被捕的女性活動分子的酷刑。魯嘉音．哈斯洛爾的家人起初害怕透露出她遭遇的細節，但是在被監禁一年，審判被籠罩在祕密之中後，她的兄弟說了出來，描述她是如何被水刑和電刑折磨，而卡赫塔尼還笑著威脅要強姦她。[25]魯嘉音的丈夫，脫口秀演員法哈德被從約旦綁架後帶回王國，然後被迫和他的妻子離婚。隨後會有更多的人被捕。

社會變革還在繼續。衣著限制有所放鬆，女性可以不穿阿巴雅就走出門。餐廳裡播放著音樂。最重要的是，監護人制度已經修改了，賦予單親媽媽成為子女監護人的權利，以及所有年滿二十一歲的女性都可以獲得護照，並在沒有男性監護人許可的情形下旅行。但是，在許多人等待親屬出獄時，王國仍然籠罩於陰暗中，從牢房裡洩露出酷刑的細節。父愛如山的國王以警告的方式打發走犯規女性的日子已經不再。這是一個新的沙烏地阿拉伯，建立在灌輸給海內外公民的恐懼之上。王子的名字縮寫「ＭｂＳ」有了新的定義：「骨鋸先生」（Mr. Bone Saw）。沙烏地阿拉伯的異見者本就對自己國家的政府有所戒備，現在變得更加害怕，擔心如果他們惹惱沙烏地王儲或是批評他的地區政策，會招致何種後果。這個國家的鄰國和周邊盟友都能看出ＭｂＳ是個魯莽、復仇心重的人，不只是因為他毫不猶豫地綁架另一個國家的總理，還派出打擊小隊殺害自己的公民，更因為知道他很有機會成為下一任國王，而且可能會在位五十年。

ＭｂＳ被人拿來和薩達姆．海珊相提並論——這個殘暴的獨裁者只要能繼續供應石油和打擊伊朗，就能得到美國的支持和煽動。但是這位年輕的沙烏地王子的方式也是伊朗伊斯蘭共和國的方式，到處逮捕異己、囚禁和折磨女人，向鄰國灌輸恐懼。這正是ＭｂＳ想要的，儘管幾十年來花了幾十億美元收買朋友，但這個王國從來沒有完全實現伊朗能夠以策略和流氓手段所掌握的東西：ＭｂＳ想要受到尊重和畏懼。對這位臉皮薄的王儲而言，賈邁勒可能是惹麻煩的批評者，他「被消失」是一件國內事務，但是他的死亡也是伊朗和沙烏地阿拉伯之間的競爭中，最新、最出乎意料的可怕扭曲。這場爭鬥比王儲的年紀還老，但是他不會放手。而且他和阿布杜拉國王或者是外交部長紹德．費薩爾之類的老一輩皇室成員不同，他一心一意要確保他不會被伊朗的互動和溫和承諾所欺騙。他認為，伊朗中間派和改革派的笑臉只不過是激進派的幌子，伊朗的霸權主義圖謀是無止境的。

「我們知道，伊朗政權的主要目標是達到和控制伊斯蘭的神聖地點，」ＭｂＳ曾經如此宣稱：「我們不會等著他們把戰鬥帶到沙烏地阿拉伯來，我們會確保戰鬥是在伊朗發生。」網路上甚至流傳著一段沙烏地軍隊在海上被挑釁後攻擊伊朗的影片，這可能是出自卡赫塔尼的網軍製作的。沙烏地的飛彈擊中伊朗一個空軍基地，部隊登陸接管革命衛隊的陣地。在影片最後，戰敗、憔悴的卡西姆．蘇萊曼尼跪在地上向沙烏地士兵投降。這可能是MbS所嚮往的勝利。但現實中，沙烏地王國仍然無法在葉門贏得徹底勝利，也無法在這個滿目瘡痍的國家找到和平路徑。二〇一九年九月，沙烏地一個主要的石油設施遭到無人機襲擊，讓沙烏地石油產量一時間減少五百萬桶，撼動全球能源市場，也暴露出王國的另一個弱點。伊朗被指控是這次襲擊的執行者。因此，競爭仍在繼續，兩個國家依舊困在一九七九年裡。

結語

他們以宗教的名義監禁我們，
他們以宗教的名義炙烤我們，
他們以宗教的名義侮辱我們，
他們以宗教的名義封鎖我們，
噢媽媽啊，宗教是無辜的。

——蘇丹民間詩歌，在二〇一九年的蘇丹起義中廣為傳頌

我的群體中有不同（的意見）是一種慈憫。

——先知穆罕默德的《聖訓》

「我們到底出了什麼問題？」這個疑惑推動了我的研究。這個問句如同北極星，指引我從一個國家

到另一個國家，在許多人的幫助下解開一層層的歷史和政治，這些幫助我的人也在用自己的方式試圖弄清楚他們的生活和國家的轉變。每個人都為更大的謎題提供線索；每個人都讓我更加接近這個如此巨大的問題。一路走來，我遇到另一個反覆出現、讓我感到驚訝的問題，一個特別是年輕的沙烏地人和伊朗人會向他們父母提出的問題：「為什麼你不做任何事情去阻止它？」在風暴的中心，那些自一九七九年以來已經泛起漣漪，以致人民的生活變得遲鈍的國家裡，人們對允許這一切發生的那一代人懷有怨恨。

對伊朗人而言，一九七九年是國家歷史的明顯轉折點。對他們來說，與其說是慢慢地意識到發生了什麼，不如說是他們愈來愈不相信父母和祖父母的天真，這些長輩曾為一場革命歡呼雀躍，這場革命推翻暴君國王，換上更糟的宗教暴政，不僅在政治上，也在社會和經濟上具有壓迫性，有效地把國家凍結在時間裡，似乎讓國家永遠和世界脫節。二〇一七年十二月，當抗議在伊朗各地爆發，這幾個星期是自從二〇〇九年的綠色運動以來對這個伊斯蘭共和國構成最嚴重威脅的動盪。伊朗人對灑在海外的鮮血和資金感到憤慨，他們高喊著：「別管敘利亞了，想想我們吧！」在網路上流傳的一段影片中，一個年輕女子在夜晚的抗議活動中對身邊大多數的男性老年人發出這樣的警醒：「你們（在一九七九年）舉起拳頭，毀了我們的生活。現在我們舉起拳頭（來彌補你們的錯誤）。做個男人，加入我們吧。我會站在你們前面保護你們。來代表你們的國家吧。」

在沙烏地阿拉伯，人民對一九七九年之於這個王國意味著什麼的認知並不是那麼清楚。祝海曼當年對麥加聖寺的圍攻雖然令人震驚，但那並不是全國性的事件，而且國王很擅於——和今天一樣——掩飾國內的異議。一九八〇年代，沙烏地人有充足的鈔票，如果他們想要逃避國家的黑暗，他們可以到任何地方去看場電影、看齣戲劇，或者到巴黎的咖啡館裡坐坐。並沒有一個明確清晰的分水嶺讓大家站出來反對；但是有許多小小的分水嶺。現在他們的小孩想要知道為什麼。為什麼當音樂被打壓時，當男性監護人制度收緊時，當宗教警察在公共場所揮鞭子時，他們的父母沒有提出抗議？他們怎麼會一聲不吭地任由這一切發生呢？這一代的沙烏地人不知道伊朗人關於一九七九年有著同樣疑問；伊朗人不知道沙烏地有些人也被類似的受背叛感刺激著。伊朗和沙烏地阿拉伯正在以微妙的方式再次遙相呼應。

二〇一八年曾有一個短暫的時刻，這兩個敵人似乎在爭相挽回一九七九年造成的傷害：沙烏地阿拉伯是自上而下，拜王儲之賜，讓他的國家向二十一世紀敞開心胸；伊朗則是多虧了他們自己的人民決心剷除這種制度。但事與願違，這場競賽繼續成為一場爭奪吊車尾的競爭，彷彿沒有任何事和任何人準備好要勸說兩國領導層放棄自己最壞的本能。敘利亞、葉門、伊拉克付出了代價，就像是那些在伊朗和沙烏地阿拉伯提高嗓門反對各自的領袖的人民一樣。最危險的反對者是那些講話輕聲細語的人，他們對領袖的專制主義提出最可信的替代方案，例如賈邁勒．哈紹吉，或者納斯林．索圖德（Nasrin Sotoudeh），她是一位伊朗人權律師，因為幫反對強制性頭巾的女性辯護而被判處三十八年監禁和一百四十八下鞭刑。

為了寫這本書，我在中東各國四處旅行，在絕望和希望之間徘徊。挑戰是如此巨大，趨勢似乎如此棘手，各方參與者是如此的根深蒂固，以至於很容易就得出確實沒有出路的結論。經過四十年的競爭，兩個敵人不斷爭奪影響力，都在濫用宗教，都將教派特徵當成武器。過去對某些人而言已經不再是歷史，他們反而活在當下沸騰的怒火中，沒有寬恕別人的機會。曾經晦澀難解、遭人遺忘的歷史錯誤已經轉變成鮮活的集體意識記憶，這是伊朗和沙烏地阿拉伯創造出來，殘酷的教派糾結的高潮所帶來的後果。二〇一八年，真主黨在黎巴嫩的立法選舉中表現良好，而薩阿德·哈里里的聯盟遭受失利，甚至在貝魯特也是如此。真主黨的一名支持者帶著勝利的喜悅在臉書上發文宣布：「我們不會把選票投給亞齊德國（Yazidi state，譯注：這裡的亞齊德，即歷史上穆阿維亞的兒子，指代的是什葉派的對手）的候選人，不會投給殺害葉門兒童的殺手，不會投給達伊什和支持者陣線的支持者，但是最重要的，我們不會投給眾伊瑪目陵墓的破壞者，願伊瑪目安寧。」

亞齊德是西元六八〇年在卡爾巴拉戰役中和伊瑪目胡笙對陣的敵手，「亞齊德國」這個詞被用來指代沙烏地阿拉伯，如今該國被視為壓迫什葉派的終極體現；前文提到的伊瑪目陵墓是指在二十世紀初被沙烏地人毀掉的巴奇墓園。他所說的亞齊德國的候選人，是指黎巴嫩的總理薩阿德·哈里里，他曾經和真主黨做出不少妥協，二〇一七年十一月，他唐突地在電視直播中辭職，這就是他的沙烏地贊助人為其妥協所給他的羞辱。二〇一八年大選結果公布後，真主黨的支持者開心地騎著機車，或者是伸出汽車窗外搖旗吶喊，他們舉起真主黨的黃色旗幟，上面印著一隻握著卡拉什尼科夫衝鋒槍的拳頭。他們高喊著「貝魯特是什葉派的，貝魯特是什葉派的」——呼應著一九八〇年代時，留著鬍子的年輕人和穿著查朵爾的女人在哈姆拉大街上遊行，砸碎酒瓶，主張要占據城市的一部分。這些騎著輕型機車的男子撤下薩阿德的海報，驅車前往聖喬治飯店，那裡是二〇〇五年「黎巴嫩先生」拉菲克．哈里里遭到暗殺的地方。他的銅像矗立在曾被炸彈炸毀了道路，並因此改變黎巴嫩政治軌跡的地點附近。真主黨的支持者將他們的黃色黨旗掛在雕像上，宣布他們對一名死者的最終勝利。

對於那些不再對宗教有興趣的人而言，伊朗和沙烏地阿拉伯的領導權如今依附於民族主義上。在沙烏地王國裡，王儲身邊有著馬基維利風格的助手紹德．卡赫塔尼，派出一支推特網軍汙衊遭到囚禁的女性活動分子，在她們身上貼上國家叛徒的標籤。當沙烏地阿拉伯在賈邁勒遇害後面臨國際社會的憤怒時，社交媒體和電視臺將沙烏地描繪成外部陰謀的受害者，並呼籲國民團結一心。伊朗最高領袖則多次勸說伊朗人，即使不支持伊斯蘭主義的意識形態，也要支持國家。伊朗革命衛隊現在將自己推崇為國家的衛士。民族主義情緒在社會的某些部分，已高漲到使得那些在伊朗和沙烏地阿拉伯圍繞著國旗打轉的人，缺乏反思的視角，不知道他們的政府正為該地區其他國家帶來和強加的是些什麼。

在絕望和希望之間，我最終選擇了希望。這趟跨越時間和空間的旅程既讓我謙卑又使我振奮，因為它提醒了我，那些繼續為更多自由、更多寬容和更多光明進行不懈努力和勇敢奮鬥之人的驚人力量。除了關於戰爭和死亡的頭條新聞之外，這個地區活躍著音樂、藝術、書籍、戲劇、社會創業精神、遊說、圖書館、咖啡店、書店和詩歌等等，老老少少都在努力為文化表達和言論自由開闢空間。他們的反抗是希望的源泉，他們的堅定是有感染力的。即便是出國流亡，他們也不放棄。二〇一九年，小說家阿赫麥德．納吉終於可以離開開羅了。旅行禁令解除，他到美國和他的妻子與小女兒團聚。他繼續寫作、出版和挑釁。艾布特哈爾．優尼斯仍然留在開羅，這座她度過青年歲月的城市，守護著納斯爾．阿布．齊德的遺產，齊德至今仍高居在所有其他的思想家之上。現在身處柏林的雅辛．哈吉．薩利赫從來沒有停止出版和談論關於敘利亞和更廣闊區域中的弊病。他還幫助創辦 *al-Jumhuriyya*，這是一個網路阿拉伯語新聞平臺，是該地區最好的訊息和分析來源之一。他仍舊希望能和妻子薩米拉，以及他的朋友拉贊．宰圖尼、瓦伊勒．哈瑪達和納吉姆．哈瑪迪團聚，他們四人自二〇一三年以來一直處於失蹤狀態。在經歷父親和叔叔遇刺的創傷後，賈瓦德．霍伊在二〇一〇年回到納傑夫長住。他擴大了他祖父創辦的霍伊基金會，並發起一家包含非穆斯林老師和學生的跨宗教研究學院。在巴基斯坦，當阿西亞．碧比被宣告所有的褻瀆罪指控都不成立之後，薩勒曼．塔希爾的家族也感受到了清白。這位省長的遺孀和小孩相信不寬容的潮水已經開始退去了。在黎巴嫩，巴迪婭．法赫斯繼續以寫作和大聲發言反對宗教對社區的扼殺，戳破真主黨的光環。瑪希赫．阿琳娜嘉德則持續在布魯克林帶頭反對伊朗強制戴頭巾的運動，這場日益壯大的運動正演變成一場針對國家的消耗戰。這些人是過去和未來，他們並不孤單。他們只是大多數人之中的幾個例子。

在嘗試回答本書的核心問題時，我企圖呈現出這個地區的多樣性和文化活力，提醒那些從外面向內看的人，今天的瘋狂頭條新聞並不反映出我們是誰——新聞從來不曾反映過我們。雖然我們的國家已經被伊朗和沙烏地阿拉伯的霸權影響所改變，但是西方媒體的頭條新聞總是把異常深刻和複雜的問題簡化為一張單純的拍立得快照，這往往迎合了兩種人的胃口：那些視阿拉伯或穆斯林文化為落後文化的東方主義受眾，和只重安全的決策者。隨著時間的推移，這兩個群體彼此相互加強，如今已高度融合到一切都得從西方安全的棱鏡中看待的程度，在九一一事件之後尤其如是。即使是現在，伊拉克的摩蘇爾和敘利亞的拉卡等城市，仍然在努力克服ＩＳＩＳ造成的精神破壞和物質破壞，像是庫德少數群體中的雅茲迪人，其整個社群都在ＩＳＩＳ武裝人員的手中被種族滅絕和強姦所摧毀，即使是在巴沙爾．阿塞德持續殺害、折磨和轟炸自己人民的情況下，西方媒體的頭條幾乎仍然完全鎖定在加入武裝組織的歐洲人和美國人的議題上，幾乎排他地關注在是否應該允許這些人回國或是褫奪其公民身分，以及如何對待他們的妻子和小孩的議題上。

歐洲或者美國的人經常輕率地問，公開反對極端主義和恐怖主義的穆斯林和阿拉伯人在哪裡？這種期望所有穆斯林都應該為與他們有相同宗教的一小部分人道歉或者承擔責任的現象讓人深感不安。此外，這樣的提問忽視了那些在西方人提出這個問題之前，就已經在自己國家裡打擊不寬容及其暴力的人所作出的致命犧牲。幾十年來，廣大的中東地區裡有太多的革新思想家只能自生自滅，因為他們和他們的國家被暗黑勢力——如巴基斯坦的齊亞——打擊致死，而這些勢力往往是為西方利益服務的。聖戰暴力的最大受害者是本國的穆斯林。

本書主要側重於伊朗與沙烏地阿拉伯的行為以及眾多的在地角色，並不是要為美國所犯下的眾多錯誤和它時常推行的致命政策開脫。從侵略到支持獨裁者，美國的行為助長和加劇了當地的勢力湧動。川普總統在二〇一八年五月決定退出伊朗多邊核子協議並對伊朗實施額外制裁，極大程度提升了該地區的緊張局勢，幾乎使其陷入戰爭。但是沙烏地阿拉伯和伊朗也有他們的代理人；他們以各自的利益為基礎作出的決定，也推動了區域中的勢力湧動。這種無休止、自我強化的敵對循環是無法輕易打破的。

這裡存在著一些大的地緣政治難題，例如結束葉門戰爭的談判，或者是遏止伊朗在敘利亞的影響力。但是我所接觸過的許多人，那些既不是站在伊朗一邊，也不是站在沙烏地一邊的人認為，如果不首先改變伊朗政權的性質，就無法化解沙烏地偏執、復仇性的不安全感，也無法遏制那些對伊朗擴張主義圖謀感到威脅之人的好戰熱情。諾貝爾和平獎得主、伊朗人權活動家希琳．伊巴迪認為，伊朗政權已經無法再改革，並提議舉行聯合國監督的全民公投以修改憲法，去掉最高領袖的位置。刪除關於伊朗是所有地方受壓迫者的捍衛者的文章，也能夠幫助減輕有關伊朗圖謀的焦慮。與此同時，許多伊朗人和什葉派認為，只要沙烏地阿拉伯的反什葉派修辭和王國內的教育沒有溫和化，他們仍將會繼續視沙烏地阿拉伯為敵人。沙烏地在境外的影響力，依舊由出資建造清真寺和推廣靠近王國對伊斯蘭理解的教育的形式持續。預計會有一千七百萬穆斯林在二〇二五年造訪麥加，沙烏地王國應該在麥加重新引入多樣的教育，從伊斯蘭的心臟發出更為良善、柔和語氣的回響。在現任領袖的帶領下，這些議題都不存在，但是也並非不可能。沙烏地和伊朗的領袖曾經找到緩和的方式。在一九七九年之後的幾年裡，在教派分裂被武器化之前，遜尼派和什葉派的分裂大多數是處在休眠的狀態中。

我在開始這本書的寫作計畫之初，就完全知道那些身在沙烏地－伊朗分裂兩端的極端主義政客一定會在我的書裡找到錯誤——或者他們可能會斷章取義地為他們的行為辯護。我並不是為了他們寫這本書的。我寫這本書是為了同仁、夥伴和更廣大的讀者，他們想要明白為什麼中東地區的事情總是在全世界不斷發生後續效應。我寫這本書也是為了那些相信阿拉伯和穆斯林世界不只是關於無休止的恐怖主義、ISIS或革命衛隊的頭條新聞的讀者。也許最重要的，我寫這本書是為了中東地區那些我的同代人，和更年輕、仍在詢問「我們到底出了什麼問題？」的讀者，以及那些想知道為什麼他們的父輩不曾，或者是不能做任何事情阻止這一切發生的讀者。我希望這本書能為他們提供一些線索，幫助他們找到一條更好的前路，走一條不同於伊朗和沙烏地阿拉伯的領袖的路。就像是丹麥哲學家索倫·齊克果（Søren Kierkegaard）曾經寫過的：「……人生必須要倒著理解，這話沒錯。但是他們忘記另外的那個命題了，日子必須要往前過。」

致謝

為這本書進行研究和寫作的時間比我預想的更長，寫作工程也比我所預想的要困難許多，但我最終還是走到了終點線，這得感謝我生活中和這段旅程中不可思議的一群人：老朋友、了不起的同事和導師、提供關鍵支持或與我分享他們故事、素昧平生的陌生人，偶然相遇為我帶來這本書所缺少的那片拼圖——我本來甚至對此渾然不知。他們對我工作的信任和信心，他們堅定的支持和愛陪著我前行，為寫作過程中最黯淡的時刻帶來光亮。

對於我的第二本書，我非常感謝亨利・霍爾特出版公司（Henry Holt）和威廉・莫里斯奮進公司（William Morris Endeavor）的同一個明星團隊再次陪在我身邊。我在霍爾特的編輯塞芮納・瓊斯（Serena Jones）為了確保我能夠再次和她一起做出版，不惜一切代價，並在另一個相當不尋常的計畫上冒險。我很感謝她從頭至尾對這個寫作計畫的睿智指導，她在閱讀我的初稿時提出的問題、不斷的鼓勵和耐心。她會以令人難以置信的平靜方式應對我延遲幾個星期的進度，以及因為她實至名歸的晉升後隨之飆高的工作量。瑪德蓮・瓊斯閱讀和重讀我的手稿，並且回答我關於 Word、腳注和日程的蠢問題。我要再一次誠摯感謝我的製作編輯克里斯．歐康納（Chris O'Connell）。也謝謝馬吉．李查斯（Maggie Richards）和帕翠霞．埃斯曼（Patricia Eiseman），從我二〇一一年走進他們辦公室的那一刻起，就一直陪伴著我。對於工作夥伴，我已夫復何求。迪克蘭．泰因托（Declan Taintor）和他們一起，確保當森林裡的樹被砍伐的時候，會有人在那裡講述這個故事，而書能夠有讀者。許多樹因為這本書而倒下；作為交換，我捐助了一個黎巴嫩的森林復育計畫。請您也考慮在 www.adoptacedar.org 這個網站做出一份貢獻。感謝史蒂芬．魯賓（Stephen Rubin）和班．施冉克（Ben Schrank）讓我在亨利．霍爾特出版社感到賓至如歸。我在威廉．莫里斯奮進公司的經紀人，多利安．卡爾其瑪（Dorian Karchmar）在業務上無以倫比，能有她在我身邊真是幸運。她既有遠見又是毫不留情的細節狂；她在保護我免受寫書壓力的同時，讓我能一直向前走，走得比我想的更遠。她做的遠超過職責範圍，她的高標準讓我時刻保持警覺。她還有一個不可思議的本領，就是能為書下一個標題。這本書的名字又是她的功勞。

當作家處在她最黑暗的時刻，會打電話給誰呢？多梅尼卡．阿里歐托（Domenica Alioto）。在義大利麵和佩魯賈之間，多梅尼卡為我提供了一雙銳利的目光和恆久的陪伴，她的妙手還能幫我打磨我的文章。喬伊．約翰尼森（Joy Johanessen）在截稿日之前緊急趕來，幫我做出至關重要的最後梳理。我要感謝BBC的保羅．達納海爾（Paul Danahar）、安德魯．羅伊（Andrew Roy）和強納森．孟若（Jonathan Munro），他們讓我能夠放下工作來完成這本書；我還要感謝我在BBC的所有前同事，謝謝這無限美好的二十年時光。

有幾個機構幫了我大忙，我虧欠它們許多人情，它們提供我寫作的空間，給我創作的知識自由。我必須感謝卡內基（Carnegie Corporation）的希拉蕊・魏斯納（Hilary Weisner）、尼哈・阿梅爾（Nehal Amer），尤其要感謝瓦爾坦・葛瑞高里安（Vartan Gregorian）主席。我還要感謝洛克斐勒兄弟基金（Rockefellers Brothers Fund）的阿里亞蒂・帕帕蓋皮托斯（Ariadne Papagapitos）、凱倫・卡爾尼基（Karen Karnicki）以及史蒂芬・海因茲（Stephen Heintz）主席。亨利・巴基（Henri Barkey）是第一個提醒我有獲得伍德羅・威爾遜國際學者中心（Woodrow Wilson Center for International Scholars）獎學金可能性的人，我在那裡待了六個月。羅伯特・利特瓦克（Robert Litwak）對這個寫作計畫的熱情，以及他整理某些後勤方面工作的幫助，對當時正在埋首於小隔間裡寫作的我來說意義重大。我十分想念那些出色的圖書館工作人員和足智多謀的艾林・查爾斯（Arlyn Charles）。我曾有幸在卡內基國際和平基金會（Carnegie Endowment for International Peace）擔任一年三個月的高級訪問研究員，比爾・伯恩斯（Bill Burns）大使就像對待家人一樣歡迎我，並提供我完成研究和寫作所需要的所有旅程（以及包含從華盛頓特區到貝魯特在內的所有里程）。他對我工作的回饋和評論，尤其是他的善意，是一份真正的禮物。舉世無雙的伊莉莎白・迪波（Elizabeth Dibble）解決了所有幕後事務安排，讓我可以專注於工作；希拉蕊・麥葛勞（Hilary McGraw）、王進（音）、周宇婕（音）負責資金，我要感謝他們的耐心。在貝魯特卡內基，馬哈・葉哈雅（Maha Yahya）和莫罕納德・哈吉・阿里（Mohanad Hage Ali）都是絕佳的同事和好幫手。

毫不誇張地說，如果沒有兩位了不起的研究助理和他們的互補的話，我永遠不可能在期限內完成這項不可能的任務。齊雅德．亞吉（Zeead Yaghi）是神經科學碩士，對於集體記憶這個主題有著濃厚興趣；米其林．托比亞（Micheline Tobia）是國際事務碩士，對所有的文化和藝術事物都充滿熱情。他們翻閱了數以百計的報紙、書籍和學術出版品；他們深入挖掘並找到隱藏的寶藏；他們匯集了一個令人難以置信的文件庫，足以代表中東地區四十年的歷史。我們極度仰賴貝魯特美國大學世界級的雅斐特圖書館（Jafet Library）——這裡有不可思議的資源，應該得到更多的關注和認可。感謝洛克曼．米赫約（Lokman Mehio）、莫納．阿西（Mona Assi）和卡爾拉．卡勒霍布（Carla Chalhoub），感謝你們連續好幾個月滿足我們無休止的請求。還要感謝阿里．亞希爾（Ali el-Yasser）和珍．歐林－阿門托普（Jane Olin-Ammentorp），他們在這個計畫開始的時候就在那裡，並讓我們相信這個計畫是能夠完成的。

曾有好多的「最後幾哩路」的時刻，那些我以為即將看到終點線，然後就能攤在椅子上休息的時刻。如果齊維特拉．拉涅里基金會（Civitella Ranieri Foundation）沒有在二〇一九年春天獎勵我的絕妙非凡的居留時機，最終一哩路絕對會是痛苦的蹣跚。在翁布里亞青翠繁茂的群山圍繞間，三餐都是美味的義大利麵和主菜，與其他擁有傑出頭腦的研究同伴——作家、詩人、作曲家和視覺藝術家一起晚餐，結束孑然一人的工作日。他們改變了我對語言、寫作和創作的理解。齊維特拉是一個這樣有魔力的地方，我永遠不會忘記讓它如此特別的人：達娜．佩斯科特（Dana Prescott）、狄亞哥．門卡洛尼（Diego Mencaroni）、伊拉里亞．羅奇（Ilaria Locchi）、薩姆．羅立德－諾福（Sam Lloyd-Knauf）以及所有的員工。我離開的時候胖了好幾磅，但是我絕對會原諒這位無以倫比的主廚羅瑪娜・庫碧尼（Romana Cubini），以及她的兩位二廚。我要向湯姆・弗萊徹（Tom Fletcher）大大地說一聲感謝，謝謝你串聯這一切。

我還花了很多個星期在路上採訪別人，並研究那些我在書中關注的國家。有些消息來源不願意透露姓名，我要感謝他們對我的信任。在埃及，我在塔瑪拉・里法伊（Tamara al-Rifai）和哈立德・曼蘇爾（Khaled Mansour）家裡發現一個充滿愛和美食的綠洲。哈瑪達・阿德萬（Hamada Adwan），是我的司機、保鑣、大哥，也是我從開羅到亞歷山卓的全能好夥伴。還有我的好朋友阿赫麥德・納吉，他也是我的資訊寶庫。他和哈立德都讀了關於埃及的章節，並提供非常需要的回饋。我很感謝艾布特哈爾・優尼斯歡迎我到她的家裡，告訴我她不可思議的故事。還有感謝阿瑪德・阿布・加德（Emad Abou Gad）、阿穆洛・艾里（Amro Ali）、阿穆爾・阿扎提（Amr Ezzat）的專業知識和善意。在伊拉克，我有哈立德・阿里（Khaled Ali）和海達爾・阿布都（Haidar Abboud）比生命更寶貴的陪伴，他們安排了所有的後勤事務和訪談，並且開車載我往返於巴格達和納傑夫。我在納傑夫，有幸與出色、聰慧的海德爾・霍伊結伴而行，他不僅跟我分享他父親的故事，並且幫忙向當地人介紹我，讓我能夠接觸到神學院裡的教士和專家，他們花了好幾個小時跟我講述這座聖城和什葉派盤根錯節的複雜性。在巴格達，胡薩姆・哈希米和哈納・愛德華（Hana’ Edward）填補了拼圖上的重要空白。我也要感謝法立德・雅辛（Fareed Yasseen）大使的幫助和見解。在巴基斯坦，我的好朋友沙班・哈立德（Shaban Khalid）是最慷慨的主人，他讓這次旅行得以成功。若是沒有珊安（Shaan）和瓦嘉哈提·汗（Wajahat Khan）的話，巴基斯坦之行就不會完整。從伊斯蘭瑪巴德到白沙瓦，從拉合爾到喀拉蚩，我的旅行中充滿不可思議的人，他們都為我的研究和報導提供寶貴貢獻：阿赫麥德·拉施德（Ahmad Rashid）、哈倫·拉施德（Haroon Rashid）、努里·努拉尼（Hoori Nourani）、拉希姆拉·優素夫札伊（Rahimullah Yousefzai）、施瑪·柯爾曼尼（Sheema Kermani）和法利德·古里·穆罕默德（Farid Ghul Mohammad）。阿姆娜和謝赫巴諾·塔希爾花了好幾個小時和我談論他們的生活，為我講述最好的故事。梅赫塔布·查納·拉施迪歡迎一個完全陌生的人進入她家，並講述了最好的故事。阿里亞·察合臺（Alia Chugtai）和胡岱·努爾（Khudai Noor）提供了關鍵的後勤支持。我還要感謝胡賽因·哈卡尼（Hussain Haqqani）、法拉赫納茲、伊斯法罕尼（Farahnaz Ispahani）、碧娜·沙赫（Bina Shah）和拉札·魯米（Raza Rumi），他們閱讀並評述了我的文章。在沙烏地阿拉伯，我訪談過的人都希望能保持匿名。我曾在賈邁勒·哈紹吉慘遭殺害之前與他多次交談。賈邁勒非常慷慨地分享他的故事，傳授我知識，並透過電子郵件和簡訊回應無休止的後續事務。我們懷念他，他的記憶永存世間。感謝阿赫麥德·巴迪布（Ahmad Badeeb）和穆罕默德·蘇拉米（Mohammad al-Sulami）的時間。在華盛頓、紐約和突尼斯城，我還要感激拉施德·甘努什（Rashed Ghannoushi）、安德魯·斯科特·庫珀（Andrew Scott Cooper）、哈桑·哈桑（Hassan Hassan）、哈桑·阿巴斯（Hassan Abbas）、阿布杜拉·紹德（Abdallah Al-Saud）大使、圖爾奇·費薩爾王子、費薩爾·賓·法爾汗（Faisal bin Farhan）王子、穆罕默德·葉哈雅（Mohammad al-Yahya）

和紹德·卡比利（Saoud al-Kabli）。要是沒有穆欣·薩澤加拉、瑪希赫·阿琳娜嘉德、坎碧茲·法魯哈爾（Kambiz Foroohar），我不可能完成伊朗的章節和所有關於伊朗人的內容。在貝魯特，尤其是和這本書有關，我要感謝哈濟姆·薩吉赫的那些星期六早餐，以及無盡的智慧和知識；巴迪婭·法赫斯提供我食物，並教我她所知道的關於伊朗和什葉派的一切。胡塞因·胡塞尼和他的兒子阿赫麥德和哈桑·胡塞尼為我提供照亮的明燈，讓我看見被遺忘的一段歷史，和他們的友誼彌足珍貴，跨越大洲堅定不移；感謝紹德·毛拉（Saoud al-Mawla）為我提供幾章內容的敲門磚；感謝伊利亞斯·胡里與我分享他獨到的視角。我希望我能夠有更多的篇幅來寫敘利亞和葉門——兩個留在我們集體良心上的人道災難。我很高興有其他人承擔了這個重擔，並能做得比我更好。我對雅辛·哈吉·薩利赫堅定不移地致力於自由、多元化和民主的志業感到崇敬，對於他允許我講述他的故事，並提醒我什麼才是真正重要的東西感到由衷謝意，我欠他一份巨大的感激。關於我是如何得以使用在這本書中的詞句和歌詞的故事本身就值得再寫一本書了。現在我得感謝歐瑪爾·卡巴尼（Omar Kabbani）、法伊茲基金會信託（Faiz Foundation Trust）、薩利瑪（Salima）和莫尼札·哈什米（Moneeza Hashmi）、祝馬娜·哈維（Joumana Hawi）、阿布拉·魯瓦尼（Abla al-Ruwaini）、阿爾斯蘭·巴拉赫尼（Arsalan Baraheni）、阿西夫·法魯吉（Asif Farrukhi）、法爾贊尼·米蘭尼（Farzaneh Milani）、法魯茲（Fayrouz）和法烏茲·蒙特蘭（Fawzi Moutran）、瑪什洛·萊拉、瓦利·納斯爾（Vali Nasr）、法立德·古爾·穆罕默德（Farid Gul Mohammad）和馬奇亞爾·薩米（Maziar Samiee）。

為了講好這本書的故事，和書中人物各自的故事，我知道我必須離開華盛頓特區，讓自己沉浸在中東、歷史、政治、音樂、詩歌和食物中，所以我搬回黎巴嫩住了一年。在這個過程中，我決定留在黎巴嫩，領養了一隻狗，並離開全職的新聞工作。華盛頓仍然是我的另一個家，我非常幸運地擁有兩個部落，在大西洋兩岸，朋友提供給我鼓勵、笑話、辛辣的談話、飲料和美食。最重要的是，他們給了我能夠消失一陣子的空間，讓我可以連續幾個星期埋首寫作——當我再次出現時，他們總是在那裡，這真是個奇蹟。

凱特．西莉（Kate Seelye）、拉米亞．馬塔（Lamia Matta）、喬伊斯．卡拉姆（Joyce Karam）和林．奇亞（Lynn Chia）讓我保持著清醒、快樂和活力。要是沒有他們在我身邊的話，我不可能做到這一點。穆娜．謝卡基（Muna Shikaki）試圖努力讓我保持身材但又用牛排餵食我。努里．金（Yuri Kim）、索尼婭．迪利迪（Sonia Dridi）、維維安．薩拉美（Vivian Salame）、麗瑪．杜丁（Reema Dodin）和哈娜．阿拉姆（Hannah Allam）這群女人是住在華盛頓特區的女生能夠找到的最聰慧、最酷的團體了。丹妮．伊斯代爾（Dani Isdale）和托比．霍爾德（Toby Holder）是天賜的守護者。還要特別感謝藍達．史林（Randa Slim），她和我一樣，在美國和黎巴嫩之間奔波——如果沒有她對中東問題的驚人智慧和分析，我們很可能會更困窘。她是我的朋友，是我的導師，也是我的榜樣。二〇一四年，當我第一次提出本書核心的想法時，我設想的是雜誌上的一篇文章。大衛．羅斯科夫（David Rothkopf）功不可沒，他讓我相信我的想法值得用一整本書來講述。他糾纏了我好幾個星期，直到我開始寫提案，並將其提交給我的經紀人。麗莎・馬斯卡廷（Lissa Muscatine）是我的動力源泉、作家同儕、朋友，更是最好的作家之友，和她在一起的時光總是歡樂。達納・米爾班克（Dana Milbank）讀了我的提案，在副標題上字斟句酌，對封面設計做出回應，並定期來查看進度——這些職責都是他因著美妙友誼而自願扛下的。馬爾萬・穆阿瑟（Marwan Muasher）是我的智性導師和交鋒對手，是我最喜歡的想法測試人，也和我一樣不知悔改、持續希望我們這個區域將擁有更好的未來。他從這本書的想法誕生時就在那裡，指導我一路走來，讓我保持睿智，並將我從許多錯誤中拯救出來。卡里姆・薩賈德普爾（Karim Sadjadpour），向來被稱為華盛頓特區的帥氣謝赫，他在這一路上經常出現——他的友誼和智慧讓我更加豐富。艾米里・賀卡彥（Emile Hokayem）是我認識最聰明、最善良的人之一，他走到哪裡，我們的友誼就跟到哪裡。他和卡里姆都比我更了解這個主題，他們對初稿的回饋讓這本書變得更好。也感謝夏迪・哈彌德（Shadi Hamid）和丹尼爾・勒維（Daniel Levy）提出的重要意見。馬克・蘭德勒（Mark Landler）、安吉拉・董（Angela Tung）、亞當・布魯克斯（Adam Brookes）、蘇珊・勞倫斯（Susan Lawrence）、珍妮佛・盧登（Jennifer Ludden）、蓋瑞・霍姆斯（Gerry Holmes）、妮可・高埃特（Nicole Gaouette）和弗洛爾・德普雷尼夫（Flore DePreneuf）是我在華盛頓的大家庭。我希望能經常和他們一起玩。

在貝魯特，我要感謝的人實在太多了。這是一個社交網絡龐大又有力的城市，情感上的支持不僅來自親密的朋友，還來自那些按我家門鈴送來自製食物的鄰居，以及剪下他認為有用的文章的賣報小販。我的貝魯特部落裡的關鍵人物是卡利姆（Karim）和米歇爾・哈雅西（Michele Chaya），他們一直是我的靠山，他們家是我的避風港。拉雅（Raya）和米哈伊爾（Michel）總是在隔壁，克勞蒂亞（Claudia）和克里斯（Kris）提供了一個延伸出來的幸福泡泡島。即使是身在華盛頓，加德・薩勒哈布（Jad Salhab）也一直是貝魯特部落的一員。我很感激盧柏納・達馬士革（Loubna Dimashqi）很不關心政治。納達・阿布杜索馬德（Nada Abdelsamad）、瑪雅・貝頓（Maya Beydoun）、迪亞納・穆卡利德（Diana Moukalled）和哈吉姆・額敏（Hazem al-Amine）包容我們無休止的談話、問題和缺席，但從未放棄。克里斯蒂娜・科德西（Christine Codsi）提供午餐和越軌的冒險。卡馬勒・穆札瓦克（Kamal Mouzawak）和萊比赫・齊魯茲（Rabih Keyrouz）是我所有美麗事物的來源。雅涵・法勒斯（Jehanne Phares）、托尼・雅茲別克（Tony Yazbek）、阿米拉・索爾赫（Amira Solh）和卡林・切勒比（Carine Chebli）總是在那裡，即使他們身在遠方。我的母親和我的姊妹永遠位於我一切事物的核心。

www.trtworld.com/video/social-videos/in-remembrance-of-jamal-khashoggi/5bccb605315f18291a6c78f4。

17. K. Jovanovski, S. Smith, F. Bruton, and D. De Luce, "Jamal Khashoggi Was Fearful of Saudi Government Before Disappearing, Friends Say," *NBC Palm Springs*, 2018 年 10 月 8 日。
18. B. Hubbard and D. Kirkpatrick, "For Khashoggi, a Tangled Mix of Royal Service and Islamist Sympathies," *New York Times*, 2018 年 10 月 14 日。
19. S. Mekhennet and L. Morris, "Missing Journalist's Fiancee Demands to Know: 'Where Is Jamal?'" *Washington Post*, 2019 年 10 月 8 日。
20. S. Flanders, V. Nereim, D. Abu-Nasr, N. Razzouk, A. Shahine, and R. Hamade, "Saudi Crown Prince Discusses Trump, Aramco, Arrests: Transcript," *Bloomberg*, 2018 年 10 月 5 日。
21. 賈邁勒・哈紹吉被殺一案的細節是取自 D. Ignatius, "How the Mysteries of Khashoggi's Murder Have Rocked the U.S.-Saudi Partnership," *Washington Post*, 2019 年 3 月 29 日 ; D. Ignatius, "The Khashoggi Killing Had Roots in a Cutthroat Saudi Family Feud," *Washington Post*, 2018 年 11 月 27 日。
22. M. Chulov, "Jamal Khashoggi: Murder in the Consulate," Guardian, 2018 年 10 月 21 日。
23. K. M. Abou El Fadl, "Saudi Arabia Is Misusing Mecca," *New York Times*, 2018 年 11 月 12 日。
24. S. Samuel, "Trump's Evangelical Advisers Hear from the Saudi Crown Prince on Khashoggi," *Atlantic*, 2018 年 11 月 9 日。
25. F. Gardner, "'Shrouded in Secrecy': Saudi Women Activists' Trial Hearing Delayed," *BBC News*, 2019 年 4 月 17 日。

年 9 月 14 日。
7. K. Ghattas, "Why Saudi Arabia Has Lost Faith in the US," BBC News, 2015 年 5 月 18 日。
8. "The Sword Unsheathed," *Economist*, 2014 年 10 月 18 日。

第十九章

1. "Jamal khashoggi: men yasar hekmatyar ila yamin turkil faysal ahenn ilal sahafa" [賈邁勒・哈紹吉：從希克瑪亞爾的左邊，到圖爾奇的右邊], *Asharq al-Awsat*, 2005 年 3 月 11 日。
2. D. Filkins, "A Saudi Prince's Quest to Remake the Middle East," *New Yorker*, 2018 年 4 月 9 日。
3. K. House, "Profile of a Prince: Promise and Peril in Mohammed bin Salman's Vision 2030," Belfer Center for Science and International Affairs, Harvard University, April 2019, 線上可見於 https://www.belfercenter.org/publication/profile-prince-promise-and-peril-mohammed-bin-salmans-vision-2030。
4. 出處同上。
5. M. Mazzetti and B. Hubbard, "Rise of Saudi Prince Shatters Decades of Royal Tradition," *New York Times*, 2016 年 10 月 15 日。
6. W. Hangen, "Arabia Preparing Extensive Reform," *New York Times*, 1953 年 12 月 11 日。
7. B. Hubbard, M. Mazzetti, and E. Schmitt, "Saudi King's Son Plotted Effort to Oust His Rival," *New York Times*, 2017 年 7 月 18 日。
8. 作者和哈紹吉在 2017 年 6 月的私人通信，他在信中表示他會自我流亡到美國。
9. D. Ignatius, "Jamal Khashoggi's Long Road to the Doors of the Saudi Consulate," *Washington Post*, 2018 年 10 月 13 日。
10. K. Sullivan, "Saudi Arabia's Riches Conceal a Growing Problem of Poverty," *Guardian*, 2013 年 1 月 1 日。
11. 作者於 2018 年 5 月在吉達和索法娜・達赫蘭的訪談。
12. M. Chulov, "I Will Return Saudi Arabia to Moderate Islam, Says Crown Prince," *Guardian*, 2017 年 10 月 24 日。
13. J. Goldberg, "Saudi Crown Prince: Iran's Supreme Leader 'Makes Hitler Look Good.'" *Atlantic*, 2018 年 4 月 2 日。
14. K. Ghattas, "Saudi Arabia's Dark Nationalism," *Atlantic*, 2018 年 6 月 2 日。
15. ASDA'A Burson-Marsteller, "Arab Youth Survey 2018."
16. *TRT* World, "In Remembrance of Jamal Khashoggi," 影片，線上可見於 https://

by Gangs of Extremists," *Telegraph*, 2013 年 5 月 12 日。

9. 這一段的資訊來自於 M. Ababsa, "Les Mausolées Invisibles: Raqqa, Ville de Pélerinage Chiite ou Pôle Étatique en Jazîra Syrienne?" [隱形的陵墓：拉卡，什葉派朝聖之城還是敘利亞賈茲拉的國家之柱？], *Annales de Géographie* 110, no. 622 (November-December 2001): 647-64; M. Ababsa, "Significations Territoriales et Appropriations Conflictuelles des Mausolées Chiites de Raqqa (Syrie)" [拉卡（敘利亞）的什葉派陵墓的領土意義和衝突性占有], S. Chiffoleau and A. Madoeuf, eds., *Les Pèlerinages au Maghreb et au Moyen*-Orient: Espaces Publics, Espaces du Public (Damascus: Presses de l'Ifpo, 2005)；以及學者 Martin Kramer 在 Flickr 上的詳細照片和影片的解說，見 Martin Kramer, "The Shiite Crescent Eclipsed," 線上可見於 https://www.flickr.com/photos/martinkramer/galleries/72157630819437940/with/2343449697/。
10. 作者在 2017 年 8 月於華盛頓特區和賈邁勒・哈紹吉的訪談。
11. C. Bunzel, "The Kingdom and the Caliphate: Duel of the Islamic States," *Carnegie Endowment for International Peace,* 2016 年 2 月 18 日，線上可見於 https://carnegieendowment.org/2016/02/18/kingdom-and-caliphate-duel-of-islamic-states-pub-62810。
12. R. Ghazzawi, "Yassin Haj Saleh on Samira Khalil" (translation), 2014 年 8 月 11 日，線上可見於 https://douma4.wordpress.com/2014/08/11/yassin-haj-saleh-on-samira-khalil-translation/。

第十八章

1. 所有關於瑪希赫・阿琳娜嘉德的內容都是基於作者在華盛頓特區和她的訪談以及後來的電子郵件通信。我也十分依賴於她的自傳 *The Wind in My Hair: My Fight for Freedom in Modern Iran* (Boston: Little, Brown, 2018)。
2. "M. Alinejad (@AlinejadMasih), "Brave woman risk arrest in order to make awareness about anti compulsory hijab movement in Tehran' public bus," Twitter, 2018 年 5 月 16 日, https://twitter.com/AlinejadMasih/status/996694870302523392。
3. J. Schogol, "Report: Iran Killed 600 U.S. Soldiers in the Iraq War," *National Interest*, 2019 年 4 月 3 日。
4. M. Chulov, "Qassem Suleimani: Can This Man Bring About the Downfall of Isis?," *Guardian*, 2014 年 12 月 7 日。
5. S. Kamali Dehghan, "Qassem Suleimani Photo Makeover Reveals Iran's New Publicity Strategy," *Guardian*, 2014 年 10 月 14 日。
6. J. Vela, "Saudi Prince Flew Jet in Syria ISIL Attacks," *National* (Abu Dhabi), 2014

hawa'I" [在阿布尼姆拉殺害什葉派信徒事件的目擊者哭泣], 影片，線上可見於 https://www.youtube.com/watch?v=arJYv8303NU。

20. "'An qorb: watha'iqi athir alkarahiyya 'anel tahreed alta'ifi fil e'lam," BBC Arabic.
21. Y. Feldner, "Fitna TV: The Shi'ite-Bashing Campaign on Salafi TV Channels and Social Media," Middle East Research Institute, 2015 年 11 月 30 日。
22. Wesal TV, "Tahta al-majhari halakatu 75 'ala maktali hassan shahata wa thana' al-maliki 'ala al'ilhadi," 影片，線上可見於 https://www.youtube.com/watch?v=PsHrFdFezuw。
23. 作者在 2017 年 10 月和優尼斯的訪談。
24. Human Rights Watch, "Egypt: Rab'a Killings Likely Crimes Against Humanity," 2014 年 8 月 12 日。
25. A. Naji, *Using Life* (Austin: Center for Middle Eastern Studies, University of Texas at Austin, 2017), 44.
26. J. Guyer, "Inside the Strange Saga of a Cairo Novelist Imprisoned for Obscenity," *Rolling Stone*, 2017 年 2 月 24 日；阿赫麥德的故事的其他部分也是從 *Rolling Stone* 上的文章中歸納而來的。
27. 作者在 2017 年 10 月和阿赫麥德・納吉的訪談。
28. 出處同上。
29. H. Bahgat, "Wikileaks: Egyptian Media and Journalists Go to Saudi for Financing," *Mada Masr*, 2015 年 7 月 5 日。
30. 出處同上。

第十七章

1. 這一段依賴的是 Warrick 完成的報導，見 Warrick, *Black Flags*, 251。
2. 出處同上。
3. 這一段依賴的是 Daragahi 完成的報導，見 B. Daragahi, "Inside Iran's Mission to Dominate the Middle East," *BuzzFeed*, 2017 年 7 月 30 日。
4. A. Fielding-Smith, "Hizbollah Man Named Over Hariri Murder," *Financial Times*, 2011 年 7 月 29 日。
5. N. Blanford, "The Battle for Qusayr: How the Syrian Regime and Hizb Allah Tipped the Balance," *Combating Terrorism Center Sentinel* 6, no. 8 (August 2013): 18-22。
6. D. Filkins, "The Shadow Commander," *New Yorker*, 2013 年 9 月 30 日。
7. A. Zelin, "The Saudi Foreign Fighter Presence in Syria," *Combating Terrorism Center Sentinel* 7, no. 4 (April 2014): 10-14.
8. R. Spencer and D. Rose, "Under the Black Flag of al-Qaeda, the Syrian City Ruled

Heaven," Reuters Institute Fellow's Paper, University of Oxford, 2009, 7, 線上可見於 https://reutersinstitute.politics.ox.ac.uk/our-research/religious-islamic-satellite-channels-screen-leads-you-heaven。

3. "'An qorb: watha'iqi athir alkarahiyya 'anel tahreed alta'ifi fil e'lam" [關於媒體上的宗派仇恨情緒的紀錄片], BBC Arabic, 線上可見於 https://www.youtube.com/watch?v=DUJfzv6oXKI。
4. D. Martin, "Bernard Lewis, Influential Scholar of Islam, Is Dead at 101," *New York Times*,"2018 年 5 月 21 日。
5. "Nasr hamed abu zayd dayf barnamaj albayt baytak takdeem mahmood saad" [Nasr Hamed Abu Zayd, guest of the program al-Bayt Baytak, presented by Mahmoud Saad], 2016 年 8 月 29 日影片上傳，恢復自 https://www.youtube.com/watch?v=YugMjBi773k&t=1s。已不再可觀看。
6. 和作者在開羅的訪談，2017 年 10 月。
7. M. Abdalla, "Ahmed Fouad Negm: Writing a Revolution," Al-Jazeera, 2014 年 3 月 15 日。
8. S. Tisdall, "Egypt Revolt Has Iran in a Spin," *Guardian*, 2011 年 2 月 1 日。
9. "Al-ikhwan wal khilafatu al-khomeini" [穆兄會和何梅尼的哈里發國], *Al-Majallah*, 2013 年 2 月 16 日。
10. Associated Press, "Egyptian cleric upbraids Iranian leader on string of issues," video, 線上可見於 https://www.youtube.com/watch?v=R6wO-d6EgVg。
11. "Dispute between Ahmadinejad and Al-Azhar University in the press conference," video, 線上可見於 https://www.youtube.com/watch?v=kblv0MhjOD4。
12. 作者在 2017 年 10 月於開羅和艾布特哈爾・優尼斯的訪談。
13. "Iranian Elites, Scholars Urge Morsi to Foster Unity, Implement Islamic Law," BBC Monitoring Middle East, 2013 年 2 月 15 日。
14. "Iranian Letter to Egypt's Morsi Draws Fire from Islamist Critics," *Al-Ahram Gate*, 2013 年 2 月 21 日；D. El-Bey, "A Martyr Every So Often," Al-Ahram Weekly, 2013 年 2 月 19 日。
15. 所有外流的沙烏地外交電報都可以在線上可見 WikiLeaks, The Saudi Cables, https://wikileaks.org/saudi-cables/db/。
16. 出處同上。
17. W. Abdul Rahman, "Shayhku lazhari yastankiru muhawalati nashri almazhhabi al-shi'iyyi bijiwari ma'azhini "qal'atu ahli alsun-nati" [愛資哈爾謝赫譴責在遜奈之家附近傳播什葉派教義的企圖], *Asharq al-Awsat*, 2011 年 9 月 30 日。
18. WikiLeaks, The Saudi Cables.
19. 對事件的描述來自於 : MBC, "Shahidu 'ayanin 'ala qatli abu al-nimras yabki 'alal

14. D. Walsh, "Pakistan Minister Shahbaz Bhatti Shot Dead in Islamabad," *Guardian*, 2011 年 3 月 2 日。
15. S. Taseer, "How I Survived Four and a Half Years in Captivity," *New York Times*, 2016 年 5 月 17 日。
16. J. Boone, "Thousands at Funeral of Pakistani Executed for Murdering Governor," *Guardian*, 2016 年 3 月 1 日。
17. 出處同上。
18. A. Hashim, "In Pakistan, a Shrine to Murder for 'Blasphemy,'" Al-Jazeera, 2017 年 2 月 10 日。
19. S. Hashmi, "The State of Barelvi Islam Today," *Daily Times*, 2018 年 6 月 15 日。
20. "Saudi Arabia, UAE Financing Extremism in South Punjab," *Dawn*, 2011 年 5 月 21 日。
21. 歸納自 M. Abou Zahab, "Salafism in Pakistan: The Ahl-e Hadith Movement," Roel Meijer, ed., *Global Salafism: Islam's New Religious Movement* (New York: Columbia University Press, 2009), 126-42。
22. K. Ghattas, "The Saudi Cold War with Iran Heats Up," *Foreign Policy*, 2015 年 7 月 15 日。
23. P. Hoodbhoy, "The Saudi-isation of Pakistan," *Newsline*, 2009 年 1 月。
24. 關於胡達基金會的細節，其資金贊助和畢業生的情況，是來自於 Dorsey, "Pakistan's Lurch Towards Ultra-Conservativism Abetted by Saudi-Inspired Pyramid Scheme"; and F. Mushtaq, "A Controversial Role Model for Pakistani Women," *South Asia Multidisciplinary Academic Journal* 4 (2010)。
25. 作者在 2017 年 10 月於喀拉蚩對拉施迪的採訪。
26. H. Murtaza, "Who Gets to Be a Muslim in Pakistan?," *Dawn*, 2012 年 8 月 15 日。
27. J. Bell, "The World's Muslims: Unity and Diversity," Pew Research Center, Pew Forum on Religion and Public Life, 2012 年 8 月 9 日，線上可見於 https://www.pewresearch.org/wp-content/uploads/sites/7/2012/08/the-worlds-muslims-full-report.pdf。
28. B. Peer, "The Shiite Murders: Pakistan's Army of Jhangvi," *New Yorker*, 2013 年 3 月 9 日。
29. 出處同上。
30. 出處同上。

第十六章

1. 作者在 2017 年 10 月於開羅對艾布特哈爾・優尼斯的採訪。
2. M. El-Sayed, "Religious Islamic Satellite Channels: A Screen That Leads You to

月 10 日。
5. 作者和拉菲克・哈里里在其位於古勒特姆的私人辦公室中的私人談話，2005 年 1 月。
6. R. Colvin, "'Cut Off Head of Snake' Saudis Told U.S. on Iran," *Reuters*, 2010 年 11 月 29 日。
7. "Pro-Zarqawi MPs Anger Jordan," Al-Jazeera, 2006 年 6 月 12 日。
8. "Al-Zarqawi Relatives See a Martyr for Islam," NBC News, 2006 年 6 月 8 日。
9. 行刑的影片題目為 "Saddam Execution Full Video!"（2006 年 12 月 31 日上傳），線上可見於 https://www.youtube.com/watch?v=IljDpUxPmi8。額外細節來自 M. Bazzi, "How Saddam Hussein's Execution Contributed to the Rise of Sectarianism in the Middle East," *Nation*, 2016 年 1 月 15 日。
10. 作者和賈瓦德・霍伊在納傑夫的訪談，2018 年 3 月。

第十五章

1. S. Masood and C. Gall, "Killing of Governor Deepens Crisis in Pakistan," *New York Times*, 2011 年 1 月 4 日。當天的事件描述也來自巴基斯坦電視節目的影像。
2. 當天的事件描述和阿姆娜・塔希爾的回應是基於作者在 2017 年 10 月於拉合爾和她的訪談。
3. A. Bibi and A. Tollet, "Sentenced to Death for a Sip of Water," *New York Post*, 2013 年 8 月 25 日。
4. M. Qadri, "Pakistan's Deadly Blasphemy-Seeking Vigilantes," *Guardian*, 2011 年 2 月 3 日。
5. Agence France Presse, "The History of the Blasphemy Law," *Express Tribune*, 2011 年 1 月 5 日。
6. "What Are Pakistan's Blasphemy Laws?," *BBC News*, 2014 年 11 月 6 日。
7. 作者和阿姆娜・塔希爾在 2017 年 10 月於拉合爾的訪談。
8. "Pakistan's President Will Pardon Christian Woman, Official Says," *CNN*, 2010 年 11 月 23 日。
9. Masood and Gall, "Killing of Governor Deepens Crisis in Pakistan."
10. "The Day Salmaan Taseer Fell Silent," *Dawn*, 2011 年 1 月 4 日。
11. S. Shah, "Pakistani Religious Groups Cheer Killing of Governor," *McClatchy Newspapers*, 2011 年 1 月 5 日。
12. 出處同上。
13. C. Galljan, "Assassination Deepens Divide in Pakistan," *New York Times*, 2011 年 1 月 5 日。

"Mosque Blast Suspects Arrested," *Los Angeles Times*, 2003 年 8 月 31 日。
28. B. Ghosh, "Twelve Years On, Remembering the Bomb That Started the Middle East's Sectarian War," Quartz, 2015 年 8 月 28 日。
29. 出處同上。
30. 這一部分是來自於對同上出處作品內容的歸納，再加上了戈什（Ghosh）以私人郵件方式向我提供的額外細節。
31. Ghosh, "Twelve Years On."
32. J. Warrick, *Black Flags: The Rise of ISIS* (New York: Doubleday, 2015), 67.
33. Transcript of Powell's UN Presentation, CNN, 2003 年 2 月 6 日。
34. 作者在 2003 年美軍入侵伊拉克期間來自大馬士革的第一手報導。
35. S. Helfont, "Compulsion in Religion: The Authoritarian Roots of Saddam Hussein's Islam," PhD diss., Princeton University, 2015, 143.
36. 作者 2008 年 3 月在巴格達採訪了阿布杜拉提夫（Abdullatif al-Humayyem），他是被薩達姆·海珊指派監管宗教運動的人。
37. P. Bump, "15 Years After the Iraq War Began, the Death Toll Is Still Murky," *Washington Post*, 2018 年 3 月 20 日。
38. N. Parker, "The Conflict in Iraq: Saudi Role in Insurgency," *Los Angeles Times*, 2007 年 7 月 15 日。
39. "Saudis Warn US over Iraq War," BBC News, 2003 年 2 月 17 日。
40. W. McCants, *The Believer: How an Introvert with a Passion for Religion and Soccer Became Abu Bakr Al-Baghdadi, Leader of the Islamic State* (Washington, DC: Brookings Institution Press, 2015).
41. M. Welsh, "Atwar Bahjat: A Believer in Iraq," Al-Jazeera, 2006 年 2 月 27 日。
42. Reuters, "Journalists Killed in Iraq Attack," Al-Jazeera, 2006 年 2 月 23 日。
43. R. F. Worth, "Blast at Shiite Shrine Sets Off Sectarian Fury in Iraq," *New York Times*, 2006 年 2 月 23 日。

第十四章

1. 演講的部分內容，作者翻譯自影片，其標題為「納斯魯拉勝利演說，賓特·朱拜勒，黎巴嫩，2000 年 5 月 26 日」，線上可見於 https://www.youtube.com/watch?v=0YnH7qhENDQ。
2. 這部分內容是基於個人報導；和什葉派的不具名採訪；以及 H. Saghiyeh and B. El Cheikh, "Nabatiyeh Is Hezbollah's Fortress-Part I," *NOW Media*, 2013 年 6 月 14 日。
3. Saghiyeh and El Cheikh, "Nabatiyeh Is Hezbollah's Fortress-Part I."
4. R. Bergman, "The Hezbollah Connection," *New York Times Magazine*, 2015 年 2

7. 和阿布杜馬吉德的兒子海德爾・霍伊（Hayder al-Khoei）的訪談和私人通信，2018 年 3 月。
8. F. Haddad, "Shia-centric State-Building and Sunni Rejection in Post-2003 Iraq," in F. Wehrey, ed., *Beyond Sunni and Shia: The Roots of Sectarianism in a Changing Middle East* (New York: Oxford University Press, 2017), 133.
9. C. Clover, "Warm Homecoming for Exiled Clergy-man," *Financial Times*, 2003 年 4 月 6 日。
10. F. Alam and M. Bright, "Murdered Cleric's Family Vow to Continue His Work," *Guardian*, 2003 年 4 月 13 日。
11. Clover, "Warm Homecoming for Exiled Clergyman."
12. 和海德爾・霍伊的私人通信。
13. Clover, "Warm Homecoming for Exiled Clergyman."
14. H. Al-Amin, "Moqtada Sadr: Leader of Orphans," *Al-Ahram Weekly*, 2004 年 5 月 27-6 月 2 日。
15. 雖然並不清楚最初這是不是一次有計畫的暗殺，以及是誰實施了暗殺，但是後來的調查顯示，薩德爾運動參與到了其中。穆格塔達・薩德爾和他的許多副手進入了逮捕名單。另請參考 H. Al-Khoei, "Moqtada al-Sadr Should Not Be Above the Law," *Guardian*, 2011 年 1 月 6 日。
16. P. Cockburn, "Death in the Temple," *Independent*, 2003 年 5 月 8 日。
17. 出處同上。
18. 作者在 2018 年 3 月於納傑夫和賈瓦德・霍伊的訪談。
19. Reuters, "War in the Gulf: Bush Statement," *New York Times*, 1991 年 2 月 16 日。
20. E. Sciolino, "Saudis Gather Ousted Iraqi Officials," *New York Times*, 1991 年 2 月 22 日。
21. P. Koring, "Iraqi Opposition Anti-Hussein Factions Fragmented, Repressed," *Globe and Mail*, 1991 年 3 月 8 日。
22. 原始影片可見 https://www.youtube.com/watch?v=RQY4NqUJ4vg。
23. "Flashback: The 1991 Iraqi Revolt," BBC News, 2007 年 8 月 21 日。
24. 由伊拉克人拍攝的原始影像可見 https://www.youtube.com/watch?v=F7wZL_MqPGg。
25. N. Schwarzkopf, *It Doesn't Take a Hero: The Autobiography of General H. Norman Schwarzkopf* (New York: Bantam Books, 1993), 566.
26. K. Sim（導演）, "Pilgrimage to Karbala" [電視影集中的一集], Wide Angle, PBS, 2007 年 3 月 26 日。
27. 對他的回歸和被殺的描述來自於 P. J. McDonnell and T. Wilkinson, "Blast Kills Scores at Iraq Mosque," *Los Angeles Times*, 2003 年 8 月 30 日；和 P. J. McDonnell,

是前伊朗高階官員，曾在 1995 年和 1996 年代表拉夫桑賈尼和阿布杜拉親王展開協商。

22. "Rafsanjani yazuru fadk wa yaltaqi shiah al-madinah wa yushahidu raksat al-'ardah" [拉夫桑賈尼造訪法達克，和麥地那的什葉派信徒見面並觀看埃爾達舞], *Al-Wasat*, 2008 年 6 月 10 日。
23. D. Johnston, "14 Indicted by U.S. in '96 Blast," *New York Times*, 2001 年 6 月 22 日。
24. T. Mostyn, "Crown Prince Nayef bin Abdul-Aziz Al Saud Obituary," *Guardian*, 2012 年 6 月 21 日。
25. T. McDermott, *Perfect Soldiers: The 9/11 Hijackers: Who They Were, Why They Did It* (New York: Harper, 2005), 219, 295.
26. M. Dobbs, "Saudis Funded Weapons for Bosnia, Official Says," *Washington Post*, 1996 年 2 月 2 日。
27. Wright, *Looming Tower*, 181.
28. Al-Mansour, "Losing My Jihadism."
29. 出處同上。
30. Z. Abuza, "Funding Terrorism in Southeast Asia: The Financial Network of Al Qaeda and Jemaah Islamiya," *Contemporary Southeast Asia* 25, no. 2 (August 2003): 169-99.
31. Wright, *Looming Tower*, 227.
32. N. Boustany, "Bin Laden Now a Target in Arab Media," *Washington Post*, 2001 年 11 月 23 日。
33. H. Pope, "Iconic Clash: Saudi Fights to End Demolition Driven by Islamic Dictate," *Wall Street Journal*, 2004 年 8 月 18 日。
34. 作者 2018 年 2 月對薩米・恩格威的採訪。
35. Pope, "Iconic Clash."
36. Iranian Press Service, "Saudi Defence Minister Visit to Iran Good for Persian Gulf Peace and Security," 1999 年 5 月 3 日。

第十三章

1. 在 2018 年 3 月於納傑夫的訪談中，賈瓦德・霍伊這樣告訴作者。霍伊家族陳述的有策劃的車禍事件細節也包含在 2003 年後解封的復興黨文件中。
2. 作者在 2018 年 3 月於納傑夫對賈瓦德・霍伊的訪談。
3. 出處同上。
4. Moin, *Khomeini*, 158.
5. 出處同上。
6. 作者在納傑夫採訪了高級教士和納傑夫神學院的學者。

New York Times, 1995 年 11 月 14 日；和 J. Lancaster, "Five Americans Killed by Car Bomb at Military Building in Saudi Capital," *Washington Post*, 1995 年 11 月 14 日。

2. Sciolino, "Bomb Kills 4 Americans in Saudi Arabia."
3. M. R. Gordon, "Bush Sends US Force to Saudi Arabia as Kingdom Agrees to Confront Iraq," *New York Times*, 1990 年 8 月 8 日。
4. Coll, *Ghost Wars*, 222-23.
5. 出處同上，223。
6. Helfont, "Saddam and the Islamists."
7. "Obituary: Sheikh Bin Baz," *Economist*, 1999年5月22日；J. Miller-jan, "Muslims; Saudis Decree Holy War on Hussein," *New York Times*, 1991 年 1 月 20 日。
8. Y. M. Ibrahim, "Saudi Women Take Driver's Seat in a Rare Protest for the Right to Travel," *New York Times*, 1990 年 11 月 7 日。
9. 出處同上。
10. J. Miller, "The Struggle Within," *New York Times Magazine*, 1991 年 3 月 10 日。
11. M. Fandy, "The Hawali Tapes," *New York Times*, 1990 年 11 月 24 日。
12. H. Saleh, "A Contemporary of the Founder of the Syrian Muslim Brotherhood Reveals Muhammad Surur's Secrets," *Al-Arabiya*, 2016 年 11 月 20 日。
13. 關於麥地那伊斯蘭大學的作用和範圍，以及穆斯林兄弟會在教學中的角色的描述是來自於 M. Farquhar, *Circuits of Faith: Migration, Education, and the Wahhabi Mission* (Redwood City, CA: Stanford University Press, 2016)。
14. 曼蘇爾的歷程歸納於 M. Al-Mansour, "Losing My Jihadism," *Washington Post*, 2007 年 7 月 22 日；和 E. Rubin, "The Jihadi Who Kept Asking Why," *New York Times Magazine*, 2004 年 3 月 7 日。
15. Coll, *Ghost Wars*, 296-97.
16. M. Fandy, *Saudi Arabia and the Politics of Dissent* (New York: Palgrave Macmillan, 1999), 3-4.
17. A. Y. Shaheen, "Riyadh Explosion: The Full Confessions and the Afghan Link," *Al-Hayat*, 1996 年 4 月 29 日。
18. B. Rubin, "Escaping Isolation," *Jerusalem Post*, 1998 年 4 月 2 日；作者和曼蘇爾的訪談。
19. T. Wilkinson, "Saudis, Iran Settling Bitter Dispute over Mecca Pilgrimage, May Soon Resume Ties," *Los Angeles Times*, 1991 年 3 月 19 日。
20. W. Drozdiak, "Iran Reasserts Influence in Gulf," *Washington Post*, 1991 年 3 月 24 日。
21. 作者在 2018 年 5 月對胡塞因・穆薩維安（Hossein Mousavian）的訪談，他

28. J. Lancaster, “Top Islamic University Gains Influence in Cairo,” *Washington Post*, 1995 年 4 月 11 日。
29. 作者 2017 年 10 月在開羅對愛資哈爾專家阿穆爾·阿扎提（Amr Ezzat）的採訪。
30. T. Osman, *Egypt on the Brink: From Nasser to Mubarak* (New Haven, CT: Yale University Press, 2010), 89.
31. “Muhadarat al-sheikhah hanaa tharwat” [女謝赫哈娜·薩瓦特（Hanaa Tharwat）的演講], Rose al-Youssef, 1993 年 3 月 1 日。
32. K. Van Nieuwkerk, *Performing Piety: Singers and Actors in Egypt's Islamic Revival* (Austin: University of Texas Press, 2014), 131.
33. 出處同上，130。
34. A. Cooperman, “First Bombs, Now Lawsuits: Egypt's Vibrant Cultural Life Is the Target of a New Legal Assault by Islamic Fundamentalists,” *U.S. News & World Report*, 1996 年 12 月 23 日。
35. Van Nieuwkerk, *Performing Piety*, 115.
36. 各種細節的收集來源是和一些埃及知識人和記者的談話，他們描述了社會規範是如何在一代人的時間裡改變的。
37. 納賽爾的演講段落可見：https://www.youtube.com/watch?v=TX4RK8bj2W0。
38. Abu Zayd and Nelson, *Voice of an Exile*, 2.
39. Reset DOC (producer), Nasr Abu Zayd: My Life Fighting Intolerance, part 1 [2010 年 9 月 2 日上傳]，線上可見於 https://www.youtube.com/watch?v=_d7WGgHKfXc。
40. Ajami, *Dream Palace of the Arabs*, 225.
41. A. Bakr, E. Colla, and N. H. Abu Zayd, “Silencing Is at the Heart of My Case,” *Middle East Report* 185 (1993).
42. “Egypt: Separated Muslim Scholar Faces Death Threats,” video, 1995 年 6 月 26 日，線上可見於 https://www.youtube.com/watch?v=Chup196QNt4。
43. Abu Zayd and Nelson, *Voice of an Exile*, 8.
44. Associated Press, “Egypt: Separated Muslim Scholar Faces Death Threats.”
45. Abu Zayd and Nelson, *Voice of an Exile*, 155.
46. Wright, *Looming Tower*, 211.
47. Associated Press, “Suicide Car Bomb Kills Two Near West Bank Restaurant,” *Sarasota Herald*, 1993 年 4 月 17 日。

第十二章

1. 事件的描述是汲取自 E. Sciolino, “Bomb Kills 4 Americans in Saudi Arabia,”

Times, 1992 年 10 月 31 日。

4. “Dr. Nasr Abu Zeid: fi bayan ‘ila l’ummah: al-7aqiqa aw il-shahada” [Dr. Nasr Abu Zeid 對國家的聲明：一份證言], Rose al-Youssef, 1995 年 6 月 19 日。
5. “Qadiyat Nasr Abu Zeid” [The Nasr Abu Zeid case], *Al-Ahram*, 1993年3月31日。
6. 出處同上。
7. A. Buccianti, “Les Obséques de l’Écrivain Farag Foda Se Sont Transformées en Manifestation Anti-Islamiste,” *Le Monde*, 1992 年 6 月 12 日。
8. Abu Zayd and Nelson, *Voice of an Exile*, 57.
9. 出處同上。
10. M. Hoexter, S. N. Eisenstadt, and N. Levtzion, *The Public Sphere in Muslim Societies* (Albany: State University of New York Press, 2002), 41.
11. W. Muir and T. H. Weir, *The Caliphate, Its Rise, Decline, and Fall: From Original Sources* (Edinburgh: J. Grant, 1915), 570-71.
12. Abu Zayd and Nelson, *Voice of an Exile*, 2.
13. Ajami, *Dream Palace of the Arabs*, 214.
14. Abu Zayd and Nelson, *Voice of an Exile*, 128.
15. 作者在 2017 年 10 月於開羅和艾布特哈爾・優尼斯的訪談。
16. F. Fodah, *Before the Fall*, 2nd ed. (Cairo, Egypt: F. A. Fawda, 1995), 151.
17. 出處同上，156。
18. J. Miller, “The Embattled Arab Intellectual,” *New York Times*, 1985 年 6 月 9 日。
19. N. Qabbani, “Abu Jahl Buys Fleet Street,” 1990. 作者英譯，本作品的阿語原文可見於 http://www.nizariat.com/。
20. 辯論的完整影片可見於 https://www.youtube.com/watch?v=ubF2jHuHN1w。
21. “Janazat farag foda tahawalat ila muzhaharah wataniyyah tandud al-irhab” [法拉格・福達的葬禮演變成了一場譴責恐怖主義的全國性示威], *Al-Ahram*, 1992 年 6 月 11 日。
22. 出處同上。
23. “‘I’tirafat al-muttahem ‘an khutuwat al-‘amaliyyah” [被告人對行動的不同步驟的供詞], *Akher Saa’a*, 1992 年 6 月 18 日。
24. K. Murphy, “Egypt’s ‘Unknown Army’ Wages War in Islam’s Name,” *Los Angeles Times*, 1992 年 7 月 12 日。
25. Mohammad Kamal El Sayyed Mohammad, Al Azhar Jami’an wa Jami’atan [愛資哈爾，一座清真寺和大學], book 4 (Cairo: Majma’ Al Bohouth al Islamiya, 1984).
26. C. Murphy, “Killing Apostates Condoned,” *Washington Post*, 1993 年 7 月 2 日。
27. “Silenced: Egypt,” *Economist*, 1992 年 6 月 13 日。

月 18 日。
4. 作者在喀拉蚩對拉施迪所做的採訪，2017 年 10 月。
5. Sciolino, “Zia of Pakistan Dies as Blast Downs Plane.”
6. T. Mehdi, “An Overview of 1988 General Elections: Triumph but No Glory,” *Dawn*, 2013 年 4 月 11 日。
7. M. Fineman, “Timing Puts Pregnant Foe at Disadvantage: Zia Sets Pakistan Election for November,” Los Angeles Times, 1988 年 7 月 21 日。
8. Associated Press, “30 Years Later, US Downing of Iran Flight Haunts Relations,” *Voice of America*, 2018 年 7 月 3 日。
9. Moin, *Khomeini*, 268.
10. Khomeini’s full statement is available online at https://www.nytimes.com/1988/07/23/world/words-of-khomeini-on-islam-the-revolution-and-a-cease-fire.html?searchResultPosition=1.
11. Coll, *Ghost Wars*, 185.
12. “Iran tuhadidu al-mujahideen wa tatadakhal limaslahatia-lshi’a” [Iran threatens the mujahedeen and intercedes in favor of shiites], *Asharqal-Awsat*, 1989年2月13日。
13. K. Malik, *From Fatwa to Jihad* (London: Atlantic Books, 2017), 8.
14. P. Murtagh, “Rushdie in Hiding After Ayatollah’s Death Threat,” *Guardian*, 1989 年 2 月 15 日。
15. S. Subrahmanyam, “The Angel and the Toady: Twenty Years Ago Today Ayatollah Khomeini Issued a Fatwa Against Salman Rushdie for The Satanic Verses,” *Guardian*, 2009 年 2 月 14 日。
16. D. H. Clark, “Syed Faiyazuddin Ahmad Obituary,” *Guardian*, 2014 年 9 月 24 日。
17. Malik, *From Fatwa to Jihad*, 3.
18. P. E. Tyler, “Khomeini Says Writer Must Die,” *Washington Post*, 1989年2月15日。
19. “Al-azhar yukhalif fatwa al-khomeini bi ‘ihdar dam salman rushdi” [愛資哈爾反對何梅尼關於魯西迪的法特瓦], *Asharq al-Awsat*, 1989 年 2 月 16 日；Y. M. Ibrahim, “Saudi Muslim Weighs Rushdie Trial,” *New York Times*, 1989 年 2 月 23 日。
20. Moin, *Khomeini*, 305.

第十一章

1. N. H Abu Zayd and E. R. Nelson, *Voice of an Exile: Reflections on Islam* (Westport, CT: Praeger, 2004), 11.
2. 出處同上。
3. A. Cowell, “After 350 Years, Vatican Says Galileo Was Right: It Moves,” *New York*

2016 年 9 月 12 日，線上可見於 https://www.washingtoninstitute.org/policy-analysis/view/irans-ideological-exploitation-of-the-hajj。

13. G. Fakkar, "Story Behind the King's Title," *Arab News*, 2015 年 1 月 27 日。
14. 費薩爾親王曾一度將自己稱為兩大聖寺之僕，但從未正式採納此頭銜。
15. E. Sciolino, "Mecca Tragedy: Chain of Events Begins to Emerge," *New York Times*, 1987 年 9 月 6 日。
16. "Excerpts from Khomeini Speeches," *New York Times*, 1987 年 8 月 4 日。
17. 作者在利雅德對圖爾奇・費薩爾的採訪，2018 年 2 月。
18. I. Leverrier, "L'Arabie Saoudite, le Pélerinage et l'Iran" [沙烏地阿拉伯，朝覲和伊朗], *Cahiers d'études sur la Méditerranée orientale et le monde turco-iranien* 22 (1996): 111-48.
19. M. Hussain, "Eyewitness in Mecca," *Washington Post*, August 20, 1987.
20. 死亡人數在不同的紀錄中有所不同；這裡的數字是沙烏地方面的死亡數字和上注出處中的數字。
21. "Ta'yeed islami shamil lil 'ijra'at al-saudiyya al-hazimah" [對沙烏地所做決定的完全伊斯蘭支持], *Asharq al-Awsat*, 1987 年 8 月 4 日。
22. Associated Press, "Tehran Urges Faithful to Attack Saudis," *Orlando Sentinel*, 1987 年 8 月 3 日。
23. M. Kramer, *Arab Awakening and Islamic Revival* (New Brunswick, NJ: Transaction Publishers, 1996), 161-87.
24. 出處同上。
25. Badeeb, *Saudi-Iranian Relations* 1932-1982, 80-81.
26. O. Beranek and P. Tupek, "From Visiting Graves to Their Destruction: The Question of Ziyara Through the Eyes of Salafis," Crown Center for Middle East Studies, Brandeis University, July 2009, 線上可見於 https://www.brandeis.edu/crown/publications/cp/CP2.pdf。
27. H. Redissi, *Une Histoire du Wahhabisme: Comment l'islam Sectaire Est Devenu l'Islam* (Paris: Editions du Seuil, 2007), 63.
28. M. Ajlani, *History of Saudi Arabia: The First Saudi State*, vol. 2, *Era of Imam AbdelAziz Bin Muhamad* (Beirut: Dar al-Nafa'es, 1994), 128-29.

第十章

1. Sciolino, "Zia of Pakistan Dies as Blast Downs Plane," *New York Times*, 1988 年 8 月 18 日。
2. 出處同上。
3. T. Weaver, "Zia's Death Sparks Intra-Moslem Feud," Washington Post, 1988 年 8

of Religion in Foreign Affairs," *Middle East Journal* 68, no. 3 (Summer 2014): 352-66.

46. 出處同上。
47. Ehsan Elahi Zaheer, 演說線上可見於 https://www.youtube.com/watch?v=06Lo-CxhGrI。
48. K. Ahmed, *Sectarian War: Pakistan's Sunni-Shia Violence and Its Links to the Middle East* (New York: Oxford University Press, 2012), 116-17.
49. Ahmed, *Sectarian War*, 116-17.
50. Rieck, The Shias of Pakistan, 229; M. Abou-Zahab, "Sectarianism in Pakistan's Kurram Tribal Agency," *Terrorism Monitor* 7, no. 6 (March 2009).
51. 關於札希爾的死亡、轉移到沙烏地以及葬禮諸事的細節，皆來自作者 2018 年 8 月於拉合爾對他的兒子（Ebtessam Elahi Zaheer）的採訪。
52. "Blood for Blood, Anti-Zia Rioters Yell," *Gazette* (Montreal), 1987 年 4 月 1 日。
53. R. M. Weintraub, "Saudis to Send Pakistani Unit Back Home," *Washington Post*, 1987 年 11 月 28 日 ; "Gulf War: Shifting Sands," *Economist*, 1987 年 12 月 12 日。
54. "Military Escalation Continues Amidst US-Soviet Consultations," *Asharq al-Awsat*, 1986 年 8 月 15 日。

第九章

1. 2018 年 2 月在吉達對薩米・恩格威的採訪。
2. D. Howden, "Shadows over Mecca," *Independent*, 2006 年 4 月 19 日。
3. S. M. Badeeb, *Saudi-Iranian Relations 1932-1982* (London: Centre for Arab and Iranian Studies (1993).
4. D. B. Ottaway, "Fahd Adjusts Step to March of Islam," *Washington Post*, 1984 年 11 月 27 日。
5. K. Mohammad, "Assessing English Translations of the Qur'an," *Middle East Quarterly* 12, no. 2 (Spring 2005): 58-71.
6. M. N. Mirza and A. S. Shawoosh, *The Illustrated Atlas of Makkah and the Holy Environs* (Center of Makkah History, 2011), 218.
7. Fürtig, *Iran's Rivalry with Saudi Arabia Between the Gulf Wars*, 64-65.
8. 出處同上，66。
9. M. Sieff, "New Ties with Iran Aim of Saudi Role," *Washington Times*, 1986 年 12 月 18 日。
10. Sardar, *Une Histoire de La Mecque*, 第三章。
11. Fürtig, *Iran's Rivalry with Saudi Arabia Between the Gulf Wars*, 43-45.
12. M. Khalaji, "Iran's Ideological Exploitation of the Hajj," Washington Institute,

之事，皆簡要汲取自 Wright, *Looming Tower*, 109-11 和 117-19。作者也極大地依賴了 Thomas Hegghammer 之著作，其中包括 T. Hegghammer, "Abdallah Azzam and Palestine," *Die Welt des Islams* 53, nos. 3-4 (January 2013): 353-87。

24. Wright, *Looming Tower*, 117.
25. T. Hegghammer, "The Rise of Muslim Fighters: Islam and the Globalization of Jihad," *International Security* 35, no. 3 (Winter 2010/2011): 53-94.
26. Wright, *Looming Tower*, 452 n122.
27. A. Rashid, *Taliban: Militant Islam, Oil and Fundamentalism in Central Asia*, 2nd ed. (New Haven, CT: Yale University Press, 2010), 129.
28. Wright, *The Looming Tower*, 119-20.
29. T. Hegghammer, *Jihad in Saudi Arabia: Violence and Pan-Islamism Since 1979* (Cambridge, UK: Cambridge University Press, 2010), 21.
30. 出處同上，41。
31. Wright, *The Looming Tower*, 112.
32. Coll, *Ghost Wars*, 83-84.
33. B. Riedel, *The Prince of Counterterrorism* (Washington, DC: Brookings Institution Press, 2015).
34. Rubin, "The Jamal Khashoggi I Knew."
35. M. Safri, "The Transformation of the Afghan Refugee: 1979-2009," *Middle East Journal* 65, no. 4 (Autumn 2011): 587-601.
36. : Coll, *Ghost Wars*, 86.
37. J. Malik, *Colonization of Islam: Dissolution of Traditional Institutions in Pakistan* (Delhi: Manohar, 1998), 230-32; Fuchs, "Relocating the Centers of Shi'i Islam," 269.
38. V. Nasr, "The Rise of Sunni Militancy in Pakistan: The Changing Role of Islamism and the Ulama in Society and Politics," *Modern Asian Studies* 34, no. 1 (February 2000): 139-80.
39. Mohammad Zayn al Abidine Suroor interview, Al-Hiwar TV, July 31, 2008.
40. 出處同上。
41. B. Haykel, "Al-Qa'ida and Shiism," A. Moghadam and B. Fishman, eds., *Fault Lines in Global Jihad* (New York: Routledge, 2011), 191.
42. Fuchs, "Relocating the Centers of Shi'i Islam," 256.
43. Nasr, "Rise of Sunni Militancy," 160.
44. Nasr, The Shia Revival, 163-66; 2017 年 4 月在杜拜和前武裝分子曼蘇爾（Mansour Nogeidan）的訪談。
45. S. Helfont, "Saddam and the Islamists: The Ba'thist Regime's Instrumentalization

20.25 億巴基斯坦盧比，在當時的匯率相當於 2.25 億美元。

4. S. Auerbach, "Pakistan's Official Turn to Islam Collides with Tradition," *Washington Post*, 1980 年 9 月 8 日。
5. Rieck, *Shias of Pakistan*, 204.
6. D. Denman, "Zia's Tax Opposed," *Guardian*, 1980 年 6 月 28 日。
7. M. Abou-Zahab, "The Politicization of the Community in Pakistan in the 1970s and 1980s," A. Monsutti, S. Naef, and F. Sabahi, eds., *The Other Shiites: From the Mediterranean to Central Asia* (Bern: Peter Lang, 2007), 103; 並引用 S. A. Tirmazi, *Profiles of Intelligence* (Lahore: Fiction House, 1995), 272, 283。
8. A. Vatanka. *Iran and Pakistan: Security, Diplomacy and American Influence* (London: I. B. Tauris, 2015), 6.
9. 出處同上，241。
10. Abou-Zahab, "Politicization of the Shia Community in Pakistan in the 1970s and 1980s," 101.
11. 作者在 2017 年 10 月於伊斯蘭瑪巴德採訪胡賽尼的同伴什葉派學者 Iftikhar Naqvi。
12. Abou-Zahab, "Politicization of the Shia Community in Pakistan in the 1970s and 1980s," 101.
13. Fuchs, "Relocating the Centers of Shi'i Islam," 504.
14. Rieck, *Shias of Pakistan*, 223.
15. S. W. Fuchs, "Third Wave Shi'ism: Sayyid 'Arif Husain al-Husaini and the Islamic Revolution in Pakistan," *Journal of the Royal Asiatic Society* 24, no. 3 (July 2014): 493-510.
16. R. Tempest, "City of Evil Countenances," *Gazette* (Montreal), 1986 年 5 月 17 日。
17. "Asharq al-Awsat Interviews Umm Mohammed: The Wife of Bin Laden's Spiritual Mentor," *Asharq al-Awsat*, 2006 年 4 月 30 日。
18. J. Khashoggi, "Arab Mujahideen in Afghanistan—II: Maasada Exemplifies the Unity of the Islamic Umma," *Arab News*, 1988 年 5 月 14 日。
19. S. Coll, *Ghost Wars: The Secret History of the CIA, Afghanistan, and Bin Laden, from the Soviet Invasion to September 10, 2001* (London: Pen-guin, 2005), 50-51.
20. K. Brulliard, "Khyber Club's Bartender Had Front-Row Seat to History in Pakistan," *Washington Post*, 2012 年 2 月 7 日。
21. 作者於 2017 年 7 月在華盛頓特區和哈紹吉的訪談。
22. B. Rubin, "The Jamal Khashoggi I Knew," *War on the Rocks*, 2018年10月26日，線上可見於 https://warontherocks.com/2018/10/the-jamal-khashoggi-i-knew/。
23. 對阿扎姆的描述，他和賓拉登的關係，以及他們用錢達成的合作以及法特瓦

7. R. Rahim, In English, *Faiz Ahmed Faiz: A Renowned Urdu Poet* (Bloomington, IN: Xlibris, 2008), 358-59.
8. Blanford, *Warriors of God*, 第二章。
9. P. Claude, "Mystery Man Behind the Party of God," *Guardian*, 2005年5月13日。
10. Chehabi, *Distant Relations*, 213.
11. H. Saghieh and B. Al-Sheikh, *Shu'ub al Sha'ab al Lubnani* [黎巴嫩人民] (Beirut: Dar al Saqi, 2015), 72-79.
12. 135 Chehabi, *Distant Relations*, 218.
13. Saghieh and Al-Sheikh, *Shu'ub al Sha'ab al Lubnani*, 72-79.
14. Blanford, *Warriors of God*, 第二章。
15. Chehabi, *Distant Relations*, 193.
16. "Ready to Fight, Iranians Wait in Vain for Trip to Lebanon," *Globe and Mail*, 1979 年 12 月 11 日。
17. Chehabi, *Distant Relations*, 207.
18. 出處同上。
19. "Iranian Volunteers Seen in Lebanon," *Globe and Mail*, 1980 年 1 月 5 日。
20. R. Wright, *Sacred Rage: The Wrath of Militant Islam* (New York: Touchstone, 1985), 159.
21. Blanford, *Warriors of God*, 第二章。
22. 出處同上。
23. B. Graham, "Islamic Fundamentalism Rises," *Washington Post*, 1984年10月5日。
24. Quran, 5:56。from *English Translation of the Holy Quran*, Ali and Aziz.
25. C. Dickey, "Young Lebanese Seek New Martyrdom: Suicide Bombers Emerge as Martyrs," *Washington Post*, 1985 年 5 月。
26. 出處同上。
27. T. Smith, "Iran: Five Years of Fanaticism," *New York Times*, 1984 年 2 月 12 日。
28. F. Ajami, "Iran: The Impossible Revolution," *Foreign Affairs* 67, no. 2 (Winter 1988): 135-55.
29. Ajami, *Dream Palace of the Arabs*, 152.
30. 作者 2018 年 3 月在貝魯特對巴迪婭・法赫斯的採訪。

第八章

1. A. Rieck, *The Shias of Pakistan: An Assertive and Beleaguered Minority* (New York: Oxford University Press, 2016), 441 n373.
2. 出處同上，221。
3. "Historic Announcement," *Dawn*, 1979 年 2 月 11 日。這筆資金是 1979 年的

日。
28. P. Niesew, "Pakistan Stunned by Bhutto Execution," *Washington Post*, 1979 年 4 月 5 日。
29. S. Kothari, "From Genre to Zanaana: Urdu Television Drama Serials and Women's Culture in Pakistan," Contemporary South Asia 14, no. 3 (2005): 289-305.
30. 作者在喀拉蚩和梅赫塔布・拉施迪的訪談，2017 年 10 月。
31. N. F. Paracha, "The Heart's Filthy Lesson," *Dawn*, 2013 年 2 月 14 日。
32. F. Prial, "Pakistan Keeps Bhutto Family Behind Barbed Wire," *New York Times*, 1980 年 11 月 15 日。
33. 作者在喀拉蚩和梅赫塔布・拉施迪的訪談，2018 年 10 月。
34. 這一特徵是來自於許多巴基斯坦人對當時的描述，他們在當時正是十幾歲的年輕人或是年輕成年人。
35. N. F. Paracha, *End of the Past* (Lahore: Vanguard Books, 2016), 19-20.
36. Haqqani, *Pakistan: Between Mosque and Military*, 169-70.
37. Ispahani, *Purifying the Land of the Pure*, 97-98.
38. 對巴基斯坦女性法律地位的描述和統計的基礎是 A. Weiss, "Women's Position in Pakistan: Sociocultural Effects of Islamization," *Asian Survey* 25, no. 8 (August 1985): 863-80。
39. "Entertainers in Pakistan: Mehtab Channa," *Dawn*, 1979 年 12 月 3 日。
40. J. Stokes, "Pakistani Women Stage Protests Against Proposed Islamic Laws," *Globe and Mail*, 1983 年 3 月 3 日。
41. "Pakistani Leader Gets 98% of Referendum Vote," *New York Times*, 1984 年 12 月 21 日。
42. R. Massey, "Obituary: Iqbal Bano," *Guardian*, 2009 年 5 月 11 日。這場音樂會的錄影可以在網上觀看。

第七章

1. C. Collins, "Chronology of the Israeli Invasion of Lebanon, June-August 1982," *Journal of Palestine Studies*, special issue, vol. 11, no. 4-vol. 12, no. 1 (Summer/Autumn 1982): 135-92.
2. Blanford, *Warriors of God*, 第一章。
3. 出處同上，前言。
4. F. Ajami, *The Dream Palace of the Arabs: A Generations Odyssey* (New York: Vintage, 1999), 99.
5. 出處同上，27，引用 Issa Boulatta 的翻譯。
6. 出處同上，26。

5. 1947 年 8 月 11 日真納的演說，見 "Constituent Assembly of Pakistan Debates," *Government Printing Press*, 1948。
6. Ispahani, *Purifying the Land of the Pure*, 28.
7. N. F. Paracha, "Abul Ala Maududi: An Existentialist History," *Dawn*, 2015 年 1 月 1 日。
8. 基於 V. Nasr, *Mawdudi and the Making of Islamic Revivalism* (New York: Oxford University Press, 1996); 和 P. Jenkins, "Clerical Terror," *New Republic*, 2008 年 12 月 24 日。
9. Nasr, *Mawdudi and the Making of Islamic Revivalism*, 141.
10. V. Nasr, *The Vanguard of the Islamic Revolution: The Jama'at-i Islami of Pakistan* (Berkeley: University of California Press, 1994), 254 n29.
11. J. M. Dorsey, "Pakistan's Lurch Towards Ultra-Conservativism Abetted by Saudi-Inspired Pyramid Scheme," *Eurasia Review*, 2017 年 4 月 23 日。
12. Nasr, *Mawdudi and the Making of Islamic Revivalism*, 45.
13. 出處同上，46。
14. *Pakistan Horizon* 31, no. 2/3 (Second and Third Quarter, 1978): 232-74.
15. Nasr, *Vanguard of the Islamic Revolution*, 60, 236 n23.
16. "Dawalibi Coming to Advise Ideology Body," *Dawn*, 1978 年 9 月 25 日；"Renowned Muslim Jurists to Assist Pakistan," *Dawn,* 1978 年 10 月 5 日。
17. 達瓦利比的人生故事是根據對他兒子希沙姆（Hisham）和諾法勒（Nofal）在利雅德的採訪內容重構起來的；以及 Vassiliev, *King Faisal of Saudi Arabia*, 272。
18. Vassiliev, *King Faisal of Saudi Arabia*, 272.
19. 作者和諾法勒・達瓦利比在利雅德的訪談，2018 年 2 月。
20. Embassy Islamabad, "Saudi Religious Advisor Visits Latest Manifestation of 'Islamania'," Wikileaks Cable: 1978ISLAMA09483_d, dated October 2, 1978, https://wikileaks.org/plusd/cables/1978ISLAMA09483_d.html.
21. "Measures for Nizam-i-Islam," *Dawn*, February 10, 1979.
22. "Islamic Laws," *Dawn*, 1979 年 2 月 28 日。
23. 和伊斯蘭思想委員會的前成員賽義德・阿夫札爾・海達爾（Syed Afzal Haidar）的訪談。
24. "Ighlaq kol l-barat wa buyuti l-bagha' fi Pakistan" [在巴基斯坦關閉所有酒吧和小酒館], *An-Nahar*, 1979 年 2 月 14 日。
25. "Zia to Consult Military Council, Cabinet," *Dawn*, 1979 年 2 月 17 日。
26. "Shah Faisal Award for Maudoodi," *Dawn*, 1979 年 2 月 20 日。
27. W. Claiborne, "Zia's Islam Metes Strict Tolls," *Washington Post*, 1982 年 12 月 6

19. Embassy Cairo, "Some Further Egyptian Reactions to Khomeini's Return," Wikileaks Cable: 1979CAIRO02483_e, dated February 3, 1979, http://wikileaks.org/plusd/cables/1979CAIRO02483_e.html.
20. T. Moustafa, "Conflict and Cooperation Between the State and Religious Institutions in Contemporary Egypt," *International Journal of Middle East Studies* 32, no. 1 (February 2010): 3-22.
21. Heikal, *Autumn of Fury*, 126.
22. 出處同上，241。
23. "Waqfatu hisaben ma'il nafs wa muhasabat kol 'abith bi 'amni misr" [為那些威脅埃及安全的人自我負責], *Al Ahram*, 1981 年 9 月 6 日。
24. 穆罕默德・海卡爾關於沙達特被暗殺的書名。
25. Heikal, *Autumn of Fury*, 251.
26. 作者對納吉赫・伊卜拉欣的採訪。
27. Heikal, *Autumn of Fury*, 252.
28. "Al-sadat shaheedan fi rihabi-llah" [沙達特是在真主呵護下的殉教者], *Asharq al-Awsat*, 1981 年 10 月 7 日。
29. Heikal, *Autumn of Fury*, 262.
30. 出處同上，263。
31. G. Khoury（出品人）, "Al-Mashhad: Sheikh Hani Fahs" [電視影集], *Al-Mashhad*, BBC Arabic, 2014 年 9 月 18 日。
32. 出處同上。
33. Wright, *Looming Tower*, 69-70.
34. W. E. Farrell, "Sadat Is Interred at Rites Attended by World Leaders," *New York Times*, 1981 年 10 月 11 日。
35. "Misr tadfunu al-yawm wa ilal abad ramz al-khiyanah" [埃及今天和終極叛徒道永別], *Tishreen*, 1981 年 10 月 11 日 ; "Janazaton amrikiya-isra'iliyya lil sadat" [一場給沙達特的美－以葬禮], *Al-Thawra*, 1981 年 10 月 11 日。

第六章

1. L. M. Simons, "Pakistani General Pictured as Reluctant Coup Leader," *Washington Post*, 1977 年 7 月 12 日。
2. S. Ayaz, *The Storm's Call for Prayers: Selections from Shaikh Ayaz* (New York: Oxford University Press, 2001), 26.
3. F. Ispahani, *Purifying the Land of the Pure: A History of Pakistan's Religious Minorities* (Noida: HarperCollins India, 2016), 8.
4. 出處同上，27。

series episode], Al-Mashhad, BBC Arabic。

2. 作者與納吉赫・伊卜拉欣的訪談 ; R. Solé, Sadate (Paris: Tempus Perrin, 2013), 263。
3. 出處同上，241。
4. 出處同上，132。
5. 出處同上。
6. 出處同上，264。
7. 出處同上，112 和 2018 年 10 月與伊瑪德・阿布・賈濟（Emad Abu Ghazi）的訪談，他之前是社會主義者，曾於 1981 年入獄，2011 年成為文化事務部部長。
8. S. Ibrahim, *Egypt, Islam, and Democracy* (Cairo: American University in Cairo Press, 1996), 第一章。
9. 作者和前左派活動分子和前部長伊瑪德・阿布・賈濟的訪談。
10. Solé, *Sadate*, 171; 和 "Al-qahira: al-sadat najaha mi'a fil mi'a. 'Ada'oul thalathouna 'aman 'ouzila fi thalathin sa'a" [沙達特的勝利：三十年的敵意在三十個小時裡一筆勾銷], *An-Nahar*, 1977 年 11 月 22 日；"Al-sadat yabda'u rihlatil 'ari wal khiyanah" [沙達特開啟了他的恥辱和背叛之旅], *Al-Thawra*, 1977 年 11 月 20 日；"Khutwatul sadat khurujon 'ala 'iradatil 'umat il-arabiyya" [沙達特的舉動是對阿拉伯國家意願的背離], *Tishreen*, 1977 年 11 月 19 日。
11. "Dimashq tastaqtibu al-'amala al-'arabiy didda khiyanat al-sadat" [Damascus to lead Arab action against Sadat's treason], *Tishreen*, 1977 年 11 月 21 日；"Al-sadat yabda'u rihlatil 'ari wal khiyanah" [沙達特開啟了他的恥辱和背叛之旅]。
12. M. Heikal, *Autumn of Fury* (London: Andre Deutsch Limited, 1983), 98.
13. T. W. Lippman, "Post-Camp David Split Sours Egypt's Ties to Saudi Arabia," *Washington Post*, 1978 年 12 月 9 日。
14. "Saudi Arabians Stand Firm: Arabs in Disarray on Punishing Sadat," *Globe and Mail*, 1979 年 3 月 30 日。
15. Solé, *Sadate*, 237.
16. "Al-'islamu din-ul hob wal samahat wal 'ikha' wa laysa abadan ahqada al-khomeiny" [伊斯蘭是愛、原諒和慈悲的宗教，而不是何梅尼的仇恨], *Al-Ahram*, 1979 年 12 月 26 日。
17. Y. M. Ibrahim, "Iranian Leaders Consider Egypt Ripe for Islamic Uprising," *New York Times*, 1979 年 2 月 25 日。
18. M. Wallace, *20th Century with Mike Wallace: Death of the Shah and the Hostage Crisis*, Arts and Entertainment Network, History Channel (television network), 2002.

Movements in Western Europe," 2010 年 9 月 15 日，線上可見於 https://www.pewforum.org/2010/09/15/muslim-networks-and-movements-in-western-europe/。

35. United States Embassy Afghanistan Office of the Defense Attaché, "Soviet Airlift to Kabul," 解密電報 ,，1979 年 12 月 26 日。
36. P. Niesewand, "Guerrillas Train in Pakistan to Oust Afghan Government," *Washington Post*, 1979 年 2 月 2 日。
37. H. Haqqani, *Pakistan: Between Mosque and Military* (Washington, DC: Carnegie Endowment for International Peace, 2005), 199.
38. Wright, *Looming Tower*, 114.
39. R. Lefevre, *Ashes of Hama: The Muslim Brotherhood in Syria* (New York: Oxford University Press, 2013), 48.
40. P. Seale, *Asad: The Struggle for the Middle East* (London: I. B. Tauris, 1989), 317.
41. 對阿勒坡事件及周邊事件的分析，以及關於穆兄會的起義的內容主要是根據以下著作：M. Seurat, *Syrie, l'État de Barbarie* [敘利亞：野蠻主義的國家] (Paris: Presses Universitaires de France, 2012), 89-90 和 134-36。這些文章是在作者 1985 年死前完成的，他的文章在他身後集結成了一本書。
42. S. Pickering Jr., "Pedagogica Deserta: Memoir of a Fulbright Year in Syria," *American Scholar* 50, no. 2 (Spring 1981): 163-77.
43. Lefevre, *Ashes of Hama*, 48.
44. M. Seurat, *Syrie, l'État De Barbarie* (Paris: Presses Univer-sitaires de France, 2012), 134.
45. 作者於 2018 年 3 月對前伊斯蘭主義者和反恐專家胡薩姆・哈希米（Husham Hashmi）以及在 1979 年和 1989 年入獄的穆瓦希敦組織的成員馬穆赫德・馬什哈達尼（Mahmoud Mashhadani）的訪談。
46. "Tafahum tam bayna al Saudia wal Iraq ala daam masa'i tawhid al saf al arabi" [沙烏地阿拉伯和伊拉克在關閉阿拉伯成員國一事上達成全面理解], *Asharq al-Awsat*, 1980 年 8 月 7 日。
47. "Saudi Prince Issues Call for Holy War with Israel," *Globe and Mail*, 1980 年 8 月 15 日。
48. "Al-qard al-kuwaiti lil-iraq jiz' min qard khaliji dakhm" [科威特給伊拉克的貸款是鉅額波灣貸款的一部分], *Al Ra'i al-A'am* (Kuwait), 1981 年 4 月 16 日。

第五章

1. 所有關於伊卜拉欣從學生到入獄的描述和細節都是基於作者在 2017 年 10 月於埃及亞歷山卓與納吉赫・伊卜拉欣的訪談的基礎上；以及 G. Khoury（作者），2014 年 4 月 9 日線上發布；"Al-Mashhad: Nageh Ibrahim" [television

New York Times, 1979 年 7 月 24 日。
14. Associated Press, "Iranian Guards Dump Costly Wines, Liquor," *Globe and Mail*, 1979 年 6 月 14 日。
15. G. Jaynes, "Bazargan Goes to See Khomeini as Iran Rift Grows," *New York Times*, 1979 年 3 月 9 日。
16. G. Jaynes, "Iran Women March Against Restraints on Dress and Rights," *New York Times*, 1979 年 3 月 11 日。
17. E. Sadeghi-Boroujerdi, "The Post-Revolutionary Women's Uprising of March 1979: An Interview with Nasser Mohajer and Mahnaz Matin," *Iran Wire*, 2013 年 6 月 12 日。
18. 出處同上。
19. J. C. Randal, "Militant Women Demonstrators Attack Khomeini Aide Who Heads Iran," *Washington Post*, 1979 年 3 月 13 日。
20. J. Afary and K. B. Anderson, *Foucault and the Iranian Revolution: Gender and the Seductions of Islamism* (Chicago: University of Chicago Press, 2005), 107.
21. Secor, *Children of Paradise*, 69-71.
22. 出處同上。
23. 出處同上，91。
24. 簡要汲取自 Cooper, *The Fall of Heaven*, 352, 371; Bird, *The Good Spy*, 206。這兩本書的基礎都是個人的訪談和 CIA 解密檔案。
25. 出處同上。
26. Bird, *The Good Spy*, 226.
27. H. Fürtig, *Iran's Rivalry with Saudi Arabia Between the Gulf Wars* (Reading, UK: Ithaca Press, 2006).
28. D. A. Schmidt, "Shah of Iran and Saudis' King Seek Persian Gulf Cooperation," *New York Times*, 1968 年 11 月 14 日。
29. "Wali al-Ahd Youhani Bazergan" [親王祝賀了巴札爾甘], *Al Nadwa* (Mecca), 1979 年 2 月 14 日。
30. N. Safran, *Saudi Arabia: The Ceaseless Quest for Security* (Cambridge, UK: Belknap Press, 1985), 308, 引自 Foreign Broadcast Information Service (FBIS), 1979 年 4 月 25 日。
31. R. Khomeini, *Kashf al-Asrar*, Moin, Khomeini, 62.
32. M. Heikal, "'Mini-Shahs' Trust Evolution to Avert Revolution in the Gulf," *Dawn*, 1979 年 12 月 30 日。
33. 出處同上。
34. Pew Research Center, Religion and Public Life, "Muslim Networks and

27. 簡要汲取自 Trofimov, *The Siege of Mecca*, 20。
28. 出處同上，151，引用自 *Arab News*, 1979 年 11 月 26 日。
29. Trofimov, *The Siege of Mecca*, 35-42.
30. Al-Huzaymi, *Ayyam Ma' Juhayman*, 67.
31. T. Hegghammer and S. Lacroix, "Rejectionist Islamism in Saudi Arabia: The Story of Juhayman Al-ʿutaybi Revisited," *International Journal of Middle East Studies* 39, no. 1 (February 2007): 111.
32. Trofimov, *The Siege of Mecca*, 42.
33. 出處同上，207。
34. 出處同上，225。
35. Sardar, *Une Histoire de La Mecque*, 353-54.
36. 與薩米・恩格威的訪談，吉達，2018 年 2 月。

第四章

1. Trofimov, *The Siege of Mecca*, 17-18 和 199-200。
2. T. Matthiesen, "Migration, Minorities, and Radical Networks: Labour Movements and Opposition Groups in Saudi Arabia, 1950-1975," *International Review of Social History* 59, no. 3 (December 2014): 473-504.
3. Hegghammer and Lacroix, "Rejectionist Islamism in Saudi Arabia," 103-22.
4. Matthiesen, "Migration, Minorities, and Radical Networks," 473-504.
5. T. Matthiesen, The Other Saudis: Shiism, Dissent and Sectarianism (New York: Cambridge University Press, 2014), 110-11.
6. "Naif Briefs Journalists on Renegades," *Arab News*, 1980 年 1 月 14 日。
7. Embassy Jidda, "Public Morality in Riyadh," Wikileaks Cable: 1979JIDDA04261_e, dated June 6, 1979, http://wikileaks.org/plusd/cables/1979JIDDA04261_e.html; Embassy Jidda, "Saudi Ulema Ban Table Soccer: Paper Criticizes Decision," Wikileaks Cable: 1979JIDDA00058_e, dated January 1, 1979, http://wikileaks.org/plusd/cables/1979JIDDA00058_e.html.
8. Vassiliev, *King Faisal of Saudi Arabia*, 59.
9. E. Cody, "Saudis, Shaken by Mosque Take-over, Tighten Enforcement of Moslem Law," *Washington Post*, 1980 年 2 月 5 日。
10. 在利雅德和吉達採訪到的沙烏地人的私人軼事。2018 年 2 月。
11. 不具名沙烏地消息來源在沙烏地阿拉伯告訴作者，2018 年 2 月。
12. King Khaled, 1981 年麥加伊斯蘭峰會上的講話，線上可見 https://m.youtube.com/watch?v=35R5jPlSHt4。
13. J. Kifner, "Khomeini Bans Broadcast Music, Saying It Corrupts Iranian Youth,"

描述廣泛依賴並合併了一下作品中的各部分細節：Y. Trofimov, *The Siege of Mecca: The 1979 Uprising at Islam's Holiest Shrine* (New York: Anchor Books, 2007); R. Lacey, *Inside the Kingdom: Kings, Clerics, Modernists, Terrorists, and the Struggle for Saudi Arabia* (New York: Viking, 2009); L. Wright, *The Looming Tower: Al-Qaeda and the Road to 9/11* (New York: Alfred A. Knopf, 2007)。

9. N. Al-Huzaymi, *Ayyam Ma' Juhayman* [我和祝海曼一起的日子] (Beirut: Arab Network for Research and Publishing, 2012), 132.
10. T. R. Furnish, *Holiest Wars: Islamic Mahdis, Their Jihads, and Osama bin Laden* (Westport, CT: Praeger, 2005), 62.
11. M. Al-Rasheed, *A History of Saudi Arabia* (Cambridge, UK: Cambridge University Press, 2010), 139-40.
12. Lacey, *Inside the Kingdom*, 27.
13. M. Yamani, "Changing the Habits of a Life-time: The Adaptation of Hejazi Dress to the New Social Order," in N. Lindisfarne-Tapper and B. Ingham, eds., *Languages of Dress in the Middle East* (New York: Routledge, 2013).
14. Z. Sardar, *Desperately Seeking Paradise: Journeys of a Skeptical Muslim* (London: Granta Books, 2004).
15. M. Khan, *The Translation of the Meanings of Sahih Al-Bukhari* (London: Darussalam Publications, 1997), vol. 9, book 83.
16. Trofimov, *The Siege of Mecca*, 117.
17. P. Taubmannov, "Mecca Mosque Seized by Gunmen Believed to Be Militants from Iran," *New York Times*, November 21, 1979.
18. "Khomeyni's Office Says U.S. May Be Behind Attack in Mecca," *Foreign Broadcast Information Service*, November 21, 1979.
19. Trofimov, *The Siege of Mecca*, 109.
20. J. West, "John West: In His Own Words," South Carolina Political Collections, 線上可見於 https://delphi.tcl.sc.edu/library/digital/collections/jwest.html.
21. "Gunmen Still Hold Mecca Mosque," *New York Times*, 1979 年 11 月 22 日。
22. Trofimov, *The Siege of Mecca*, 120; H. Tannernov, "Attack in Mecca Attributed to Khomeini Influence," *New York Times*, 1979 年 11 月 22 日。
23. "Iranian Pilgrim Tells of Mecca Attack," *New York Times*, 1979 年 11 月 22 日。
24. "Haram Sharif Under Full Control of Saudi Forces," *Dawn*, 1979 年 11 月 23 日。
25. W. Wahid Al Ghamedi, *Hekayat al-Tadayyon al-Saudi* [The story of Saudi piousness] (London: Tuwa Media & Publishing Limited, 2015), 66.
26. C. Allen, *God's Terrorists: The Wahhabi Cult and the Hidden Roots of Modern Jihad* (Boston: Da Capo Press, 2007), 51.

Ayatullāh Khumaynī Qum se Qum tak (Lahore: Imāmiyyah Publications, 1979), 535。

33. 作者對突尼西亞復興黨的領導人拉施德・甘努什（Rashed Ghannoushi）的採訪，突尼斯，2018 年 3 月；*M. Rassas, Ikhwan al-Muslimin wa Iran al-Khumayni-al-Khamina'i* [The Muslim Brotherhood and Khomeini-Khamenei] (Beirut: Jadawillil-Nashr was al-Tawzi, 2013); Mansour, "Shahed Ala Asr with Youssef Nada."
34. S. Hawwa, *Hathihi Tajroubati wa Hathihi Shahadati* [這是我的經歷，這是我的證詞] (Cairo: Wahba, 1987)。
35. A. Sooke, "The $3 Billion Art Collection Hidden in Vaults," BBC 電視新聞報導，2018 年 12 月 7 日播出。
36. 作者在貝魯特和胡塞尼的訪談，2018 年 1 月。
37. J. Kifner, "Ayatollah Taleghani Backs Away from a Showdown with Khomeini," *New York Times*, 1979 年 4 月 20 日。
38. 出處同上。
39. Moin, *Khomeini*, 211.
40. 這一部分的根據是 M. Ayatollahi Tabaar, *Religious State-craft: The Politics of Islam in Iran* (New York: Columbia University Press, 2018), 第五章。
41. J. Kifner, "Iran's Constitutional Vote Overshadows News of the Shah," *New York Times*, 1979 年 12 月 3 日，1。
42. Mansour, "Shahed Ala Asr with Youssef Nada."

第三章

1. 作者和薩米・恩格威在吉達的訪談，2018 年 2 月。
2. S. Mackey, *The Saudis: Inside the Desert Kingdom* (New York: W. W. Norton, 2002), 7.
3. A. Vassiliev, *King Faisal of Saudi Arabia: Personality, Faith and Time* (London: Saqi Books, 2016), 418.
4. R. Burton, *Personal Narrative of a Pilgrimage to Al-Madinah and Meccah*, vol. 2 (New York: Dover, 1964), 273-75.
5. "Arabia: Tomb of Eve," *Time*, 1928 年 2 月 27 日。
6. Z. Sardar, *Une Histoire de La Mecque: De la naissance d'Abraham au XXIe siècle* [一部麥加歷史：從亞伯拉罕的出生至西元二十一世紀] (Paris: Payot, 2014), 272.
7. Quran, 2:191, 來自 *English Translation of the Holy Quran*, M. M. Ali, trans., and Z. Aziz, ed. (Wembley, UK: Ahmadiyya Anjuman Lahore Publications, 2010)。
8. 除了和薩米・恩格威和圖爾奇・費薩爾的訪談之外，我在這一章對事件的關於穆斯林兄弟會的調查] [紀錄片]，2013 年，引用 Ladan Boroumand 的說法。

15. Moin, *Khomeini*, 223.
16. 出處同上，204，引用自 Khomeini, *Sahifeh-ye Nur* (Tehran: The Institute for Publication of Imam Khomeini's Works, 2008)。
17. 出處同上，207。
18. N. Fathi, "Sadegh Khalkhali, 77, a Judge in Iran Who Executed Hundreds," *New York Times*, 2003 年 11 月 29 日。
19. E. Cody, "PLO Now Dubious About Iranian Revolt It Once Hailed," *Washington Post*, 1979 年 12 月 15 日。
20. G. Khoury（出品人）, "The Scene: Sheikh Hani Fahs" [電視影集], Al-Mashhad, BBC Arabic, 2014 年 9 月 18 日；更多細節來自於《晨報》的 Nabil Nasser 做出的頭版報導，1979 年 2 月 18-22 日。
21. Embassy Beirut, "Pro-Khomeini Demonstrations in Lebanon," Wikileaks Cable: 1979BEIRUT00977_e, dated February 19, 1979.http://wikileaks.org/plusd/cables/1979BEIRUT00977_e.html.
22. Associated Press, *Yasser Arafat Hails Iranian Revolution*, 影像可見 https://www.youtube.com/watch?v=65xpvmCsm-c。
23. 引用翻譯自《晨報》Nabil Nasser 的報導，1979 年 2 月 18-22 日。
24. Cooper, *Fall of Heaven*, 313.
25. Cody, "PLO Now Dubious."
26. J. Al-e Ahmad, *The Israeli Republic: An Iranian Revolutionary's Journey to the Jewish State*, translated edition (New York: Restless Books, 2017), 7.
27. L. Sternfeld, "Pahlavi Iran and Zionism: An Intellectual Elite's Short-Lived Love Affair with the State of Israel," *Ajam Media Collective*, 2013 年 3 月 7 日。
28. Secor, *Children of Paradise*, 8.
29. A. al-Ouywaysi, "The General Islamic Con-ference: 1953-1962" (Jerusalem: n.p., 1989), 線上可見於 https://www.slideshare.net/islamicjerusalem/the-general-islamic-conference-for-jerusalem-19531962。
30. "*Nawab Safavi La Yazal Fi al Qahera*"（納瓦布．薩法維仍在開羅）, *Akhbar El-Yom*, 1954 年 1 月 16 日。
31. Mansour, "Shahed Ala Asr with Youssef Nada."
32. S. Fuchs, "Relocating the Centers of Shi'i Islam: Religious Authority, Sectarianism, and the Limits of the Transnational in Colonial India and Pakistan," PhD diss., Princeton University, 2015, 線上可見於 https://pdfs.semanticscholar.org/e6ab/53a27fd3a8a2d90f78701edb48a552301cec.pdf, 引用自 Sayyid Murtazā Ḥusayn,

42. 出處同上，424。
43. Moin, *Khomeini*, 195.
44. Reza Baraheni, *God's Shadow: Prison Poems* (Bloomington: Indiana University Press, 1976).
45. M. Foucault, "À Quoi Rêvent les Iraniens?" *Nouvel Observateur*, 1978 年 10 月 16-22 日。
46. Cooper, *Fall of Heaven*, 469。
47. Embassy Jidda, "Saudi Press Comment on Iranian Situation: Arab News Discusses Shah's Probable Departure," Wikileaks Cable: 1979JIDDA00015_e, dated January 2, 1979, http://wikileaks.org/plusd/cables/1979JIDDA00015_e.html.
48. 法赫德親王表達了沙烏地人的支持：「法赫德：我們支持伊朗的正當統治」，*Al-Riyadh*, 1979 年 1 月 7 日。
49. A. Mansour, "Witness to an Era with Youssef Nada" [television series episode], *In Shahed Ala Al-Asr*, Al-Jazeera, 2002 年 8 月。
50. Cooper, *Fall of Heaven*, 487-89; W. Branigin, "Bakhtiar Wins Vote," *Washington Post*, 1979 年 1 月 17 日。
51. J. C. Randal, "Dancing in Streets," *Washington Post*, 1979 年 1 月 17 日。

第二章

1. Sciolino, *Persian Mirrors*, 47.
2. 出處同上，55。
3. Patrikarakos, "Last Days of Iran under the Shah."
4. Moin, *Khomeini*, 2.
5. 出處同上，52。
6. 出處同上，200。
7. J. Buchan, *Days of God: The Revolution in Iran and Its Consequences* (New York: Simon & Schuster, 2012), 219.
8. 作者在華盛頓特區對穆欣・薩澤加拉的訪談，2018 年 3 月。
9. 出處同上。
10. 出處同上。
11. Moin, *Khomeini*, 199.
12. *Iran and the West: From Khomeni to Ahmedinejad*, Part 1 [Television broadcast], BBC, 2009 年 7 月 20 日。
13. Buchan, *Days of God*, 228, 引用了 Khalkhali，*Khaterat-e Ayatollah Khalkhali* (Tehran: Nashr-e sayah, 2000), 277。
14. M. Prazan（導演）, *La Confrérie, Enquête sur les Frères Musulmans* [兄弟會：

19. L. Secor, *Children of Paradise: The Struggle for the Soul of Iran* (New York: Riverhead Books, 2016), 14.
20. Ali Rahnema, *An Islamic Utopian: A Political Biography of Ali Shari'ati* (London: I. B. Tauris, 2000), 107.
21. Secor, *Children of Paradise*, 13.
22. S. Saffari, *Beyond Shariati: Modernity, Cosmopolitanism, and Islam in Iranian Political Thought* (New York: Cambridge University Press, 2017), 10.
23. A. Taheri, *The Spirit of Allah: Khomeini and the Islamic Revolution* (Washington, DC: Adler & Adler, 1986), 184.
24. Shia cleric Sayyed Hani Fahs: K. al-Rashd (presenter), "Sheikh Hani Fahs" [television series episode], Memory Lane, RT Arabic, February 8, 2013.
25. Cooper, *Fall of Heaven*, 387-88.
26. 簡要汲取自 Ajami, *Vanished Imam,* 182-87; Cooper, *Fall of Heaven*, 386; K. Bird, *The Good Spy* (New York: Broad-way Books, 2015), 205。
27. M. Sadr, "L'Appel des Prophètes" [The call of the prophets], *Le Monde*, 1978 年 8 月 23 日。
28. 簡要汲取自 Ajami, *Vanished Imam,* 182-87; Cooper, *Fall of Heaven*, 386; Bird, *Good Spy*, 205。
29. *The Imam and the Colonel*（紀錄片）, Al-Jazeera, 2012 年 7 月 24 日。
30. 作者在 2018 年 1 月於貝魯特對胡塞因・胡塞尼的採訪。
31. Cooper, *Fall of Heaven*, 376.
32. 出處同上。
33. R. P. Mottahedeh, *The Mantle of the Prophet: Religion and Politics in Iran* (New York: Simon & Schuster, 1985), 375.
34. Cooper, *Fall of Heaven*, 399-403.
35. 出處同上。
36. 出處同上，410。
37. M. R. Pahlavi, *Answer to History* (New York: Stein and Day, 1980), 163.
38. 所有關於穆欣・薩澤加拉的故事都是基於 2018 年 3 月於華盛頓特區與作者的訪談得來。*Iran and the West: From Khomeni to Ahmedinejad: Part 1*, BBC television broadcast, July 20, 2009 和 D. Patrikarakos, "The Last Days of Iran under the Shah," *Financial Times*, 2009 年 2 月 7 日。
39. Cooper, *Fall of Heaven*, 196-97.
40. E. Sciolino, *Persian Mirrors: The Elusive Face of Iran* (New York: Free Press, 2000), 48-52.
41. Cooper, *Fall of Heaven*, 449.

注釋

第一章

1. 簡要汲取自 A. Hourani, "From Jabal 'Amil to Persia," H. E. Chehabi, ed., *Distant Relations: Iran and Lebanon in the Last 500 Years* (London: I. B. Tauris, 2006)。
2. 簡要汲取自 F. Ajami, *The Vanished Imam: Musa al-Sadr and the Shia of Lebanon* (Ithaca, NY: Cornell University Press, 1987), 139。
3. 出處同上，145。
4. N. Blanford, *Warriors of God: Inside Hezbollah's Thirty-Year Struggle Against Israel* (New York: Random House, 2011), 第一章。
5. Ajami, *Vanished Imam*, 134.
6. 簡要汲取自 Ajami, *Vanished Imam*, 144-49。
7. H. E. Chehabi, "The Anti-Shah Opposition in Lebanon," Chehabi, ed., *Distant Relations*, 187.
8. 出處同上，184。
9. A. S. Cooper, The Fall of Heaven: The Pahlavis and the Final Days of Imperial Iran (New York: Henry Holt, 2016), 372.
10. H. Samuel, *United Nations Document: An Interim Report on the Civil Administration of Palestine, 1 July 1920-30 June 1921* (London: His Majesty's Stationery Office, 1921), https://www.un.org/unispal/document/mandate-for-palestine-interim-report-of-the-mandatory-to-the-league-of-nations-balfour-declaration-text/.
11. Palestine Government, *Palestine: Report and General Abstracts of the Census of 1922,* 線上可見 https://users.cecs.anu.edu.au/~bdm/yabber/census/PalestineCensus1922.pdf。
12. 作者在 2016 年 5 月和 2018 年 1 月對胡塞尼的採訪。
13. B. Moin, *Khomeini: Life of the Ayatollah* (London: I. B. Tauris, 2009), 143.
14. 出處同上，147。
15. 出處同上，153。
16. Cooper, *Fall of Heaven*, 205.
17. 作者在 2016 年 5 月和 2018 年 1 月對胡塞尼的採訪。
18. Cooper, *Fall of Heaven*, 194-96.

歷史與現場 317

黑潮

從關鍵的一九七九年，剖析中東文化、宗教、集體記憶的四十年難解對立

Black Wave

Saudi Arabia, Iran, and the Forty-Year Rivalry That Unraveled Culture, Religion, and Collective Memory in the Middle East

作者	金姆．葛塔（Kim Ghattas）
譯者	苑默文
校對	沈如瑩
主編	王育涵
資深編輯	張擎
責任企畫	郭靜羽
封面設計	許晉維
內頁排版	張靜怡
地圖繪製	吳郁嫻
總編輯	胡金倫
董事長	趙政岷
出版者	時報文化出版企業股份有限公司 108019 臺北市和平西路三段 240 號 7 樓 發行專線｜ 02-2306-6842 讀者服務專線｜ 0800-231-705 ｜ 02-2304-7103 讀者服務傳真｜ 02-2302-7844 郵撥｜ 1934-4724 時報文化出版公司 信箱｜ 10899 臺北華江橋郵局第 99 信箱
時報悅讀網	www.readingtimes.com.tw
人文科學線臉書	http://www.facebook.com/humanities.science
法律顧問	理律法律事務所｜陳長文律師、李念祖律師
印刷	勁達印刷有限公司
初版一刷	2022 年 5 月 13 日
定價	新臺幣 680 元

時報文化出版公司成立於一九七五年，並於一九九九年股票上櫃公開發行，於二〇〇八年脫離中時集團非屬旺中，以「尊重智慧與創意的文化事業」為信念。

ISBN 978-626-335-165-3 ｜ Printed in Taiwan

黑潮：從關鍵的一九七九年，剖析中東文化、宗教、集體記憶的四十年難解對立／金姆．葛塔（Kim Ghattas）著；苑默文譯 . -- 初版 . -- 臺北市：時報文化出版企業股份有限公司，2022.05 ｜ 536 面；14.8×21 公分 .
譯自：Black wave: Saudi Arabia, Iran, and the forty-year rivalry that unraveled culture, religion, and collective memory in the Middle East. ｜ ISBN 978-626-335-165-3（平裝）｜ 1. CST：中東史 2. CST：伊斯蘭教 3. CST：宗教與政治 4. CST：沙烏地阿拉伯 5. CST：伊朗｜ 735 ｜ 111003390